上场：阿加西自传

[美]安德烈·阿加西 著

刘世东 译

OPEN: AN AUTOBIOGRAPHY

上海文化出版社

SHANGHAI CULTURE PUBLISHING HOUSE

目 录

朋友之义、手足之情、爱——只有这些才能将我们从人生的监禁中拯救出来。

——凡·高

1880 年 7 月

The End

终局

在二十九年的网球生涯中，我懂得了一点：在你前进的道路上，生活会剥夺你几乎所有的家当，你要做的就是避开障碍。如果你因它们而止步或者分心，你就没有做好自己的分内事，而这一点将使你懊悔不已。这种懊悔会比背伤更让你无法前行。

我睁开双眼，却不知身在何处，甚至不知道自己是谁。这没什么可大惊小怪的——我一半的人生都是这么度过的。然而，这一次感觉有些不同。这一次，这种错乱感更令人惊恐，更完全，也更彻底。

我向上看了看，发现自己正躺在床边的地板上。这使我回过了神，想起午夜时我从床上移到了地板上。大多数晚上我都会这样做，因为在柔软的床垫上躺得过久会给我造成极大的痛苦，而在地板上我的背会舒服些。我数到三，然后开始了漫长而艰难的站立之旅。伴随着一声咳嗽，我呻吟着侧过身，像胎儿一样蜷缩起来，然后再突然翻转过来屈身跪在地板上。此刻，我等待着，等待着血液重新开始在身体里涌动。

相对而言，我还算年轻，仅仅三十六岁，但每次醒来，我都觉得自己似乎已经九十六岁了。在将近三十年的疾速奔跑、猛然停住、高高跳起、重重落地之后，我的身体似乎已经不再是我自己的了，我的头脑似乎也不再属于我。每当睁开双眼，自己就成了一个陌生人。长久以来，我一直在经历着这些，而尤其早晨醒来时，这种感觉就更为强烈。我快速回忆着我的基本信息：我的名字叫安德烈·阿加西，我的妻子是施特芬妮·格拉芙；我们有两个孩子，一儿一女，儿子五岁，女儿三岁；我们居住在内华达州的拉斯维加斯。不过现在我们住在纽约四季酒店的一间套房里，因为我正在参加2006年的美国网球公开赛。这是我的最后一次美网公开赛，事实上，也是我参加的最后一项职业赛事。我以网球为生，尽管我憎恶网球，以一种隐秘的激情憎恶着它，一直都是。

此时此地，我网球生涯的最后一章即将翻过。我双膝跪地，喃喃自语道：请让这一切结束吧。

然而，我身体里的另一个声音却在说：我还并未准备好就此结束。

在隔壁房间里，施特芬妮和孩子们正在吃早餐，我听到他们彼此交谈着，不时还会开怀大笑。一种想见到他们、抚摸他们的强烈愿望从心中油然而生，再加之此刻迫切想来上一杯咖啡，这让我获得了力量。我必须站起来，借助身旁的床站起来。一直以来我都是这样：憎恶使我屈服，而爱却使我重新挺立。

我看了一眼床边的钟，刚刚七点半。施特芬妮让我多睡一会儿，迟些再起。在我职业生涯最后的这些日子里，我总是疲惫不堪。这不单单是因为身体上的伤痛。因为即将退役，情感的洪流得以奔泻而出，这也常常使我精疲力竭。现在，第一波疼痛从我疲劳的中心源——后背——扩散开来。我抓住后背，后背的疼痛使我不堪忍受，感觉就像有人在夜里偷偷地溜了进来，用某种方向盘防盗锁锁住了我的脊柱。后背上戴着一个防盗锁，我又怎么能在美网公开赛上打球？难道我的最后一场比赛要因伤退出？

我出生时脊椎前移，腰骶部的一块椎骨与其他椎骨是分离的。这块椎骨特立独行，如反叛者那样（这也是我走路内八字的原因）。由于这块"与众不同"的椎骨，我脊柱内部神经的活动空间相应缩小。正常人那里的空间本就不是很大，我的则非常小，因此哪怕只是微微地动一下，那里的神经都会受到挤压；加之还有两处椎间盘突出，以及一块想要保护整个受损的区域而徒劳疯长的骨头，我的那些神经感受到了彻底的压抑。当那些神经开始抗议其狭促的立足之地或发出求救信号时，疼痛就会在我的腿部四处游走。这种疼痛使我呼吸困难，甚至语无伦次。在这种时候，唯一的缓解之道就是躺下来，等待。然而有时在比赛的过程中，疼痛也会不期而至，这时唯一的疗法就是改变我的竞技风格——不同的挥拍方式，不同的跑动方式，所有的一切都要有所不同，而这一切都发生在我肌肉痉挛时。每个人都厌恶改变，但肌肉却不能服从常规。受到改变的召唤，我的肌肉也加入了脊柱的反叛运动中，不久，我的整个身体都陷入了一场自我混战中。

吉尔是我的体能教练、我的朋友，同时更像我的父亲一样。他曾经这样解释我的疼痛：你的身体正在告诉你，它再也不想干这个了。

我对吉尔说，我的身体早就告诉过我了，几乎在我开始想退出时它就这么"认为"了。

然而，自从2006年1月起，我的身体便开始大声抗议了。它已经不再想要退役——因为它已经退役了。我的身体已经搬到了佛罗里达，在那里买了公寓并过上了上流社会的生活。因此我一直都在与我的身体谈判，请求它暂停退休生活，到这儿驻留片刻，再到那儿待上几个小时。大多数时候，谈判都以可的松[1]为中心。打上一针可的松，疼痛可以暂时得到缓解。但是在可的松起作用之前，要经历非常痛苦的注射过程。

我昨天打了一针，这样今晚我才能够比赛。这是这一年的第三针，我职业生涯的第十三针，也是迄今为止最为骇人的一次。首先，医生让我选定一种姿势，于是我趴在了桌子上，然后护士一把拉下了我的短裤。医生说他必须得使那根十七厘米长的针头尽可能地靠近发炎的神经；但是由于我的椎间盘突出和骨刺的阻挡，他无法使针头直达神经附近。于是他尝试"绕道"注射，希望能破除我背部的"枷锁"，这使我疼痛异常，不堪忍受。他首先将针头刺入，然后把一个大型X光检查仪压在我的背上，查看针头离神经有多远。他说，他得使针头紧靠神经，但又不能碰到神经。如果针头碰到了神经，哪怕仅仅是轻轻掠过，那种痛苦也足以毁了我的整个赛事，甚至可能改变我的一生。刺进去，拔出来，动一动，他不断调整着针头的位置，直到我疼得眼里充满了泪水。

最后，他终于找准了位置。"正中靶心。"他说。

可的松被注射进去了，那种灼人的痛感使我咬住嘴唇。然后压力如约而至，脊柱周围神经得以栖息的微小空间开始被挤压。压力不断增加，一度我甚至认为我的背即将爆炸。

医生说，做任何事都会有压力。

至理名言，医生！

旋即，疼痛感之于我似乎是美好的，甚至是甜蜜的。因为你知道，这种疼痛马上就会消失，你将获得救赎。不过再仔细想一想，也许所有的痛苦都是如此。

我家人的声音越来越大了。我艰难地挪着步子，向套间的起居室走去。儿子杰登和女儿杰姬看见了我，高兴地叫起来。爸爸，爸爸！他们一蹦一跳地跑过来，想要扑到我怀里。我停住脚步，挺直身躯，像模仿冬日里的大树的哑剧演员一样立在了他们面前；而他们也恰在扑到我怀里之前停住了，因为他们知道爸爸这些天来有些虚弱，如果太用力地碰他，他就会垮掉的。我拍了拍他们的小脸，亲吻了他们的脸颊，然后和他们一起坐到了早餐桌前。

杰登问我今天是不是那一天。

"是的。"

"今天你就要比赛了吗？"

1　一种止痛药。

"对。"

"那么今天之后，你就要退役（retire）了吗？"

他和杰姬刚刚学会"退役"（retired）这个词。他们说这个词时总是把最后一个字母（d）丢掉。对于他们来讲，退役一直都在进行着，永远都是现在时。也许他们确实知道一些我不知道的事情。

"儿子，如果爸爸赢了，那就还不能。如果我今晚赢了，我得继续打下去。"

"但是如果你输了——我们能养只狗吗？"

对于孩子们来说，退役只是意味着一只小狗。施特芬妮和我曾经答应孩子们，如果我不再训练了，我们也不再需要像这样在世界各地跑来跑去时，我们就可以买一只小狗。也许可以叫它"可的松"。

"对，小伙子，如果我输了，我们就买只狗。"

他微笑了一下。他希望爸爸输掉，希望爸爸体验到那种压倒一切的失落感。他无法理解——我又怎么能向他解释清楚——失败的痛苦，还有比赛的痛苦。我用了将近三十年才得以理解痛苦的真谛，才得以解答内心深处的疑问，才得以破解自相矛盾的密码。

我问杰登他今天要做什么。

"去看骨头。"

我看看施特芬妮。她提醒我说，她要带孩子们去参观自然历史博物馆，去看恐龙。此时我却想起了我扭曲的椎骨，想到我的骨架和其他恐龙一起在博物馆展出，骨架上标着：霸王龙，网球沃鲁斯。

杰姬打断了我的思绪。她把她的松饼递给我，要我把蓝莓挑出来，这样她才能吃。这已成为早上的例行之事。要如外科手术般精准地弄掉每一颗蓝莓，你需要一丝不苟，精神专注。把刀子插入松饼，转动刀子，使其刚好可以剜出蓝莓，而又不会碰到蓝莓。我的注意力全都集中在她的松饼上，这对我来说是一种解脱，我终于可以想一想网球之外的事情了。

早餐后，施特芬妮和孩子们跟我道别后，直接去了博物馆。我静静地坐在桌子旁，四下观望起这间套房。它跟我以前住过的酒店套间大同小异，清洁、雅致、舒适——这里是四季酒店，所以它还是蛮可爱的，但是这里只是又一个我称之为"非家"的地方，只是作为运动员的我们暂时的栖息地。我闭上双眼，试图考虑一下今天晚上，但却不知不觉地陷入回忆中。这些天来，我的思绪总是不经意间就回到过去，而半数情况下，它总是想要回到最开始的地方，这很可能是由于我已如此接近终局。但是，现在我还不能沉溺于过去，现在还不行。哪怕是对过去的点滴回忆，我都承受不起。我站起身，绕着桌子来回走着，检测我的身体是否平衡。当我感觉身体已相当平稳了，才小心翼翼地走向淋浴间。

冲着热水，我呻吟着，痛苦地尖叫着。我慢慢地弯下身，摸了摸四头肌，精神为之一振。我的肌肉终于松弛下来，皮肤开始愉悦地吟唱，毛孔也畅通了，温暖的血液在我的血管里流淌。我感到希望已开始蠢蠢欲动。然而，我并未进行突然或剧烈的运动。我不想做任何惊动我脊柱的事情，我想让它再沉睡一会儿。站在浴室的镜子前擦拭身体，我盯着镜子里的脸，红红的眼睛，灰白的胡子——与我职业生涯开始时迥然不同，而且也与我去年在这面镜子里看到的面容相异。无论我会是谁，我已然不是那个开启这一漫长旅程的男孩了。我甚至也已不是三个月前宣布职业生涯即将结束的那个男人了。我就像一个已经更换了四次拍柄绷带、七次拍线的网球拍，称这个球拍还是原来那个球拍准确吗？在那双眼睛的某处，我仍能看到那个一开始并不想打网球的男孩，那个想要退出而且也确实多次退出的男孩。我看到了那个憎恨网球的男孩，我不禁想知道那个金发男孩会如何看待眼前这个谢了顶的男人。这个男人仍然憎恨网球，却还在继续打着网球。他会震惊、感到有趣，还是会为之骄傲？这一问题使我筋疲力尽，而现在才刚刚中午。

请让这一切结束吧。

然而，我还并未准备好就此结束。

职业生涯的终点线与一场比赛的终点线并无差别，目标就是触及那条终点线，因为它散发着一股极富磁性的力量。当你接近终点线时，你能感受到那股力量在吸引着你，你可以借助那股力量实现穿越。但是就在你即将获得那股力量时，你又感觉到了另一股同样强大的力量，正将你推离终点。这一点令人费解，神秘玄妙，但这两股力量确实同时存在。我深有感触，因为我生命中的大部分时光都在追寻着其中一股力量，同时在与另一股力量进行斗争。有时，我被困其中，摇摆不定，像网球一样在两点之间不停往复。

我提醒自己，为了应对今晚可能出现的任何困难，我必须拥有钢铁般的自制力，无论这种困难是背痛、糟糕的天气，还是自我厌恶感。这种提醒是一种担忧，但同时也是一种思索。在二十九年的网球生涯中，我懂得了一点：在你前进的道路上，生活会剥夺你几乎所有的家当，你要做的就是避开障碍。如果你因它们而止步或者分心，你就没有做好自己的分内事，而这一点将使你懊悔不已。这种懊悔会比背痛更让你无法前行。

我躺在床上，喝了杯水，然后读起书来。一会儿，觉得眼睛有些累了，就打开了电视，这时播放的正是关于此次比赛的报道：今晚，美网公开赛将进行第二轮比赛。这将是阿加西的告别秀吗？我的脸闪现在屏幕上。与镜子中的那张脸大不相同——这是我比赛时的面容。我开始仔细打量起这张脸，这一次它是通过电视这面失真的镜子呈现在我面前的。我换了一两个频道，都是关于这场比赛的报道。我开始焦虑起来，而且愈加强烈。这是有关我的最后的商业宣传吗？这是哥伦比亚广播公司最后一次大力报道我的比赛吗？

那种行将覆灭的情绪如影随形，挥之不去。

在我看来，网球使用生活中的语言绝非偶然。占先、发球、失误、破发、零分——网球的基本元素都是日常生活中普遍存在的，这是因为每一场比赛都是现实人生的缩影。甚至网球比赛的架构——像俄罗斯套娃一样，层层嵌套——也反映出了我们所处的这个时代的格局。得到一定分数，一局终了；几局过后，一盘完结；等到数盘打下来，胜负分出，即是一场比赛。各个环节都联系得如此紧密，以至于任何一分都有可能成为转折点。这令我不禁想起秒、分钟、小时之间的那种关联。生活中的任一小时都有可能成为最美好的时光，但也有可能留下最黑暗的记忆，这取决于我们的选择。

但如果网球就是人生，那么球赛终局之后，则必是不可捉摸的空虚和寂寥。一想到这点，我就十分沮丧。

施特芬妮和孩子们突然开门进来。孩子们一下子便倒在了床上，儿子问我感觉怎么样。

"很好，很好。骨头怎么样？"

"好玩！"

施特芬妮给他们拿了三明治和果汁，然后又催着他们出了门。

她说，他们与其他孩子约好了要出去玩。

谁不是呢？我也与人约好了要去"玩"网球。

现在我可以打个盹儿了。三十六岁了，唯一可以使我打下一场有时甚至耗时会过半夜的夜场比赛的方法就是提前打个盹儿。而且，既然我已经大概知道我是谁了，我希望合上双眼，暂时"告别"阿加西。当我再睁眼时，一个小时已经过去了。我大声说：现在是行动的时候了，不能再继续逃避了。我又一次走进淋浴间，但是这次与早上那次不同——这次至少多用了二十二分钟，估计应该差不多。而且这次不是为了清醒，也不是为了洗掉泥垢——这次淋浴是为了鼓励自己，训练自己。

网球是一项自言自语的运动，任何其他运动员都不会像网球运动员这样自言自语。棒球投球手、高尔夫球手、足球守门员，当然也会自己小声嘟囔，但是网球运动员是自己提问然后回答。在比赛最激烈的时刻，网球运动员看起来就像公共广场上的疯子，大声叫嚷、诅咒谩骂，不断与自我进行着辩论。为什么？因为网球这种运动太孤独了，只有拳击手才能理解网球运动员的孤独。就算是拳击手，也有助手和经纪人陪伴着，他们甚至还可以将拳击场上的对手视作某种意义上的伙伴，和他们扭斗，对他们咕哝。然而在网球比赛中，你和对手永远是面对面地厮杀，却永远不会碰触对方或是跟对方以及其他任何人交谈。网球规则禁止网球运动员在比赛时与人交谈，甚至与教练交谈都不行。

人们有时会说田径中的赛跑运动员才更为孤独，我不得不一笑置之——至少赛跑运动员可以感受和嗅到对手的气息，他们之间的距离只有一、二十厘米，而在网球比赛中，你却身处孤岛。在所有男女比赛项目中，网球是最接近单独禁闭的，不可避免地催生自言自语。我的自言自语是从下午这次淋浴开始的。我开始自己和自己说话，不断地说些疯狂的事，一遍又一遍，直到自己对此深信不疑。比如说，那个半残的人可以在美网公开赛中进行比赛，那个三十六岁的老男人可以击败一个刚刚步入全盛阶段的对手。我在职业生涯中赢过869场比赛，在网球历史上位居第5，而其中很多次胜利都是在下午淋浴后赢得的。

水在我耳边哗哗地响，就像两万名球迷的呐喊声。我回想起那些特别的胜利——那些球迷们不会记得的，但却仍会令我难以入眠的胜利——在巴黎对阵斯奎拉里、在纽约与布莱克鏖战，在澳大利亚与皮特一争高下。我珍惜其中的分分秒秒，当然也会回想起一些失败，想到失望之处时我摇摇头。我告诉自己，今晚不过是场考试而已，而且考的是我已经学了二十九年的东西。不论发生什么，我至少已经经历过一次。或是身体上的测试，或是精神上的考验，没有什么新鲜的。

请让这一切结束吧。

我不想就这样结束。

我开始大声哭泣，斜靠在淋浴间的墙上，让眼泪尽情流淌。

我在刮胡子的时候给自己下了严格的指令：一分一分地打，为每一分而全力以赴，无论发生什么都要昂起头。看在上帝的分上，就算痛苦和失败在所难免，也要享受过程，至少享受其中的某些瞬间。

我想起了我这场比赛的对手——巴格达蒂斯，他此时正在干些什么呢？他在巡回赛中是个新手，但却绝不是你想象中的那种典型的新手。事实上，他现在世界排名第8位。他是一个来自塞浦路斯的身强体壮的希腊大男孩，在这个赛季中一直有上佳表现，曾一路杀进澳大利亚网球公开赛的决赛和温布尔登网球公开赛的半决赛。我很了解他。在2005年的美网公开赛中，我们打了一场练习赛。通常在大赛时我是不会和其他选手打练习赛的，但是巴格达蒂斯的坦率足以打消我的疑虑。而且，当时塞浦路斯的一家电视台正在录制一期有关他的节目，巴格达蒂斯问我是否介意拍摄我们比赛的过程，我说："当然不介意，为什么要介意呢？"最后，我赢了那场练习赛，6∶2，赛后他一直保持着笑容。于是，我想他是那种高兴或是紧张的时候都会笑的人，但是你很难区分他是高兴还是紧张。这让我想起了某个人，但我却一时想不起来那个人是谁了。

我告诉巴格达蒂斯，他的打法有点儿像我。他说那一点儿也不意外，他是看着我的球赛长大的，他在卧室里贴满了我的照片，总是边看我的比赛边模仿我的动作。换句话说，今晚我会像和镜子里的我打比赛一样。他会固守底线，在球的上升期便早早地击球，喜欢孤注一掷，就像我一样。这将是一场势均力敌的比赛，我们两个人都想尽办法控制局面，都想要寻找机会击出一记漂亮的反手直线球。他的发球并非势不可挡，我的也不是，这意味着双方要通过长时间的对打才能得分，也就是要消耗大量的时间和精力。我要为一场双方不得不全力以赴的长时间消耗战——也就是这种运动中最残酷的形式——做准备。

当然，我们俩有一个最明显的区别，那就是体力。我们有不同的身体。他就像年轻时的我——动作敏捷迅速、精力充沛。为了让现在的我生存，我必须打败年少的我。我闭上眼睛，对自己说：控制那些你所能控制的！

我又大声说了一遍。大声说出来让我觉得自己所向披靡，无所畏惧。

我关上水龙头，呆立着，浑身不停地颤抖，不禁想起自己在不断流出的热水下是多么容易变得勇敢起来。但是，我提醒自己，那并不是真正的勇敢。说到底，你的感觉并不重要，你的行为才能最终成就你的勇敢。

施特芬妮和孩子们回来了。是"吉尔水"上场的时候了。

我出汗比大多数运动员都多，因此在赛前数小时内我需要大量饮水。我倒了几百毫升吉尔发明的神奇的"灵丹妙药"。吉尔是陪伴了我十七年的体能教练。"吉尔水"里含有碳、电解质、盐、维生素和一些吉尔从不外传的秘密成分。他从二十年前就开始不断完善他的秘方了。他通常在比赛的前一夜就开始不断地强迫我喝"吉尔水"，直到比赛开始为止。然后随着比赛的进行，我会不时地抿一口。不同的阶段有不同版本的"吉尔水"，且每一阶段的颜色都不同：粉色是用于摄入能量的，红色是用来恢复体力的，棕色的则是用来补充营养的。

孩子们很喜欢帮我制作"吉尔水"，他们为了谁用勺子舀出那些粉末、谁端着漏斗、谁将那些粉末倒进塑料水壶里而吵来吵去。但是只有我可以将那些水壶放进我的包里，和我的衣服、毛巾、书、墨镜以及护腕放在一起。我的球拍通常最后才会放进去。我不允许别人碰我的网球包。当我打包完毕后，通常把它放在门边，就像一个杀手的装备一样，标志着出发的时刻已迫在眉睫。

五点的时候，吉尔从酒店大堂打来电话。

他说："你准备好了吗？大干一场的时刻到了。时间到了，安德烈。开始了。"

现在每个人都在说"开始了"，但是吉尔从很多年前就开始这么说，而且没有人能说出他那样的感觉。当吉尔说"开始了"，我感到自己的助推器被点燃了，我的肾上腺素像锅炉里的热水一样汩汩涌动。我感觉自己可以将一辆小汽车举过头顶。

施特芬妮将孩子们聚到门口，告诉他们爸爸要出发了。"你们有什么要对爸爸说的，孩子们？"

杰登喊："爸爸，狠狠地打他们！"

"狠狠地打他们！"杰姬也学着哥哥说。

施特芬妮只是给了我一个吻，什么也没有说，因为一切尽在不言中。

在车里，吉尔坐在前排。他穿得很入时，黑衬衫、黑领带、黑夹克，并时不时用后视镜检查自己的发型——每次比赛他都打扮得像是要去相亲或是要去大出风头似的。我和教练达伦坐在后排。达伦是澳大利亚人，有着一身好莱坞明星似的棕色皮肤，总是带着像是中了彩票似的微笑。有几秒钟的时间，没有人说话，然后吉尔哼出了我们最喜欢的一首歌，一首罗伊·克拉克的老歌，他深沉的男低音在车里飘荡：

> 只想要体验假装的感觉，
> 假装还有剩下的东西可供我们获取……

然后，他看向我，等待着。

我说，我们也不能在雨中燃起火堆啊。

他笑了，我也笑了。这一刻，我忘记了紧张。

紧张是一种很可笑的情绪。有些时候它会使你不得不跑到洗手间，有些时候它让你感到怒火中烧，还有些时候它又会让你开怀大笑，并有一种想要去战斗的渴望。在你驾车驶往赛场前，第一要务是要确定你是哪种紧张。弄明白你是哪种紧张，破译其中所蕴涵的有关你身体和心理状态的密码，是控制它并让它为你服务的第一步。这是我跟吉尔学到的成千上万条经验中的一条。

我问达伦对巴格达蒂斯的看法。今天晚上我要展现何种程度的进攻性？网球就是对不同程度的进攻性的演绎。你要展现出足够的进攻性以掌握分数，但也不能攻击得过了头，以至于牺牲了控制权，将自己暴露在不必要的风险当中。我关于巴格达蒂斯的问题是：他会如何打击我？如果我以反手斜线球来发球，有的运动员会很有耐心，有的则会立即做出反应，或是回击一记大力直线球，或是直接杀到网前。因为除了那场练习赛之外，我从来都没有跟巴格达蒂斯对打过，我想要知道他对保守的打法会做出怎样的反应——他是会冲向前，放弃运用常规的斜线球打法，还是会守在底线等待时机？

"老兄，"达伦说，"我觉得如果你在对打中太保守的话，那个家伙就会伺机而动，用他的正手重击你。"

"我知道了。"

"至于他的反手击球，他无法轻易地打出直线球，也就不会那么快地扣动扳机。所以如果你发现他一直在用反手打直线球的话，那么就一定意味着你没能在你们的对打中释放足够的力量。"

"他跑动迅速吗？"

"是的，他跑动很迅速，但是当他处于防守状态时，他就会不舒服。他处于进攻时的跑动状态比防守时表现得要好。"

"嗯。"

我们来到了运动场。球迷们在四周徘徊。我为几个人签了名，然后就闪进了一个小门里，走过一个长长的通道进入了更衣室。吉尔走过去和保安协商，他通常希望他们知道我们去场地练习和回来的确切时间。达伦和我放下包，直接朝训练室走去。我趴在桌子上，让第一个赛会医生来帮我按摩背部。达伦迅速走了出去，五分钟后，他拿着八把新穿了线的网球拍回来了，然后把它们放在了我的包上。他知道我希望亲自把它们放进包里。

我对我的网球包有种异样的迷恋。我总是把它收拾得极其整齐，而且并不认为自己这种过于注重小节的行为有什么不妥。包就是我的文件夹、手提箱、工具箱、午餐盒和调色板，我需要它一切就位。这个包是我带到赛场上并从赛场上带回来的东西，这是两个极具压力的时刻，因此我可以感觉到它的每一分重量。如果有人悄悄往我的包里塞进一双袜子，我想我也能感觉到。这个网球包就像你的心一样，你必须一直知道里面装了些什么。

同时，这也是一个纯功能性的问题。我需要我的八把球拍严格地按时间顺序排列在我的网球包里，最新穿线的球拍放在最底下，穿线时间最久的球拍放在最上面。一把球拍放的时间越久，它的网线就会变得越松，所以每场比赛开始时我用的通常都是那把穿线时间最久的球拍。

我的穿线师罗曼是一个老派的、活在旧世界的捷克手艺人。他是最棒的，而且他也必须是，因为穿线这一环节可以使比赛的结果大为不同，而对一个人来说，一场比赛则可能意味着完全不同的职业生涯，而一种职业生涯则意味着完全不同的人生。当我从包里拿出一把新的球拍，试着打完一场比赛时，这个球拍的球弦磅数的价值可能高达数十万美元。因为我是在为我的家人、我的慈善基金、我的学校打球，球拍的每根弦就跟飞机发动机的每个零件一样重要。世上存在那么多我控制不了的事情，因此我对自己能控制的少有的几件事情异常痴迷——球拍的球弦松紧就是其中一件。

　　罗曼对于我的比赛非常重要，因此我在各地参赛时总是将他带在身边。他本是纽约的正式居民，但是当我参加温布尔登网球公开赛时，他住在伦敦，当我参加法网公开赛时，他又变成了一个巴黎人。有时，在一些外国的城市我会感到迷茫和孤独，这时我会和罗曼坐在一起，看他给球拍穿线。并不是我不信任他，事实上正好相反：当我注视着一个能工巧匠工作时，我会感到平静、踏实，并备受鼓舞。这让我想到，在这个世界上任何一份出色完成的工作都具有非凡的重要性。

　　球拍最初从工厂里用一个巨大的箱子运到罗曼那里时，通常都是一团糟。在一般人的眼里，它们似乎是完全相同的，但是在罗曼看来，它们就像人海中的芸芸众生一样，面目各异。他旋转它们，前前后后地看，皱皱眉，然后作出评价，最后才正式开始工作。他先是除去工厂的拍柄，装上我自己的拍柄。我自从十四岁起就开始使用这种拍柄了，它就跟我的指纹一样私密，不仅和我的手形与手掌的长度相吻合，还与我手上老茧的形状和我的握力相匹配。罗曼有我球拍拍柄的模具。他会把小牛皮包在这个模具上，并连续敲打，使其越来越薄，直到达到他满意的厚度为止。在长达四个小时的比赛行将结束时，毫厘的差距也会像你的鞋子里有一颗石子一样，让你恼怒不已。

　　装好拍柄后，罗曼会为球拍穿线。他将弦放松，拉紧，再放松，就像琴师给大提琴调弦那样小心翼翼地调弄着。然后他会用模板在球线上涂抹出商标字样。为了使印出的图案快点儿变干，他会在空中用力挥舞球拍。有的穿线师在比赛快要开始时才用模板印出图案，我觉得那样是极不专业和粗心的。这些图案的印迹会蹭在网球上，对于我来说，再没有比跟一个使网球蹭上红黑图案的人比赛更难过的事了。我喜欢一切都井然有序、整齐干净，即使网球上也不能蹭上污点。无序会令人分心。在球场上，任何令人分心的事都可能是个潜在的转折点。

　　达伦打开两筒球，在他的兜里塞了两个球。我猛喝了一口"吉尔水"，并在热身前最后去了一趟盥洗室。保安詹姆斯带我们进入通往球场的地下通道。就像平时一样，他穿着紧身的黄色保安衬衫，并朝我使了个眼色，仿佛是在说：我们保安人员本应保持中立的，但我绝对站在你这边。

詹姆斯在美网公开赛待的时间差不多和我一样长。在无数场比赛前，都是他领着我走过这条长长的通道走向赛场的；无论是辉煌的胜利，还是痛苦的失败之后，也都是他领着我离开的。这个善良的、身上有着引以为豪的战争伤疤的大块头和吉尔很像。在场上的这几个小时，我将置身于吉尔的气场之外，而詹姆斯则仿佛暂时替代了吉尔的位置。有一些人，像工作人员、球童、赛会医生，他们和你一起待在场上，见到他们你就会更加安心；他们帮助你时刻谨记你现在所处的位置，以及你是谁。詹姆斯就处在这个名单的最前列。他是我走进阿瑟·阿什网球场时最期望见到的面孔之一。见到他，我就明白我又回到纽约了，一切都在我的掌控之中。

自从1993年一个汉堡的球迷在比赛中冲进赛场并刺伤了莫妮卡·塞莱斯之后，美网公开赛中，每次换边期间，每个选手的座位后面都会有一个安保人员。詹姆斯总是确保他待在我的座位后面，这种对我的关照让他显得分外迷人和可爱。在遇到一场势均力敌的比赛时，我常常会看到詹姆斯表现出一脸的担心，这时我就会悄悄地跟他说："别担心，今天晚上我会打得这个笨蛋俯首称臣的。"我的话通常都会令他暗自发笑。

现在，他正领着我前往练习场地，但他没有笑，而是看起来很伤心。他知道这可能是我们共同度过的最后一个晚上，但他依旧陪我走完赛前的例行程序。他也说着跟以往相同的话："让我帮你拿那个包吧。"

"不用了，詹姆斯，这个包只有我才能拿。"

我告诉詹姆斯，在我七岁的时候，我曾经看到吉米·康纳斯让别人替他拎包，俨然把自己当成了恺撒大帝。从那以后，我就发誓一定要自己拿自己的包。

"好啦，"詹姆斯笑着说，"我知道了，知道了。我记得的，只不过想帮帮忙而已。"

接着我问道："詹姆斯，你今天站在我身后吗？"

"放心吧，我会的，孩子。一切都不用担心，只要好好打就行了！"

这是九月的一个昏暗的夜晚，天空中飘着紫色、橘色和灰灰的色彩。在进行练习前，我走到观众席前和一些观众握手，又给几个人签了名。这里有四个练习场地，詹姆斯知道我最喜欢那个离人群最远的场地，因为那样我就可以私下里和达伦商量一些比赛战术。

当我朝着达伦的正手位打出一记反手直线球时，我忍不住失望地叹了口气。"今晚不要打这条线路，"他说，"巴格达蒂斯会抓住这个机会重击你的。"

"真的吗？"

"相信我，兄弟！"

"你还说他跑动迅速？"

"是呀，跑动迅速。"

我们对练了二十八分钟。我不知道自己为什么会注意到这些细节：下午淋浴的时间、练习的时间、詹姆斯衬衫的颜色等等。我不想注意这些细节，但我却总是不自觉地注意着，而这些细节将会一直保留在我的脑海里。我很清楚自己的网球包里装了哪些东西，但是却不清楚自己脑子在想什么。我好像一直在向脑袋里塞东西，但却从来不扔出什么东西。

我的背感觉还好—— 当然还像往常一样僵硬，但是难忍的疼痛消失了。可的松发挥了药效。我感觉不错，尽管"不错"的定义在这些年来已经变了，但我现在仍然比今天早上睁开眼睛的时候感觉好多了，那时我甚至想到了放弃。我大概可以做到。当然，明天我可能会全身酸痛，但是我不能总是担心将来，就像我总是回忆过去那样。

回到更衣室，我脱掉了汗津津的衣服，一头冲进了淋浴间。这是今天的第三次冲澡，时间很短，却很有效。没时间考虑或是哭泣。我迅速地穿上干净的短裤和 T 恤衫，在训练室里休息。我又喝了尽可能多的"吉尔水"，因为现在是六点半，离上场还有将近一个小时的时间。

训练台上有一台电视，我试着去看新闻，但根本看不进去。我走到办公室，顺便去看看那些美网公开赛的秘书和官员。他们很忙，根本没有时间说话。我穿过一扇小小的门。施特芬妮和孩子们已经到了，他们待在更衣室外面的一个小游乐场里，杰登和杰姬在轮流玩着滑梯。我能看得出来，施特芬妮很感激有孩子们可以分散她的注意力。她比我还要紧张，看起来几乎都有些不耐烦了。她蹙着眉头，仿佛在说："应该已经开始了呀！快点儿！"我喜欢我妻子一心想着战斗的样子。

我和妻子、孩子们谈了几分钟，但我却听不进去他们的话。我的思绪飘得很远，她知道这一点—— 如果没有高度灵敏的直觉，你是不可能赢得二十二个大满贯的。她在比赛前跟我是一样的。她把我送回更衣室："去吧，我们会去看比赛的。尽全力就好。"

她不会在底层的包厢里看比赛，那对她来说太近了。她会和孩子们一起待在球场上层的包厢里，焦虑地走来走去、祈祷或是偶尔因为不敢看而捂住自己的眼睛。

高级赛会医生佩雷走了进来。我能够分辨出他手中的哪个盘子是给我的——上面有两个巨大的海绵圈和两打特制带子的那个。我躺在一张训练台上面，佩雷坐在我的脚旁边。给脚作战前的准备是个脏活儿，因此他在身边放了一个垃圾筐。我喜欢佩雷的整洁、一丝不苟和手上的老茧。开始的时候，他会用一根长长的 Q 牌棉棒给我涂抹一种可以使我的皮肤湿热和脚背发紫的黏湿物质，这些是免洗的。我的脚背自里根当了总统之后就没有脱离过这种物质。现在佩雷开始喷洒让我的皮肤韧性增强的物质，待这些液体变干之后，他又用海绵圈在每一个老茧上轻轻拍上几下。然后轮到那些像是米纸一样薄而透明的特制带子上场了。佩雷立即把它们包在了我的皮肤上，我的大脚趾被包得像火花塞那么大。最后他用带子包住了我的脚底。他对我每一次跳跃、每一次奔跑的脚底受力点都一清二楚，并会在那里多加几层防护。

我谢过他，然后穿上了鞋子，没有系鞋带。现在一切都慢了下来，同时周围变得喧闹起来。刚才这个运动场还很安静，现在却太吵闹了，到处充斥着嗡嗡的声音以及球迷们冲向他们的座位并急于安定下来的声音。他们不想错过即将到来的每一分每一秒。

我站起来，抖了抖双腿。

我不会再坐下了。

我试着在走廊里慢跑。还不错，我的背还能撑得住，全身机能都在正常运转。

路过更衣室的时候，我看到了巴格达蒂斯。他穿戴得很整齐，正对着镜子整理着自己的发型。哇噢，他的头发好多。现在他开始绑他的束发带了，一条白色的"可奇思"头巾，绑好后，他又最后拉了拉他的马尾辫—— 一个显然比护理脚趾更加迷人的赛前仪式。我记得在我职业生涯的前半段也曾面临过头发的问题。有那么一瞬间，我真的感到很嫉妒。我怀念我的头发。然后我又摸了摸自己光光的头皮，暗自庆幸已经不用再为头发的事而担忧了。

巴格达蒂斯开始做拉伸运动，弯腰。他单脚站着，将另一条腿的膝盖抬到胸前。没有比看着你的对手做普拉提、瑜伽或太极而你自己却拉不开、压不下去更令你不安的事情了。他现在扭动着臀部——那种动作我七岁后就不敢再尝试了。

但是他做得太多了。他很烦躁，我几乎都能听到他中枢神经系统的声音了，那种声音就像球迷们发出的嗡嗡声。我看着他和他教练之间的互动，他们都很烦躁。他们的表情、他们的肢体语言、他们的脸色，一切都告诉我他们知道即将面临一场残酷的斗争，并且他们并不知道这是否是他们想要的。在看到对手和他的团队显露出紧张的一面时，我通常是很高兴的。这是一个好的前兆，但也是对对手敬重的表现。

巴格达蒂斯看到了我，冲我笑了笑。我记得他在高兴或是紧张的时候都会微笑，但你分不清他到底是紧张还是高兴。又一次，他的笑让我想起了某个人，但是我却怎么也想不起那个人是谁。

我举起一只手："祝你好运！"

他也举起了一只手："我们今晚一决胜负吧！"

我进入通道，在上场前最后和吉尔说说话。吉尔一个人待在角落里，同时密切关注着一切。他抱了抱我，告诉我他爱我，并为我骄傲。我找到施特芬妮，吻了吻她。她不停地走动，紧张地跺着脚。如果可能，她愿意不顾一切地穿上网球裙、抓起球拍和我在场上共同奋战。我好斗的新娘。她努力微笑，却没能笑出来。从她的表情中，我可以看出一切她想说却说不出来的话，我仿佛听到她在说：慢慢享受，细细体会，好好观察一切，注意一切转瞬即逝的细节，因为尽管你痛恨网球，但今后你可能会怀念今晚的一切。

我知道这是她想说的，但是她却没有说。相反，她只是亲了亲我，说了她在上场前通常会跟我说的话，这些话对于我来说就像空气、睡眠和"吉尔水"一样不可或缺。

"去吧，一定要把他打得落花流水！"

一个身穿西装的美网公开赛官员拿着一个几乎和我前臂一样大小的无线电话走了进来，他似乎负责与今晚电视转播和场上安全相关的事宜。事实上，他那架势似乎自己正负责一切事宜，包括在拉瓜迪亚机场的迎送事宜。

"还有五分钟。"他说。

我转身问别人："现在是什么时间？"

"该上场了。"他们说。

"不是，我要问的是几点了，是不是七点半了？还是八点了？"我要知道确切的时间，现在我突然感觉这个对我很重要，但是这里却没有时钟。

达伦和我面对面站着，他的喉结上下滚动着。

"老兄，"他说，"你已经做足准备工作了。你已经准备好了。"

我点了点头。

他伸出拳头要跟我的撞一下。只撞一下，因为我这周早些时候赢得第一轮比赛前我们就是这样做的。我们都很迷信，所以我们以怎样的方式开始，就要以怎样的方式结束。我盯着达伦的拳头，跟他结实地撞了一下，但是却自始至终都不敢抬眼看他。我知道达伦的眼中盈满了泪水，也明白那样的神情会对我造成怎样的影响。

上场前的最后一件事：我系牢鞋带，用绷带包扎好手腕。自从1993年受伤以后，我总是用绷带包扎手腕。我绑紧了鞋带。

请让这一切结束吧。

但我不想就这样结束。

"阿加西先生，该上场了。"

"我准备好了。"

我走进通道，巴格达蒂斯在我前面两三米远的地方，詹姆斯还是在前面领路。在我四周充斥着嗡嗡的声音，并且越来越响。这个通道就像冷藏室一样冷。我对这个地方就像对家里的前厅一样熟悉，但是今晚，我仍然感到这里似乎比平时的气温低了约十摄氏度，这段短短的路程似乎有一个橄榄球场那么长。我看了看四周，两旁的图片很熟悉，是历届冠军们的照片：纳芙拉蒂诺娃、伦德尔、麦肯罗、施特芬妮和我。这些图片将近一米高，整齐地排列着，就像郊区绿化带里的树一样。我默默告诉自己：别再注意这些细枝末节了，是该限制思绪的时候了，就像这条通道限制你的视线一样。

安保负责人喊道："好的，上场！"

我们迈开了步子。

经过细心的安排，在我们朝着光明前进的时候，巴格达蒂斯跟我一直保持着三步远的距离。突然，另外一道光，一道令人眩晕的缥缈的光束照了过来，直直地射在我的脸上——是媒体的摄影机灯。一个记者问巴格达蒂斯感觉怎么样，他说了些什么，我没听清楚。

现在摄影机移到了我的面前，记者又问了我同样的问题。

"这可能是你最后一场比赛了，"记者说，"对此你有什么感觉？"

我回答了他，但是却完全搞不清楚自己说了什么。凭着多年的经验，我感觉到我说了他想要我说的话，也就是我应该说的话。然后，我继续毫无知觉，像个木偶般走下去。

当我们接近场地入口时，气温骤然升高了。那些嗡嗡的声响振聋发聩。巴格达蒂斯首先进场。他知道我退役的消息引起了多大的轰动，今晚他打算扮演恶人的角色。他觉得自己准备好了。我让他先走，让他去听嗡嗡的响声变成欢呼呐喊的声音。我要让他以为这些观众是为了我们两人欢呼。然后我走了出去——现在的欢呼声是先前的三倍。巴格达蒂斯转过身，意识到先前的那次欢呼是给他的，这次欢呼才是为我的，而且只为我，这就迫使他要调整他的期待，并重新考虑即将发生的事情。还没有发出一球，我就已经在心理上给了对手重重的一击。这是一个职业诀窍，一个老手的诀窍。

当我们走向自己的座位时，观众的欢呼声越来越响，比我想象中的还要响亮，甚至几乎比我在纽约听过的任何欢呼声都要响亮。我闭着眼，接受欢呼声的洗礼。他们爱这个瞬间，爱网球，我不知道他们如果知道了我的秘密会做何感想。我盯着赛场。那里通常是我生活中最不寻常的一部分，而今在所有的混乱中，赛场却成了唯一处于常态的空间。赛场通常是让我感到孤独和无助的地方，但今天，从这个瞬间开始，我却希望它能成为我的庇护所。

我轻而易举赢了第一盘，比分是6：4。球严格遵守着我的每一个指令，我的后背也是。我感觉周身暖烘烘的，很舒服。可的松和肾上腺素一起发挥作用了。我又赢了第二盘，还是6：4。我似乎看到了终点线。

到第三盘的时候，我开始感觉累了，我的身体不再听我的指令。同时，巴格达蒂斯改变了打法。他决定铤而走险，背水一战，那是比可的松更加有力的强心剂——他开始采取冒险的打法，而且每一次冒险都奏效了。球开始拒绝听我的命令，而成了他的同谋。他准确把握击球线路，这也给了他很大的信心，我能看到他眼中闪烁着自信的光芒。绝望已经演变成了自信，不，是怒火。这个时候他不再崇拜我。事实上他恨我，我恨他，我们冷笑着，咆哮着，试图从对方手里攫取对整个局面的控制权。观众们助长了我们的怒火，每一球落地都能听到他们的尖叫声和跺脚声。现在他们更为用力地鼓着掌，那声音听起来是原始的、野蛮的。

第三盘他赢了，6：3。

我对巴格达蒂斯的猛攻毫无反击之力，情况变得越来越糟。他毕竟才二十一岁，只是刚刚热身而已。他找到了自己的节奏，找到了来到场上的原因，找到了站在这里的权利，而我却已是气喘吁吁了。我痛苦地意识到自己体内的生物钟正在"滴答、滴答"地响着。我不想打第五盘，我应付不了一场五盘的比赛。死亡迫在眉睫，于是我开始冒险。我获得了4：0的领先优势。两次破发成功，让我又一次感到胜利就在眼前了。我感到了一股神奇的力量在牵引着我向前。

然后，我感到了另外一种力量的拉扯。巴格达蒂斯开始发挥他有史以来的最高水平，他好像刚刚记起自己是世界排名第八的选手。他的水平超出了我的想象。我已经遥遥领先，占据了绝对优势，但是他现在却在落后的形势下，开始赶超我。他破发成功，将比分变成了4：1；他又发球得分，将比分扳回到4：2。

现在到了生死关头：如果赢了这一局，我就重新掌控了这场比赛，我和他都会觉得刚才他只是侥幸才获得了一次破发；而如果我输了，比分就会变成4：3，一切就将重新开始，今晚就会重新开始。尽管我们已经纠缠了整整十个回合，如果我失掉这一局，这场战斗就要重新开始。我们以疯狂的节奏对打着。他全力以赴，尽其所能，赢了这一局。

他要拿下这一盘了。如果他失掉这一盘，他就彻底失败了。我知道，他知道，体育场里的每个人都知道。二十分钟之前，胜利晋级离我只有两局之遥，而现在我却处于崩溃的边缘。

他赢了这一盘，7：5。

第五盘开始了。我先发球，颤抖着，甚至不确信自己是否能够再坚持十分钟，而对手却是一个似乎越打越有力、越打越年轻的小伙子。我告诉自己：不要就这样结束。在所有可能的结果中，不应该是这一种，不要在已经领先两盘的情况下就这样放弃。巴格达蒂斯也在鼓励自己，鼓励自己一定要坚持。我们进入了耗费体力的拉锯战。他犯了一个错误，我也还给他一个；他全力弥补，我更用力地回击。平分后，我发球。我们打出了极为疯狂的一分。他用反手放出一记网前小球，我回球落网。我朝自己尖叫着。巴格达蒂斯领先，整晚我第一次处于下风。

放轻松，控制你所能控制的，安德烈。

我赢了一分。又是平分。欢欣鼓舞。

他赢了下一分，反手击球落网。巴格达蒂斯暂时领先。令人沮丧。

他又赢了一分，拿下了这一局比赛，1：0领先。

我们走到各自的座位处。我听到观众们开始在那边小声地为我的失利而叹息。我喝了一口"吉尔水"，颇有些暗自神伤，感觉自己老了。我看了眼巴格达蒂斯，不禁想知道他现在是不是很得意。但事情并非我想象的那样，他在叫一位赛会医生替他按摩腿部。他叫了医疗暂停，因为他左腿的四头肌拉伤了——他竟然是在四头肌拉伤的情况下拿下这一局的？

观众们很合时宜地为我欢呼打气："加油，安德烈！加油，安德烈！"他们开始挥手，将写有我名字的横幅高高举起。

"今晚我们会永生难忘的，安德烈！"

"今晚这里属于你，安德烈！"

最后，巴格达蒂斯终于准备好上场了。他发球。刚刚破了我的发球局而在比赛中处于领先地位的他，此时应该是劲头十足才对，但是刚刚的暂停似乎打乱了他的节奏。我破了他的发球局。我们又开始了新一轮的决斗。

下面的六局比赛我们都没有破发成功。然后，比分战成4：4平，这一局轮到我发球。我们开始了旷日持久的纠缠。这局比赛似乎打了一个星期那么久，这也是我打过的最耗体力、最不真实的一局比赛。我们像野兽一般低吼，像角斗士一般对打，他的正手，我的反手。运动场里的每一个人都屏住了呼吸，连空气似乎都静止了，旗子耷拉在旗杆上。在40：30的时候，巴格达蒂斯迅猛的正手击球使我乱了阵脚。我勉强赶过去挥出一拍，将球击打过网——因痛苦而号叫着——然后他又朝我的反手位快速回击了一球。我往相反的方向疾行——啊，我的后背！我刚好救起这一球，但却扭到了脊柱。我的脊柱现在僵直着，里面的神经痛苦地呻吟着。再见了，可的松。巴格达蒂斯回球直接得分。当我看到球从我身边飞过，我知道今天晚上接下来的时间里我必须破釜沉舟。从这一分开始，我的一切努力都将受到限制，大打折扣，并以我将来的健康和行动能力为代价。

我透过球网看过去，想知道巴格达蒂斯是否注意到了我的疼痛，但是他在一瘸一拐地走着。一瘸一拐？他抽筋了。他跌倒在地上，抱着腿。他承受着比我更大的痛苦。

我想我宁可承受将来背部的伤痛，也不想某天突然腿抽筋。看着他痛苦地在地上扭动，我意识到：我今天要做的就是保持站着不倒下，使这个该死的球再"运动"一小会儿，让他的抽筋来解决一切问题吧。

我放弃了所有的战术，跟自己说：用最基本的打法。当你和一个受伤的人对打的时候，本能和反应决定一切。这不再是网球比赛，而是意志的比拼。不再猛攻，不再佯攻，不再强调步法，只要大力地挥拍。

重新站起来后，巴格达蒂斯也放弃了所有的战术，停止了思考。这让他变得更加危险了——我不能预测他的下一步会怎样。他已经痛得发疯，没有人能预测发疯的人会做些什么，起码在网球场上是这样的。这一局战至平分后，我一发失误，然后赠予了他一记"强有力"的二发，速度大概只有112千米/小时，他也果然接得很好。制胜球，巴格达蒂斯领先。

见鬼，我焦躁不安起来。这个人不能移动，但是他竟然击垮了我的发球？

现在，我差一分就要以4：5的劣势落后于巴格达蒂斯了。那样的话，巴格达蒂斯就会拥有发球制胜局了。我闭上眼睛。一发又失误了。我试着挥出第二拍，想要放弃这一分了，但是他不知怎的竟然搞砸了一记简单的正手回球。又是平分。

当一个人身体和心理都处于崩溃边缘的时候，简单的一分就会让你感觉你得到了上天的眷顾。但是，我似乎辜负了这份眷顾——我一发又失误了。第二发的时候我成功了，巴格达蒂斯回球出界——又是上天的一份礼物。阿加西领先。

我只差一分就可以夺得5：4的领先地位了。巴格达蒂斯面部扭曲地坚持了下来，他不肯就此放弃。他赢了一分。第三次平分。

我向自己保证，如果我再次领先的话，绝不会放弃拿下这一局的机会。

到现在为止，巴格达蒂斯不只是抽筋——他已经变成了瘸子。等待我发球的时候，他深深地弯下腰来。我不敢相信他竟然还能坚持站在球场上，更别说在赛场上与我进行如此激烈的争夺了。我很明白他此时的感受，同时我对自己说不要对他仁慈。我发球，他回球，我想要将球打到离他较远的空场，但是却打得太用力了。出界。失误，很明显，是个低级失误。巴格达蒂斯领先。

然而，他没有很好地利用这一优势。下一分的时候，他的球落在了底线外一两米远的地方。第四次平分。

接下来我们连续对打了很长时间，最后我打向他正手位的很深的一记回球结束了双方的僵持。他失误了。又一次，阿加西领先。我曾许下承诺，我绝不会再让机会从手中溜走，但是巴格达蒂斯却不让我如愿。他很快地赢了下一分。第五次平分。

接下来是长时间地对抽。他击出的每一记球都呻吟着、挣扎着落在了界内，而我击出的每一记球都尖叫着飞过了网。正手，反手，假动作，救球——然后他击出的一记球恰好压线，轻快地弹到一边。我在球上升期将它击出，球从他头顶半米的地方飞过，出界。巴格达蒂斯领先。

坚持最基本的，安德烈，让他跑动起来，让他跑动起来。他现在一瘸一拐的，只要让他跑动就好了。我发球，他的回球威胁不大。我让他在球场上跑来跑去，直到他发出了痛苦的号叫，并击球落网。第六次平分。

在等待我下一记发球的时候，巴格达蒂斯斜倚在球拍上，就像是老人拄着拐棍。我一发失误，然而他却迎上前来，像螃蟹一样，用他的拐棍重重回球，球刚好超出我正手所及的范围。巴格达蒂斯领先。

他在这局比赛的第四个破发点。我发出了毫无威力的一球，那么软弱，那么无力，我七岁的时候都会因击出这样的球而感到羞愧，但是巴格达蒂斯还是采取了保守的回击。我朝他的正手位打去，他击球落网。第七次平分。

我一发成功。他挥动了球拍，但是却不能击球过网。阿加西领先。

我又面临发球制胜分。我想起自己那个两次均未实现的诺言。现在，最后一次机会。然而，我的背却突然一阵抽搐，我几乎不能转身，更别说抛起球以193千米的时速将其击出了。自然，我一发失误了。我想要发出一记迅猛的二发，展开猛烈的攻势，但是我不能。我的身体不允许。我跟自己说，高跳式发球，将球打到高于他肩膀的位置，让他从一边跑到另一边，直到累得他吐血。千万不要双误。

但是说起来容易，做起来难。发球有效区在我眼里变了形，我看到它在慢慢地缩小。其他人能看到我看到的吗？现在那块区域看起来就只有扑克牌那么大，我不确信如果我将球打过去，那里是否装得下它。我将球抛起，重重击出。当然，出界了。双误。第八次平分。

观众们不敢相信眼前的这种状况，尖叫了起来。

我一发成功，巴格达蒂斯巧妙地回球。面对着场地内四分之三他无力防御的范围，我朝他的反手位击出一记很有力的球，距离他大概有三米远。他飞奔过去，毫无力气地一挥，没有碰到球。阿加西领先。

在争夺本局第22分的时候，一段短暂的连续对打后，巴格达蒂斯终于回球落网。本局，阿加西赢。

在交换场地的时候，我看到巴格达蒂斯坐了下来。巨大的错误！一个年轻人的错误！千万不要在抽筋的时候坐下。千万不要跟你的身体说，可以休息了，然后再跟它说，刚刚是开玩笑的！你的身体就像是联邦政府，它会说：你想做什么就做什么，但是你被抓住的时候，不要对我撒谎。他不可能再发球了。他会再也站不起来的。

但是一会儿，他站了起来，摆好发球的姿势。

是什么力量让这个男人一直没有倒下？

哦，是的，年轻的力量。

在5∶5平的时候，我们打得很不自然。他犯了个错误——总是试图拍拍致命。我放手反击，并赢得了这一局，以6∶5领先。

他发球。现在是40∶15，只差一分，他就可以使比赛进入抢七局。

我英勇战斗，将比分追平。

然后，我赢了下一分。现在我拥有了赛点。

又是一轮迅猛地、恶狠狠地对打。他击出了一记狂野的正手球，当球一脱离球拍，我就知道它出界了。我知道我赢得了这场比赛，同时我也知道自己已经达到了极限，甚至再挥一次拍的力气都没有了。

我走到网前和巴格达蒂斯握手后，就匆匆离开了球场。我不敢停留，强迫自己一直往前走。我跟跄地走过通道，包耷拉在我的左肩上，感觉却像压在我的右肩上一样，因为我的全身已经扭曲了。我到更衣室的时候，已经一步也迈不动了。我再也站不住了，瘫倒在地板上，蜷缩在那里。达伦到了，他和一位赛会医生把包从我的肩上拿了下来，把我搬到一张台子上。

"达伦，我怎么办？"

"躺下，老兄，伸展开。"

"我做不到，我做不到……"

"哪里痛？是不是抽筋了？"

"不是，我胸口闷，喘不过气来。"

"什么？"

"我不能——达伦，我喘不过气来。"

达伦和其他人一起将冰块放在我的身体上面，一边弯我的胳膊，一边给医生打电话。他求我伸展、伸展、伸展。

"只要放松就好，老兄，伸展开。你的身体是紧绷的，只要松弛下来就好，老兄，放松。"

但是我却做不到，这就是问题所在。不是吗？我放松不下来。

无数重叠的人影在我的上方晃动。吉尔揉捏着我的胳膊并递给我一杯能量饮料。我爱你，吉尔。施特芬妮微笑着亲吻我的前额，是高兴还是紧张，我分辨不出来。哦，是的，当然，那就是我一直记不起来在哪里见过的那种微笑。一位赛会医生告诉我，医生已经在路上了。他打开桌子上的电视，对我说等待的时候可以看看电视。

我尝试着去看电视，这时我听到左边有呻吟声。我慢慢转过头，看到巴格达蒂斯躺在隔壁的台子上，他的团队正围着他，帮他恢复体力。他们伸展他的四头肌，他的后腿肌腱就抽筋；他们伸展他的后腿肌腱，他的四头肌就会抽筋；他试着平躺，他的大腿根却又抽筋了。他蜷成一个球形，求他们不要再管他了。于是，除了我们俩，剩下的人都离开了更衣室。我又将头转向了电视。

　　一会儿，我又转头看了看巴格达蒂斯，他正朝我微笑。高兴还是紧张？或许两种情绪都有吧。我也朝他笑了笑。

　　我在电视上听到我的名字。我转过头，电视在播放刚刚比赛的精彩片段。前两盘比赛让人误以为这将是一场容易的比赛。第三盘，巴格达蒂斯开始反击。第四盘，一场针锋相对的较量。第五盘，漫长的九局比赛。这是我所打过的最精彩的比赛之一，甚至可谓是我所见过的最精彩的比赛。评论员称，这是一场经典战役。

　　我察觉身边的巴格达蒂斯微微动了一下。我转过头看见巴格达蒂斯伸出了手，他脸上的表情仿佛在说：我们做到了。我也伸出了手，握住他的手，然后我们就这样握着，看着电视屏幕上不断闪现出我们刚刚那场残酷比赛的画面。

　　最后，我让我的思绪自由地游走。我再也控制不住它了。它不再礼貌地询问我，而是直接强制我回到了过去——过往的一幕幕，过去二十九年每一个重要的瞬间，还有很多不重要的瞬间。因为我的脑袋就连微小的细节都可以记录下来，所以我能清晰地看到并记住每一件事，每一次挫折、胜利、对抗、发脾气、回报、女朋友、背叛、记者、妻子、孩子、服装、球迷来信、宿怨和哭闹。仿佛有另外一台电视在回放着我这二十九年的精彩片段，一切都在我的脑海里高速地旋转着。

　　人们经常问我那是什么样的感觉，我从来不清楚该怎样描述这种感觉，但是有一句话是比较贴切的——那是一种扭曲的、刺激的、可怕的、美妙的旋转。那种力量甚至超过了我斗争了接近三十年的那种令我头晕眼花的离心力。现在，我在阿瑟·阿什球场平躺着，和被我击败的对手握着手，等待着来帮助我们的人。我做了我唯一可以做的事，那就是不再抗拒这种感觉，而是闭上眼睛，细细品味这一切。

Chapter 01
我和"大龙"

　　这么多年来，我一直在听父亲大声呵斥我的错误，以至于时至今日，一次失败已足以使我跟他一样暴跳如雷。我已经将父亲——他的焦躁、他的完美主义、他的愤怒——内化于心。我再也不需要父亲折磨我了。从那天以后，我开始了自我折磨的征程。

　　那一年我七岁，不停地自言自语着，不仅仅是因为我内心恐惧不安，还因为没有人愿意倾听我的心声。我急促地呼吸着，喃喃自语：安德烈，赶快退出吧，放弃吧。丢下你的球拍，离开这片球场，马上！回到房间里，吃些好吃的，和丽塔、菲利或塔米随便玩点儿什么，或坐在妈妈身旁，看她织毛衣或者做拼图游戏。那听起来多么动人！那种感觉肯定美妙至极，不是吗，安德烈？赶快退出吧，从今以后彻底告别网球，那样不是很好吗？

　　但是我不能。不仅仅是因为我的父亲会拿着球拍满屋子追我，更是因为我体内的某些东西，某些神秘的、看不见的"肌肉"不容许我那样做。我憎恨网球，全身心地恨着，但我仍在不停地打球，不停地击球，每个早上，每天下午，因为我别无选择。无论我多么想停下来，我都没法就此止步。我不停地乞求自己：停下来吧，停下来吧，但是我却还在继续挥臂击球。这种矛盾，这种存在于我所想的和我实际行为之间的矛盾似乎已成为我生活的核心。

　　此时此刻，我的仇恨集中在"大龙"身上。"大龙"是脾气暴躁的父亲改造的一台网球发球机，它黑黢黢的，有着大号的橡胶轮子，在底座处还印有用白色大写字母拼写的单词"王子"。初看上去，"大龙"与美国所有乡间俱乐部里的发球机没什么不同，但事实上，它是一个从我的漫画书中跑出来的活生生的家伙。"大龙"有头脑，有主见，有一颗黑色的心，并且有着令人毛骨悚然的嗓音。在又一次将球吞到肚子里后，"大龙"发出了一连串令人作呕的声音。随着它喉咙处的压力不断增大，它开始呻吟。当球马上就要从嗓子眼儿挤出时，它开始尖声叫喊。虽然一度"大龙"发出的声音听起来竟有那么点儿惫惫的感觉，但是当"大龙"死死地瞄准我、以177千米的时速朝我发球时，它发出的声音则是恐怖至极的怒号。每当听到这种声音，我都不禁战栗不已，连连后退。

父亲故意把"大龙"改造得如此可怕。他给它安了一根超级长的脖子（由铝管制成）和一个窄窄的头（也是铝制的）。每次发球时，这个铝头都像准备大"抽"一场的鞭子一样，暂时缩回。他还把"大龙"装在一米多高的底座上，与球网齐平，因此"大龙"要比我高许多。如果说七岁的我和同龄人比起来可以用"矮小"来形容的话（因为我总是缩着身子并且留着西瓜头——我父亲每两个月给我剪一次头发），那么站在"大龙"面前，我看起来就只能说是"渺小"了。我感觉自己是那么微不足道，孤立无助。

父亲使"大龙"高高在上，不只是因为这样我才能专注于它并且景仰它，更为重要的是，他想让"大龙"嘴里射出的球正好落在我脚下，就像从飞机上投掷下来一样。球沿着这种轨道飞行，就几乎不可能以常规方式弹回。我必须每次都在球的上升期就击中球，不然的话它就将反弹并飞过我的头顶。即使那样，父亲也并不满意，他喊道：早点儿击球！再早点儿！

父亲每次都要喊两遍，有时要喊三遍，有时甚至是十遍。"用力点儿，"他说，"再用力点儿！"但是用力又有什么用？无论我多么用力地击球，多么早地击球，球都会再飞回来。我击过网的每个球只是又一次消失在已经覆满球场的成千上万个网球中而已。它们波浪般地涌向我，一波又一波，永不停息。我无法转身，无处迈步，甚至无法原地转圈。只要我稍稍移动，我就会踩到球，而我绝对不能踩到球，因为父亲绝不容许。只要踩到父亲的一个网球，他就会怒吼不已，仿佛我踩到的是他的眼球。"大龙"每喷出三个球，就会有一个击中地上的球，使其疯狂地向一侧弹去。我要在最后一秒钟调整好姿势，及早地击中球，把球巧妙地打过网。我知道要做到这一点需要非凡的反应能力，我也知道世界上几乎没有任何一个孩子能够看到那个球，更不要说击中了，但是我一点儿也不为我的反应能力而自豪，而且我也不会受到赞扬——那只是我应该做到的。每一次击中球都是意料之中的，而每一次漏球则是一场危机。

父亲说，如果我每天击球2500次，每周就会击球17500次，这样一年结束时，我击球的次数就将接近100万。他相信数学，他说数字是不会骗人的。如果一个孩子每年击球100万次，那么他将是不可战胜的。

"早点儿击球，"父亲喊道，"该死的，安德烈，早点儿击球！追着球，追着球！"

现在他正催逼着我，直接冲我的耳朵大喊着。击中"大龙"朝我发射的每一个球还并不够，父亲想让我比"大龙"更有力、更迅速，他想让我打败"大龙"，这使我惊慌失措。我对自己说：你打不败"大龙"的，你怎么能打败一个从不停歇的对手呢？

仔细想想，"大龙"与父亲非常相像，只是父亲比"大龙"还要可怕——至少"大龙"是矗立在我面前的，在我视线所及的地方，而父亲则一直待在我的背后，我几乎看不到他，只能听到他不停地在我耳边叫喊，无论白天还是黑夜。

"再来个上旋球！用力击球，再用力点儿！不要击球下网！该死的，安德烈，不要击球下网！"

没有什么比击球下网更让父亲狂怒不已的了。当我把球打出边线时，他颇为不悦；当我把球打出底线时，他会大喊大叫；而当我回球失误，球下网时，他则会大发雷霆，破口大骂。失误是一回事，击球下网则是另一回事。一遍又一遍，父亲不断地说着：球网是你最大的敌人！

这个敌人，在父亲的"帮助"下，比标准高度高出十五厘米，因此要避免遭遇它简直难上加难。他认为，如果我能战胜这一高网，未来的某一天我也将毫无疑问地征服温布尔登的球网。至于我并不想在温布尔登打球这一点，从来都不会被考虑。我想什么无关紧要。有时我会与父亲一起在电视上看温布尔登网球赛，我们都支持比约恩·博格，因为他是最优秀的，他从不停下前进的脚步，他是最接近"大龙"的——但是我不想成为博格。我钦佩他的天赋、他的精力、他的风格，我钦佩他那种使自己完全沉浸于比赛的能力，但是如有一天我能够拥有他那种品性的话，较之将其耗费在温布尔登的赛场上，我更愿意去做一些别的事情——我自己选择做的事情。

"用力击球，"父亲喊道，"再用力！现在反手击球，反手击球！"

我的胳膊似乎已经不是我的了。我想问，爸爸，还要练多久？但是我没有问。他让我做什么，我就做什么。我尽可能用力地击球，然后更加用力点儿。一次挥拍，我力量十足、干净利索地击中了球，力量之大、速度之快连我自己都感到惊奇。虽然我憎恨网球，但是我仍会为精妙绝伦的一击而欣喜不已，那是我唯一的平静时刻。只有当我完美地完成某事时，我才能享受到那片刻的清醒和平静。

但是，"大龙"也做出了完美的回应，更加迅速地喷射出了下一个球。

"减小拉拍幅度，"父亲说道，"小拉拍——对，就是那样。刷球！刷球！"

父亲有时也会在吃饭时示范。他说，把你的球拍放在球下面，刷，刷。他做这个动作时，就像一个画家轻轻地摆弄着画笔。在我的记忆中，这是父亲唯一"轻轻地"做过的事情。

"网前截击，"他喊道，"努力去截击！"作为一个出生在伊朗的亚美尼亚人，父亲会说五种语言，但是没有一种说得很好，而且他的英语口音很重，总是把 v 和 w 搞混，因此当他说"网前截击"（work your volleys）时，听起来就像"网前集结"（vork your wolleys）。在所有的指示语中，这是他最喜欢的。他总是大叫着"网前截击"，甚至我在梦里都能听到：网前集结……网前集结……

我一次又一次地进行网前截击，现在满眼都是黄色的网球，绿色的水泥场地早已淹没其中。我像老年人那样拖着脚走着，行动极其缓慢。终于，父亲也不得不承认球太多了。那会适得其反的。如果我无法移动，我们就不能完成每天2500次的击球定额。他加大鼓风机的速度，这个庞然大物本是用来在雨后吹干球场的，当然在我们居住的地方——内华达州的拉斯维加斯——从来都不会下雨，因此父亲用这台机器将网球圈在一起。就像那台发球机一样，父亲也对这台原本为标准规格的鼓风机进行了改造，使它成了又一个怪物。我还记得五岁时，我被父亲拖出幼儿园，和他一起进了一个焊接车间，看着他亲手打造了这台割草机式的疯狂机器——可以即刻移动数百个网球，这是我为数不多的童年记忆之一。

现在，我看着他推着这台鼓风机，看着一个又一个网球从他那里拼命奔逃，我不禁同情起这些网球来。如果"大龙"和鼓风机有生命的话，那么那些网球也有生命。也许它们正在做一件我若能做就一定会做的事情——逃离我的父亲。在把所有网球赶到一个角落后，父亲拿起一把雪铲，把球铲进一排垃圾桶和污水桶里，然后他就会用这些球喂饱"大龙"。

他转过身来，看见我正注视着他，就喊道："该死的，你到底看什么呢？继续打你的球，继续打你的球！"

我的肩膀疼痛难忍，简直无法再击球了。

我又击中了三个球。

哪怕是一分钟，我都无法坚持下去了。

我又坚持了十分钟。

我有一个办法。偶尔我会故意把球打得很高，这样球就会飞出围栏。当然我会设法使球撞到球拍的木框，这样听到声音，父亲就会认为这只是一次击球失误。当我需要休息时，我就会这样做，而同时脑海中就会反复出现这样一种想法：我肯定已经相当棒了，因为我可以随心所欲地击球失误。

父亲听到球击中拍框的声音后抬头往上看，看到球飞出了球场。他大声叫骂，但是他听到了球和木头相撞的声音，知道这是次意外。此外，球毕竟没有触网。他大步地跑出院子，跑到沙漠里。现在我有四分半钟的时间稍微休息一下，看看在头顶悠闲盘旋的老鹰。

父亲喜欢用他的来复枪射杀老鹰。我们的房子周围堆满了他的战利品，屋顶上到处都是老鹰的尸体，壮观程度不亚于覆满网球的球场。父亲说他讨厌鹰，因为它们会凶狠地捕食田鼠和其他毫无防御能力的沙漠动物，他不能容忍强者掠食弱者（这也体现在他钓鱼时，无论钓到什么鱼，他都会亲吻它们满是鱼鳞的头部并将它们放回水中）。当然他不会为"捕食"我而感到内疚，看到我在他的吊钩上大口地喘气也丝毫不会良心不安。他没有发现这种矛盾，也丝毫不在意这种自相矛盾。他没有意识到在这个荒凉的沙漠中，我才是最无助的生物。我真的很想知道，如果他意识到了这一点，是否会以不同的方式对待我。

现在他又大步跑回了球场，只听"砰"的一声，那只球被无情地扔进了垃圾桶。此时，他发现我正凝视着老鹰，不禁对我怒目而视："该死的你在干什么？不许再想了，不许再想了！"

球网是最大的敌人，但是思考是最严重的罪过。父亲认为，思考是所有罪恶之源，因为思考是行动的对立面。当他发现我在球场上思考，或者说做白日梦时，他的反应会极其强烈，仿佛我正从他钱包里偷钱一样。我经常想我怎么能不去思考呢。我怀疑父亲之所以声嘶力竭地阻止我去思考，正是因为他知道我天生是一个思想者。或者，正是由于他不停地呵斥，才将我变成了一个思想者，是这样的吗？我不停地思考网球之外的事情，是在进行一种反抗吗？

我更愿意这样想。

我们的房子建造于20世纪70年代，已破旧不堪，墙面的灰泥多已剥落。窗户装有栅栏。在那些鹰的尸体下面，是铺有木瓦的屋顶，但木瓦多已松动，而且很多已经不知去向。大门上有一个牛颈铃，每次只要有人进出，它都会发出响声，如同拳击比赛的开赛铃一般。

父亲把房子高高的水泥外墙都粉刷成了明亮的森林绿。为什么？因为绿色是网球场地的颜色，当然也是因为父亲喜欢简便地给别人指明去我家的路：向左转，向南走半个街区，然后找翠绿色的墙。

这并不意味着我们曾经有过访客。

房子的四周除了沙漠还是沙漠。对我来说，沙漠就是死亡的另一种说法。这里只有些零星生长的多刺灌木、风滚草还有响尾蛇，除了作为人们抛弃厌倦之物——床垫、轮胎等——的地点外，我们家周围的沙漠似乎并不具有存在的理由。拉斯维加斯——赌场、酒店、长街——在远处依稀可见，如同五彩斑斓的幻梦。

父亲每天都会开车驶入那一幻梦。他是一个赌场的侍者领班，但他拒绝就近居住。我们搬出来，搬到了这片无名之地，这一虚无之地的中心，因为只有在这里，父亲才买得起一座房子，有足够大的后院，可以供他建造一个理想的网球场。

这是我的另一个童年记忆：同我父亲和房产经纪人在拉斯维加斯转来转去看房

子。如果搬家不是那么令人惶恐不安，这本应该是一件挺有趣的事。每到一座房子，房产经纪人的车还未停稳，父亲就会跳下车子，大踏步地走在人行道上。经纪人一边快步紧跟我父亲，一边喋喋不休地讲着当地学校、犯罪率、房贷利息等情况。但是父亲根本不会去听，他径直盯着前方，直接冲入房子，穿过起居室、厨房，直奔后院。到达后院后，他便掏出卷尺，开始丈量。只有达到宽10.97米、长23.77米——一个网球场地的尺寸——他才会满意。他一次又一次地喊道：不够大！快点儿，我们走！然后父亲就会大踏步穿过厨房、起居室，回到人行道上，而经纪人则紧赶慢赶，尽力跟上父亲。

我们曾经看过一座房子，我的姐姐塔米非常喜欢。她恳求父亲买下它，因为那座房子的形状很像字母T，而T又恰恰可以代表她的名字（Tami）。父亲差一点儿就买下了它，可能是因为T也可以代表网球（Tennis）。我也喜欢那座房子，妈妈也是。但是房子后院的长度太短了——差了十几厘米。

"不够大！我们走。"

终于我们看到了这座房子，它的后院如此之大，以至于父亲根本不必费时去量它。他只是站在院子的中央，慢慢地转身，凝视着，微笑着，畅想未来。

"就这个了。"他平静地说。

我们还没有搬完家，父亲就迫不及待地开始建造他那梦寐以求的球场了。我到现在还是不知道他是怎么建成这个场地的。他从来没有干过一天建筑活儿，无论是混凝土、沥青还是排水系统，他都一概不知；他也没有读过这方面的书，或者咨询过有关的专家。他只是在脑子里构思一个粗略的画面，然后就着手将那个画面变成了现实。就像很多他做的事情一样，他仅凭无人能及的执拗和精力，以强大的意志力建造起了这片网球场地。我想他可能也正在对我做着相似的事情。

他当然需要帮助，浇筑混凝土可是一项大工程。因此每天早晨，他都会载我到拉斯维加斯长街上的一个小餐馆Sambo's，在那里，我们会从在停车场闲逛的那群人中雇几个老手。我最喜欢的是鲁迪，他有着在战斗中留下的伤疤，以及厚实发达的胸部。鲁迪总是似笑非笑看着我，好像知晓我不知道自己是谁、身处何处似的。鲁迪和他的工友会跟着我和父亲回到家里，然后父亲会告诉他们需要做些什么。三个小时后，父亲和我会跑到麦当劳，买几大袋巨无霸和炸薯条。等我们到家后，父亲会让我摇铃叫那些工人们吃午饭。我喜欢犒劳鲁迪，喜欢看他狼吞虎咽的样子。我也十分赞同"一分耕耘，一分收获"这一点，除了辛勤耕耘意味着不停地击球。

有鲁迪和巨无霸的日子很快就一去不复返了。突然之间，父亲有了他的后院网球场，而这也意味着我进了"监狱"。我曾帮忙为那些建造这个牢笼的囚犯苦工提供食物；我曾帮助丈量和描画那些终将困住我的白线。我为什么要那样做？我别无选择。这也是我一切所作所为的原因。

从来没有人问过我到底想不想打网球，更不要奢求他们问我是否愿意将网球视为一生的事业。事实上，母亲认为我生下来就注定是个牧师，但是她说父亲在我出生之前很久，就已经决定让我成为一个职业网球手。她进一步补充道，当我一岁时，我以行动证明了父亲是正确的。观看乒乓球比赛时，我只转动双眼，而从不转动头部。发现这一点后，父亲激动地大叫母亲来看。

"看，"他说，"你看到他只转动眼睛了吗？他是一个天才！"

母亲告诉我，在我还在摇篮里时，父亲就在我的头部上方吊了一些可以左右晃动的网球，鼓励我用一个他根据我的手的大小改造过的乒乓球拍拍击它们。我三岁时，他给了我一个锯断了的球拍，然后告诉我，我用这个球拍随便打什么都可以。我专打盐瓶，我喜欢朝着玻璃窗用力击打它们，我还用它打狗，一击即中。父亲从不会为某事着迷，而我会为很多事情着迷，但从不会为用一个球拍狠狠地击打什么而如痴如醉。

我四岁时，他总是尽力使我能够与路过我们小镇的网球巨星对打一场。第一个来的是吉米·康纳斯。父亲告诉我，康纳斯是网球历史上最优秀的选手之一。而对我来说，印象更为深刻的是，他梳着和我一样的西瓜头。我们打完之后，康纳斯告诉我父亲我一定会变得非常优秀。

父亲愤愤地说："我早就知道了。非常优秀？他会成为世界第一！"

他并不是想获得康纳斯的认可，他只是在寻找一个可以和我打一场比赛的人。

康纳斯无论何时来拉斯维加斯，我父亲都会为他的球拍穿线。我父亲是一个穿线大师（还有谁会比我父亲更善于制造并维持"紧张"状态）。程序总是那样的。早上，康纳斯给我父亲一盒网球拍，八小时后，父亲和我会在长街上的一家餐厅与康纳斯会面。父亲会打发我去，捧着那些已重新穿好线的球拍。经理会指给我一个远处的角落，康纳斯和他的随从们坐在那里。康纳斯背对着墙，坐在正中央。我小心翼翼地把球拍递给他，一句话也不说。餐桌上的谈话会突然停止，每个人都会向下看我。康纳斯一把抓过那些球拍，然后随手放在椅子上。有那么一刻，我感觉自己很重要，仿佛我刚刚把磨好的剑交给了三个火枪手之一。康纳斯随后会揉搓一下我的头发，说些嘲讽我或我父亲的话，之后桌旁的每一个人都会发出疯狂的笑声。

网球打得越好，我在学校的表现就越糟，这使我很痛苦。我喜欢书本，但是感觉总会被它们打败；我喜欢老师，但是常常弄不懂他们在说什么；我似乎无法像其他孩子那样学习或处理一些基本事实。虽然有着异乎常人的记忆力，但我总是无法集中注意力。在我这里，某些问题常常需要被解释两遍乃至三遍（难道这就是父亲每件事情都要喊两遍的原因吗）。另外，我也知道父亲痛恨我在学校待的每分每秒，因为那就意味着我的练球时间会相应缩短。讨厌学校，因此在学习上一塌糊涂，才是对父亲忠诚的一种表现。

有些时候，当父亲驾着车送我和我的兄弟姐妹上学时，他会微笑着说："伙计们，要么这样吧，咱们不去学校了，我带你们去剑桥壁球俱乐部怎么样？你们整个上午都可以打球了。你们觉得怎么样？"

我们知道他想让我们说什么，于是我们说："太棒了！"

"不过不要告诉你们的母亲。"父亲说。

剑桥壁球俱乐部就位于长街以东，长长的、矮矮的屋顶，看起来破破烂烂的，内有十个硬地球场，空气中总是弥漫着一股令人不适的气味，我说不清那到底是什么气味——或许是由灰尘、汗水、止痛剂以及某种酸腐的、刚刚过期的食品混合而成的。父亲将剑桥俱乐部视为我们家房子的某种补充。他和俱乐部老板冯先生站在一起。他们密切注意着我们，以确定我们一直在打球，而没有浪费时间说说笑笑。终于，父亲吹口哨了，这种哨音我无论在哪里都能辨识出。他把手指放在嘴里，使劲地吹了一下，而那意味着一局、一盘、一场比赛的结束，也意味着立即停止击球，钻到车里，马上！

哥哥和姐姐总是先于我停下来。老大丽塔、哥哥菲利和姐姐塔米，他们网球打得都很好，我们就是网球世界中的冯·特拉普家族[1]。但是，我——家里最小的孩子——才是最棒的。父亲是这样对我、我哥哥和姐姐以及冯先生说的：安德烈错不了。那也是为什么父亲对我关注最多。我是阿加西家族最后的也是最大的希望。有时对于父亲的额外关注，我很是欣喜，但是有时我宁愿他对我视而不见，因为父亲有时是那么可怕，他会做出一些不同寻常的事情。

例如，他常常把拇指和食指伸进鼻孔里，狠狠地拔出一撮浓黑的鼻毛。那种疼痛感足以使人泪流不止，而他却借此振奋自己的精神。他就是以这种方式训练自己的。出于同样的精神，他刮胡子时根本不用肥皂和乳霜，他只是随便用个一次性的剃须刀在他那干燥的脸颊和下巴上刮来刮去。他的脸因而总是会被弄破，而他只是让血一点一滴地顺着脸颊和下巴自由流下，直到血液自行凝固。

当承受压力时，当心神烦乱时，父亲常常会茫然凝视着什么并喃喃自语："我爱你，玛格丽特。"终于有一天我忍不住问母亲："爸爸在和谁说话？谁是玛格丽特？"

母亲说当父亲在我这个年龄时，有一次他在池塘上滑冰时，冰裂开了，他掉进了

1　电影《音乐之声》（*The Sound of Music*）里的那家人。

裂缝里，几乎被淹死——很长时间都没能恢复呼吸。一个名叫玛格丽特的妇女把他从水里拽了出来并且救活了他。他以前从未见过她，之后也未能与之相见，但是一次又一次，他会在脑海中与她相见，同她交谈，并用最温柔的声音向她表达谢意。他自称，玛格丽特的幻觉每次都不期而至，如同疾病发作一般。而在幻觉出现时，他就丧失了意识，过后只有一些模糊的记忆。

父亲生性好斗，他永远都在为战斗做着准备。他坚持不懈地练习拳击；他总是在车里放一个斧柄；离家时，他会在每个口袋里都塞上一把盐和胡椒粉，这样一旦卷入一场街战，便可以用它们防身。当然，有些时候，他是在与自己进行着最为激烈和艰苦的战斗。他有慢性颈强直症，必须不断用力地扭动和拉伸头部，才能使脖子得到放松；而这样不起作用时，他就会像狗那样摇动自己的身躯，把头猛地从一边摆向另一边，直到脖子发出一声类似爆爆米花的声音才作罢；而当这都不起作用时，他则会求助于那个吊在屋外马具上的厚重的吊带。父亲会站在椅子上，挪开吊带，把马套在脖子上，然后踢开椅子，脚一直悬在空中。他的冲力会突然间被马具遏止。第一次看见他这样做时，我正在各个房间中穿梭，偶然抬头一看，竟看到了父亲，他正踢开椅子，脖子被马具紧紧勒住，他的鞋子悬在离地面一米的空中。我毫不怀疑他正在自杀。我歇斯底里地跑向他。

看到我脸上那惊恐的表情，他咆哮道："该死的，你过来干什么？"

而大多数时候，他都是在与别人进行搏斗，而且这些斗争通常都是在没有任何预兆的情况下、在最难以预料的时刻爆发。例如，他在梦里常常打拳击，而且经常会突然挥臂打到半睡半醒的母亲。又例如在车上，父亲最喜欢的事情是一边驾驶着他那辆绿色的柴油机奥兹莫比尔，一边随着磁带里放的音乐哼着劳拉·布兰尼根的歌。但是如果哪个司机超了他的车、挡住了他的路或者胆敢抗议我父亲的挡路行为，生活就会一下子阴暗起来。

有一天，父亲开车载我去剑桥俱乐部。他同时开始了一场与另一个司机的气势汹汹的竞赛。父亲停下来，下了车，让那个男人也从车里出来。但由于父亲挥舞着斧柄，那个男人拒绝出来，于是父亲就猛地将斧柄向那辆车的前灯和尾灯砸去，瞬间玻璃碎片四处飞溅。

还有一次，父亲用手枪指着另一个司机，而我坐在他的右边，他持枪的胳膊直直地伸过我的面前，枪的位置正好与我的鼻子齐平。我直愣愣地盯着前方，没有动。我不知道那个司机做错了什么，唯一可能的解释就是，就像我在球场上击球下网一样，他也触犯了我父亲的大忌，只不过这次是关于汽车的。我感觉到父亲的手指正在扣动扳机，然后我听到那个司机猛踩油门跑掉了，随后就是我难得听见的父亲的大笑声——他笑得五脏六腑都要出来了。而我告诉自己我将永远铭记这一刻——我父亲大笑着，举着一把枪，而枪就在我的鼻尖下面——即使我活到一百岁。

当他把枪放回后备厢，开动汽车后，父亲转向我，说："不要告诉你母亲。"

我不明白他为什么要说这句话。即使我告诉了母亲，她又能做什么呢？她从来没有说过一句反抗的话。难道父亲认为万事皆有可能吗？

在拉斯维加斯一个罕有的雨天，父亲开着车载我去母亲的办公室接她回家。我正坐在横排长座的那一端，一边唱着歌，一边玩耍。就在父亲并入左车道准备拐弯时，一个卡车司机朝我父亲按喇叭，因为父亲显然忘记了打转向灯，而父亲却朝那个司机竖起了中指。他的动作如此之快，以至于他的手几乎打到了我的脸。那个司机冲父亲喊了句什么，从父亲嘴里则蹦出了一连串骂人的话。卡车司机停下车，打开了车门。我父亲也停下来，跳下车。

我爬到后座上，从车后窗向外张望。雨下得更大了。父亲逼近那个司机，那个司机挥拳一击，父亲迅速低下头，那一拳从他头顶扫过，紧接着他又给了对方一个上勾拳。那个卡车司机横在了硬硬的路面上。他死定了——我确定。即使当时没死，他也很快就会死的，因为他正躺在马路中央，总会有车子从他身上碾过。父亲回到车里，然后发动车子载我离去。我呆坐在后座上，透过后车窗看着那个卡车司机，看着雨水重重地打在他的脸上，他却毫无感觉，因为他已经失去了意识。我转过身来，看见父亲一边咕哝着，一边对着方向盘左右击拳。在马上就要到母亲的办公室之前，他低头看看自己的手，紧握拳头然后又松开，以确定他的关节没有受到损伤。然后他朝后座看过来，与我四目相对，但是似乎他正注视着的是玛格丽特，而不是我。他稍稍温和地对我说："不要告诉你母亲。"

每当我考虑告诉父亲我并不想打网球时，这些时刻以及许多类似的时刻就会浮现在我的脑海中。除了对父亲的爱，除了想让他高兴外，我也不想让他心烦。我不敢。当父亲心烦意乱时，坏事情就会发生。如果他说我将以网球为生，如果他说我将成为世界第一，那么那就是我的命运，我所能做的只有点头同意并毫无条件地服从。我建议吉米·康纳斯或者其他任何人最好也这么做。

在通往世界第一的路上，首先要翻越的是胡佛大坝。我快八岁时，父亲对我说现在是时候了，是从仅仅在后院与"大龙"对打或者在剑桥俱乐部打球变为参加实际比赛的时候了。在现实比赛中，父亲对我说，我的对手将是来自内华达、亚利桑那以及加利福尼亚州同我一样的活生生的小男孩。每个周末，我们全家都会挤进车里，然后或者沿着美国95号国道向北驶到里诺，或者向南行驶，穿过亨德森、越过胡佛大坝并横穿沙漠地区到达菲尼克斯、斯科茨代尔或者图森。除了被限制在网球场，我最不愿意的就是和父亲一起待在车里，但是那似乎是命运使然，我的童年注定要被困在这两个大箱子里，我只能默然接受。

我赢得了我所参加的十岁及十岁以下年龄组七项赛事的全部冠军，这也是我最初的胜利。父亲对此无动于衷，觉得我只是在做分内的事。坐车回家的途中，翻越胡佛大坝时，我不禁注意到那些被死死困在巨大高墙后的水。我看到刻在旗杆底座上的铭文：以此纪念那些怀揣着使荒凉的岛屿变得郁郁葱葱、硕果累累的信念的人……我不停地思忖着这个短语——荒凉的岛屿。还有比沙漠深处我们家的房子更荒凉的地方吗？我想到父亲体内暗涌的愤怒就如同被困在胡佛大坝后的科罗拉多河水一样，总有一天会爆发。别无他途，只能不断地夺取高地。

对我而言，那意味着赢得比赛，永远都得赢。

我们去圣迭戈的莫利球场。我和一个叫杰夫·塔兰戈的小男孩比赛。他远不是我的对手，但是在第一盘中，他以6：4赢了我。我一下子蒙了，非常害怕。父亲肯定会杀了我的。我奋起反击，拿下了第二盘，6：0。在第三盘刚开始时，塔兰戈的脚扭了。鉴于此，我开始放网前小球，试图使他拖着伤了的脚跑来跑去。但是原来他只是在伪装，他的脚活动自如。他总是一跃而起，大力扣杀，未失一分。

我父亲在看台上大喊："别再放小球了，别再放小球了！"

但是我已无法停止。一旦我选择了一个战术，我就会坚持到底。

最后这一盘的比赛进入了决胜局，首先抢到五分的一方将获胜。我们的比分先是交替上升，最后战成了4：4平，因此要以"突然死亡"来决定本局的胜负——一分决定一场比赛。我还从未输过球，也不敢想象如果我输了，父亲会做何反应。我比赛时常常奋不顾身，仿佛性命正悬于一线，而事实上也确实如此。塔兰戈的父亲也一定像我父亲一样，因为他比赛时同样搏命相击。

我猛力挥拍，甩出一记嘶嘶作响的反手斜线球。我击打这一球时做好了迎接来球的准备，但当球离开我的球拍时，我意识到它比我期望的要更有力、更强劲。这是一记精彩的制胜球，落点在边线三尺之内，但却远远超出了塔兰戈的回球控制区域。我大声叫喊，尽情宣泄胜利的喜悦。塔兰戈站在球场中央，深深地低下头，似乎正在痛哭。慢慢地，他朝球网走来。

他突然停住脚步。出乎意料地，他回头看了看球落地的地方，然后嘴角泛起了微笑。

"出界了。"他说。

我停了下来。

塔兰戈喊道："球出界了！"

这是青少年组比赛的规则，参赛选手自己充当边线司线员，裁定球出界与否，并且不可以提请重新裁定。塔兰戈已下定决心，就算作弊他也不愿意接受失败，而且他也知道别人对于此事无可奈何。他举起手以示胜利。

现在我开始失声痛哭。

看台上立刻骚动起来。家长们争吵着，叫嚷着，几乎为此拳脚相向。那不公平，那也不正确，但那是现实。塔兰戈是胜利者。我拒绝与他握手。我跑到了巴尔波公园（Balboa Park）。半个小时后，当我带着一颗破碎的心回到赛场时，父亲狂怒不已，并不是因为我消失了，而是因为我在比赛中没有按他的指示去做。

"你为什么不听我的？你为什么一直在放小球？"

这一次我丝毫不惧怕父亲。无论他有多么愤怒，我都比他更愤怒。我满腔愤怒，我怨恨塔兰戈，怨恨上帝，也怨恨我自己。即使我明明知道塔兰戈欺骗我，但是我根本就不应该让他有机会欺骗我。我本不应该让这场比赛如此难分胜负。正是因为我犯下了这一错误，现在我有了一次失败的记录，这一记录将伴我一生。什么都改变不了这一事实。我无法忍受这种想法，但是那是无法逃避的事实：我犯了错。这将成为我终生的污点，我已不完美。与"大龙"对打一百万次——为了什么？

这么多年来，我一直在听父亲大声呵斥我的错误，以至于时至今日，一次失败已足以使我跟他一样暴跳如雷。我已经将父亲——他的焦躁、他的完美主义、他的愤怒——内化于心，他的怒吼已经不仅是听起来像我的怒吼了——他的怒吼就是我的怒吼。我再也不需要父亲折磨我了。从那天以后，我开始了自我折磨的征程。

Chapter 02
攻击对手的强项

> 攻击你对手的强项。如果那个人是个出色的发球手，你就设法接住他的发球；如果他是个力量型选手，你就要比他更有力量；如果他正手击球很强并引以为豪，你就不断攻击他的正手位，直到他开始厌倦自己的正手。

父亲的母亲和我们住在一起。她来自德黑兰，是个邋遢的老太太，鼻尖处有一个核桃大小的瘊子。有些时候，你根本听不到她在说什么，因为她的那个大瘊子完全吸引了你的注意力，你的眼睛根本无法从那儿挪开。不过那无关紧要，她肯定是在说着跟昨天一样的话，不只是跟昨天一样，跟前天也一样，都是些污秽不堪的话，并且很可能是在对我父亲说这些话。这或许就是我奶奶降生到这个世上的原因——使我父亲痛苦。父亲说在他还是个小男孩的时候，她就不停地对他絮叨，还总是对他拳脚相加，而且她还让他穿着女孩子穿过的旧衣服上学——这也是他为什么学会打架的原因。

不找我父亲的茬儿的时候，这个老太太就会喋喋不休地诉说有关她故土的种种，并不停地为那些目前仍留在伊朗的亲戚们叹气。母亲说奶奶是念家了。这是我第一次听到"念家"（homesick）这个词，我问自己：如果不待在家里，怎么还会生病？家是"大龙"住的地方。家是这样一个地方：你只要去那里，就得打网球。

如果奶奶想要回家，我将会百分之百赞成。虽然我只有八岁，我一定会自己开车送她到机场，因为她在这个本来就已经充满了紧张的家中只会引起更多的紧张——我的父亲因她而痛苦不堪，我和我的哥哥、姐姐被她差来遣去，而我的母亲则被迫与她展开了一场奇怪的竞争。母亲告诉我，当我还是个婴儿时，有一次她走进厨房，发现奶奶竟然在给我哺乳。自那以后，两个女人之间的关系就变得颇为别扭，有时甚至是很难堪。

当然，奶奶和我们住在一起有一点好处。她会讲一些有关父亲的故事，讲述他的童年，而这有时候也会激起父亲的怀旧情绪，他因此也会打开话匣子。要不是奶奶，我们对父亲的过去可能一无所知。父亲的过去是那样的悲伤，那样的孤独，这也解释了他古怪的行为和汹涌的愤怒。有那么点儿关系吧。

"唉，"奶奶叹了口气，"我们很穷，你无法想象有多穷，而且总是饥肠辘辘。"她一边说着，一边还摸摸肚子。"我们没有食物，当然也没有自来水，没有电，一件家具都没有。"

"你们睡在哪儿？"

"睡在肮脏的地板上！我们大家都挤在一个旧公寓楼的小房间里，而公寓楼周围的院子同样肮脏不堪。在院子的一个角落有一个大洞，所有房客都在那里上厕所。"

父亲插话进来。

"战后情况好了起来。"他说，"似乎是一夜之间，英美士兵充斥了大街小巷。我喜欢他们。"

"你为什么喜欢那些大兵呢？"

"他们给我糖果和鞋子。"

他们也使他学会了说英语。父亲从大兵那儿学会的第一个英语单词就是"胜利"。他们全都在谈论着胜利。

"哇，他们很高大，"他补充道，"也很强壮。无论他们去哪儿，我都跟着，观察他们，向他们学习。一天我跟着他们到了一个地方，那些大兵们的业余时间大都在那里度过——森林中一个建有两个红土网球场的公园。"

球场没有护栏，因此没几秒球就会被弹出很远，我父亲则会像小狗一样追着球跑，把球捡回来还给那些士兵。最后，他们终于默认我父亲为他们非正式的球童，然后他们还正式"任命"父亲为球场看管人。

父亲说："每天我都清扫和冲洗球场，并且用一个非常重的路碾滚压球场。我还负责画线。那是一个什么样的工作啊！我得用液体粉笔画出白线。"

"他们付给你多少钱？"

"工钱？根本就没有！他们给了我一个网球拍，就是个破烂，一个旧的、拍线是铁丝的木头拍！但是我喜欢它。我用这个拍子朝墙上打球，一打就是好几个小时，而且是一个人。"

"为什么一个人？"

"在伊朗没有其他人打网球。"

唯一能够源源不断地为我父亲提供敌人的运动就是拳击。首先是在一次又一次的街头斗殴中，他的强悍和霸道得以充分显示。然后，在十几岁时，他大摇大摆地走进一个体育馆，打算正式学习拳击技巧。训练者称，我父亲天生就是个拳击手。他的双手动作敏捷，脚步灵活，而且他对这个世界有着满腔的愤怒。他的愤怒，对于我们来说是如此棘手，而在拳击台上却是莫大的财富。他赢得了一个代表伊朗参加奥运会最轻量级拳击比赛的资格，并且参加了1948年伦敦奥运会。四年后，他还参加了赫尔辛基奥运会。但是两次都表现平平。

"那些裁判，"他抱怨道，"他们不公正。有人在操控着比赛，结果早就预先安排好了。整个世界都对伊朗心存偏见。"

他补充道："但是我儿子——也许他们可以使网球重新成为奥运会的比赛项目，这样我儿子将赢得一块金牌，从而可以弥补那一缺憾。"

我日复一日累积的压力又随之增加了一些。

在稍稍见识了这个世界之后，在参加过奥运会之后，父亲再也不想回到那个有着肮脏地板的房间了，因此他偷偷地溜出了伊朗。他伪造了护照，然后以假名订了张飞往纽约的飞机票。在纽约，他先在埃利斯岛待了十六天，之后乘巴士前往芝加哥。在芝加哥，他把他原来的名字伊曼纽尔改成了更为美国化的迈克·阿加西。白天，他在城里的一个大酒店里当电梯乘务员；到了晚上，他打拳击。

他在芝加哥的教练是最无畏的中量级拳击冠军，通常被人们称为"钢铁人"的托尼·扎列。他因在拳击运动中最血腥的一场比赛中的表现而闻名。在那场比赛中，他与洛基·格拉齐亚诺进行了三个回合传奇般的较量。扎列很欣赏我父亲，说他天赋异禀，但是一定要更用力地出拳。"用力打！"在我父亲快速猛击小拳击沙袋时，他会对我父亲这样喊，"用力打！每打一拳都要使出全身力气！"

在扎列的支持下，父亲赢得了芝加哥"金手套"，然后获得了一次在麦迪逊广场花园进行黄金时段比赛的机会。这对于他来说是一次绝佳的机会，但是在比赛的当晚，父亲的对手生病了。比赛的赞助商们手忙脚乱，他们找了一个替代者，还说得过去——一个要强得多的拳击手，同时是一个次中量级拳击手。父亲同意参加这次搏斗，但是就在开赛铃马上就要响起时，他害怕了。他溜进浴室，从厕所上面的窗户爬了出来，然后乘火车回到了芝加哥。

从伊朗偷偷地溜出来，从广场花园偷偷地溜走，我认为父亲已然成了一位逃跑大师——但是没有人能从他那里逃脱。

父亲说他打拳击时，他总是想挡下对手最致命的一拳。有一天他在网球场上对我说："当你知道对手刚刚打出了他最拿手的一拳，而你仍然屹立在那里，并且你的对手也深知这一点时，你事实上已经把他的心撕碎了。对于网球而言，也是一样的。攻击你对手的强项。如果那个人是个出色的发球手，你就设法接住他的发球；如果他是个力量型选手，你就要比他更有力量；如果他正手击球很强并引以为豪，你就不断攻击他的正手位，直到他开始厌倦自己的正手。"

父亲替他这项反其道而行之的战术起了个特别的名字，他称之为"放一个水疱到对手的脑子里去"。他的这一战术，这一残酷的哲学，我终生铭记于心。他使我成了一个拿网球拍的拳击手。而且，既然大多数网球选手都以发球为豪，父亲就把我训练成了一个迎击手——一个接发球高手。

偶尔，父亲也会思念起家乡来，尤其想念他的大哥伊萨。他郑重地宣布："总有一天，你们的伯伯伊萨会像我一样从伊朗逃出来的。"

但是首先，伊萨需要把他的钱偷偷转移出来。伊朗已经四分五裂，父亲解释道，革命正在酝酿中，政府已经风雨飘摇，那就是为什么他们监视着每个人，以确保人们没有取光他们银行里所有的钱然后逃跑。因此，伊萨伯伯正在慢慢地、秘密地把他的现金换成珠宝，然后把这些珠宝藏在寄给我们的包裹里，寄往拉斯维加斯。每次似乎都是在圣诞节，我们会收到伯伯寄来的棕色包装的箱子。我们坐在起居室的地板上，剪断包装线，撕开包装纸，当我们发现压在饼干罐下面或者藏在水果蛋糕里的钻石、红宝石或是绿宝石时，不禁尖叫起来。

伊萨伯伯的包裹每隔几个星期就会寄过来，然后有一天来了一个非常大的包裹——伊萨伯伯站在了门口的台阶上。他微笑着看着我。

"你一定是安德烈。"

"对。"

"我是你伯伯。"

他伸出手摸了摸我的脸。

他跟我父亲长得几乎一模一样，但是他的性格却与我父亲截然不同。父亲声音很尖，很固执并且总是满腔怒火，而伊萨伯伯声音柔和，极富耐心并且非常有趣。他也是个天才——他在伊朗时是个工程师，所以每天晚上他都会辅导我做作业。不用上父亲的训练课，这对我来说不啻为一种解脱。我父亲的教育方式是教你一次，告诉你第二次，然后就会朝你大喊大叫，还会因为你没有一下子就学会而骂你是笨蛋。而伊萨伯伯是告诉你，然后微笑着等待。如果你不懂，没问题，他会更加温柔地告诉你第二遍。他从来都不慌不忙，从容自如。

我盯着伊萨伯伯看，看着他在我们房子中各个房间和走廊里闲逛。我就像父亲跟着英美大兵那样跟着他。当我开始熟悉伊萨伯伯并逐渐了解他之后，我就喜欢天天缠着他。他也喜欢这样。他喜欢在家里跟我们胡闹，喜欢跟他的侄女和侄子们追逐嬉戏。每天晚上我都会藏在前门后，待伊萨伯伯回家时，突然跳出来，因为这会使他开怀大笑。他那充满活力的笑声与"大龙"发出的声音截然不同。

一天，伊萨伯伯去商店买东西。我一分一秒地数着时间。终于，大门"咣当"一声打开了，然后又"咣当"一声关上了，这意味着十二秒之后伊萨伯伯便会穿过前门。从大门走到前门总是要用十二秒的时间。我蹲在那里，从一数到十二，此时门打开了，我一跃而出。

"哇！"

但那不是伊萨伯伯，而是我父亲。他吓了一跳，大叫一声，然后后退了几步，突然伸出拳头。即使他仅仅用了一小部分力气，他的左勾拳还是正中我的下巴并使我飞了起来。前一秒钟我还是满心欢喜，下一秒钟我却瘫倒在地。

父亲对我怒目而视："你怎么回事？滚回你的房间去！"

我跑回我的房间，然后倒在床上。我躺在那里，颤抖着，不知道过了多久。一个小时？三个小时？终于，门开了，我听到了父亲的声音。

"拿着你的球拍，到球场上去。"

又是面对"大龙"的时间了。

和"大龙"对打了半个小时，我的头剧痛不已，我的眼睛充满了泪水。

"用力打，"父亲叫道，"该死的，用力打！不要打到网里。"

我转过身，面对着父亲。我尽可能用力地击打"大龙"发出的下一个球，但是这个球却飞出了围栏，因为我瞄准的是那些老鹰，而且这一次我没有费力装出那是一次意外。父亲死死地盯着我，然后向我逼近了一步。他会把我扔出围栏的。但是他停下了，大声咒骂着，然后警告我快点儿滚出他的视线。

我跑进房子里，发现妈妈正靠在床上读一本爱情小说，她的脚旁趴着她的狗。她喜欢动物，所以我们的房子就像个动物园——狗、鸟、猫、蜥蜴，还有一只被称为巴特女士的脏老鼠。我抓起一只狗，用力把它扔到了一边，任凭它号叫不止。然后我把头埋在了母亲的臂弯里。

"为什么爸爸这么刻薄？"

"出什么事了？"

我把事情的原委告诉了她。

她摸摸我的头，说父亲不知道还有什么更好的方式。她说："爸爸有他自己的方式。虽然可能这种方式有些古怪，但是爸爸是想把最好的给我们，对吧？"

一个我非常感激母亲那一如既往的平静，而另一个我，虽然不愿意承认，但是确实有种被背叛的感觉。平静有时意味着软弱。母亲从来都只是超然物外，从来不抗争。她从来都不会使自己卷入我们和父亲的矛盾中。她应该让他放慢脚步，松弛下来，她应该告诉他网球并不是生活的全部。

但那不是她的天性。我父亲破坏和平，我母亲则尽力维持和平。每天早上她都穿着实用耐穿的套装去上班。她在内华达州政府工作。每天晚上六点，她拖着疲惫不堪的身体回到家。但她从不抱怨。到家后，她会用她仅有的一点儿力气为我们做晚饭。然后，她会躺下来，随便读一本书或者做她最喜爱的拼图游戏，她的宠物们则乖乖地趴在她的身旁。

只有极其偶然的时候，她才会动怒。不过她一旦发起脾气来，的确是惊天动地。有一次，父亲说了几句有关房子不干净的话。母亲什么也没说，径直走到食橱处，拿出两盒谷类食物，然后举过头顶，像挥旗一样来回摇动，顿时玉米片和燕麦圈四处飞溅。然后她喊道："你不是想房子干净吗？你自己打扫！"

片刻之后，她就开始平静地做她的拼图游戏了。

她尤其喜欢诺曼·罗克韦尔谜题。在餐桌上，总会散布着一些尚未拼完的描绘闲适恬静的家庭生活场景的拼图。我无法体会母亲从拼图游戏中获得的那种快感。支离破碎，杂乱无章——所有的都混乱无序，怎么会是一种放松呢？我由此产生了这种想法：我和母亲截然相反。不过，我内心任何柔软之处，我对人们的爱与怜悯之情，无疑都源自母亲。

趴在她怀里，任由她继续抚摸我的头，我不禁在想：有关她的很多事情，我还是无法理解，其中最令我无法理解的就是她为何会选择我的父亲。我问她一开始时怎么会选择父亲这样的人共度一生，她则疲倦地大笑了一声，说："那是很久以前的事了。那时我还住在芝加哥，你父亲的朋友的朋友对你父亲说，你应该去见见贝蒂·达德利，她和你绝对是一个类型的。一天晚上，你父亲在女孩俱乐部给我打了电话，我当时就住在女孩俱乐部一个配有家具的出租房里。我们聊了很久，你父亲当时似乎很可爱。"

"可爱？"

"我知道，我知道，但是他那时确实很可爱，因此我同意和他见面。第二天他开着一辆十分打眼的全新大众车出现在我面前。他载着我在城里四处转，没有特定的去处，只是转来转去，并向我讲述他的故事。然后我们停下来吃了点儿东西，我又向他说了我的经历。"

母亲告诉父亲，她在距离芝加哥二百七十三公里的伊利诺伊州丹维尔镇长大，那里也是吉恩·哈克曼、唐纳德·奥康纳以及迪克·范·戴克的家乡。她告诉他自己还有一个双胞胎姐妹。她还谈到了她的父亲，一个脾气暴躁的英语老师，他总是坚持使用最标准的英语。父亲听到这一点时，一定心虚不已，他的英语烂极了——或许更有可能的是，他根本没听进去。我猜父亲第一次和母亲约会时根本无法专心听母亲讲话，他一定是完全被她那火焰般的赤褐色头发和明亮清澈的蓝眼睛迷住了。我见过母亲那时的照片，不是一般的漂亮。我甚至在想父亲最喜欢母亲的头发，或许是由于它有着和红土球场一样的颜色吧。又或者是由于她的身高？母亲比父亲高出十几厘米。我能想象得到，他会将那视为一种挑战。

母亲说在和父亲度过了八周幸福甜蜜的时光后，她确信他们应该走到一起，共度一生。于是他们逃离了她那脾气暴躁的父亲，也告别了她的双胞胎姐妹，私奔了。父亲载着母亲径直奔向了洛杉矶，但是他们在那里没有找到工作，于是父亲又载着她穿越沙漠，来到了一个新兴的、蓬勃发展的赌城。母亲在州政府里找到了一份工作，父亲则在热带花园酒店暂时落了脚，教授网球课程。由于这份工作赚得不多，他同时又在地标酒店兼职做服务生。后来，他当上了美高梅大赌场的侍者领班，这份工作非常繁忙，他因而辞掉了前两份工作。

在前十年的婚姻生活中，父母共同养育了三个孩子。1969年，母亲由于异样的腹痛去了医院，医生说得做子宫切除手术，但第二轮检查结果却显示她怀孕了，腹中的孩子就是我。1970年4月29日，我降生在距离长街三公里的日出医院。父亲用他赌场老板的名字给我起名：安德烈·柯克·阿加西。我问母亲为什么父亲要以他老板的名字作为我的名字，他们是朋友吗？他很崇拜他吗？还是父亲欠他们钱？她不知道。而这也不是那种能够直接问父亲的问题——你不能直接问我父亲任何问题。因此我把它们归档，深藏于心，和其他所有有关父母的谜题一起——我永远都无法完整地拼出一幅有关我自己的拼图。

父亲工作很努力，经常在赌场长时间加夜班，但是网球才是他的生命，才是他每天起身下床的原因。无论你坐在房子中的哪个地方，都会看到他痴迷于网球的证据，星星点点，无处不在——除了后院的球场和"大龙"，还有我父亲的实验室，其实也就是厨房。父亲的穿线器和穿线工具占据了餐桌的一半（母亲的最新的诺曼·罗克韦尔拼图占据了另一半——两种迥异的痴迷争夺一个有限的空间）。餐桌上堆着几摞球拍，其中许多被锯断了，这样父亲才能研究它们的内部构造。他想要知道有关网球的一切，任何细微之处都不放过，这意味着他需要解剖。他总是不断地进行着实验，不是针对这个设备，就是针对那个器材。例如，最近，他甚至开始试着用旧网球延长我们鞋子的寿命。当鞋的橡胶被磨薄后，父亲就会切开一个网球，然后在每个鞋尖处塞一半网球进去。

我对菲利抱怨道："我们住在网球实验室还不够糟糕吗？现在我们脚上还得穿着网球吗？"

我很想知道父亲为什么会如此热爱网球，但这又是个我不能直接问他的问题。不过，他多少提供了一些线索。他有时会谈论这一比赛的美丽之处——力量和谋略的完美平衡。尽管父亲的人生并不完美——或许恰恰是因为这一点——他渴望完美。他说，在人类的能力范围之内，几何学和数学是最接近完美的，而网球恰恰全都是关于角度和数字的。父亲躺在床上，在天花板上看到的竟然是一个网球场。他说他真的能够看到它，而且在天花板上的那个球场中，他参加了无数场假想出来的比赛。他居然还有精力去上班，这真是个奇迹。

作为侍者领班，父亲的工作就是把观看演出的观众们领到他们的座位上。"请这边走，约翰逊先生。""很高兴又见到您，琼斯小姐。"美高梅给他的薪水很少，他赚的钱主要来自小费。我们靠小费生活，这使我们的生活充满不确定性。一些晚上，父亲回家时会口袋鼓鼓的，而另一些夜晚，他的口袋则几乎空空如也。无论他从口袋里掏出什么，无论是多么少的钱，他都会仔细数点并捋好，然后把它们存放在我们家的保险箱里。你永远也无法知道父亲会在保险箱里藏多少钱，这真是一件伤脑筋的事。

父亲喜欢钱，而且从来不会为喜欢钱而感到愧疚。他说在网球里，有大笔的钱可赚。很明显，这也是他为什么喜爱网球的重要原因之一。这是他能够看到的实现美国梦的最为便捷的路径。在他带我去看艾伦·金网球大赛时，我们看到一个扮成埃及艳后的美女正被四个身着宽大外袍的半裸壮汉抬着，朝球场中心走去，身后跟着一个打扮成恺撒的男人，推着满满一车的银币——那是本次比赛一等奖获得者的奖金。父亲久久凝视着那堆在拉斯维加斯的阳光下熠熠生辉的银币，如痴如醉。他想得到钱。他想要我拥有它们。

在意义重大的那天后不久——那时我快九岁了——他哄骗我到艾伦·金赛场当了一名球童。但是我一点儿都不在意银币，我想要的是一个迷你埃及艳后，她的名字叫温迪。她也是一个球童，和我年纪相仿，身着蓝色制服，宛若天使下凡。我立刻就全心全意爱上了她。晚上，我躺在床上久久无法入睡，盯着天花板，一遍又一遍地勾勒着她的轮廓。

比赛中，当我和温迪在球网旁边擦身而过时，我会向她灿烂地微笑，以期换取她的一个微笑。在比赛之间，我会给她买可乐，并总是和她坐在一起，还不断地向她讲解关于网球的知识，试图以此给她留下深刻的印象。

艾伦·金网球赛吸引了众多世界一流的网球选手前来参加，我父亲则连哄带骗地使其中的大多数人都和我对打了几下。其中一些人十分乐意这样做，而另一些则并不情愿。博格就表现得很积极，仿佛他没有别的地方可去了。康纳斯很明显想要拒绝，但是他不能，因为他需要我父亲给他的球拍穿线。伊利·纳斯塔斯试图拒绝，但是我父亲佯装没有听到。身为温布尔登和法国网球公开赛的冠军，身为当时排名世界第一的网球手，纳斯塔斯还有很多地方可去，但是他很快发现拒绝我父亲几乎是不可能的，这个男人——我父亲——是如此的不屈不挠。

当我和纳斯塔斯对打的时候，温迪从球网边注视着我们。我很紧张。纳斯塔斯显然很不耐烦，直到他发现了温迪。

"嘿，"他说，"那是你女朋友吗，史努比？那边那个漂亮的小东西是你的情人吗？"

我停下来，对纳斯塔斯怒目而视。我真想朝这个大块头的、丑陋的罗马尼亚人的鼻子挥上一拳，即使他将因此狠狠揍我一顿。他叫我"史努比"就已经够恶劣的了，而他竟敢用那样一个不敬的词称呼温迪。当时场边已经聚集了至少两百个围观的人，纳斯塔斯开始在观众面前作秀，一遍又一遍地叫我"史努比"，不断地用温迪取笑我。哦，我还以为我的父亲是最残酷无情的呢！

至少，我希望我有勇气说：纳斯塔斯先生，你使我十分难堪，请马上停下来。但是我唯一能做的就是不停地用力打，越来越用力。纳斯塔斯又说了些俏皮话取笑温迪，我终于再也忍受不下去了。我扔下球拍，昂首走出球场。见鬼去吧，纳斯塔斯。

我父亲瞪大眼睛，惊讶不已。他并没有生气，也没有觉得难堪——他从来都不会觉得难堪，他在我的这一举动中看到了他自己的影子。他当时是如此自豪，在这之前，我从未见他如此自豪过。

除了偶尔和世界顶级选手过一下招，我公开的比赛主要都是些骗钱的勾当。我有一套狡猾的程序专门引诱那些容易上当的人。首先，我会选一个位置很显眼的球场，独自在那里打球，把球打得四处乱飞。然后，当某些十来岁的狂妄自大的青少年或者醉汉闲逛恰好路过此地时，我就会邀请他们和我一起打球。接下来，我会让他们获胜，而且是酣畅淋漓地获胜。最后，我会用最为可怜的声音问他们是否愿意继续和我玩球，赢的那个人将得到一美元。要不五美元怎么样？在他们明白是怎么回事之前，我已经拿到赛点，而且二十块钱已到手了。二十块钱足够请温迪喝一个月的可乐了。

这一招是菲利教我的。他在教网球课时经常骗学生们的钱。他同他们比赛，赌注是网球课学费——要么双倍的钱，要么一分也没有。但是他说，安德烈，凭你这小小的身形和年龄，你肯定会财源滚滚的。他帮我制定了那套程序，在他的指导下，我还进行了预演。偶尔，我也会有这种想法：我只是一厢情愿地认为我是在骗钱，其实人们是自愿为这场表演付钱的。稍后，他们就可以对他们的朋友吹嘘，说自己遇见了一个九岁的网球怪胎，从来不曾失手。

我没有告诉父亲我的这一副业，倒不是因为他认为那样做是不对的——事实上，他很欣赏看似高超的骗钱术——我只是不想和父亲谈论网球，除非迫不得已。有一次，父亲也"偶然"大骗了一场，那是发生在剑桥俱乐部的事。有一天，我和父亲走进俱乐部时，父亲指着一个正和冯先生讲话的男人低声对我说，那是吉姆·布朗。

吉姆·布朗，有史以来最伟大的橄榄球运动员。

他的确非常健壮，全身都是肌肉，穿着白色网球运动服。我以前就在这儿见过他，只不过当时他不是通过打网球来赚钱，而是通过玩十五子棋或者掷骰子，当然都是为了赚钱。同我父亲一样，布朗先生总是在谈论钱。此刻，他正在向冯先生抱怨一次落空了的赢钱比赛。他本来约了一个人赛一场的，但那个人却没出现。

"我是来打比赛的，"布朗先生说，"我想要打比赛。"

我父亲走上前去。

"你想打一场比赛吗？"

"是啊。"

"我儿子安德烈和你打怎么样？"

布朗先生看看我，然后又回头看着我父亲。

"我不和还不到八岁的小孩子比赛！"

"九岁。"

"九岁？噢，好吧，我怎么没看出来。"

布朗先生大笑起来，附近几个听到刚才对话的人也大笑起来。

我敢说布朗先生肯定没把我父亲当回事。他大错特错了。去问问那个躺在马路上的卡车司机吧。我闭上眼睛，雨水无情地打在他脸上的情景仍然历历在目。

布朗先生说："这么说吧，我可不是为了好玩才打球的，我是为了钱。"

"我儿子也将为了钱和你比赛。"

我感觉腋窝直冒冷汗。

"是吗，那多少钱？"

父亲笑着说："我就把房子押给你了。"

"我不需要你的房子，"布朗先生说，"我自己有房子。就一万美元吧，怎么样？"

"成交。"父亲说。

我开始朝球场走去。

"慢着，"布朗先生说，"我要提前见到那笔钱。"

"我现在就回家取钱，"父亲说，"我马上就回来。"

父亲冲出了门。我坐在椅子上，想象着他打开保险箱，从里面抽出一沓钱——这么多年来仔细点数的小费，那么多晚上辛勤的工作。现在他要把所有的这一切都系于我的成败，我感觉胸口处如压千斤。我当然感到自豪，为父亲如此信任我而自豪，但恐惧却几乎占据了我整个内心。如果我输了，且不说奶奶和伊萨伯伯，我、我的父亲、母亲以及哥哥姐姐的命运会如何？

我以前确实也在这种压力下打过比赛——父亲在事先没有告知我的情况下就选好了对手，并命令我打败对方。但对手左不过也是个小孩，而且不涉及钱的问题。那通常都发生在下午，父亲会把我从小睡中叫醒，然后喊道："拿着你的球拍，那里有一个人，你得打败他。"他从来都不会想到九岁的孩子在白天通常是不会睡觉的，我之所以睡觉是因为在和"大龙"对打了一上午之后，我已经筋疲力尽了。揉揉眼睛，把眼角的眼屎擦掉，我走到外面，会看到某个奇怪的小孩，从佛罗里达或者加利福尼亚来，恰巧路过我们小镇。他们年纪总是比我大，个头也比我高。其中有一个小阿飞，他刚搬到拉斯维加斯，在不知从哪里听说了我之后，就直接来到我家，按响了我家的门铃。他身穿白色罗西尼奥尔网球服，长着一个酷似南瓜的头。他至少比我大三岁。当我从房子里走出来的时候，他不禁得意地笑了起来，因为我看起来是那么地弱小。即使在我打败他之后，即使在我毫不留情地夺走了他那得意的神情之后，我依然久久不能平静。数小时之后，我才慢慢地摆脱了那种情绪——那种我仿佛刚刚奔走于胡佛大坝上空一段绷紧的钢丝的情绪。

但是这次与布朗先生的比赛不同，不仅仅是因为比赛的结果将决定父亲一生积蓄的去留。布朗先生不尊敬我父亲，而我父亲又不能将他击倒在地，他需要我去做这件事情，因此这场比赛绝不仅是钱的问题，它是一场与有史以来最伟大的橄榄球运动员进行的关乎尊严、男子气概和荣誉的比赛。如果能够选择的话，我甚至更愿意此时此刻是在温布尔登网球公开赛的决赛中与纳斯塔斯对决，就算温迪作为此场比赛的球童也无所谓。

慢慢地，我意识到布朗先生正在看着我，更确切地说应该是盯着我。他走过来，自我介绍之后，握住了我的手。他的手很大，长满老茧。他问我打网球有多久了，赢过多少场比赛，输过多少场。

我平静地说："从来没输过。"

他的眼睛眯了起来。

冯先生把布朗先生拉到一边，说道："别比了，吉姆。"

"那个家伙主动要求的，"布朗先生低声说道，"那个蠢货，而且有钱赚。"

"你没明白我的意思，"冯先生说道，"你会输的，吉姆。"

"你到底在说什么？他只是个孩子。"

"他可不是一般的小孩。"

"你肯定是疯了。"

"听着，吉姆，我很喜欢你来我这里，你是我的朋友，而且你来这儿对我俱乐部的生意也大有帮助。但是一旦你输了一万块钱，输给这个小孩，你肯定会非常恼火，这样你可能就不再来我这里了。"

布朗先生回过头，上上下下仔细打量了我一番，好像他之前肯定错过了什么似的。他重新朝我走来，然后开始不断地问问题。

"你打过多少次网球？"

"每天。"

"不是，我是说你一次打多长时间？一个小时？两个小时？"

我知道他在做什么。他想知道我多久就会体力不支，他正试图摸清我的实力，然后制订比赛计划。

我父亲回来了，手里拿着一大把百元钞票，在空中挥了挥。突然间，布朗先生改变了主意。

布朗先生对我父亲说："这样，我们先打两盘，然后在第三盘决定赌多少，如何？"

"你决定吧。"

我们在七号球场比赛。由于七号球场就在最靠近大门的位置，因而不久就有很多人前来围观。在我以6∶3赢了第一盘时，他们大声喝彩，嗓子都喊哑了。布朗先生摇摇头。他自言自语着，用力把球拍摔在了地上。他很不高兴，我们都不高兴。我不仅在思考——这已直接违背了父亲规定的打球基本原则——事实上我的头脑在高速运转。我感觉似乎自己随时都可能不得不停止这场比赛，因为我想大吐一场。

接下来，我赢了第二盘，6∶3。

我父亲走到他身边。

"那么，一万块？"

"不，"布朗先生答道，"我们就赌五百美元吧，怎么样？"

"你说了算。"

我的身体开始放松下来，思绪也开始趋于平静。我真想沿着底线翩翩起舞，因为我现在终于不是为一万美元而比赛了。现在我可以自由地挥拍，不用去想结果，什么都不用想。

而此时此刻，布朗先生却疑虑重重，越来越紧张。他放小球，吊高球，专攻死角，并不断尝试下旋球和侧旋球，竭尽所能。他也总是设法使我跑来跑去，试图使我精疲力竭。但是不必再为我父亲保险柜里的全部家当而战，我是如此地轻松，怎么会感觉到累呢？我也不会失掉任何一个球。我最终战胜了布朗先生，6∶2。

此时，汗不断地顺着他的脸颊流下。他从钱包里抽出了一大沓钱，数出五张崭新的百元大钞递给了我父亲，然后他转向了我。

"球技非常棒，孩子。"

他握了握我的手。他的老茧更加粗糙了——拜我所赐。

他问我我的目标是什么，还有我的梦想。

还没等我回答，父亲就插话进来：

"他要成为世界第一。"

"我不会赌这事不可能发生的。"布朗先生说。

在战胜布朗先生后不久，我和父亲在恺撒皇宫大酒店的球场上打了一场练习赛。我已经以5：2领先了，而且接下来又是我的发球制胜局。之前我从来没有打败过父亲，而他当时看起来好像是马上就要输掉一笔巨款似的——远远超出一万美元。

突然间他离开了球场。"拿上你的东西，"他说，"咱们走。"

他没有打完那场比赛。他宁肯溜走也不愿意输给自己的儿子。我也深深地知道，这是我们最后一次比赛了。

收拾完我的包，拉上球拍套的拉锁，我内心升起一种难以抑制的兴奋感——比战胜布朗先生之后的那种快感要强烈得多。这是我一生中最甜蜜的一次胜利，它将永难超越。这次胜利对我而言，远比满满一车银币——最上面还有伊萨伯伯的宝石——意义重大，因为这次胜利迫使父亲最终逃离了我。

Chapter 03
占先区和平分区

　　我讨厌失败，但是这一次我也讨厌胜利，因为我战胜的对手是菲利。那么，这种心力交瘁的感觉是否证明了我也不具有"嗜杀"的本性？此时此刻，我困惑不已，异常难过，我真希望能找到那个老家伙——鲁迪，或者他之前的那个鲁迪，然后问问他们，这一切到底意味着什么。

　　我十岁时参加了全国网球赛。第二轮，我输给了一个比我大的孩子，一败涂地。虽然他可能是美国最好的网球手，但是这一点并未使我好过些。为什么失败会使人如此心痛？怎么会有事情如此令人心痛？我离开球场时甚至希望自己死掉。我蹒跚着走到停车场。当父亲收拾我们的东西和别的父母道别时，我坐进了车里，失声痛哭。

　　一个男人的脸出现在车窗处。是一个黑人，他微笑着。

　　"嘿，小伙子！"他说，"我是鲁迪。"

　　竟然和帮我父亲建造网球场的那个人的名字一样。真奇怪。

　　"你叫什么名字？"

　　"安德烈。"

　　他握了握我的手。

　　"很高兴认识你，安德烈！"

　　他说他同伟大的冠军潘乔·塞古拉一起工作，潘乔·塞古拉专门训练像我这么大的孩子，而他则在这些大型比赛中为潘乔物色人选。他把胳膊伸进车窗，重重地靠在车门上，叹息了一声。他对我说，像今天这种日子是非常难过的，他知道，确实非常难过，但是这些日子最终会使我更加强大。他的声音温暖、浑厚，就像热的可可饮料。

　　"那个孩子赢了你，为什么，因为他比你大两岁！你还有两年时间赶上他。两年的时间足够长了——尤其是你还在努力训练。你很努力吧？"

　　"是的，先生。"

　　"你以后一定前途无量，孩子。"

"但是我不想再打网球了，我痛恨网球。"

"哈哈！现在你当然这么想，但是从心底讲，你并不是真的讨厌网球。"

"不是，我是真的痛恨网球。"

"你只是觉得讨厌它。"

"不，我就是痛恨它。"

"你这样说是因为你现在觉得很难过，难过得就像身处地狱一般，但那只是说明你很在乎。记住这一天，并且把这一天作为前进的动力。如果你不想再次经受这种痛苦，那么很好，你就要尽你所能避免这种痛苦再度降临。你准备好为此全力以赴了吗？"

我点了点头。

"很好，很好。现在哭吧，大声地哭吧，让自己沉浸在痛苦中更久一些，然后告诉自己，到此为止，现在是重新振作、努力训练的时候了。"

"好的。"

我用衣袖轻轻拭去泪水，并向鲁迪道了谢。当他离开时，我已经准备好投入到新的训练中。是"大龙"发挥作用的时候，我已准备好连续几个小时不停地击球。如果鲁迪站在我身后，在我耳旁不停地说着鼓励的话，我认为我甚至可以打败"大龙"。突然间父亲坐在了驾驶座上，启动车然后像葬礼队伍中开在最前面的车那样缓缓前行。车里的紧张气氛是如此的凝重，我不禁蜷缩在后座上，合上了双眼。此时此刻，我真想跳车逃跑，逃到鲁迪那里，请他来训练我，或者干脆收养我吧。

虽然我讨厌所有的少年组比赛，但是我最讨厌全国赛，因为全国赛的代价更高，而且通常都在其他州比赛，这就意味着要买飞机票，要住汽车旅馆，要租车，要为餐厅的饭菜买单。父亲会承担这些费用，他在投资我。我一旦输掉比赛，他投资中的一部分就又付诸东流了。我一旦输掉比赛，整个阿加西家族都将被我所误。

我十一岁时，参加了一项在得克萨斯州举行的红土赛事。我在全国红土选手中数一数二，所以我绝不应该输掉比赛，但是我输了，输在了半决赛，没有进入决赛。现在我不得不打一场安慰性的比赛。当你在半决赛中被淘汰后，他们会让你打一场决定第三和第四名的比赛。更糟的是，在这场特殊的"安慰"赛中，我面对的是我的死敌——戴维·卡斯。他排名仅次于我，但是在球场上面对我的时候，他不知何故完全变成了另一个人。无论我做什么，卡斯都将战胜我，今天也不例外。我以三盘输掉了比赛。我身心俱疲。我再度令父亲失望，使家人的付出化为乌有。但是，我不会哭。我希望鲁迪能为我骄傲，因此我强忍住了泪水。

在颁奖典礼上，一个男人颁发了冠军奖杯，接着是亚军奖杯、季军奖杯。然后他宣布全年的最佳运动风尚奖将授予在球场上表现出最佳风度的少年。令人难以置信的是，他竟然说出了我的名字——莫非是因为我一个小时以来都在紧咬双唇吗？他拿着奖杯转向我，然后挥手叫我上台领奖。这是世界上我最不想要的——一个最佳运动风尚奖奖杯，但是我还是从那个男人手里接过了奖杯然后感谢了他。我内心深处也因而发生了某种转变。这其实是个很酷的奖杯，而我变成了一个有风度的人。我离开那里，把奖杯紧紧抱在胸前朝我们的汽车走去，父亲则紧紧跟在我后面。他一路无语，我也一路沉默，只能听到我们的双脚踩在水泥地上的声音，啪哒啪哒……终于我打破了沉默，我说："我不想要这个无聊的东西。"我这样说是因为我觉得父亲想听到这样的话。父亲加快脚步，走到我身旁，从我手里一把抢过奖杯，将其举过头顶，狠狠地摔在水泥地上。奖杯瞬间支离破碎。然后他又捡起其中一块较大的碎片，将其狠狠摔在水泥地上，摔得粉碎。之后他捡起所有的碎片，扔到了附近的一个大垃圾箱里。我一句话也没有说，我知道最好一句话都不要说。

要是我能踢足球而不是打网球就好了。我并不喜欢运动，但是如果我必须从事一项运动才能使父亲高兴的话，我绝对更愿意踢足球。我在学校每周会踢三次足球。我喜欢在球场上奔跑，头发会随风飘动。我喜欢来回追逐着球，因为我知道即使我没有进球得分，世界末日也不会因此来临，父亲的命运、家人的命运、整个地球的命运不会都系于我一身。如果我的球队没有赢，那是整个球队的失误，不会有人在我耳旁大喊大叫。我决定，团体运动才是我想走的路。

父亲不介意我踢足球，因为他认为那会对我在网球场上的跑动能力有所助益。但是最近我在一次小型足球比赛中受了伤，腿上的一块肌肉拉伤了。由于受伤，我被迫停止网球训练一个下午。父亲很不高兴，他看看我的腿，然后又看看我，好像我是故意受伤似的。但是受伤就是受伤了，即使是我父亲也无法和我的身体理论。他"噔噔"地走出了屋子。

片刻之后，母亲看了我的日程表，发现我下午还有一场足球比赛。"我们该怎么办？"她问道。

我说："球队还指望我呢。"

她叹了一口气："你感觉怎么样了？"

"我想我还能踢。"

"好吧，穿上你的队服。"

"你认为爸爸会不高兴吗？"

"你知道你爸爸，他永远都不高兴，根本不需要什么理由。"

她开车把我送到足球比赛场，然后离开了。在运动场上来回慢跑了几圈之后，我的腿感觉好多了，出人意料的好。我流畅地、优雅地穿梭在对方防守队员中，追逐着球，与我的队友们尽情欢笑。我们正在为一个共同的目标而努力奋斗，我们同舟共济——我要的正是这种感觉，这才是我。

突然间，我抬起头看见了父亲，他正从停车场边上朝运动场大踏步走来。现在他开始同教练讲话了。现在他开始对教练大声嚷嚷了。然后教练向我挥了挥手："阿加西！出来！"

我冲出了赛场。

"上车！"父亲说，"还有，把那身队服脱掉。"

我跑到车里，在后座上找到了我的网球服，迅速穿上之后，我走回到父亲身旁，把我的足球服递给他。他走到场上，一把把它扔到了教练的怀里。在开车回家的路上，父亲看都不看我一眼，只是对我说："你再也不许踢足球了。"

我求他不要这样，我求他再给我一次机会。我告诉父亲我不想独自一人在偌大的网球场上。打网球是孤独的，我告诉他。当事情不尽如人意时，你无处可藏——没有棒球比赛的球员休息处，没有场外地区，没有拳击台的中立角，只有你一个人在场上，毫无遮掩。

他声嘶力竭地喊道："你是个网球手！你将成为世界第一，你将赚大笔的钱。这就是计划，毫无讨论的余地。"

他如此固执己见，甚至可以为此不顾一切，因为那也是为丽塔、菲利和塔米制订的计划，但是从来都没有成为现实。丽塔奋起反抗；塔米总是停滞不前；菲利不具有"嗜杀"的本性，父亲总是这样说菲利。他对我这样说，对妈妈这样说，甚至对菲利也当面斥责。菲利则只是耸耸肩，不予理会，而这似乎恰恰证实了菲利的确没有"嗜杀"的本性。

但是父亲斥责菲利的话远不只如此。

他说："你生来就是个失败者。"

"对，"菲利悲伤地说，"我生来就是个失败者，我命中注定就是个失败者。"

"你就是！你竟然同情你的对手！至于是否能成为最棒的，你根本就不在意。"

菲利甚至都懒得去反驳。他打球打得很好，他有天赋，只不过他不是个完美主义者。而完美在我们家已经不再是目标了，而是主宰一切的法则。如果你不完美，你就是个失败者。生来就是失败者。

父亲在菲利和我年纪相仿时就认定了他生来就是个失败者。那次他参加全国网球赛，不但输掉了比赛，而且当对手作弊时，他也不去争论。而当时坐在露天看台上的父亲则为此怒不可遏，并用亚述语大声叫骂。

就像母亲一样，菲利只是默默承受着，承受着。而极其偶然的情况下，他也会爆发。那天，父亲在为球拍穿线，母亲在熨衣服，而菲利则缩在沙发里看电视。父亲仍然不放过菲利，无情地指摘他在最近一次比赛中的表现。突然间，菲利以一种他从来没有用过的语调尖声喊道："你知道我为什么赢不了吗？全都是因为你！因为你说我生来就是个失败者。"

菲利因为愤怒而喘着粗气，母亲则哭了起来。

菲利继续说道："从现在开始，我就当个机器人吧，你看怎么样？你喜欢那样吗？我就变成个机器人，什么感觉也没有，每天只是到球场去，然后你说什么，我就做什么。"

父亲停下手中的活儿，看起来有些高兴的样子。他难得如此平静。"天哪！"他说道，"你终于快要弄明白了。"

我与菲利不同，我总是与对手争论。有时我真希望自己有菲利那种本事，对不公正能够一笑置之。如果我的对手作弊，如果他像塔兰戈那样，我就会满脸怒色，我会以牙还牙，以眼还眼。那个作弊的对手的球明明打到了场地中央，而我会称此球出界了，并且死死盯着对方，仿佛在说：现在我们扯平了。

我这样做不是为了取悦父亲，不过他确实为此甚是得意。他说："你和菲利的气质完全不同，你拥有所有的天赋、所有的激情和——运气。你是带着祥云降生的。"

他每天都这样说。有时他一本正经地说，有时他难掩羡慕之情，有时他甚至流露出嫉妒之色。每当他说起此事时，我都会脸色煞白。我担心是我得到了原本属于菲利的好运气，是我偷走了他的好运气，因为如果我是带着祥云出生的话，那么菲利出生时，肯定乌云笼罩。十二岁时，菲利在骑车时扭伤了手腕，而他此后很长一段时间接连遭遇不幸就是从那时开始的。这件事使我父亲狂怒不已，他继续让腕伤未愈、身心俱疲的菲利参加比赛，这使菲利的腕伤越来越严重，最终演化为慢性病，从而也毁掉了菲利的网球前途，永远。

由于腕伤，菲利不得不单手反手击球。他认为这是个糟透了的习惯，但是在他手腕完全康复后，他已经无法摆脱了。菲利输球时，我在一旁观看，心想：坏的习惯加坏的运气——致命的组合。在他惨败之后回到家里时，我也会默默地注视着他。他感觉自己是那么的糟糕，这种情绪全都写在了脸上，而父亲则会使这种糟糕的感觉雪上加霜。菲利坐在角落里，为自己的失败深深自责，但是至少这是一场公平的"战争"——一对一。这时，父亲出现了。他插足进来，和菲利一起对抗菲利——咒骂、掌掴。按理说，这会使菲利满身伤痛，濒于崩溃，起码这会使菲利怨恨我进而欺负我。但是，每一次在经受了自己或者父亲对其言语或身体上的伤害之后，他都会更加细心地呵护我，更加悉心地保护我，对我更加温和。他想让我摆脱与他类似的命运。正是因为这个原因，尽管他可能生来就是个失败者，但是我认为菲利是最后的胜利者。有这样的哥哥，我感到非常幸运。为拥有一个不幸的哥哥而感到幸运，那可能吗？那说得通吗？这真是另一个关键的矛盾。

在空闲时间，我总是和菲利待在一起。放学时，他会骑着他的小型摩托车来接我。在穿过沙漠回家的路上，摩托车发动机发出虫鸣般嗡嗡的叫声，而我们则一路欢声笑语不断。我们两个住在房子后部的同一个卧室里，这里是我们的避风港，可以暂时远离网球和父亲。由于菲利对自己的东西很挑剔，而我也是，因此他在房间中央画了一条白线，白线的一侧是他的领地，另一侧则是我的地盘——左边的占先区和右边的平分区。我睡在平分区。我的床紧靠着门。晚上关灯之后，我们总是坐在床边，隔着白线说悄悄话。这成了我们每天的例行公事，我已经有点儿离不开它了。交谈中通常都是大我七岁的菲利在说话，他的内心世界、他的自我怀疑、他的失落情绪，一览无余。他说他从来没有赢过；他谈论自己被说成"生来就是个失败者"的那种感受；他说他需要从父亲那里借钱才能继续打网球，才能不中断自己成为职业选手的努力。我们一致同意，我们不想欠像爸爸这样的人的钱。

但是，最为困扰菲利的事情、他此生最大的痛则是他的发际线。他总是说："安德烈，我将来肯定会秃头的。"每次他这样说的时候，我都觉得他是在告诉我一个极其不幸的消息：医生说他只有四个月可活了。

但是，他不会就这样轻易认输的。对于菲利来说，这是一场战斗，他会拼出全力去捍卫他的头发。他认为他的头发越来越少是因为他的头皮常常供血不足，因此每天晚上，有时是在我们睡前聊天期间，菲利都会倒立。他把头放在床垫上，然后抬起脚，靠在墙上。我真心希望这能有所帮助。我恳请上帝保佑我的哥哥，作为"天生输家"的他，不要失去他的头发——这对他来说非常重要。我谎称我觉得他的方法已经见效了，效果非常明显，这真是神奇。我非常爱我的哥哥，因此只要能使他感觉好些，我什么都愿意说。为了他，就算让我整夜倒立我都在所不辞。

待菲利讲完他的烦恼之后，我有时也会向他倾诉我的烦心事。他会迅速投入进来，细心聆听，为我排忧解难，我为此非常感动。他听我诉说爸爸最近一次的辱骂是如何的刻薄，然后他会根据我所表现出来的在意程度，做出相应的点头动作：对于我所表现出来的一般性的恐惧，他会微微地点头；而对于巨大的恐惧，他会以特有的方式蹙着眉，并用力地点头。即使当他倒立的时候，对于我来说，菲利的一个点头示意就足以抵得上大多数人一份五页纸的书信内容。

一天晚上，菲利让我答应他一件事。

"当然，菲利，别说是一件事情，任何事情都行。"

"千万不要吃爸爸给你的任何药丸。"

"药丸？"

"安德烈，你一定得按照我说的去做，这非常重要。"

"好吧，菲利，我听你的。我正听着呢。"

"下一次你参加全国网球赛时，如果爸爸给你一些药片，千万别吃。"

"他已经给过我 Excerdrin（一种止痛药）了，菲利。他在比赛前让我吃 Excerdrin，因为这种药里含有大量咖啡因。"

"嗯，我知道，但是我现在说的是另一种药。这种药是白色的，圆圆的，很小。无论如何，都别吃。"

"但是如果爸爸一定要让我吃呢？我是拒绝不了爸爸的。"

"嗯，是啊。好吧，让我想想。"

菲利闭目沉思。我注视着他——他的血涌向前额，前额因而变成了紫色。

"这样吧，"他说道，"我想到了一个主意。如果你不得不吃那些药丸，如果爸爸一定要你吃的话，那就在比赛中表现得糟一点儿，故意输掉。然后，当比赛结束时，告诉他你抖得非常厉害，以至于都不能集中精力比赛了。"

"好的，菲利。不过，那些药丸到底是什么啊？"

"安非他命的一种。"

"那又是什么？"

"一种药剂，可以使你精力大增。我就知道他肯定会设法提高你的速度的。"

"那你怎么知道的，菲利？"

"他让我吃了。"

事情的确如菲利预料的那样，在芝加哥全国网球赛上，父亲给我了一粒药。他说："把手伸出来。这会对你有帮助的，吃了它。"

他把一粒药放在我手心里，白色的、圆圆的、很小的一粒药。

我吞下了它，没感到什么不适，没什么特别的感觉，只是动作稍微灵敏些而已。

但是我装作有很大反应的样子。我的对手虽比我大一些，对我来说却不具有什么挑战性，但是我故意对他做出了让步，失掉了很多分数，让他赢了几局。我使这场比赛看起来比实际上要艰难。比赛结束离开球场后，我对父亲说，我感觉不太对劲，好像随时都要晕过去似的。他看起来则有些内疚。

"好吧，"他一边用手来回摸着脸，一边说，"那东西不行啊，我们再也不试了。"

在比赛结束后，我打电话告诉了菲利关于药丸的事。

他说："我就知道！"

"我全都按照你说的去做了，菲利，确实管用。"

在电话里，哥哥就像我心中理想的父亲那样，难掩骄傲之情——为我自豪，而同时对我的担忧之情也流露无遗。

从芝加哥回到家里后，我一把抓住他，紧紧地抱住他。那天晚上，我们把自己反锁在房间里，隔着白线窃窃私语，尽情回味着对父亲的这一难得的胜利。

不久后，我与一个老对手打了一场比赛，并且打败了他。那只是一场练习赛，没什么大不了的，而且我的水平要高出他很多，但是我就像在芝加哥时那样又一次故意让步、失分，使这场比赛看起来比实际上要艰难。走出剑桥俱乐部的七号球场——我打败布朗先生的那个球场——我感觉到心力交瘁，因为我的对手看起来心力交瘁。我本应该故意输掉整场比赛。我讨厌失败，但是这一次我也讨厌胜利，因为我战胜的对手是菲利。那么，这种心力交瘁的感觉是否证明了我也不具有"嗜杀"的本性？此时此刻，我困惑不已，异常难过，我真希望能找到那个老家伙——鲁迪，或者他之前的那个鲁迪，然后问问他们，这一切到底意味着什么。

Chapter 04
温切尔店之锁

　　我和佩里对彼此许下诺言：我们将与众不同，不但不同于我们的父亲，而且不同于任何我们所认识的人——包括那些我们在电影中所见识到的人物。我们商定绝不吸毒或者喝酒；如果我们富有了，我们一定会尽己所能帮助世界上需要帮助的人。我们为此郑重地握手。这次握手、这些约定是我们之间的秘密。

　　我正在拉斯维加斯乡村俱乐部参加一项赛事，这场比赛是为了争取州锦标赛的参赛机会。我的对手是个叫罗迪·帕克斯的孩子。关于他，我首先注意到的是，他也有一个与众不同的父亲。帕克斯先生戴着一枚镶有大块胶糖状琥珀的戒指，琥珀里面竟然是一只蚂蚁。在比赛开始前，我问他为什么要戴这样一枚戒指。

　　"你看，安德烈，如果世界毁灭于一场核灾难，蚂蚁将是唯一一种能够存活的生物，因此我要以蚂蚁的精神作为生存之道。"

　　罗迪十三岁，比我大两岁。他留着平头，个头要比同龄人大，但是看起来并非不可战胜。旋即我就看出了他打法的漏洞、他的弱点。而后，他却不知以何种方式弥补了漏洞，隐藏他的弱点。他赢了第一盘。

　　我不停地对自己说话，告诉自己要坚持住，要稳住。我拿下了第二盘。

　　现在在赛场上我占据了主动。我打得越来越灵活，动作越来越敏捷。我感觉胜利就在眼前，罗迪输定了，他碰到我，活该他倒霉。瞧瞧他的名字吧，罗迪——这是什么名字啊？但是我连失了数分，最终是罗迪高举双手庆祝胜利，他以7：5赢得了第三盘，因而也赢得了整场比赛。

　　我看看坐在看台上的父亲，他目不转睛地盯着赛场，忧心忡忡——不是愤怒，是忧心忡忡。我也很担心，但是同时也非常愤怒，心中充斥着自我厌恶感。我真希望我是帕克斯先生戒指里那只身体僵直的蚂蚁。

　　在我将东西装到网球包里时，我狠狠地咒骂着自己，这时不知从哪里钻出一个男孩，打断了我的自我讨伐。

"嗨，"他说，"别再为这事恼火了，你今天没有发挥出最佳状态。"

我抬起头。这个男孩年纪比我稍微大一点儿，但是比我高出了一头，正做出一副我不喜欢的表情。他的脸有些与众不同，他的鼻子和嘴巴太过突出，与整个脸根本就不协调。而且，最令人讨厌的是，他竟然穿着一件怪里怪气的衬衫，衬衫上面的那个小人是在打马球吗？我一点儿都不喜欢他。

"你又是谁？"

"佩里·罗杰斯。"

我转过身继续收拾我的包。

他无视我的暗示，不停地嘀咕我没有发挥好，我比罗迪不知要强多少，以及下次我将如何打败罗迪。都是些废话。我猜，他的确是想向我示好，但是他以一种自以为无所不知的姿态对我"谆谆教诲"，仿佛自己是少年版的博格，因此我站起来，毫不留情地用我的后背对着他。我现在最不需要的就是别人为了安慰我而与我进行的谈话，这比一个安慰奖杯更没有意义，更何况该谈话还是来自一个穿着一件胸前印着人玩马球图案的衬衫的孩子。把网球包背在肩上后，我对他说："关于网球你知道些什么啊？"

之后我感觉很糟糕，我本不应该这么刻薄。后来我发现那个小孩也是一个网球手，他也参加了那项赛事。我还听说他疯狂地爱上了我姐姐塔米，这无疑是他为什么和我搭话的原因——为了接近塔米。

但是如果我感到内疚的话，佩里则大为恼火。在拉斯维加斯青少年中，盛传着这样的消息："小心啊，佩里正找机会叫你好看。佩里见人就说你对他很无礼，下次再遇到你，他一定会好好教训你一顿。"

几周后，塔米说大家都要去看一场恐怖电影，所有大一点儿的孩子都去，然后问我去不去。

"那个叫佩里的去吗？"

"也许吧。"

"好的，我去。"

我喜欢恐怖电影，而且我有我的打算。

妈妈提前开车把我们送到了电影院，这样我们可以买些爆米花和扭扭糖并找到满意的座位——中排中间的座位。我总是坐在中排中间的座位——电影院里最好的位置。我让塔米坐在我的左侧，然后让我右侧的座位空着。果然，打扮得像预科学校学生的佩里来了。我站起来向他招手："嗨，佩里，到这边来。"

他转过身，眯起眼睛。我能看出他对我突如其来的友善行为尚存疑虑，他正试图分析此刻的形势，从而合理应对。然后他笑了起来，之前的怒气也烟消云散。他慢慢地穿过过道，走到我们那排，然后一屁股坐在了我旁边的座位上。

"嗨，塔米。"他隔着我说。

"嗨，佩里。"

"嗨，安德烈。"

"嗨，佩里。"

就在灯光熄灭，电影即将开始时，我们彼此看了看对方。

"停战？"

"停战。"

这场电影的名字是《会客时间》(*Visiting Hours*)，大概情节是：一个精神变态者悄悄跟踪一个女记者，然后溜进她家里，杀死了她的女佣，并不知为何涂上了红红的口红。当女记者进屋后，他突然跳了出来。她奋力抗争，终于得以逃脱。然后这个记者又不知怎么的住进了医院，接受治疗。她认为待在医院里就安全了。但显然不是，那个变态者正藏在医院里，设法找到那个女记者所在的病房，并杀死了每个挡住他去路的人。影片质量低劣但绝对令人毛骨悚然。

当感到恐惧时，我就会像一只被扔到了满是狗的房间里的猫那样僵在原地，一动也不能动。但佩里似乎是那种会做出激烈反应的类型。当紧张气氛不断升级时，他不时抽搐着，坐立不安，还把苏打水洒到了身上。每次那个杀手从壁橱里跳出来，佩里就会从椅子上跳起来。好几次我都转向塔米，使劲朝她使眼色。但是我没有因佩里的反应而取笑他，当灯打开后，我甚至都没有提这件事。我不想破坏了我们之间还很脆弱的和平协议。

我们摇摇晃晃地走出了电影院，都觉得那些爆米花、可乐和扭扭糖没能填饱肚子。于是我们走进路对面一家温切尔甜甜圈店，买了一盒法式甜甜圈。佩里将巧克力涂在上面，而我则撒上了五彩糖屑。我们在柜台处大口吃着甜甜圈，还一边聊着天。佩里的确很能说，他就像一位站在最高法庭上的律师一样侃侃而谈。然后，在十五分钟的宣判时间中，他停下来，问柜台后面的那个人："这个地方是二十四小时都营业吗？"

"是啊。"柜台售货员说道。

"一周七天？"

"是啊。"

"一年三百六十五天？"

"是啊。"

"那为什么前门还有锁？"

我们全都转过身看前门。多么妙的问题！我不禁大笑起来，笑得口中的甜煎饼都喷了出来，而煎饼上的五彩糖屑则像婚礼时抛撒的五彩纸屑那样到处乱飞。这可能是人们说过的最有趣、最机智的话了，当然这也是所有来过这家店的人说过的最有趣、最机智的话，甚至那个卖甜甜圈的人也不禁笑了起来并承认："孩子，这的确令人费解。"

"生活难道不就像那样吗？"佩里说道，"充满了类似温切尔店的锁头这种难以解释的疑问。"

"你说得太对了。"

我总是认为我是唯一注意到这一点的人，但是在这里，这个孩子不仅注意到了这一点，而且明确指出了这一点。当母亲来接我和塔米时，我是那么不愿意和我的新朋友佩里告别。我甚至觉得自己已经不那么讨厌他的衬衫了。

我问父亲我是否可以在佩里家过夜。

"绝对不行。"他答道。

他完全不认识佩里的家人。他不信任任何他不认识的人，对世界上的所有人都心存疑虑，对我们朋友的父母更是如此。我懒得去问为什么，也不想浪费口舌和他争论。还是邀请佩里到我们家过夜吧。

佩里对我的父母极为礼貌。他和我的哥哥、姐姐相处得也很好，尤其是塔米，尽管塔米委婉地拒绝了他的追求。我问他：想快速参观一下我们家吗？他答道：当然。于是我带他参观了我和菲利的房间，他对我们房间中间的那条白线调侃了一番。然后我带他来到了后院的球场，他和"大龙"对打了几个回合。我告诉他我是多么憎恨"大龙"，我过去常常将它视为一个有生命的、会呼吸的怪兽。他看起来对我颇为同情。他看过足够多的恐怖电影，知道妖怪会以各种形状出现，可大可小。

考虑到佩里是个恐怖片鉴赏专家，我为他准备了一个惊喜。我曾经赢得过一盘《驱魔人》(*The Exorcist*)的录像带。在注意到他在观看《会客时间》时似乎随时都可能被吓破胆的那种样子，我迫不及待地想要看看他观看一部真正的经典恐怖片的反应。在每个人都睡着了之后，我们把带子放到了机子里。琳达·布莱尔每转一次头，我都呼吸困难、四肢麻木，就像患上了动脉瘤一样，但是佩里却不为所动。他因《会客时间》战栗不已，却对《驱魔人》毫无感觉？我想，这家伙还真是有自己的风格啊。

在看完电影之后，我们整夜未睡，一边喝着苏打水，一边聊着天。佩里也认为我父亲比好莱坞能创造出来的任何恐怖角色都要恐怖，但是他说他父亲的恐怖程度是我父亲的两倍。他说，他父亲是个魔鬼，是个暴君，是个自恋狂——这是我第一次听说这个词。

佩里说："自恋狂就是指他只考虑自己。那个词也意味着他把他儿子当成了私人财产，他为儿子规划好了未来，却完全不在意儿子自己对未来的憧憬。"

这一切听起来如此熟悉。

佩里和我一致认为如果我们的父亲同其他孩子的父亲一样的话，我们的生活将好上一百万倍。但是我在佩里声音里听出了更深的痛苦，因为他说他的父亲并不爱他。我从来没有怀疑过父亲对我的爱，我只是希望那种爱能够更温柔一些，能够拥有更多的倾听和更少的怒气。事实上，我有时甚至希望父亲少爱我一点，或许这样他就会给予我更多的空间，让我自己做决定。我告诉佩里没有选择权，没有"关于自己所做之事，自己将成为谁"的发言权是多么痛苦，这使我快疯掉了。这也是为什么我会特别在意，甚至可以称得上着迷于穿什么、吃什么以及我把谁视作好朋友——这是为数不多的几件我可以自己决定的事情。

他点点头。他懂我的意思。

终于，我有了一个可以分享这些深层次思考的朋友，一个可以与之探讨我生活中的"温切尔店之锁"的朋友——佩里。尽管我讨厌网球，我和佩里还是谈论网球。我告诉佩里，尽管喜欢书本，但是我讨厌学校。我告诉佩里，能有一个像菲利这样的哥哥，我感到很幸运，尽管他有一段时间总是坏运气不断。佩里总是耐心地倾听着这一切，恰如菲利那样，但是他比菲利更投入。佩里不只是和我聊天、倾听，然后点头示意，他还会与我谈心。他会替我分析事情的前因后果，为我出谋划策，滔滔不绝地说这说那，从而帮我想出一个使事情朝好的方向发展的计划。

当我向佩里讲述困扰我的问题时，那些问题起初听起来都是些毫无头绪的蠢话，但是佩里有办法厘清这些问题，使它们听起来合乎逻辑，从而似乎向问题的解决迈出了第一步。我感觉仿佛以前一直待在一个沙漠孤岛上，没有人可以交谈，但是现在一个有思想的、敏感的、和我志趣相投的漂流者——尽管穿着一件印有傻乎乎的马球手的衬衫——却偶然漂到了这里，登上了这座孤岛。

佩里向我吐露了他鼻子和嘴巴的秘密。他说他出生时患有腭裂，这使他非常有自知之明，也使他面对女孩子时非常害羞，这一点使他颇为痛苦。他已经做过多次修复手术，还要接受不止一次手术。我告诉他那并不是很明显。他眼睛里闪着点点泪花，咕哝着父亲还为此责备他之类的话。

与佩里的大多数对话最后都会谈到他父亲和我父亲，然后话题又会迅速从父亲转向未来。我们谈论一旦我们摆脱了各自的父亲，将成为什么样的人。我们对彼此许下诺言：我们将与众不同，不但不同于我们的父亲，而且不同于任何我们所认识的人——包括那些我们在电影中所见识到的人物。我们商定绝不吸毒或者喝酒；如果我们富有了，我们一定会尽己所能帮助世界上需要帮助的人。我们为此郑重地握手。这次握手、这些约定是我们之间的秘密。

佩里想要变富有，可真是还有很长的路要走。他从来都是身无分文，我们做的每件事都是我做东。我其实也没有多少钱——有限的零用钱加之我在赌场和酒店从客人那里骗来的钱而已。但是我不在乎，我的就是佩里的，因为我已把佩里当成最要好的朋友了。父亲每天给我五美元作为餐费，而我则慷慨地把一半钱花在了佩里身上。

我们每天下午都会在剑桥俱乐部碰面。在那里混上一段时间，敷衍地打几下球之后，我们就会从后门溜出，翻过围墙，飞跑着穿过空地，来到7-Eleven便利店。在那里我们打打电子游戏、吃些Chipwich——都由我买单——一直待到回家的时候。

Chipwich是佩里最近发现的一种新型冰激凌三明治——香草冰激凌被夹在两块巧克力软曲奇中间。佩里说，这是世界上最美味的食物，他疯狂地迷上了它。他喜欢讲话，但是他更喜欢Chipwich。一谈起Chipwich的美，他能滔滔不绝地讲上一个小时，同时Chipwich也是少数能使他停止讲话的东西之一。我每次都给他买上十来个Chipwich冰激凌三明治，也会因为他没有足够的钱满足自身的嗜好而为他感到难过。

一天，我们坐在7-Eleven店里，佩里嚼着口中的Chipwich突然停了下来，然后抬头看了看墙上的钟。

"该死，安德烈，我们最好现在就回剑桥俱乐部，我妈妈今天要提前来接我。"

"你妈妈？"

"嗯，她说让我在俱乐部前面等着她。"

我们拼了命地跑过空地。

"噢，"佩里大叫道，"她在那儿。"

我抬头望了望路上，看见有两辆车——一辆双座小型大众汽车和一辆折篷劳斯莱斯——正缓缓朝剑桥俱乐部驶去。看到大众车开过了剑桥后，我让佩里别那么紧张了。"放松放松，"我说，"我们还有时间，她错过转弯了。"

"不，"佩里说，"来了，来了。"

他加快速度，全速追赶着那辆劳斯莱斯。

"嗨，什么？佩里，你是在开玩笑吗？你妈妈开的是劳斯莱斯？你家——很有钱吗？"

"应该算是吧。"

"你为什么不告诉我呢？"

"你从来没问过我啊。"

对我来说，那就是"有钱"的定义：你甚至想不起来告诉你最好的朋友你多有钱。钱对你来说已经见怪不怪了，以至于你并不在意钱是从哪里来的。

但是，佩里可不只是有钱，他是超级有钱。佩里是"财神当家"。他父亲是一家著名律师事务所的高级合伙人，拥有一家地方电台。佩里说："他卖空气[1]。"想想吧，卖空气！天哪，你得先造出空气来，才能卖啊。（佩里的父亲给佩里的零花钱大概都是"空气"吧。）

父亲最后终于让我拜访佩里家了。我发现佩里不是住在一座普通房子里，事实上，他住在一个大公馆里，他母亲开着那辆劳斯莱斯把我带到了那里。当我们缓缓驶过那条环绕着起伏的山峰、隐藏在浓浓树荫下的巨大车道时，我不禁瞪大了眼睛。我们在一个看起来富丽堂皇的宅邸前停了下来。其中有一所房子完全是供佩里使用的，房子里有一间青少年梦寐以求的房间，内设一张乒乓球台、一张台球桌、一张扑克桌、一台大屏幕电视、一个袖珍冰箱和一套架子鼓。佩里的卧室在一条长长的走廊的另一头，卧室的墙上贴满了上百张《体育画报》的封面。我的头转来转去，不停地看着那些伟大运动员的画像，此时此刻我的心情只能用一个字来表达："哇！"

佩里说："这些全是我自己贴上去的。"

在那之后，当我在候诊室里等待看牙医时，我撕下了所有《体育画报》的封面，并把它们藏在了我的夹克里。当我把它们送给佩里时，佩里摇摇头。

"不对，我有这张，还有这张。安德烈，我全都有。我自己订《体育画报》的。"

"哦，好吧，对不起。"

我以前不仅从来没有遇到过一个有钱家的小孩，也从来没有碰到过一个自己订阅杂志的孩子。

如果我们没有在剑桥俱乐部消磨时间，也没有在他家那个大宅子里闲逛，我们就会打电话聊天。我们已经离不开彼此了。因此，当我告诉他我要离开一个月，到澳大利亚参加一系列比赛时，他一时呆住了。我对他说，麦当劳从美国青少年中选拔出一组顶尖选手，然后再把他们送到澳大利亚，与那里最好的选手比赛。

"整整一个月呢！"

"我知道，但是你知道的，我没得选。我父亲。"

我没有完全讲实话。只有两个十二岁的孩子被选中，我是其中之一，因此我很自

1　air，也有"（无线电、电视）转播、播送"的意思。

豪，很兴奋，只不过要到离家那么远的地方——要乘坐十四个小时的飞机——这一点使我稍微有些紧张和不安。为了佩里，我故意对这次旅行轻描淡写。我告诉他："别担心，我很快就会回来，到那时我们去吃一顿 Chipwich 大餐。"

我独自登上了飞往洛杉矶的飞机。飞机一降落，我很害怕，真想直接飞回拉斯维加斯。我不知道自己该去哪里或者在这个机场中该怎么走。穿着背部印有麦当劳金色拱门标志、胸前则是我名字的热身运动服，我感觉自己在人群中是那么的显眼。现在，我看见了在很远处也有一群跟我穿着相同运动服的孩子。那是我的队伍。我走到这个队伍中的一个成年人面前，然后作了自我介绍。

他冲我灿烂一笑。他是教练——我第一个真正的教练。

"阿加西，"他说，"从拉斯维加斯来的高手吗？嗨，欢迎加入！"

在飞往澳大利亚的途中，教练站在过道里，向我们讲述了这次旅行的具体安排。他说，我们会在五个不同的城市参加五项赛事，而最重要的是第三项，将在悉尼进行。在那里，我们中最棒的选手们将与澳大利亚最棒的选手们对决。

"现场将有五千名观众观看，而且比赛将通过电视在澳大利亚全国播放。"他说。

啊！压力……

"不过，也有好消息，"教练说，"你们每赢得一项赛事，我就允许你们喝一杯冰啤酒。"

我在澳大利亚的阿德莱德拿下了我的第一场胜利，基本没遇到什么困难。在大巴上，教练递给了我一杯冰镇的福斯特贮藏啤酒。我脑子中出现了佩里的身影以及我和他之间的约定，我也在想自己只有十二岁，却被用酒"款待"，这多么奇怪。但是啤酒看起来是那么的冰爽，而我的队友们也在注视着我。此外，我现在离家数千公里——豁出去了。我先是抿了一小口，真好喝，然后我改为大口大口地喝，四口就把它喝光了。之后，那个下午的剩余时间里，我都良心不安，为我的行为深深自责。我很想知道当佩里听到这件事情后会做何反应，他是否会因此而不再做我的朋友了呢？

在接下来的四项赛事中，我赢得了三项——这意味着三杯啤酒。对我来说，每一杯都比上一次更为可口。但是每喝一小口，我都会体味到掺杂其中的愧疚的苦味。

佩里和我很快就重拾原来的习惯：看恐怖电影，一聊就聊很长时间，去剑桥俱乐部，溜到7-Eleven 便利店，还有大吃 Chipwich。但是每当我面对他的时候，我都会因我的背叛而深感不安。

那天我们正从剑桥俱乐部向7-Eleven 走去，终于我再也隐瞒不下去了，愧疚感正一天一天地吞噬我。我们正戴着耳机，听着佩里的随身听，当时放的是"王子"（Prince

Rogers Nelson）的《紫雨》(*Purple Rain*)。我轻轻地拍了拍佩里的肩膀，叫他把耳机摘下来。

"怎么了？"

"我不知道该怎么说这件事。"

他瞪大了眼睛。

"到底怎么了？"

"佩里，我破坏了我们的约定。"

"不。"

"我在澳大利亚喝了啤酒。"

"就一杯吗？"

"四杯。"

"四杯！"

我低下头。

他眼睛凝望着群山，陷入了沉思。"好吧，"他说，"我们在生活中总是会做出选择。你已经做了你的选择，我想我也会做出自己的选择。"

几分钟后，他转而变得非常好奇，问我啤酒的味道如何，而我又不能对他撒谎。我告诉他啤酒真是好喝极了。我又一次道歉，但是已没有必要再装出愧疚的样子。佩里是对的，我曾经有过选择的机会，我做出了我的选择。当然，我希望我没有破坏我们的约定，但我也未必因为最终服从了我的自由意志而感到糟糕。

佩里像父亲那样皱着眉头——不是像我父亲那样，也不是像他父亲那样，而是像电视里的父亲那样。他此时真应该穿着开襟羊毛衫，嘴里叼着一根雪茄。我突然意识到，追根溯源，我和佩里的约定其实是一个成为彼此父亲的承诺——彼此扶持，互相照顾。我又一次道歉，同时我意识到在我离开的这段时间里，自己是多么想念佩里。我又暗自签订了一项协定，不过这一次是与我自己达成的，那就是我再也不会离开家了。

我当时在厨房里，父亲突然走到我旁边跟我说话。他说他想和我谈谈。我不禁忐忑不安起来：他是不是听说了啤酒的事？

他让我坐在桌子旁，他则在我对面坐了下来，桌子上放着一个尚未完成的诺曼·罗克韦尔拼图。他向我讲述了他最近偶然在《60分钟》节目中看到的一个报道，那是关于位于佛罗里达州西海岸坦帕湾附近的一个网球寄宿学校的报道。父亲说，那是第一所此种类型的学校，它就像年轻网球选手的新兵训练营，由一个以前当过伞兵的、名叫尼克·波利泰尼的人开设。

"那怎么了？"

"那么——你将去那里。"

"什么？！"

"你在拉斯维加斯这里不会再有什么进步了，你已经打败了这个地区所有的男孩。你已经打败了西部地区所有的男孩。安德烈，你已经打败了我们这个地方、这个圈子内所有的对手了！我已经没有什么可以教你的了。"

父亲没有再接着说下去，但是很显然，他已经决定对我做一些与众不同的事情——他不想再重复在我哥哥和姐姐身上所犯的错误。他总是不肯放手，紧紧地抓住不放，因而毁掉了我哥哥和姐姐们的网球前途。在这个过程中，他也毁掉了与他们的关系。丽塔的情况越来越糟，以至于最近她和至少比她大三十岁的网球传奇人物潘乔·冈萨雷斯私奔了。父亲不想限制我，或者说不想损坏我、毁掉我，因此他打算流放我。他要把我撵走，这么做是由于他想使自己远离我，从而保护我。

"安德烈，"他说，"你得以网球为食，以网球为水，以网球为床，这是你成为世界第一的唯一方法。"

我已经以网球为食，以网球为水，以网球为床了。

但是他想让我在其他地方而不是在家里做这些事情。

"上这个网球学校得花多少钱？"

"大概一年一万两千美元吧。"

"我们负担不起。"

"你只在那里待三个月，大概是三千美元吧。"

"我们还是负担不起啊。"

"这是一项投资，对你的投资。我们会想出办法的。"

我不想去。

但我能从父亲的脸上看出来他此意已决，没什么可商量的了。

我试图朝好的方面想。三个月时间而已，无论这三个月发生什么，我都能忍受。况且那能有多糟，或许就像在澳大利亚一样，说不定还会很有意思呢，可能还会有些意想不到的好处呢，也许在那里我会获得那种为团队效力的感觉。

"上学怎么办？"我问道，"我还在上七年级啊。"

父亲说："邻镇上有学校。你上午去那里上学，上半天，然后再打上一个下午的网球，一直打到晚上。"

似乎会把人累垮啊！不久后，母亲告诉我《60分钟》节目中报道这所学校，事实上是为了曝光波利泰尼这个家伙，他本质上是在经营一个雇用童工的网球血汗工厂。

他们在剑桥俱乐部为我举办了一个告别派对。派对上，冯先生看起来闷闷不乐，佩里则十分消沉，似乎随时都会跑去自杀，而父亲则有些游移不定，难以捉摸。我们站成一圈吃蛋糕。我对着气球打网球，然后用针把它们"啪"的一声刺破。几乎每个人都轻拍我的后背，说我在那里会过得很开心的。

我说："我知道，我都迫不及待想和那些佛罗里达州的孩子们混在一起了。"

这个谎言听起来就像我又一次故意将球打飞——球撞到球拍的木框然后飞出去。

随着我离开的日子一天天临近，我越来越无法安睡。我会在被褥里翻来覆去，汗流浃背，来回扭动，始终难以入睡。我也食不下咽。突然间，我完全理解了何为思乡之情。我不想离开我的家、我的哥哥和姐姐、我的母亲，还有我最好的朋友。纵然我的家始终存在着一种紧张感，偶尔还会令人产生恐惧感，但是如果我能留在家里，我愿意为此付出一切。父亲给我造成了许多痛苦，其中最持久的一项痛苦就是他的无处不在。他总是在那里，在我的背后，而现在他不会了。一种被抛弃的感觉竟然从我心底升起。一直以来，我唯一想做的就是摆脱他，获得自由，而现在他真的放开了我，我却如此悲伤。

离开前的几天我整日待在家里，希望母亲能出面挽救我。我无助地看着她，眼里充满了乞求，她只是默默地看着我，什么也不说，但是脸上的表情分明在告诉我：我已经看着他毁掉三个孩子了，你是幸运的，因为你可以现在离开，完整地离开。父亲开车送我到了机场。母亲很想去，但是她的工作一天也不能耽误。佩里代替了她的角色。去机场的路上，他一直说个不停，以此来鼓舞我，或许也是为了鼓舞他自己。他说："就三个月而已，我会给你写信的，还会给你寄明信片。一切都会好起来的，你到时就知道了。你会学到很多很多新的东西。或许我还会去看你。"

我想到了那部制作粗糙的恐怖电影——《会客时间》，那天晚上，我和佩里一起看了这部电影，我们之间的友谊也随之建立起来。佩里现在的表现同他那天看电影时的表现如出一辙——抽搐着，不时离开他的座位，这也是他面对恐惧时的一贯反应。而我的反应也再典型不过——就像一只被扔到了满是狗的屋子里的猫那样，僵在那里，一动也不能动。

Chapter 05
战俘集中营

G夫人和G博士为布雷登顿学校制定了许多校规，其中执行最严格的一条就是禁止佩戴首饰。因此，我特地去扎了耳洞——这是最容易的反抗方式，在我看来，这也是我最后的反抗手段。每天我都不得不选择反抗的方式，而此种反抗代表着我对父亲的一种小小的但绝妙的藐视，这对我来说是一种额外的奖励。

最后一缕阳光刚刚消失于天边，机场班车就停在了尼克·波利泰尼网球学校的外面。学校所在的这片区域原来是一座种植西红柿的农场，因此学校非常简陋，只有几间附属房屋森然地立在那里，使人不禁联想起监狱。这些房屋的名字——B楼、C楼——也仿效了监狱的命名方式。我环顾四周，心里思忖着这里是不是也会有警卫塔和铁丝网。更令人不安的是，举目远眺，一排又一排的球场尽收眼底。我的心顿时沉了下去。

远处漆黑的沼泽最终吞噬了太阳，气温也随之迅速下降。我在我单薄的T恤里缩成一团，瑟瑟发抖。我本以为佛罗里达会很热的。我下了车，一个工作人员接待了我，然后直接把我带到了我的"营房"。"营房"空无一人，令人不禁心生恐惧。

"人都去哪里了？"

"在学习厅。再过几分钟就是自由活动的时间，就是在学习厅完成学习之后和上床睡觉之前的这段时间。你现在何不就去娱乐中心，向大家做个自我介绍？"

娱乐中心里大概有两百个野性十足的男孩和看起来毫无柔情可言的女孩，他们分属于不同的小集团，彼此间界限分明。其中一个人数较多的集团围聚在一张乒乓球桌旁，对两个正在打球的男孩大肆辱骂。我背靠着一面墙，打量起了这间屋子里的人。我发现了几张熟悉的面孔，其中有一两个是我在那次澳大利亚旅行中认识的；那边那个男孩，我曾和他在加利福尼亚打过球；那个相貌凶恶的孩子，就在那边，是我的老乡，在亚利桑那州和我打过一场三盘的比赛，当时我打得异常艰难。每个人看起来都像天才，并且极度自信。这些孩子来自世界各地，肤色各异，高矮不一。他们的年龄也差别很大，最小的仅有七岁，而最大的已经十九岁了。在拉斯维加斯，我技高一筹、出类拔萃，而现在我只是这个巨大池塘或者沼泽里的一条很小很小的鱼。大鱼里的王者是美国最好的网球选手们—— 这些青年超人们在远处的某个角落里形成了壁垒最为森严的小集团。

我试图观看乒乓球比赛。即使这项运动，我也远远落在了后面。在家里，在乒乓球桌上，没有人可以打败我。而这里？这里半数的孩子都可以把我打得落花流水。

我无法想象我该如何适应这里以及该如何交到朋友。我想回家，现在就想回家，或者至少给家里打个电话，但是我不得不让接听人付电话费，而我知道父亲是不会承担这笔费用的。我突然间明白无论我多么需要，我都无法听到母亲或者佩里的声音，这一点使我惊恐万分。在自由活动时间结束后，我赶快回到"营房"，躺在床上，等待着自己消失在梦的泥沼中。

"三个月，"我喃喃自语，"就三个月。"

人们喜欢把波利泰尼学校称作新兵训练营，但它事实上只是一个被美化了的战俘集中营，而且就连美化也进行得马马虎虎。我们吃的是浅褐色稀粥状的肉、黏糊糊的炖菜以及表面浇有灰色流质物的米饭。我们的床铺摇摇晃晃，在军营式样的房间里沿着胶合板构筑的墙一字排开。我们黎明时分就穿衣起床，吃完晚饭后不久就上床睡觉。我们不能离开，与外部世界几乎隔绝。就像大多数囚犯一样，我们除了睡觉就是工作，而我们最主要的任务就是训练：发球训练、网前训练、反手训练、正手训练，偶尔会进行一场比赛以排定等级次序—— 从强到弱依次排列。有时我感觉我们就是古罗马的角斗士，在圆形角斗场下等待着，随时准备赴死一战。当然，那些在训练中对我们百般呵责的教员们肯定也已把自己当成奴隶监工了。

在不训练的时候，我们就学习网球心理学。我们上关于坚韧的精神、必胜的思想以及想象的课程。我们会被要求闭上眼睛，想象自己在温布尔登夺冠后，将金杯举过头顶的情景。然后我们会去进行有氧健身，或者举重训练，或者到户外在贝壳粉铺就的跑道上不停奔跑直到精疲力竭。

持续不断的压力、严酷无情的竞争、成人监管的完全缺失—— 这一切慢慢地把我们变成了野兽。某种丛林法则在这里大行其道。一天晚上，两个男孩—— 一个白人男孩和一个亚裔男孩在"营房"里吵了起来。那个白人男孩用了一个带有种族歧视的蔑称称呼那个亚裔男孩，然后离开了"营房"。整整一个小时，那个亚裔男孩站在"营房"的中央伸展着身体，不时抖动双腿和双臂，并来回转动着脖子。他打出了一套连贯的柔道动作，然后小心翼翼、有条不紊地把绷带绑在了脚踝处。那个白人男孩一回来，这个亚裔男孩就一个转身，将自己的腿高高踢起，直击前者的下巴，白人男孩的下巴顿时"粉身碎骨"。

而最令人震惊的是，这两个男孩一个都没有被开除，这极大地强化了这里的无政府氛围。

另外两个男孩长期不和，不过主要是互相奚落、嘲弄而已，直到一个男孩加大了赌注，将彼此之间的战争升级。连续数天，他都在一个桶里撒尿、拉屎。然后，一天深夜，他闯进了另一个男孩的"营房"里，把桶里的屎尿一股脑地全都倒在了那个男孩的头上。

熄灯前，远处传来阵阵鼓声，那种丛林中的氛围——那种暴力威胁持续不断和杀机暗藏的氛围更加浓厚了。

我问一个男孩："那鼓声到底是哪来的？"

"噢，那是库里埃，他总是喜欢敲他父母送给他的那套架子鼓。"

"谁？"

"吉姆·库里埃，从佛罗里达来的。"

几天后，我第一次看到了尼克·波利泰尼网球学校的校长、创建者和所有者。他大概五十多岁，但是看起来却有二百五十岁，因为除了网球和结婚外（没有人知道他到底有几个前妻，大概五六个吧），晒太阳是他的另一大癖好。他脸上唯一一处没有呈现出牛肉干颜色的部位就是他的胡子。他留着黑黑的、精心修剪过的半山羊胡，只是下巴上没有留着长须，因此那两撇胡须看起来就如同两道永远蹙着的眉。我看到尼克——一个隐藏在一副大墨镜后的怒气冲冲的红脸男人大步地走在校园里。一个慢跑的人恰巧在他近旁跑过，他便严厉斥责对方。我暗自祈祷：千万别让我直接与尼克打交道。我注视着他上了一辆红色法拉利，然后车子疾驰而去，只留下一片烟尘，久久不散。

一个男孩告诉我，擦洗尼克的四辆跑车也是我们的职责。

"我们的职责？胡说八道。"

"你留着刚才那句话对法官说去吧。"

我又问了一些年纪较大的男孩，以及一些老学员关于尼克的事情。他到底是谁？他为什么办这所学校？他们说他是个骗子，他因为网球过上了非常舒适的生活，但是他并不热爱网球，甚至都不是很懂这项运动。他不像我父亲，为网球这一运动的数字、角度和美丽所深深吸引。尼克是对金钱着迷。他未能通过海军领航员的考试，之后又从法学院中途退学，然后有一天突发奇想，决定开办网球学校。真是走了狗屎运，他只是稍微付出了点儿努力，主要是凭借不错的运气，就把自己塑造成了网球大佬，使自己成了点石成金的贤师。其他孩子都说，你倒是能从他这里学到点儿东西，但是他绝对不是能够创造奇迹的人。

他似乎听起来不像是一个能使我不再痛恨网球的人。

我正在打一场练习赛，我打得不错，以致大家都纷纷对我的对手——一个来自东海岸的孩子——起哄。突然间我意识到尼克的一个亲信加布里埃尔正站在我后方，盯着我看。

在又得了几分后，加布里埃尔叫停了比赛。"尼克看你打过球吗？"他问道。

"没有，先生。"

他皱了皱眉头，然后离开了。

稍后，喇叭的声音响起，传遍了波利泰尼学校所有的球场。我听到：

"安德烈·阿加西，请到室内大球场！安德烈·阿加西，请到室内大球场报到——马上！"

我从来没有去过室内大球场，也想不出什么理由来解释为什么我现在会被召到那里。我跑到那里，发现加布里埃尔和尼克正肩并肩地站着等我。

加布里埃尔对尼克说："你得看看这个孩子打球。"

尼克慢慢地走到阴暗处，加布里埃尔走到了球网的另一边。

整整半个小时，我都在训练——一直和加布里埃尔对打。我偶尔会偷偷地瞥一眼尼克。我能隐约看见他的侧影：他手摸胡子，正全神贯注地看着我们。

尼克说："反手击球。"他的声音听起来就像将尼龙搭扣分开时所发出的声音那样嘶哑。

我遵照他的指示，开始反手击球。

"现在发球。"

我接下来就发了几个球。

"跑动到网前。"

我跑动到网前。

"到此为止。"

他向前走了几步。"你从哪里来的？"

"拉斯维加斯。"

"你全国排名第几？"

"第三。"

"我怎么联系你的父亲？"

"他在工作，在米高梅酒店上夜班。"

"那你母亲呢？"

"现在这个时间吗？她很可能就在家里。"

"跟我来。"

我们慢慢地走到他的办公室，然后他要了我家的号码。他坐在一个高高的黑色皮椅里，几乎完全背对着我。我感觉当时自己肯定满脸通红，甚至比他的脸还要红。他拨通了我家的号码，和我母亲通了话，母亲把我父亲的号码给了他。他又拨通了我父亲的号码。

他几乎是在喊："阿加西先生！我是尼克·波利泰尼……对，对。是的，请听我说，我现在要和你说一些非常重要的事情。你儿子是我在这个学校见过的最具有天赋的孩子……确实是这样，最有天赋，所以我打算把他打造成顶级选手。"

他到底在说什么？我在这里只待三个月，再过六十四天我就将离开这里了。尼克是在说他想让我继续待在这儿吗？住在这儿——永远？我父亲肯定不会同意的。

尼克说："没错……不，那不成问题，这个我来解决，因此你不用付一分钱。安德烈可以待在这里，不收取任何费用，我这就把你的支票撕了。"

我的心沉了下去。我知道父亲不会拒绝任何免费的东西，我的命运已然注定。

尼克挂断电话，然后转动转椅朝向了我。他没有做出任何解释，也没有对我说几句安慰的话，更没有问我是否想要这样。他只说了一句话："现在回到外面的球场去。"

"监狱长"给我加了几年的"刑期"，我现在只能拿起锤子回到石堆旁继续干活，除此之外，别无他选。

在波利泰尼的每一天都是以恶臭开始的。周围的山上建有几个橘子加工厂，从这些工厂里散发出焚烧橘子皮的有毒气味。每当睁开双眼，这些气味是我最先感知到的事情，它提醒我此时此刻是真实的——我没有回到拉斯维加斯，我没有睡在自己位于"平分区"的床上做着美梦。我以前从未特别注意过橘子汁，但是在上了波利泰尼学校后，只要看一眼美汁源橙汁，我就会感到一阵恶心。

在太阳慢慢照亮这片沼泽、驱走清晨的薄雾之时，我会匆忙起床，赶在别的男孩之前冲进浴室，因为只有前几个人才能冲到热水澡。事实上，那根本不是淋浴，只是一个极小的喷头，仅能喷出极细的水流，落在身上像针扎一样。而这些如针的水流几乎都不能使你全身淋湿，更不用说使你变干净了。然后我们全都冲向自助餐厅，在那里吃早餐。餐厅混乱不堪，就像一所护士们忘记给病人分发药片的精神病院。但是你最好早点儿去吃饭，否则情况会更糟。黄油上将沾满其他人吃过的面包的碎屑，面包早被吃光了，"塑胶"鸡蛋则会变得冰冰凉。

吃完早饭，我们径直乘上开往布雷登顿学校的巴士，大概二十六分钟后到达。我生活的全部就是这两所学校——不，是两座监狱。但是布雷登顿更令我恐惧，因为它更没有意义。在波利泰尼学校，我至少可以学一些关于网球的知识，但是在布雷登顿，我唯一学到的就是我很蠢。

布雷登顿学校的天花板多已变形翘起，地毯肮脏不堪，整个学校都笼罩在灰暗的色调中——各种各样的灰色。整幢房子没有一扇窗户，因此室内使用的全部是荧光灯；空气十分污浊，各种难闻的气味混杂其中，尤以呕吐物、厕所和恐惧的气味最为突出，这种气味甚至比波利泰尼学校烧焦的橘子皮的气味还要难闻。

其他孩子，其他来自镇上的不打网球的孩子，他们似乎并不介意。事实上，一些孩子在布雷登顿学校过得很好，正茁壮成长，这或许是由于他们能够控制自己生活的时间表。他们不需要平衡学校与半职业运动员生涯两者之间的关系，不需要与就像反胃似的、起起伏伏一波又一波的思乡之情做斗争。他们一天上完七个小时的课后，就可以回到家里吃晚餐，并与家人一起看电视。而我们每天都要乘车从波利泰尼学校赶来，并且只能上四个半小时的课，然后就得乘车踏上艰难的回归之路。回到波利泰尼之后，我们立即开始我们的全职工作——击球，直到黄昏后。随后，我们瘫倒在各自的木床上，利用仅有的半个小时稍做休息。半个小时过后，我们来到娱乐中心，回归人性的本真状态。在睡前自由活动时间和熄灯前，我们会哈欠连天地温习前几个小时的功课，事实上毫无效果。我们总是跟不上学校的学习进度，而且还会落得越来越远。这个体制被非法操纵了，在迅速高效地打造出优秀的网球选手的同时，也同样迅速并高效地"成就"了相应数量的劣等生。

我不喜欢任何被操纵了的事情，因此我并不努力。我不学习，不做家庭作业，不注意听讲。我一点儿也不在乎。每堂课我都安静地坐在课桌旁，当老师以枯燥乏味的语调讲着莎士比亚或者毕达哥拉斯学说时，我则低头凝视着双脚，神游四方。

老师们并不在意我已把他们抛之脑后，因为我是尼克送来的孩子之一，而他们不想与尼克作对。布雷登顿学校之所以能够存在，完全是因为每个学期波利泰尼学校都会送来一车付费的学员。老师们深知他们的工作有赖于尼克，因此他们不会让我们考试不及格，而我们则非常珍惜我们的这一特殊地位。我们认为我们拥有了贵族般的特权，但却从未意识到，我们因此丧失了我们最有权享有的——教育。

布雷登顿学校的办公室就在学校金属材质的前门内侧，它是学校的中枢神经，也是众多痛苦的源头。成绩单和威胁信从那里下发和寄出，坏男孩被送到那里。办公室也是学校的两位负责人——G夫人和G博士夫妇的老窝，而我怀疑他们可能是郁郁不得志的杂耍演员。身形过于瘦长的G夫人看起来就像没有上身一样，肩似乎直接长在了臀部上。她试图掩饰这一奇怪的体形，但总是弄巧成拙，结果更加突出了她的缺点。她的两腮处总有两团重重的腮红，而嘴唇上也总是涂着黏稠的口红——这三个圆圈交相辉映。就像其他人穿鞋子总要配上一条颜色相近的腰带那样，她的两颊和嘴巴也总是很相衬，这样，你就几乎不会注意到她的驼背了。但是，无论怎样，你都会注意到她那双巨大的手。她的手有球拍那么大，她第一次同我握手时，我认为自己马上就要晕倒在地了。

老G博士的块头只有G夫人的一半大，而他也有很多身体问题，不难看出他们最初是如何找到共同点的。G博士身体虚弱，身上散发出阵阵臭味。他的右臂先天性萎缩，他着实应该藏起这只胳膊，把它藏在背后或者随意地放在口袋里，但他却总是来回摆动着它，像挥舞武器那样挥舞着它。他喜欢把学生叫到一边，面对面地交谈，而此时他总是会把那只有缺陷的胳膊搭在学生的肩上，就那样放到他发表完意见为止。如果这都不能使你神经紧张的话，那你就毫无畏惧了。G博士把胳膊放在你肩上时，你会觉得有一块猪里脊肉正搭在你肩上，而几个小时之后，你会觉得它依然在那里，此时你便会禁不住哆嗦起来。

G夫人和G博士为布雷登顿学校制定了许多校规，其中执行最严格的一条就是禁止佩戴首饰。因此，我特意去扎了耳洞——这是最容易的反抗方式，在我看来，这也是我最后的反抗手段。每天我都不得不选择反抗的方式，而此种反抗代表着我对父亲的一种小小的但绝妙的藐视，这对我来说是一种额外的奖励。一直以来，父亲都十分讨厌男人戴耳饰。戴耳饰的男人都是同性恋，我好多次都听到他这么说。我真是迫不及待地想看看他见到我戴耳饰时的样子（我不但买了耳钉，连那种戴在耳朵上会来回摇晃的耳环我也买了）。他一定会后悔把我送到离家数千公里的此地，因为我在此堕落，变成了坏孩子。

我用创可贴把我的耳饰包了起来，这一假惺惺的掩饰之举无疑是徒劳无益的。G夫人当然如我希望的那样注意到了，她把我拉出教室质问我。

"阿加西先生，耳朵上的创可贴怎么回事？"

"我耳朵受伤了。"

"你伤到自己……？太可笑了。把那个创可贴撕下来。"

我撕掉了创可贴。她看到了耳钉，然后猛地吸了一口气。

"阿加西先生，布雷登顿学校不允许戴耳饰。下次我再见到你的时候，我希望你耳朵上不再会有创可贴和耳钉。"

到第一学期期末为止，我几乎所有的科目都不及格，除了英语。我在文学尤其是诗歌方面表现出了不同寻常的天赋，背诵名诗、创作诗歌，这对我来说都非常轻松。一次，老师要求我们写一首关于日常生活的诗，我自豪地把我的诗作放在了老师的讲桌上，她很喜欢，并在课堂上大声诵读。随后，其他一些孩子让我也替他们写几首诗，以完成这项作业。我在巴士上就迅速地完成了他们的作业，不成问题。下课后，老师把我单独留下，说我真的很有天赋。我开心地笑了。我想要发挥这种天赋去从事相关事业，这与尼克说我很有天赋迥然不同。和老师谈完后我想象着去做一些网球之外的事情——一些我自己选择的事情——将会如何。

然后，我开始上下一堂课——数学，之前的美梦在代数方程式的重重阴云中夭折了。我真不是当学者的料。数学老师的声音听起来像从几千米远的地方传过来的。下一堂法语课，更糟糕，我变得非常愚蠢。我转学西班牙语，在这里，我则变得极为愚蠢。实际上，我认为西班牙语可能会使我折寿，它无聊至极、混乱不堪，我最终可能会因此猝死在椅子上。有一天他们会发现我蜷缩在椅子里，魂归西天了。

渐渐地，上学对我来说不仅仅只是艰难而已，它已然对我造成了身体上的伤害。抢乘巴士的那种焦虑感，长达二十六分钟的路程，与G夫人和G博士不可避免的冲突，使我真的生病了。

我最恐惧的就是此刻，白天的这段时间。在这段时间里，我被视作失败者，一个学业上的失败者。这种恐惧如此强烈，以至于随着时间的推移，我甚至都不那么厌恶波利泰尼学校了。我开始向往起那些训练，甚至那些压力巨大的比赛，因为至少我不用上学了。

感谢一项特别重大的网球赛事，我躲过了布雷登顿学校一次重要的历史考试。当然，即使参加，我肯定也不会及格，因此我当时非常庆幸，庆幸自己通过斩杀对手就躲过了一颗致命的子弹。但是当我返校上课后，老师竟然说我得进行补考。

不公平。我一个人灰溜溜地前往办公室参加补考。在路上，我躲进了一个黑暗的角落，准备了一份小抄，藏在了口袋里。

在办公室里，除了我还有一个学生——一个红头发的女孩，她那张胖嘟嘟的脸上满是汗水。

我走进办公室时，她眼睛眨都没眨一下。对于我的出现，她毫无反应——她似乎已经处于昏迷状态了。我迅速地答完题，答案当然是从小抄纸条上抄来的。突然，我感到一双眼睛在盯着我。我抬起头，发现那个红发女孩已经从昏迷中清醒过来，正盯着我。她合上了试卷，然后慢慢地走了出去。在她出去之后，我迅速地把纸条塞进了我内裤的裤裆处，然后又从我的笔记本上撕了一张纸，模仿一个女孩的笔迹写道：我觉得你很可爱，给我打电话！我把这张纸放在了我的前兜里，这时，G夫人冲了进来。

"把笔放下。"她说道。

"怎么了，G夫人？"

"你是在作弊吗？"

"作什么弊啊？这个吗？我如果作弊的话，也不会选这门考试，我可是把这些历史人物和事件记得滚瓜烂熟了。"

"把你口袋里的东西掏出来。"

我掏出了几枚硬币、一包口香糖以及一张来自那位我虚构出来的仰慕者的纸条。G夫人拿起纸条，然后低声读了出来。

我说："我正在考虑该如何回复她呢，有什么建议吗？"

她瞪了我一眼，然后阴沉着脸走了出去。我通过了考试，并把它看作一场道德上的胜利。

我的英文老师是唯一为我辩护的人。她也是G夫人和G博士的女儿，因此她在父母面前极力为我辩护，说我的成绩虽然很不好，但其实我没有那么笨，我的一些表现就是有力的证明。她甚至还为我安排了一次IQ测试，测试成绩证实了她的判断。

"安德烈，"她说，"你要发挥出你的实力，向G夫人证明你并不是她所想的那个样子。"

我想对她说我的实力已经发挥出来了，在目前的情况下，我已经尽我所能了。由于网球训练，我一直处于疲劳状态，而我也总是因比赛或者"挑战赛"的压力而分心。尤其是那些所谓的挑战赛：每个月我们都要与实力排位排在我们前面的某个人打上一场比赛。当你设法使自己坚强起来以应付下午的一场五盘的鏖战，而对手又来自奥兰多的一个小阿飞时，你该如何集中精力变化动词形态或解方程式，我真希望哪个老师能帮我解决这一疑问。

事实上，我什么也没说，因为我不能。谈论对学校的恐惧—— 无数次坐在教室里，我不禁大汗淋漓、衣衫尽湿，我会觉得自己是个胆小鬼。我不能告诉她集中注意力对我来说是个大麻烦，我也无法向她表达我是多么惧怕回答问题，这种恐惧感有时会转化为肠里的气泡，而气泡又会逐渐膨胀，直到我不得不冲向卫生间。课间休息时，我经常将自己锁在厕所隔间里。

我还有社交焦虑症。我努力融入周围的生活，却常常徒劳无功。在布雷登顿学校，融入大家须以金钱为后盾。学校里的大多数孩子穿着都很时髦，而我只有三条牛仔裤、五件T恤、两双网球鞋以及一件灰白格子的棉质套头衫。上课时，我考虑的是每周我有多少天可以不穿我的这件运动衫，还要担心天气转暖时我该怎么办，而不是思考与学习有关的种种。

我的功课越糟，我就越叛逆。我喝酒、抽烟，我表现得像个蠢货。我隐约地意识到我的分数和我的叛逆行为之间的负相关性，但是我从不细想。我更喜欢尼克的理论，他说我之所以无法在学业上有所起色，是因为我对这个世界性欲过强。这可能是他对我唯一还算准确的评价（他总是把我形容成一个骄傲自大的人，渴望众人的瞩目。即使是我父亲对我的了解也比他更深）。我通常的行事方式确实与勃起过程相似——猛烈、不由自主而且无法遏制，因此我像接受我身体的其他变化一样接受了这一过程。

终于，我的成绩跌到了谷底，我的叛逆行为也达到了顶点。我走进布雷登顿购物中心的一个美发沙龙，要求发型师给我弄一个莫西干头，即剃光两侧，只留中间一道厚厚的鸡冠状的头发。

"你真要剃成那样吗，孩子？"

"我的'鸡冠'要高一些、尖一些，然后再染成粉色。"

他来回移动着他的剪刀。八分钟后，他说："全都弄好了。"说着，他还将我的椅子转了一圈。我看着镜子里的自己。戴耳饰的主意的确不错，但是这个主意更为绝妙。我真想马上就看到G夫人见我时的表情。

当我在购物中心外面等车回波利泰尼学校时，竟然没有一个人认出我。无论是与我打过球的孩子，还是睡在我旁边的孩子，他们的视线都直接跳过了我。对于路人来说，我这种疯狂的举动只不过是为了引人注目而已，但事实上，我是在演戏，内心深处的那个我，那个真正的我已被隐藏了起来，无处可寻。至少，我是这么想的。

圣诞节的时候，我飞回了家。飞机距离长街越来越近，在倾斜的右机翼的下方，赌场已依稀可见，它们宛若排列整齐的圣诞树，闪着忽明忽暗的光。这时，航班乘务员说："我们暂时还没有接到允许降落的命令。"

一阵抱怨。

"我们知道你们都很渴望在赌场里大赌一把。"她说道，"所以我们想，在安全着陆之前小赌一把可能会使大家开心开心。"

欢呼声。

"现在，每个人都拿出一美元放进这个呕吐袋里，然后把你的座位号写在你们飞机票的票根上，放进另一个呕吐袋里。我们会从中抽出一张票根，票根的所有者将赢得这个呕吐袋里所有的钱。"

刚才讲话的那个乘务员负责收钱，另一个则负责收取票根。收完钱后，那个乘务员站在飞机的最前面，把手伸进了装票根的那个呕吐袋。

"现在大奖归——请来点击鼓声——9F！"

"我是9F！我赢了，我赢了！"我站起来挥手示意。乘客们都转过头看我，更多的是抱怨声。"太好了，那个留着粉色莫西干头的男孩赢得了这项大奖。"

乘务员很不情愿地把那个装有九十六张一美元钞票的呕吐袋递给了我。剩下的时间里，我一遍遍地数着钱，同时打心眼儿里感激带给我这次好运气的那朵"祥云"。

正如我预料的那样，父亲极度厌恶我的发型和耳饰，但是他拒绝责怪自己或者波利泰尼学校。他绝对不会承认把我送走是一个错误，而且他也绝对不容许任何人提起我应该回家这件事。他只是问我是不是同性恋。

"不是。"我说，然后转身朝我的房间走去。

菲利跟在我身后。他称赞了我的新形象，莫西干头总比秃头好。我向他讲述了我在飞机上获得了一笔意外之财的事情。

"哇！你打算怎么处理这笔钱？"

"我想用这笔钱给杰米买一个脚镯。她天天和佩里一块上学。上次离开家之前，她让我吻了她。但我对这个主意还不太确定——我急需一些上学时穿的衣服，我只有件灰白套衫，实在是对付不下去了。我想更好地融入同学中。"

菲利点点头："兄弟，真是艰难的选择。"

而他没有问我既然我想融入同学中，为什么还要留莫西干头、戴耳饰。

他认真对待我此时的左右为难，他认为我的自相矛盾合乎逻辑，还帮我在两个选项中做出选择。我们最后决定钱应该花在女朋友身上，买新衣服的事就先忘了吧。

但是，刚把脚镯买到手，我就后悔了，我的脑海中浮现出了在佛罗里达我又将来回换穿仅有的几件衣服的情景。我把此时的感觉告诉了菲利，他轻轻地点了一下头。

第二天早上，我睁开眼，发现菲利正站在我床边，咧着嘴对我笑。他一直瞅着我的胸部，于是我微微抬起头顺着他的视线看过去，发现我的胸前堆着一堆钞票。

"这是什么？"

"兄弟，我昨晚出去玩了几把扑克，碰上了连赢的好运气，总共赢了六百美元。"

"那么，这是？"

"三百块。去给自己买几件衣服吧。"

春假时，父亲想让我参加半职业性质的网球卫星赛。这种比赛不限定资格，即任何人都可以参加并且至少打上一场比赛。比赛通常都在类似路易斯安那州的门罗市和密苏里州圣乔市那样的偏僻小镇举行，路途遥远。我只有十四岁，还不能独自旅行，因此父亲让菲利做我的监护人，和我一同前往。当然，他也是为了去比赛。菲利和父亲还坚信菲利在网球上能够有所建树。

菲利租了一辆浅褐色的Omni车。我们迅速把它分成了两部分，一侧是我的空间，另一侧是他的，俨然我们家中共同卧室的移动版。

一路下来，我们行驶了数千公里，而且只是在快餐店、赛场和睡觉时才稍做停息。我们的住宿是免费的，在赛场所在的小镇上，我们总是住在自愿为我们提供食宿的家庭里。大多数主人虽然与我们素昧平生，但是都很友善，只因为他们对网球太过热爱了。和陌生人待在一起已经够别扭的了，而在吃薄煎饼和喝咖啡时谈论网球则更令人讨厌。对于我来说，就是这样。一谈起网球，菲利总是说个没完没了，所以我总是得用手肘轻轻碰他或用手拉一拉他，他才意识到该走了。

菲利和我都很喜欢那种亡命天涯的感觉，喜欢睡在路边，随性而为。我们把快餐食品的包装随手向后一扔，扔到后座上；我们大声放着音乐；我们诅咒所有我们想骂的人；我们会毫不犹豫地说出心里所想，根本不必担心有人会纠正或者奚落我们。不过，我们从来没有提起我们这次旅行的目标。我和菲利有着非常不同的目标：菲利只想赢得一个ATP（世界男子职业网球协会）积分，一分足矣，这样他就能够体会到获得排名的感觉了；而我唯一希望的就是不要在比赛中遭遇菲利，那样的话，我就得再一次击败我深爱的兄弟了。

在卫星赛的第一场比赛中，我大败对手，而菲利却遭到惨败。比赛后，在体育场旁边的停车场里，在租来的车里，菲利凝视着方向盘，似乎呆住了。不知是什么原因，这场失败对他的伤害比其他任何一次都要大。他握紧拳头，用力地捶了一下方向盘，然后又狠狠地捶了一下。他开始低声自言自语，声音如此低沉，我根本听不清楚。现在他开始大声说话，开始声嘶力竭地叫喊了，他喊着：我生来就是个失败者！他不停地捶着方向盘，一下又一下。他捶得如此用力，我敢确定他手上的骨头很快就会断掉。我想到了我们的父亲，想到了他在击倒那个卡车司机后对着方向盘比画拳头的样子。

菲利说："之前如果我打坏拳头，事情就不会像现在这么糟糕了，至少那时一切就结束了。爸爸是对的，我生来就是个失败者。"

突然间他停了下来，看着我，脸上出现了顺从的神情，平静异常，像我的母亲一样。他微笑起来，暴风雨已经过去了，"酒性"消失了。

"我感觉好多了。"他大笑了一声，用浓重的鼻音说道。

车驶出停车场时，他给我出了一些应对下一个对手的点子。

在回到波利泰尼学校的几天后，在布雷登顿购物中心闲逛的时候，我冒险给家里打了一个接听人付费的电话。嘟嘟嘟……菲利接了电话。他似乎情绪不高，用那天在停车场时的那种语气说着话。

他说："告诉你，我们收到了一封ATP的信。"

"是吗？"

"你想知道你的排名吗？"

"我不知道——我的排名？"

"你排在第610位。"

"真的吗？"

"兄弟，全世界第610位。"

"这意味着全世界只有609个人比我强。在整个地球上、整个太阳系，我是第610位。"我不禁用手拍起电话亭的墙，高兴地喊道。

电话那端的菲利沉默不语。然后，他用很轻的声音问道："感觉如何？"

我怎么能如此自私呢，此刻，菲利必定十分痛苦和失望，而我却在他耳边高兴地大叫。我真希望自己能够把一半的ATP积分也堆在他的胸前。我装出想打哈欠的样子，以一种极度不耐烦的语气对他说："知道吗，这没什么大不了的。这个排名不真实，它太夸张了。"

Chapter 06

你赢了，孩子

　　我坐在长椅上，沐浴着温暖的阳光。我对自己说：你十四岁了，你再也不用去上学了。从现在开始，每个早上你都会觉得今天是圣诞节和暑假的第一天，更确切地说应该是两者的完美结合。我脸上不禁绽放出灿烂的笑容，几个月来第一次如此开心地微笑。不会再有铅笔，不会再有书本，不会再有老师那恶毒的表情。你自由了，安德烈。你再也不用学任何东西了。

　　我还能再做什么？尼克、加布里埃尔、G 夫人和 G 博士—— 他们似乎都不再注意我的怪异行为了。

　　我任意糟蹋我的头发，留长长的指甲，其中小手指的指甲有五厘米那么长，还涂着消防车的那种红色。

　　我在身上胡乱穿洞，大肆破坏规矩；我夜不归宿、打架斗殴、乱发脾气、逃课，甚至在训练结束后溜进女生的"营房"。我已经喝掉了好几加仑的威士忌，而通常都是坐在床上肆无忌惮地狂饮。为了进一步炫耀我的放肆和嚣张，我还用那些死去的战士的"尸体"建造了一座金字塔—— 一座由杰克·丹尼尔酒的空酒瓶搭建的三角锥形塔。我嚼烟，嚼那种会使人上瘾并在威士忌中浸泡过的烟。在输掉比赛后，我会把一个李子大小的烟卷含在嘴里。输得越惨，烟卷越大。我还能怎么反抗？我还能再犯什么罪过，才能让整个世界听到我内心的呐喊：我不快乐，我想要回家。

　　每个星期，我只有在自由活动时间会远离叛逆。当我在娱乐中心消磨时间时，或者星期六的晚上在布雷登购物中心闲逛时，或者与女孩打情骂俏时，我才停止表达抗议。那意味着每周有十个小时我是快乐的，至少我不用费尽心思去构想某种新的非暴力反抗方式。

　　还是十四岁那年，波利泰尼学校租了一辆巴士把我们送到位于佛罗里达北部地区的彭萨科拉参加一项重要赛事。在波利泰尼学校，我们每年都会有几次这样的旅行，到佛罗里达各处参加比赛，那是因为尼克认为参加这些比赛可以很好地测试我们的水平。量尺——他这样称它们。"佛罗里达是网球的天堂，"尼克说，"如果我们比佛罗里达最强的选手还优秀的话，我们在世界上肯定也是顶级选手。"

我所在年龄组的比赛中，我可以毫不费力地进入决赛，但是其他孩子打得则没有我这么顺利。他们都很早就被淘汰了，这样他们都被迫聚到一起，观看我的比赛。他们别无选择，没有地方可去。当我打完比赛后，我们就会回到巴士上，全体一起，乘十二个小时的车回波利泰尼学校。

"慢慢打。"其他孩子开玩笑地说道。

没有人特别想在车上耗上十二小时，更别提是一辆又慢又臭的车了。

为了搞怪，我决定穿牛仔裤比赛。不穿网球短裤、热身运动裤，而穿破了洞的、褪色的并且脏兮兮的劳动布裤。我知道这不会影响比赛结果。和我打这场比赛的那个孩子是个白痴，我即使装扮成大猩猩，一只手绑在背后也能打败他。另外，我还画了眼线，戴上了最花哨的耳饰。

我一盘未输就拿下了这场比赛。其他孩子为此热烈地欢呼着，并因我的这身打扮而给予了我更高的评价。在回波利泰尼学校的路上，有更多人关注我，有更多人拍着我的后背，对我说："好样的！"我终于感觉到我已融入了他们的生活，变成了一个酷酷的孩子，一个好小子。另外，我还赢了。

第二天刚刚吃过午饭，尼克出其不意地召开了一次大会。

"大家都聚过来。"他大声命令道。

他让我们在学校后部的一个有露天座位的球场处集合。当两百个孩子全部到场并安静下来后，他开始在我们面前来回踱着步，大谈特谈波利泰尼学校的意义何在，并声称每个人都应该为作为波利泰尼学校的学员而感到荣幸。他说他白手起家，从无到有地建起了这所学校，他为这所学校以他的名字命名而深感自豪。波利泰尼学校代表着杰出；波利泰尼学校代表着卓越；波利泰尼学校现在已为全世界所知晓，并得到了全世界的尊重。

他停顿了一下。

"安德烈，请你站起来。"

我站了起来。

"我刚才说的关于这个地方的一切，安德烈，都被你亵渎了。你玷污了这个地方，你昨天那哗众取宠的举动使这个地方蒙受了耻辱。在决赛中穿牛仔裤，化妆，还戴耳饰？孩子，我现在要告诉你一些非常重要的事情：如果你非要表现成那样，非要穿得像个女孩，我现在告诉你我会怎么做——我会让你穿裙子。我和艾力士品牌联系过了，已经让他们给你送来一打裙子，你得给我穿上一条，就这么定了。先生，因为你就是这个样子，而我们也就将这样对待你。"

两百个孩子全都看着我，四百只眼睛紧紧地盯着我。很多孩子禁不住失声大笑起来。

尼克接着说："你的自由活动时间因此也将被取消。你的空闲时间现在是我的了，你有活儿要干，阿加西先生。在九点至十点之间，你要打扫房子里所有的厕所。当厕所被洗擦干净后，你还得负责院子里的卫生。如果你不愿意，好吧，很简单，离开。如果你还想表现得像昨天那样，我们这里不欢迎你。如果你不能证明你和我们一样在乎这个地方，拜拜！"

最后一个词"拜拜"响亮而清晰，在空荡荡的球场中回荡着。

"就说这么多，"他说道，"大家都回去做自己的事吧。"

孩子们很快就散尽了，只有我一动不动地站在那里，试图决定下一步的行动。我可以对尼克破口大骂，可以威胁揍他一顿，可以放声痛哭。我想到了菲利，然后是佩里。此情此景，他们会给我什么建议呢？我想到了我父亲，在他母亲想使他丢脸的那一天，他穿着女孩的衣服被送到了学校。那一天他成了一名战士。

没有更多的时间做决定了，加布里埃尔说对我的惩罚从现在开始。"今天下午剩下的时间，蹲下来！拔草！"

在傍晚的时候，我扔下手中的杂草袋，走回我的房间。不再犹豫了，此时我已确切地知道我要做什么。我把我的衣服胡乱装进了一个箱子里，然后动身向公路走去。一个想法划过我的脑海：这里是佛罗里达，我很可能无意中就搭上了一个发了疯的傻子的车，从此音讯全无。但是对于我来说，和发了疯的傻子待在一块也要比和尼克相处更为自在。

我钱包里有一张父亲给的信用卡，供我在紧急情况下使用，而在我看来，现在的情况绝对算得上紧急。我准备前往机场。明天这个时候，我会坐在佩里的房间里，向他讲述我的故事。

我睁大眼睛留心观察着过往汽车的车灯，屏住呼吸倾听着远处是否有警犬的狂吠声。与此同时，我伸出大拇指，示意要搭车。

一辆车在我的身边停了下来。我打开车门，把箱子扔在了后座上，出走到此终结，因为开车的是朱利奥，尼克团队中的纪律执行者。他说波利泰尼学校有我父亲给我打来的电话，他想和我说话——现在。

我宁可遭遇的是警犬。

我告诉父亲我想回家。我告诉他尼克都对我做了些什么。

"你穿得像男同性恋，"父亲说道，"听起来你是咎由自取。"

我转换了策略。

"爸爸，"我说，"尼克他会毁了我的网球生涯的。在学校里我们练的都是些最基本的东西——我们从不训练网前技术，也从来不训练发球和网前截击球。"

父亲说他会跟尼克谈关于训练的事。他也提到尼克已经向他保证我只会被惩罚几个星期，这样做是为了证明尼克仍然很好地控制着这个地方。任何一个孩子，无论你是谁，都不允许践踏学校的规则。他们需要向世人展示这里纪律严明。

最后父亲又重申了一点，即我还得待在这里，我别无选择。啪嗒，嘟嘟嘟……

朱利奥关上了门。尼克从我手里拿走了话筒，并说我父亲让他暂时替我保管信用卡。

我绝不会交出我的信用卡的。让我放弃逃出这里的最后希望？先从我尸体上迈过去吧。

尼克和我商量，试图说服我，我突然意识到：他需要我。他叫朱利奥跟着我，他给我父亲打电话，现在他又想拿走我的信用卡？他叫我离开，而当我离开时，他又把我弄了回来。我向他提出挑战，逼他摊牌。尽管我麻烦不断，但是对这个人来说，我显然还是有些价值的。

白天，我是模范囚犯——我除草，打扫厕所，穿的也是得体的网球装。晚上，我则成了戴着面具的复仇者。我偷了一把波利泰尼学校的万能钥匙。在每个人都酣然入睡之后，我和其他心怀不满的室友就会群起而动，四处出击。我只搞一些像投掷剃须膏炸弹这样的小破坏，而我的同伴则在墙上肆意涂鸦，他们甚至在尼克办公室的门上涂写了"尼克大笨蛋"的字样。在尼克把门重新粉刷之后，他们则毫不畏惧地又写上了"尼克大笨蛋"。

在这些深夜的狂欢中，我首要的同伙就是罗迪·帕克斯，那个很久之前战胜过我并因此使我结识佩里的男孩。但是不久后罗迪就被抓住了，他的同铺告发了他。我听说罗迪被开除了，我们也因此知道了何种行为会导致被开除的后果，那就是"尼克大笨蛋"。罗迪是好样的，他一个人担下了所有责任，没有出卖任何人。

除了搞些小破坏，我主要以沉默表达抗议。我发誓，只要我活着，我绝不会跟尼克讲话，这是我的原则、我的信条、我的新身份。我现在就是那个沉默不语的男孩。尼克当然没有注意到这一点。他闲逛时会经过球场，然后会对我说些什么，但是我不会应答。他只是耸耸肩，但其他孩子看出了这一点，看到我对他不予理会，我的地位也因此提升了。

尼克没有注意到这一点，还因为他正忙着组织一项赛事，他希望借这项赛事把全国各处最优秀的青少年选手都吸引过来。我因此有了一个主意——另一种惩罚尼克的方式。我把他班子中的一个成员拉到一边，告诉他拉斯维加斯有一个男孩绝对是这场比赛的最佳人选。"他非常有天赋，出色得令人难以置信。"我说，"我们两个打球时他总会给我制造麻烦。"

"他叫什么名字？"

"佩里·罗杰斯。"

这就像把新鲜的诱饵放在了抓捕尼克的陷阱里。尼克不懈地寻找新星，然后在他的比赛中把他们展示在众人面前。新星可以创造轰动效应，新星可以使波利泰尼学校的光环更加耀眼，尼克作为伟大网球导师的形象也能因此得以巩固。果真，几天后，佩里收到了一张飞机票和参加比赛的个人邀请函。他乘飞机飞到了佛罗里达，然后乘坐出租车来到了波利泰尼学校。我和他在校园里见了面。一见面，我们就拥抱在了一起，并为成功揩了尼克的油而咯咯地笑个不停。

"我和谁打球？"

"墨菲·詹森。"

"哦，不是吧，他很强的。"

"先别担心那个，那是几天之后的事。现在，我们得好好聚一聚。"

参加这项赛事会享受到很多优待，其中之一就是能够到坦帕的布施公园进行旅行考察。在乘车去游乐园的途中，我向佩里讲述了我最近的境况。我告诉他我当着众人的面受到了羞辱，以及我在波利泰尼学校过得如何悲惨，当然还有在布雷登顿学校的痛苦境遇。我告诉他我几乎不能及格。但是在这一点上，我未获得他的认同。只有这一次，他未能使我的问题听起来思路清晰、合情合理。他喜欢上学，进入东部一所好大学，然后就读于法学院是他的梦想。

我变换了话题。我详细地询问了杰米的情况。她问我的情况了吗？她看起来怎么样？她戴我送给她的脚镯了吗？我对佩里说，我想让他回去时替我带一份特殊的礼物给杰米，可能会是布施公园里某种有趣的东西。

他非常同意我的想法。"那好极了。"他说道。

我们在布施公园里逛了还不到十分钟，佩里就看到了一个摆满毛绒动物玩具的货摊。在一个高高的架子上放着一个巨大的熊猫，它坐在那里，一条腿向左，一条腿向右，吐着红红的小舌头。

"安德烈，你得为杰米弄到那个。"

"好吧，的确，但那是非卖品，你必须赢得头奖，才能得到那个熊猫。还没有人赢过呢。结果肯定被事先设计好了，我不喜欢被操控了的东西。"

"不对，你只需要把两个橡胶圈套在可乐瓶上就行。我们是运动员，我们肯定能做到的。"

我们尝试了半个小时，把橡胶圈扔得满货摊都是，但竟然没有一个能够靠近可乐瓶，更别说套中了。

"好吧，"佩里说，"我们这么办——你负责分散那个女摊主的注意力，我负责溜到后面把两个橡胶圈套在瓶子上。"

"这样行吗？我们被抓到怎么办？"

但是我立即又想到：这是为了杰米。为了杰米可以做任何事情。

我冲着那位女士大喊道："打扰一下，夫人，我有问题要问您。"

她转过身来："什么事？"

我随便问了她一些关于投环游戏规则的无聊问题。我用余光瞥见佩里踮着脚溜进了玩具亭。四秒钟后，他冲了出来。

"我赢了，我赢了！"

这位女士又转过身去，看到两个可乐瓶上都套上了橡胶圈。她看起来很惊讶，然后是怀疑。

"等等，孩子……"

"我赢了，把熊猫给我！"

"我没有看见……"

"你没看见是你的问题，规则里可没规定你一定要看到。哪里说你一定要看到了？我要和你的上司说话！让布施·加登斯先生亲自来和我们说话！我要把整个游乐园告上法庭。这是什么骗术啊？我付了一美元玩这个游戏，那就意味着我们之间签了合约。你欠我一个熊猫，我要告你，我父亲要告你。限你三秒钟内把熊猫给我，那是我公平正当赢来的。"

佩里在做他喜欢做的事情——讲话。他在做他父亲做的事情——卖空气。而这位女士也正在做她讨厌的事情，在游乐园里看管一个货摊。没什么好争辩的，她不想惹麻烦，也不必为这事烦心。她用一根长长的棍子把那个大熊猫一下子拉了下来，不情愿地递给了我们。它几乎与佩里一样高。佩里就像抓着一个巨大的 Chipwich 冰激凌三明治那样抓着它，然后我们飞快地跑掉了，以防她改变主意。

在那个晚上剩下的时间里，我们成了三人帮：佩里、我和熊猫。我们带着熊猫去吃快餐，带着它去上厕所，带着它坐过山车，我们就像在照顾一个昏睡着的十四岁的孩子一样。一个真熊猫大小的玩具真是麻烦无穷啊。在上了大巴之后，我们都非常疲劳，并且很高兴地把熊猫扔在了座位上。它的体积与它的高度一样令人惊讶不已，它竟然把整个座位都占满了。

我说："我希望杰米会觉得它还不错。"

佩里说："她会喜欢的。"

一个小女孩坐在我们旁边，大概八九岁的样子。她目不转睛地盯着熊猫。她抚摸着熊猫的毛，嘴里还不时发出啧啧的赞叹声。

"多么漂亮的熊猫啊！你们从哪儿弄到的？"

"我们赢来的。"

"你们打算拿它做什么？"

"我打算把它送给我的一个朋友。"

她请求坐在熊猫旁边。她问我们是否可以抱抱它，我说："你随便玩吧。"

杰米对这只熊猫的喜欢程度能达到这个女孩的一半，我就心满意足了。

第二天早上，当佩里和我正在"营房"里消磨时间时，加布里埃尔把头探了进来。

"尼克想见你。"

"什么事啊？"

加布里埃尔耸耸肩。

我慢慢地走着，一点儿都不着急。我在尼克办公室门口停下了，"尼克大笨蛋"浮现在我脑海中，我不禁会心一笑："我们会想念你的，罗迪。"

尼克正坐在桌子后面，靠着他那高高的黑色皮椅。

"安德烈，进来，进来。"

我在他对面的一把木椅子上坐了下来。

他清了一下嗓子。"我知道，"他说，"你们昨天去布施玩了。玩得高兴吗？"

我什么也不说，他则等着我的回答。他又清了清嗓子。

"好吧，我知道你带了一个非常大的熊猫回来。"

我继续直愣愣地盯着前方。

"总之，"他说道，"我女儿好像爱上了那个熊猫，呵呵。"我想起了大巴上的那个小女孩。尼克的女儿——当然。我怎么没想到呢？

"她不停地说着那个熊猫，"尼克说道，"这就是我找你过来的原因。我想从你手中把那只熊猫买过来。"

沉默。

"你听到我说的话了吗，安德烈？"

沉默。

"你明白我的意思吧？"

沉默。

"加布里埃尔，安德烈怎么什么话也不说啊？"

"他正在和你冷战。"

"和我冷战？从什么时候开始的？"

加布里埃尔皱了一下眉。

"听着，"尼克说道，"就告诉我你打算要多少钱，安德烈。"

我眼睛眨都没眨一下。

"我懂了。这样吧，你把你的出价写下来怎么样？"

他甩给我一张纸。我还是没有反应。

"我给你两百美元怎么样？"

更深的沉默。

加布里埃尔对尼克说，他一会儿会跟我谈熊猫的事。

"好吧，"尼克说道，"好的，好好想想，安德烈。"

"你肯定不会相信的，"我在"营房"里对佩里说道，"他想要熊猫，给他的女儿。大巴上那个小女孩原来是尼克的女儿。"

"真的吗？那你怎么说？"

"我什么也没说。"

"什么意思啊，什么也没说？"

"沉默的誓言，记得吗？永远。"

"安德烈，你这招可出错了。不对，不对，这是一次失误，你得迅速补救。你应该这样做：把熊猫拿给尼克，然后告诉他你想要的不是他的钱，你只想要一个成功的机会，从而可以摆脱这里。你想要参赛外卡，想要参加比赛的机会，以及在不同的规则下生活。更好的食物，一切都要比现在好。最重要的是，你不想再去上学了。这是你获得自由的机会，现在主动权可掌握在你手里呢。"

"我不能把熊猫给那个该死的人，我就是不能。再说，还有杰米呢。"

"以后再愁杰米的事吧，我们现在谈论的是你的未来。你必须得把那个熊猫给尼克。"

我们激烈地轻声争论着，一直争论到熄灯后很久。最后佩里说服了我。

"那么，"他打着哈欠说道，"你明天就会把熊猫拿给他吧？"

"不，胡说。我现在就去他办公室，有这把万能钥匙我就能长驱直入，然后我会把熊猫放在他那高高的皮椅上，屁股朝上。"

第二天早上还没吃早饭，加布里埃尔就又来找我了。

"去办公室，马上。"

尼克坐在椅子里。熊猫现在被放在了角落里，歪着身子，一脸茫然。尼克看看熊猫，然后又看向我，他说："你不说话，你化妆，你在比赛中穿牛仔裤，你骗我邀请了你的朋友佩里来参加这次比赛，即使他根本就不会打球，即使他连一边嚼口香糖一边走路都做不到，还有你那头发—— 别逼我从你那头发说起。现在你把我想要的东西给了我，但你却在深夜闯入我的办公室然后把它屁股朝天地放在我的椅子上？见鬼，你到底是怎么进入我办公室的？天哪，孩子，你到底有什么毛病啊？"

"你想知道我出了什么问题吗？"

甚至连尼克都被我说话的声音吓到了。

我喊道："你就是我的问题，就是你。如果你从来没有意识到这一点，那你就是比看起来的还要蠢。你知道待在这儿是什么感觉吗？离家将近五千公里，住在这个监狱里，每天六点半就要起床，只有三十分钟吃那令人作呕的早餐，搭乘那辆就要散架的大巴，在那所肮脏的学校里待四个小时，急急忙忙地赶回来，再用三十分钟吃掉更多的垃圾，然后去网球场练球。日复一日，日复一日，那是什么感觉，你知道吗？每个星期你唯一可以期待的事情，每个星期你可以获得的唯一乐趣就是周六晚上去布雷登顿购物中心闲逛，现在连这种乐趣也被剥夺了。是你剥夺了我的这种乐趣！这个地方就是个地狱，我真想把它烧掉！"

尼克的眼睛瞪得比熊猫的还大，但他并没有生气，也没有难过。他似乎有一点儿高兴，因为这是他唯一能够理解的语言。他使我想起了《疤面煞星》（Scarface）里的帕西诺。当一个女人对他说，她无论和谁、出于什么原因、在什么时候以及怎么干都和他无关时，帕西诺说："宝贝，你终于和我说到一块儿去了。"

我意识到，尼克喜欢别人跟他来硬的。

"好吧，"他说，"你表达了你的看法。你想要什么呢？"

我脑中回荡着佩里的声音。

"我不想上学了，"我说，"我想开始以函授的方式学习，这样我就能把全部的时间都用来提高我的网球水平。我需要你的帮助，但不是你之前教我的那些废话。我需要外卡，我希望自己能够受邀参加比赛，我要真正朝着职业球员的方向迈进。"

当然这些都不是我真正想要的，这些都是佩里告诉我的，不过如果能够实现的话，我的处境确实会比现在要好。甚至在我提出这些要求时，我内心仍然摇摆不定。尼克看着加布里埃尔，加布里埃尔看着我，而我觉得熊猫则在注视着我们每一个人。

"让我想一想吧。"尼克说。

在佩里离开这里返回拉斯维加斯几个小时后，加布里埃尔说尼克让他转告我，我将首次作为外卡参赛选手参加在拉奎塔举行的一项大型赛事，他也会让我参加下一项佛罗里达卫星赛。而且，我可以据此认为自己已经获准离开布雷登顿学校了。当他抽出时间时，他会为我设立某种函授课程的。

加布里埃尔离开时，脸上挤出一个笑容，他说："你赢了，孩子。"

我看着每个人登上去布雷登顿的大巴。大巴"隆隆"地开走了，留下了一团黑烟。我坐在长椅上，沐浴着温暖的阳光。我对自己说：你十四岁了，你再也不用去上学了。从现在开始，每个早上你都会觉得今天是圣诞节和暑假的第一天，更确切地说应该是两者的完美结合。我脸上不禁绽放出灿烂的笑容，几个月来第一次如此开心地微笑。不会再有铅笔，不会再有书本，不会再有老师那恶毒的表情。你自由了，安德烈。你再也不用学任何东西了。

Chapter 07

特殊的一天

　　我们把拉奎塔的时时乐一扫而光，一粒葵花子和面包渣都没有留下。然后我们盯着剩下的钱，把它们平铺开来，又叠在一起，最后把它们捋得整整齐齐。我们谈论着新伙伴——本杰明·富兰克林。我们摄入了太多的卡路里，以至于头脑发热，竟然翻出了蒸汽电熨斗，用它轻轻地熨着每一张钞票，慢慢地抚平了本杰明脸上的每一处皱纹。

　　我戴上耳饰，飞奔到硬地球场。这个早上是属于我的，我可以自由处置，我决定利用它进行击球练习。我越来越用力地击球，整整击了两个小时的球，这份新获得的自由在每一次挥拍中都得到了淋漓尽致的表达。我能感觉到今天的不同，球几乎就是从球拍上爆出去的。尼克摇着头出现了，他说："我真同情你的下一个对手。"

　　同时，在拉斯维加斯，我母亲开始替我接受函授课程。实际上，她的函授课程是以一封写给我的信为开端的。在信中她说，她的儿子可能上不了大学了，但是他绝对得高中毕业。我回信感谢她替我做作业和参加考试。但是当她获得学位后，我补充道，她可以自己留着。

　　1985年3月，我飞到洛杉矶和菲利待了一段时间。当时菲利住在一个很小的客房里，教授网球课程，寻找他未来的路。我要为拉奎塔的比赛（那年规模最大的一项赛事）进行训练，他正好可以帮忙。客房很小，比我们在拉斯维加斯的房间要小，甚至比我们租的那辆 Omni 车还小，但我们毫不介意，我们为我们的重聚感到无比兴奋，对我的新方向充满希望。不过只有一个问题：我们没有钱，只得靠吃烤土豆和喝扁豆汤过活。我们烤两个土豆，热一罐杂牌扁豆汤，然后把汤浇在土豆上，一天三次。瞧，早餐、午餐、晚餐就统统解决了，一顿饭只需八十九美分——但这却只能让我们暂别饥肠辘辘三个小时而已。

　　在比赛的前一天，我们开着菲利的那辆破破烂烂的小车前往拉奎塔。这辆破车不断喷出浓浓的黑烟，开着它就仿佛穿行在一场跟着我们跑的夏季风暴中。

　　"也许我们可以把一个土豆塞到排气管里。"我对菲利说。

　　我们的第一站是一个食品店。在店里，我不经意间走到了一箱土豆前，我的胃便开始翻江倒海般难受——我再也不想多看土豆一眼了。我赶快离开了那里，在过道里漫无目的地闲逛，然后我发现自己走到了冷冻食品区，我的眼睛落在了一份特别诱人的大餐上——奥利奥冰激凌三明治。我像梦游症患者那样伸出了手，从冷冻柜里拿了一盒冰激凌三明治，随后在快速购物通道里与我哥哥会合。我轻快地移动到他后面，然后轻轻地把那盒冰激凌三明治放在了传送带上。

　　他向下看了看，然后看着我。

　　"我们买不起这个。"

　　"我用这个代替我的那份土豆。"

　　他拿起盒子，看了看价签，轻轻地吹了一声口哨。"安德烈，这个值十个土豆的钱呢。我们不能买。"

　　"我知道，真见鬼！"

　　重新站在冷冻食品柜前时，我心里想：我恨菲利，我爱菲利，我恨土豆。

　　饥肠辘辘、头晕眼花的我前去参加了拉奎塔的比赛，并在第一轮中以6：4、6：4击败了布罗德里克·戴克，在第二轮中以6：2、6：1击败了里尔·巴克斯特，在第三轮中以6：3、6：3击败了拉塞尔·辛普森。我因此杀入了正赛。在与约翰·奥斯汀进行的第一轮比赛中，我以绝对优势胜出，6：4、6：1。在第一盘落后一个破发局的情况下，我开始猛烈回击。我十五岁，却打败了成年人，把他们打得傻了眼，并让自己的排名不断提升。无论走到哪里，人们都会在背后指指点点，并小声议论着。"就是他，我对你说过的那个孩子——那个神童。"这是我听到过的用来评价我的最美的词语。

　　在拉奎塔赛中，进入第二轮比赛的奖金是两千六百美元，但我只是个业余选手，所以我一分钱也没得到。不过菲利和我听说，这次赛事的主办方最终会为选手们的开支买单。我们坐在他的破车里，虚构出了详细的开销清单，包括想象出来的从拉斯维加斯乘坐的一等航班、住的五星级酒店，以及在餐厅吃的丰盛的饭菜。我们认为我们还是很会算计的，因为我们的"开销"恰好也是两千六百美元。

　　菲利和我之所以有这个胆量去要这么多钱，是因为我们来自拉斯维加斯，我们的童年时光就是在赌场中度过的。我们认为自己生来就擅长用大赌注吓退对手，我们认为自己就乐于下大赌注。毕竟，在我们还不会坐便盆的时候，我们就学会了加倍下注。最近，当菲利和我穿过恺撒皇宫酒店，从一台老虎机旁边走过时，它恰好开始放那首大萧条时代的歌——《我们赚大钱了》(We're in the Money)。我们是从父亲那里知道这首歌的，因此我们认为这是一种暗示——我们没有意识到那台老虎机整日都在放那首歌。我们在最近的一个"21点"桌上坐下，然后赢了。现在，我秉承同样的初生牛犊不怕虎的精神，手里拿着那张开销清单，大摇大摆地走进了这项赛事的总监查理·帕萨雷尔的办公室，菲利则坐在车里等着我。

查理以前是个网球运动员。事实上，1969年，他与潘乔·冈萨雷斯在温布尔登男子网球单打比赛中进行了一次最漫长的对决。潘乔现在是我的姐夫，他最近和丽塔结婚了，这是另一个暗示我和菲利就要有钱的迹象。而最大的迹象是，查理的老朋友之一艾伦·金在拉斯维加斯举办的那次与这次极为相似的赛事中，我看见了恺撒、埃及艳后和那辆满载着银币的手推车，那也是我首次以一种正式身份——我和温迪都是那次比赛的球童——踏入职业网球场。暗示、迹象，到处都是。我把清单放在了查理的桌上，然后后退了几步。

"嘿，"查理一边审视着清单，一边说，"非常有意思。"

"什么？"

"开销通常都不会计算得如此精确。"

我感觉脸上一热。

"你的开销，安德烈，如果你是个职业选手的话，和你能够得到的奖金一样多。"

查理透过他眼镜上方的空隙看着我，我感觉到我自己的心急速收缩到扁豆粒儿那么大。我想拔腿就跑。我的头脑中浮现出了我和菲利在那个小客房里度过余生的情景。但是查理忍住笑容，伸手打开了一个保险箱，拿出了一沓钞票。

"这是两千块，孩子，别再压榨我那六百块了。"

"谢谢你，先生，非常感谢。"

我跑了出去，然后一头钻进了菲利的车里。他猛踩油门，一溜烟地开走了，仿佛我们刚刚抢劫了拉奎塔第一银行。我数出一千美元扔给了他。

"你的那一份。"

"什么？不！安德烈，这是你努力的结果，兄弟。"

"你开玩笑吧？是我们努力的结果，菲利，没有你我做不成这个的，不可能。我们是一起的，伙计。"

我们彼此都回想起了我醒来时胸前放着三百美元的那个早上，我们也回想起了我们坐在被分为占先区和平分区的卧室里无所不谈的那些夜晚。他一边开车，一边探过身来拥抱了我一下，然后我们开始谈论我们的晚餐。我们你一句、我一句地说着餐馆的名字，口水都快流出来了。最后我们一致认为今天是非常特殊的一天，一生可能只有一次这样的机会，我们得吃些真正与众不同的东西。

时时乐（Sizzler）。

"我已经闻到牛里脊肉的味道了。"菲利说。

我连盘子都懒得去拿，直接一头扎进了沙拉台里。

"他们有你能想象得到的所有以虾为主料的特色菜。"

"他们肯定为想出这个主意而后悔死了。"

"你说得太对了，兄弟！"

我们把拉奎塔的时时乐一扫而光，一粒葵花子和面包渣都没有留下。然后我们盯着剩下的钱，把它们平铺开来，又叠在一起，最后把它们捋得整整齐齐。我们谈论着我们的新伙伴——本杰明·富兰克林[1]。我们摄入了太多的卡路里，以至于头脑发热，竟然翻出了蒸汽电熨斗，用它轻轻地熨着每一张钞票，慢慢地抚平了本杰明脸上的每一处皱纹。

1　指一百美元纸币，因票面上印有富兰克林头像。

Chapter 08

十六岁的职业选手

我告诉赛事总监我将接受这笔奖金。这些话一出口，我就感觉到本来装满可能性的未来瞬间变得空空如也。我不知道那些可能性是什么，但我永远也不会知道了，这才是问题的关键所在。他把钞票递给了我。当我走出他办公室时，我感觉自己开始踏上一条很长很长的路，而这条路似乎通往一片幽深阴暗、暗藏杀机的森林。

我继续在波利泰尼学校生活和接受训练。尼克成了我的教练，有时是旅伴，尽管他觉得自己更像是我的参谋。而且，说实在的，像一个朋友。我们之间临时的休战状态已经令人惊讶地转变成了和谐的工作关系。尼克因我敢于直接挑战他而敬重我，而我因他信守了他的承诺而尊敬他，我们齐心协力朝共同的目标——征服网球世界——而努力。我不会期待从尼克那里获得太多攻防战术——我指望的只是他的合作，而非信息。另一方面，他则指望我不断地取胜，这种胜利总能成为头条新闻，从而可以大大提升他学校的名声。我并没有付薪水给他，因为我没有这个财力，但当我变成职业选手后，我会根据我赚到的钱分给他红利，这一点不言自明。依他看来，这就足够慷慨的了。

1986年初春，我打了一系列卫星赛，足迹几乎遍及整个佛罗里达——基西米、迈阿密、萨拉索塔、坦帕。之前的一年，我进行了艰苦的训练，心无旁骛，专注于网球，因此如今我表现得非常不错。在这一系列赛事的第五项赛事大师赛中，我大获成功。我进入了决赛，虽然最后我输了，但我有资格领取亚军球员奖金——一张面额1100美元的支票。

我想接受这份奖金，我渴望领取这份奖金，菲利和我当然需要这笔钱。不过，如果我拿了这笔钱，我将成为一个职业球员，永远，无法回头。

我给仍在拉斯维加斯的父亲打了电话，问他我应该怎么办。

父亲说："你到底什么意思啊？去领那笔钱啊。"

"如果我把那张支票兑成了现金，爸爸，我就别无选择了。"

他表现得好像跟我有仇似的。

"你已经辍学了！你只上了八年的学，你还能有什么选择？你到底还想做什么？当医生吗？"

这些我都知道，但我就是讨厌他的表述方式。

我告诉赛事总监我将接受这笔奖金。这些话一出口，我就感觉到本来装满可能性的未来瞬间变得空空如也。我不知道那些可能性是什么，但我永远也不会知道了，这才是问题的关键所在。他把钞票递给了我。当我走出他办公室时，我感觉自己开始踏上一条很长很长的路，而这条路似乎通往一片幽深阴暗、暗藏杀机的森林。

那一天是1986年4月29日，我十六岁的生日。

由于一时无法接受这一点，一整天我都在告诉我自己：你现在是一名职业网球运动员了，那就是你将要干的事，那就是你将成为的人。但无论我告诉自己多少次，我始终都觉得不对劲。

随后，父亲派菲利来专职陪伴我，这倒是选择成为一名职业球员的决定带来的一个明确的好处。他帮我处理一些琐碎的事情——作为一名职业球员所需要应付的无穷无尽的细节安排和准备工作，从租车、预订酒店房间到为球拍穿线。

父亲说"你需要他"，但是我们三个全都知道，菲利和我彼此需要。在我成为职业球员的第二天，菲利接到了一个耐克公司的电话，他们想和我见面谈谈关于品牌代言的事情。菲利和我在纽波特比奇的一家名为 Rusty Pelican 的餐厅里同耐克的那个人见了面，他的名字叫伊恩·汉密尔顿。

我称他为汉密尔顿先生，但他说叫他伊恩就可以了。他的微笑如此自然和真诚，我立即就对他产生了信任感。不过，菲利却仍然心存疑虑，保持着警惕。

"小伙子们，"伊恩说，"我相信安德烈会有一个美好的未来。"

"谢谢。"

"我很希望耐克成为那个未来的一部分，在那个未来中成为你的一个合伙人。"

"谢谢。"

"我们很愿意和你签订一份为期两年的合同。"

"谢谢。"

"在这段时间里，耐克会为你提供比赛所需的所有装备，并且付给你两万美元。"

"两年一共吗？"

"每年。"

"啊！"

菲利插话进来："安德烈如果收了这些钱，需要做些什么呢？"

伊恩看起来有些困惑不解。"哦，"他说，"安德烈做他一直做的事情就行了。继续当好安德烈，并且穿耐克的东西。"

菲利和我，两个仍自认为很会虚张声势的拉斯维加斯的孩子面面相觑，但我们脸上那种不动声色的表情早已消失了，我们已经把它丢进了时时乐里。我们无法相信眼前发生的事，而且也无法装出一副丝毫不为所动的样子，不过至少菲利还能镇定自若地对伊恩说我们需要离开一会儿，我们需要几分钟时间私下讨论他的建议。

我们飞速走到 Rusty Pelican 的后面，然后用付费电话拨通了父亲的电话。

"爸爸，"我小声说道，"菲利和我跟耐克的一个人在一起，他出价两万美元。你觉得行吗？"

"要更多的钱！"

"真的吗？"

"更多的钱！更多的钱！"

他挂断了电话，菲利和我则开始排练我们将要对伊恩说的话。我扮演我，菲利扮演伊恩。男卫生间里不断有人进进出出，他们从我们身边经过，都以为我们在演小品。最后我们似乎漫不经心地重新回到了谈判桌前。菲利明确地提出了我们的条件："更多的钱。"他看起来非常严肃。我不禁注意到，他看起来和父亲是那么相像。

"好吧，"伊恩说，"我想我们能搞定这一点。我第二年的最高预算是两万五千美元，如何？"

我和菲利同他握了手以示合作愉快，然后我们一同走出了 Rusty Pelican。待伊恩驱车离开后，我和菲利就高兴得跳了起来，还大声唱起《我们赚大钱了》那首歌。

"你相信刚才发生的事儿吗？"

"不，"菲利说，"说实话吗？不，我真的不敢相信。"

"我来开车回洛杉矶吧？"

"不行，你的手在抖，你会使我们直接冲向马路中央的。我们可不能那么干，兄弟，你可值两万块钱呢！"

"第二年两万五！"

在回菲利现在住的那个地方的路上，我们议程中的第一项就是我们要买什么车，它既要看起来很酷又得价格便宜，最主要的是要买一辆排气管不会喷出黑烟的车。在时时乐前停下时，不会冒烟，现在那将成为最大的奢侈。

我在纽约州的斯克内克塔迪参加了作为职业球员的首场赛事。整项赛事的总奖金是十万美元。我进入了决赛，但是最后却以2∶6和3∶6输给了拉梅什·克里希南。但是，我一点儿都不难过。克里希南很优秀，虽然他只排在40多位，但是他的实际水平要高于此；而我只是一个不知名的十几岁的小青年，在这项还算重大的赛事中打进了决赛。对我来说，这极为罕见—— 一场没有让我感到痛苦的失败。除了有些自豪外，我什么感觉也没有。事实上，我内心隐隐升腾起了一股希望，因为我知道我还可以打得更好，并且我知道克里希南也意识到了这一点。

然后我到佛蒙特州的斯特拉顿山参加了我的第二项赛事，在那里我击败了蒂姆·马约特，他当时在世界排名第12位。在四分之一决赛中，我的对手是约翰·麦肯罗，不过感觉就像是在与约翰·列侬对决。麦肯罗是一个传奇人物，我是在对他的关注和仰慕中长大的，尽管我经常为他的对手加油，因为他是我的偶像博格的头号劲敌。我非常想击败麦肯罗，但这是他短暂告别网坛后的首项赛事。他养精蓄锐，如今急切地想一展身手，而他暂别网坛之前排名世界第一。在即将上场之前，我不禁在想为什么像麦肯罗这样技艺如此精湛、造诣如此深厚的选手也需要休整？然后，他向我阐明了这一点。在比赛中，他淋漓尽致地展现出了休息的价值。他轻松地战胜了我，两个6∶3。尽管失败了，但在比赛中，我设法击出了一记强有力的直接得分球，即用正手成功地回击了他的一记发球，而且那记球从他身边呼啸而过，他毫无还击之力。在比赛后的新闻发布会上，麦肯罗对记者们说：我同贝克尔、康纳斯以及伦德尔都对决过，但是从没有人能够如此强有力地回击我的发球——我甚至都没看见那个球。

这段话从一个像麦肯罗这样地位的选手口中说出，无疑是对我的高度认可，我也因此成为全国的新星。报纸争相报道我的事迹，球迷们写信给我，菲利突然间发现采访的请求已然使他应接不暇。在每一次巧妙地应付了一个采访后，菲利都会咯咯地傻笑。

"受欢迎真好。"他说。

与此同时，我的排名也像我的受欢迎程度一样迅速提升。

在1986年夏天快结束时，我第一次参加美网公开赛，当时我迫切地想要在赛场上与对手一决高下。但是当我从机窗里看到纽约的地平线时，我的那种渴望瞬间消失了。那的确是一幅很美的景象，但是对于一个成长于沙漠中的人来说，又太过于震撼了，以至于让人心生胆怯。如此多的人，如此多的梦想。

如此多的看法。

从高空降落到地面，在街道的层面上，纽约与其说是令人生畏的，不如说是令人焦躁的：难闻的气味、震耳欲聋的噪声——还有小费。在一个以小费为生的家庭中长大，我当然赞成给小费。但在纽约，小费的名目繁多，花样迭出，从机场到酒店的小费支出就多达一百美元。我把小费塞到出租车司机、门卫、侍者、服务台人员的手中——我被榨干了。

而且，我一直在迟到。在纽约，我总是对从地点 A 到地点 B 所需的时间估计不足。那是比赛正式开始的前一天，我原定于下午两点钟练球。我出发时时间尚早，所以我认为我有充足的时间到达位于法拉盛草地公园的赛场。我上了酒店外的一辆包车。在车子艰难地驶过拥堵的市中心区、穿过三个行政区到达目的地时，我已经严重迟到了。一个女人对我说，他们已经把球场安排给了其他球员。

我站在她面前，乞求她再给我安排一个训练的时间。

"你叫什么名字？"

我把证件给她看了看，然后勉强挤出一个笑容。

她的身后有一块黑板，上面密密麻麻地写着参赛选手的名字，她则一脸狐疑地在上面查寻可行人选。我不禁想到了 G 夫人。她的手指在左边那一栏上下移动着。

"好吧，"她说，"四点钟，八号球场。"

我瞥了一眼将和我共同训练的人的名字。

"真抱歉，我不能和那个人一起训练，我可能会在第二轮比赛中遭遇此人。"她一边在黑板上开始重新查找，一边叹着气，表现出一副非常不耐烦的样子，这使我不禁怀疑 G 夫人是不是有一个失散了很久的姐妹。至少我现在不再留着莫西干头，对于这个女人来说，那会使我显得更加无礼。不过从另一方面讲，我现在的发型也没有好到哪里去，依然很是张扬。首先，我头发的一部分颇为蓬松，另一部分则很长，表现出两种完全不同的风格，这就是所谓的胭脂鱼发型。另外，我的发根是黑色的，而发梢则被染成了白色。

"好吧，"她说，"十七号球场，下午五点。但还有其他三个人也要练习，你得和他们共用一个场地。"

我对尼克说："我感觉我在这里随时都有危险。"

"不会的，"他说，"一切都会好起来的。"

整个地方从远处看起来会好很多。

什么事情不是这样的呢？有时我们需要距离。

第一轮比赛中，我的对手是来自英国的杰瑞米·贝茨。我们在一处偏僻的外场比赛，远离人群，也没有受到媒体的关注。我很兴奋，也很骄傲，同时我也很害怕。我感觉它就像是这项赛事最终在星期天举行的决赛。我紧张得颤抖不已，甚至想吐。

因为这是一项大满贯赛事，比赛的氛围与我所经历过的任何一场比赛都不同，更加狂热。比赛以一种扭曲的速度进行着，我对这种节奏十分陌生，加之又是个大风天，因此分数就像口香糖包装纸和灰尘一样从我身边不断溜走。我不知道发生了什么，我甚至觉得这根本就不是一场网球赛。贝茨的实力并不比我强，但他打得比我好，因为他知道这次比赛中他将会面临什么。四盘比赛后，他战胜了我，然后他抬头看了看包厢里的菲利和尼克，并做了一个用拳头捶臂弯处的动作——"去你的"的国际通用手势。显然贝茨和尼克有段过节儿。

我感到很沮丧，还有一点儿尴尬，但是我知道我对我的首次美网或纽约之行显然准备不足。我看到了自己现处的位置和需要达到的位置之间的差距，同时我对弥补这个差距也相当有信心——适度而非盲目的信心。

"你会表现得更好的，"菲利用一只胳膊搂着我说，"只是时间的问题。"

"谢谢，我知道。"

我确实知道，我真的知道，但我还是开始不断地输掉比赛。不只是输，而且输得很惨，输得很可怜，输得一塌糊涂。在孟菲斯，我在第一轮就被淘汰出局；在比斯坎湾，也是第一轮。

我说："菲利，到底怎么回事？我在那里就像个傻子。我感觉自己只是个有蛮力但毫无技术可言的选手，一个业余球手。我真的不知所措了。"

最糟糕的一次是在费城的光谱球场（Spectrum）。那原本不是一个专门的网球场，而是篮球场临时改造而成的，甚至连那个都算不上，或许称之为洞穴更为贴切。在昏暗的灯光下，两个毗邻的球场同时进行着两场比赛。我回球的同时，旁边球场的人也在回球。如果他发球时身体张得很开，而同时我也在发球，我们的头就有可能相撞。我的注意力本来就很容易被分散，更别说还要顾虑与其他选手相撞，况且我还不知道如何排除干扰。一盘打下来，我已经无法思考，除了我的心跳声什么都听不到了。

而且，我的对手水平不高，这置我于非常不利的地位。与较弱的对手比赛时，我往往表现得最糟，我会降级到他们的水平。我不知道在适应对手水平的同时，如何正常发挥自己的水平，这就如同让我在吸气的同时呼气一样。和伟大的对手对决，我会奋起迎接挑战，而和水平较差的运动员比赛，我则觉得"被施压了"。"施压"是个网球术语，意为不让事情流畅进行，它是网球运动中你所能运用的最致命的技术之一。

菲利和我挣扎着回到了拉斯维加斯。我们都很沮丧，但是我们有一个更加迫在眉睫的问题：我们破产了。为了支付频繁的旅行以及旅行途中的费用，我几乎已经把耐克的那笔钱花光了。我从机场开车直接去了佩里家。我们拿着几瓶苏打水躲进了他的卧室里，当卧室的门一关上，我就觉得自己安全了，也清醒了。我注意到墙上贴满了《体育画报》的封面，大概比上次多出了十几张。我凝视着那些伟大运动员的脸对佩里说，一直以来我都坚信，无论我想还是不想，我都将成为一个伟大的运动员，我认为那是理所当然的，是确定无疑的，那是我注定的命运，尽管它并非出于我自己的选择。对我而言，这是唯一的慰藉。注定的命运尚有轨迹可循，而现在我却不知道未来会怎样。我擅长一件事情，但似乎并非像自己所认为的那样擅长。或许我还未开始崭露头角，就已经完蛋了。无论现在是哪种情形，我和菲利到底该怎么办？

我对佩里说，我想过一个十六岁孩子应该过的那种正常生活，但我的生活却越来越不正常。在美网公开赛上受辱不正常；在光谱球场比赛时，因担心与一个大块头的俄罗斯人相撞而心烦意乱不正常；躲在上了锁的屋子里更不正常。

"你为什么躲起来？"

"因为我十六岁了，排在世界前100名。而且尼克并不是很受欢迎，而我又总是和他联系在一起。我没有朋友，没有铁哥们儿，没有女朋友。"

杰米和我已经结束了。我最新的热恋对象吉莉恩是佩里的另一个同学，她也不回我的电话了。她不想要一个总是在旅途中的男朋友，我不能怪她。

佩里说："我不知道你还要面对这些难题。"

"但是还有一个最大的问题，"我说，"我破产了。"

"耐克的那两万美元呢？"

"旅费，各种费用。我四处旅行，还有菲利和尼克—— 这一切用的都是那笔钱。而当你总是赢不了比赛，那笔钱就会消耗得更快。你可以很快就把两万块花光。"

"你能不能先管你父亲借点儿呢？"

"不，绝对不行，从他那获得帮助是需要付出代价的。我一直都在努力从他的影响下挣脱出来。"

"安德烈，事情会好起来的。"

"是的，当然。"

"真的，会比现在好得多。在你意识到之前，你就又会赢得一个又一个胜利。只需一眨眼的工夫，你的脸就会出现在这些《体育画报》的封面上。"

我叹了一口气。

"会的，我知道。至于吉莉恩，拜托，她只是过眼云烟。你总会为女孩子的问题烦心，那是猛兽的天性使然，但是不久将成为你的问题的女孩会是—— 波姬·小丝。"

"波姬·小丝？你怎么会想到她？"

他大笑了几声。

"我不知道，我只是在《时代》周刊上读到了有关她的报道。她现在就读于普林斯顿大学。她是世界上最美丽的女人，才华横溢，为世人所瞩目，有一天你将和她约会。不要误解我的意思，你的生活可能绝不会回归正常，但之后，那些不寻常之处就会变得很酷。"

在佩里的鼓励下，我去了亚洲。我的现金恰好只够支付我和菲利往返的路费。我参加了日本公开赛，赢了几场比赛，不过在四分之一决赛中输给了安德烈斯·戈麦斯。然后我去了韩国首尔，在那里我进入了决赛，虽然最终还是输了，但我得到了七千美元的奖金，这足以支撑我在今后三个月中通过继续参赛来找回状态。

当菲利和我乘坐的飞机降落在拉斯维加斯时，我心中的阴霾一扫而光，感到无比轻松。当时，父亲正在机场等着我们。我和菲利在麦卡伦国际机场穿行时，我对菲利说："我刚刚做出了一个重大决定——我要拥抱爸爸。"

"拥抱他？为什么？"

"我感觉很好，我真他妈的高兴。为什么不呢？我就要这样做。你只活一次。"

父亲站在入口处，头上戴着棒球帽，还戴着一副太阳镜。我冲向他，张开双臂使劲地抱住了他。他一动也没有动，直挺挺地站在那里，我抱着他就像抱着一个领航员。

我放开了他，心里暗暗发誓：我再也不会这样做了。

1987年5月，菲利和我去了罗马。我在正选赛球员名单中，因此我们的住宿是免费的，于是这回我们就不用住在菲利通常会预订的那种没有电视和浴帘的破旅店，转而居住在奢华的卡瓦列里酒店。该酒店坐落在当地的一座山上，居高临下，俯瞰着整个城市。

在开赛前有几天空闲时间，我和菲利利用这段时间四处游览了此地的名胜古迹。我们去参观了西斯廷教堂，凝视着《基督把天国的钥匙交给圣彼得》的湿壁画，驻足良久，不愿离去。我们盯着这幅出自米开朗基罗之手的屋顶壁画。从导游那里我们得知，米开朗基罗是一个极端崇尚完美的人，甚至达到了自我折磨的境界，如果他发现他的作品——或者他计划用来创作的材料——哪怕是有丁点儿的瑕疵，他都会愤怒至极。

我们在米兰待了一天，参观了随处可见的教堂和博物馆。我们在达·芬奇的《最后的晚餐》前站了半个小时。我们也了解到达·芬奇的笔记本里记录有他对人体结构的细致入微的观察，并且他建造的直升机和盥洗室大大超越了他所处时代的构想。我和菲利惊呆了，无法相信竟然还有人能够如此富有灵感。"富有灵感，"我对菲利说，"那就是诀窍之所在。"

意大利网球公开赛是在红土场地上进行的，我对这种场地并不是很适应。我以前只在绿土球场上比赛，那种场地球速更快一些。"红土就是把热的胶状物和未干的沥青铺在了流沙层上。你在这种破红土上是攻不垮对手的。"我在第一次练球时这样向尼克抱怨道。

他则不自然地笑了笑。"你不会有问题的，"他说，"只是你必须适应它才行。不要心浮气躁，别想着尽快结束每一分的争夺。"

我根本就没弄懂他这话是什么意思，因此在第二轮中就出局了。

我们飞到巴黎参加法国网球公开赛，还是红土。在费力地赢了第一轮比赛后，我在第二轮比赛中又遭遇惨败。这一次，我和菲利又试图通过参观这个城市的一些风景名胜来提升自己。我们去了卢浮宫。画作和雕塑如此之多，着实令我们大吃一惊，我们不知道该把头转向哪里，该把双脚放在何处。我们无法完全理解所见的每件作品。从一个展厅到另一个展厅，我们震惊得说不出话来。然后我们来到了一幅我们对其有着深深共鸣的画作前，那是一幅文艺复兴时期的作品，画中描绘的是一个裸体的、站在悬崖边上的年轻男人，他一只手紧紧抓住一根光秃秃的、已经开始断裂的树枝，另一只手则抱着一个妇女和两个婴儿；他背上还背着一个老人，也许是他的父亲，老人的胳膊紧紧绕在他的脖子上，手里抓着一袋子看起来像钱的东西；在他们的脚下是万丈深渊，深渊里满是那些支撑不住坠落下去的人的尸体。所有人的命运都取决于这个裸体男人的一己之力——他那紧紧的一握。

我对菲利说："看这幅画的时间越久，我就会觉得那个英雄的脖子被那个老头勒得越紧。"

菲利点点头。他抬头看着悬崖边上的那个男人，柔声地说："坚持住啊，兄弟。"

1987年6月，我们去了温布尔登。我被安排在二号球场，与一个法国人亨利·勒孔特进行比赛。二号球场被人称为"墓地球场"，因为诸多选手都在这里遭遇了致命的失败。这是我第一次造访网球运动中这一最为神圣的赛场，但是我不喜欢这里，从我们到达此地的那一刻开始就不喜欢。我是从拉斯维加斯来的一个没有受过多少教育的少年，我抗拒所有陌生的东西，而伦敦就是一个令你产生强烈陌生感的地方。食物、公交车以及古老的传统无时无刻不在向你昭示着你的异乡人身份；甚至连温布尔登的草地闻起来也与家乡的不同，尽管我家乡根本就没有多少草地。

更令人不快的是，温布尔登的官员们似乎颇为享受在要求参赛选手们做什么和不做什么中所获得的那种傲慢的、专横的乐趣。我一向对规则很是反感，尤其是专横无理的规则。为什么我必须穿白色的球服？我不想穿白色的。我穿什么关这些人什么事？

最为重要的是，总是有这样那样的限制和阻碍，我对此十分不满，因为那样会使我觉得自己是不受欢迎的。我需要出示一个徽章才能进入更衣室，而且只是那里的一个小型更衣室。我正在这里参赛，但他们还是像对待一个闯入者那样对待我，甚至都不允许我在即将比赛的场地上训练。我被限制在沿街的室内球场，结果我第一次在草地上打球就是在温布尔登的赛场上。我当时非常震惊，球总是以与我预期相异的角度反弹，甚至根本就弹不起来，因为球场上的草根本就不是草，而是涂了凡士林的冰。我极为担心自己会滑倒，所以我干脆踮起脚。当我环顾四周以观察英国球迷是否已经注意到我的不适时，我吓了一跳：他们就在我的头顶上方。这个体育场就像是一间玩牌室，而观众们本就是来看我们笑话的。勒孔特对我实施了安乐死，从而将我的名字列在了墓地球场阵亡者的名单上。我告诉尼克我绝对不会再来这里了。我宁肯再次拥抱我父亲，也不想重回温布尔登的怀抱。

几周后我又辗转至华盛顿参加比赛，而我的情绪依然很糟。在第一轮中，我的对手是帕特里克·库南，结果我一无所获，输得彻头彻尾。在漫长、艰难的欧洲之旅后，我的体力和激情已经所剩无几了。旅途的奔波劳碌、一次又一次的失败以及那种无法释怀的重压感已经使我筋疲力尽。另外，那天酷热难当，我身体也颇为不适。我完全没有准备好，因此有些心不在焉。当时我们各胜一盘，暂时难分胜负，而恰在这时我的精神脱离了身体，开始在赛场里四处飘荡。在第三盘开始之前，我就已经神游天外了。最终我以0∶6输掉了这一盘。

我走到网前和库南握手。他对我说了什么，但我看不见他也听不到他的声音，仿佛他只是某根管子末端的一团模糊不清的能量。我一把抓起我的网球包，跌跌撞撞地走出了球场。我穿过街道，走进罗克·克里克（Rock Creek）公园，然后来到一个小树林。当我确定周围没有别人时，我冲着树大声咆哮。

"我再也不想过这种生活了！我完蛋了！我不干了！"

我一直走啊，走啊，直到走到了一块空地上。驻足片刻，我发现自己周围全是无家可归的人，有些坐在地上，有些则躺在一些短木棍、碎树枝铺就的"床上"睡觉，其中还有两个在打牌。他们就像童话中友善而好搞恶作剧的侏儒。我走到一个似乎相当警觉的人面前，拉开网球包，然后拿出了几把"王子"球拍。

"给你，伙计，你要这些球拍吗？你要吗？因为我再也用不到它们了。"

那个男人不知道这是怎么回事，但是他相当确信终于遇到了比他还疯狂的人。他的伙伴们也拖着脚步凑了过来。我对他们说："过来，伙计们，过来。树荫处可能都有三十七摄氏度，但是今天可是你们的平安夜好日子！"

我把网球包扔在地上，从里面拽出了剩下的球拍——每把都值几百美元，然后把它们分给了那些流浪汉。

"给你，自己拿吧！我百分之百确定我再也不需要它们了。"

我的网球包顿时轻了不少，而我则尽情享受着这种轻松。陶醉在这种情绪中，我不知不觉走回了菲利和我住的酒店。我坐在床上，菲利坐在另一张床上，就像以前那样——在很多方面。我告诉他我已受够了，我不能继续这样了，我再也不想打网球了。

他没有和我争论。他理解我——还有谁会比他更理解呢？我们开始研究细节，制订计划：如何把这件事告诉尼克，如何告知我父亲，以及我该如何谋生。

"不打网球的话你想做什么呢？"

"我不知道。"

我们出去吃晚餐时又进行了详细彻底的讨论。我们分析了我现在的财务状况——还有几百美元而已。我们还开玩笑地说又快到吃土豆和扁豆汤的境地了。

回到酒店后，我们房间的电话在闪，我有一条留言。北卡罗来纳州网球表演赛的组织者打电话来说一个选手临时退出了比赛，他们想知道我能不能参加。如果我愿意参加的话，他们保证我至少能够得到两千美元的出场费。

菲利认为我告别网球场时口袋里能有些钱还是不错的。

"好吧，"我说，"最后一项赛事，不过我得弄几副新球拍了。"

我抽签抽中的第一轮的对手是一个名叫张德培的孩子。从小到大，我和他打过无数场比赛，从来没有输给过他。另外，他只有十五岁，比我小两岁。他的水平远逊于我，因此这就好像是医生为医治我受伤的心灵开出的一剂良药。我面带微笑地走上球场。

但自从我们上一次交手后，他一定是完成了某种转变。在赛场上，他的水平实现了巨大飞跃，现在他像开足马力的跳蚤那样快速地跑动着。我用尽全身解数才能击败他，最终也确实击败了他。这是我几个月以来的第一次胜利。我决定推迟我的退役计划，就再多打几个星期。我告诉菲利我要去斯特拉顿山，我去年在那里表现得很好，斯特拉顿将是我赢得最后喝彩的适宜之地。

我们是与其他两个参赛选手——彼得·杜汉和凯利·埃文登一同飞往佛蒙特州的。凯利说就在我们离开前，他匆忙地拿了一份斯特拉顿赛的签表。

"想知道你的对手是谁吗？"

"我的确很想知道。"

"不，安德烈，你肯定不会想知道的。"

"我和谁打？"

"卢克·简森。"

"见鬼。"

卢克是世界上最优秀的青少年网球选手，到目前为止也是巡回赛中最被看好的年轻选手。我瘫坐在椅子上，注视着窗外的云彩。我本该在自己处于领先地位时就退出的。我本该在击败张德培之后就退役的。

卢克左右手皆可发球，他因此被称为"双手卢克"，而且他两手发球的时速都可达209千米。但今天，面对着我，他的一发就大失水准，而我又狠狠地攻击了他的二发。当三盘过后我勉强战胜他并得以晋级时，我比他还要惊讶。

我的下一个对手是帕特·卡什，他刚刚在温布尔登摘得冠军——在墓地球场见证了我的毁灭后的第十二天。卡什是一部机器，是一名具有出色协调感的运动员，他能够流畅自如地移动，并且可以像九头蛇那样在网前扑杀。我甚至从没想过要战胜他，我只是想如何守住我的发球局。但是比赛刚开始的那段时间，我发现他上旋球打得不多，于是我的心情好了起来，心态平和，能够客观地看待对方。在这种情绪下，我打出了一记又一记漂亮的球，赢了一分又一分。既然我不可能赢得这场比赛，既然我只是想发挥出自身的实力，我是如此的自由和轻松，而这反而使卡什紧张起来。他对正在发生的事情似乎颇为震惊。他的一发多次失误，这让我可以迎前小半步，尽我全力接发球。每一次我的回球从卡什身边飞过，他都会透过球网瞥向我，脸上的表情仿佛在说：计划不是这样的，你不应该像现在这样做！

或者部分是由于自大的心态作祟，他越来越频繁地在网前被我的穿越球惊到，却拒绝回到底线，谋划一套新的战术。在我的一记较之前更为出色的回球后，他进行了一次勉强的网前截击，而我则再次回了他一记穿越球。他站在那里，双手叉腰，盯着我，眼神中流露出一种不公平感。

"盯着看吧，"我心里想，"别停下来。"

在比赛快结束时，他不断地赠予我容易得"令人痛苦"的回击目标。他的球可以被极其完美地回击，而且不可思议地轻易被打中，以至于这一切似乎是如此的不公。我有着光明正大的机会成功地回击每一个球。我只是想留下一个印迹，但是我却留下了一道深深的伤口。最终，我以两个7∶6爆出大冷门。

我因此最终认定斯特拉顿山是我的神山，是与温布尔登相抗衡的地方。去年我就在这里得以超常发挥，而现在我又一次表现得非常出色。这里的氛围是激动人心的、悠闲松弛的，也是典型美国式的。不像那些傲慢自大的英国人，这些斯特拉顿人理解我，或者说正如我所期待的那样，至少理解那个被理想化了的我。他们不知道我过去十二个月中的痛苦挣扎，不知道我甚至已把球拍送给了流浪汉，不知道我心中那悬而未决的退役打算。如果他们知道的话，他们就不会如此支持我了。在我与简森的比赛中，他们为我欢呼喝彩；而在我击败卡什后，他们则视我为家庭中的一员。这个家伙是属于我们的。这个家伙在这里表现出色。受他们已经有些嘶哑的加油声的鼓舞，我杀入了半决赛，对阵当时排名世界第一的伊万·伦德尔。这是我有生以来最重要的一场赛事，父亲也专程从拉斯维加斯飞过来观看这场比赛。

在开赛一个小时前，伦德尔走进更衣室时，只穿着他的网球鞋。看到他如此放松，能够如此自在地裸露自己，我意识到我面对的将是什么。这将是一场他的胜利，从而将终结我所有的胜利。三盘之后，我输掉了这场比赛，但我离开球场时仍欢欣鼓舞，因为我赢得了第二盘比赛。在那半个小时里，我倾尽全力让他有一番好受，我完全能以此为基础继续提升自己。我感觉好极了。

没错，我感觉很好，直到我看见了伦德尔在报纸上对我的评价。当被问到我在比赛中的表现时，他不无轻蔑地说："也就发型和正手还不错。"

Chapter 09

"形象就是一切"

每天报纸或杂志上都有抨击阿加西的长篇大论——球员的爆料，体育评论员的苛评。恶意中伤的文字，却挂着评论的招牌。我是一个傻瓜、一个小丑、一个骗子、一个侥幸成功的人；我之所以获得如此高的世界排名，全仰仗网络和青少年们串通好的阴谋；我根本就不配得到这么多的关注，因为我没有赢得过大满贯冠军头衔。

我结束1987赛季的方式更为轰动。当时，我在巴西的伊塔普利卡岛赢得了我职业生涯中的第一个冠军头衔。这次比赛之所以如此令人难忘，是因为我是在一群对我充满敌意的巴西观众面前获胜的。当我击败了他们最杰出的选手路易兹·马塔尔之后，他们并没有像我预料的那样表现出怨恨愤怒的情绪——事实上，他们将我奉为巴西人的英雄。他们冲到赛场上，将我扛到他们的肩膀上，把我抛上了天。这些观众有很多是从海滩直接来到赛场的，因此他们身上还涂着厚厚的可可脂，结果弄得我浑身也沾满了可可脂。穿着比基尼和凉拖的女人们疯狂地亲吻拥抱我。音乐响起，人们开始跳舞，有人递给了我一瓶香槟，让我朝人群喷洒。那种狂欢节般热烈欢快的气氛感染了我。我终于取得了突破，连续赢了五场球（但我也警觉地意识到，要赢得大满贯，我需要连续赢七场）。

有人将冠军奖金的支票递给了我。我看了又看，几乎不敢相信自己的眼睛：那可是九万美元！

两天后，牛仔裤兜里揣着这九万美元支票，我忐忑地站在父亲的卧室里，企图采取迂回的心理战术对付老头子。

"爸爸，你觉得我明年能赚多少？"

"嗯，几百万吧。"他笑嘻嘻地说。

"好，那您不介意我买辆车吧？"

他皱了下眉头。"中招了。"

我知道我梦寐以求的车终于要到手了，我仿佛能看到功能超强的白色克尔维特在向我招手。父亲坚持他和母亲一起陪我去看车，说是防止我上当受骗。我没有权利拒绝，父亲是我的老板兼管家。我已经不在波利泰尼学校集中住宿了，因此我再一次回归到了父亲的屋檐下，也就意味着要受他的管束。我现在能够满世界穿梭、赚钱，甚至赢得一定的名声和地位，但是事实上我仍靠着父亲给的零用钱过日子。这很不合理，但是没办法，我的整个生活就是不合理的。我只有十七岁，还没有准备好独立生活，我甚至还没有准备好独自一个人站在网球场上。但是，就在不久之前，在里约热内卢的我却是一手抱着辣妹，一手拿着九万美元的支票。经历得多了，我已经成了一个过于老成的少年，一个没有自己银行账户的老小孩。

在汽车经销商那里，父亲与那个推销员针锋相对、不断杀价，商量很快升级为争吵，可为什么我却一点儿都不惊讶呢？每次父亲提出一个新价格，那个推销员都得跑去跟他们的经理商量。父亲的拳头松开了又握紧，握紧了又松开。

那个推销员和我父亲最后终于就价格初步达成一致，我离梦想中的车只有一步之遥了。父亲戴上眼镜，最后看了一眼书面协议，他的手指顺着列出的费用清单一路向下。"等等，这是什么？这4.99美元是干什么的？"

"这是书面协议纸张费。"销售员说。

"这不是我买的纸，这是你的纸。你自己的破纸，你自己付钱。"

那个推销员却并不忌惮我父亲恶劣的语气。他们开始恶语相向，谩骂声肆虐。我能在父亲的眼里看到那种同他打倒那个卡车司机时一样的表情，也许看到这些车，他就感到了以前在马路上会感到的那种愤怒吧。

"爸爸，这辆车价值三万七千美元，你有必要为这区区五十块的费用吵吗？"

"他们是在欺负你，安德烈！他们是在欺负我。我不能让全世界的人都骑在老子头上撒野！"

他冲出那个销售员的办公室，冲到了主展厅，那儿的经理们正坐在一个高高的柜台旁。他朝他们尖叫："你们以为你们躲在这里就安全了？啊？你们以为躲在那个柜台后面就安全了？有本事你们出来！"

他的脾气上来了，仿佛真的准备一个人单挑那五个人。

母亲抱住了我，对我说："我们只能到外面去等着了。"

我们站在人行道上，隔着店铺厚厚的玻璃看着父亲在那边情绪激昂、滔滔不绝地发表着长篇大论。他时而捶桌子，时而挥舞拳头，我觉得自己正在看一部无声的恐怖电影。感到尴尬的同时，我也有轻微的妒忌。我希望我拥有父亲的怒气，我希望在遇到强劲的对手时，我也能爆发出我的怒气。我想知道如果在打比赛时我也能拥有这样的怒气并且朝着球网发泄我的怒气会是怎样的情形，会有怎样的结果。但事实上正相反，不论我怎样生气，我都只会冲着自己发泄。

"妈妈，这些年来，你是怎么忍受过来的？"

"唉，我也不知道。"她说，"这些年来，他没被人杀死，没有进监狱，我想我们已经够幸运了。希望这次不会惹上那样的麻烦，希望这一切都会过去。"

除了我父亲的火暴脾气，我还希望我能继承一部分母亲的镇静。

第二天，菲利和我又到了那个汽车经销商那里。那个推销员把钥匙递给了我，用可怜的眼神看着我，说："你跟你父亲真的一点儿都不一样。"尽管我知道他是在说恭维话，但是我却有点儿被冒犯的感觉。开车回家的路上，拥有梦寐以求的克尔维特的喜悦已经被冲淡了。我告诉菲利，事情从现在开始会有所不同的。我驾着车在过往的车流中穿行，然后我加快了速度，对自己说：是时候了，我要自己掌管自己的财务，我要掌控自己的人生！

每次长时间的比赛后，我都会筋疲力尽，而对于我来说，每一场比赛都是漫长的。我的发球并不是很出色，不能通过发球轻松得分，因此每一个对手都要跟我打上整整十二个回合。我应对比赛的技巧和知识正在不断地提高，但是我的身体却垮掉了。我几乎只剩下皮包骨了，而且身体非常虚弱。比赛时，打一会儿就两腿发软，随后我的神经也不受控制了。我告诉尼克，以我现在的状态，根本无法和世界上最优秀的选手竞争。他也很赞同我的说法。"比赛中双腿就是一切。"他说。

我在拉斯维加斯找了一个教练来训练我的体能，他叫雷尼，退伍前曾是军队的上校。雷尼是一个像粗麻布一样粗鲁的人，骂起人来像水手，走起路来像海盗。在很久以前的一场战争中，他曾经中过弹，那是他不愿提及的经历。和雷尼待上一个小时后，我宁愿有人一枪毙了我——他似乎以谩骂侮辱我为乐。

1987年12月，沙漠不合时宜地冷了下来。赌场中"21点"桌的发牌员戴着圣诞帽，棕榈树上挂满了亮闪闪的彩灯，甚至长街上的妓女们也在耳朵上戴上了圣诞挂饰。我告诉佩里我不想等到明年了，我觉得自己已经足够强壮了。我开始有了掌控网球的感觉。

我在孟菲斯参加了自己在1988赛季的首项赛事，并赢得了冠军。那场比赛我打得得心应手，球离开我的球拍后充满了活力。我的正手逐渐加强，击出的球简直可以将对手打穿。每一位对手都以不可置信的表情看着我，仿佛在说你这些球究竟是怎么打过来的。

我也从球迷的脸上注意到了一些变化。他们崇拜地看着我、要我为他们签名的样子，当我走进赛场时他们疯狂尖叫的样子，让我感觉稍微有些不适应，但是却也满足了我内心深处所向往的一些东西。这些渴望藏得如此之深，甚至连我自己都不曾发觉。我很害羞，但是我却喜欢得到别人的关注。当球迷们开始模仿我的穿着时，我有些憎恶，但也会暗暗窃喜。

1988年，模仿我的穿着就意味着穿牛仔短裤。牛仔短裤就像我的标志一样，总是同我一起出现，有关我的文章和简介必然会提及牛仔短裤。但奇怪的是，事实上并不是我选择了它们，而是它们选择了我。那是1987年我在俄勒冈州波特兰参加耐克全球挑战赛的时候，耐克的品牌代表邀请我去一个酒店套房看看最新的衣服样品。麦肯罗也在那里，当然他得到了最先挑选的机会。他拿着一条牛仔短裤说："这该死的是什么东西呀？"

我睁大了眼睛，舔了舔嘴唇想：哇，这条裤子很酷啊。麦肯罗，如果你不想要的话，那我可就要了。

当麦肯罗把它扔到一边后，我就迅速把它抢到了手。现在每场比赛我都穿着牛仔短裤，很多球迷也模仿我穿了起来。体育评论员却在这点上大做文章，认为我是想要出风头，但事实上，就像我的发型一样，我是在尽力保持低调；他们说我是在努力改变这项运动，但事实上，我却是一直在试图阻止这项运动改变我；他们称我是一个叛逆者，但事实上我并没有兴趣当什么叛逆者，我不过是像所有的青少年一样经历着叛逆期。这两者区别很模糊，但是却很重要。心底里，我只不过是想做我自己而已，但是因为我并不完全了解我自己，我想要弄清楚我是谁的尝试是盲目而笨拙的，而且必然也是矛盾的。我现在所做的和我在波利泰尼网球学校所做的事并没有什么不同——挑战权威，寻求自己的位置，向父亲传达某种信号，为得到机会而奋斗。我做的一切都没有改变，只是现在的我站在了一个更大的舞台上。

不论我做了什么，出于什么原因，我确实引起了很大的反响。我不断被称为美国网坛的"救赎者"，尽管我并不清楚那究竟是什么意思。我想这个称谓应该跟我打比赛时的氛围有关吧。除了我的穿着，球迷们开始效仿我的发型。我看到男男女女们留着像我一样的胭脂鱼发型（我个人认为还是女人梳这种头型比较好看）。这些效仿者们使我甚为得意的同时，也让我感到有点儿尴尬。我真的很困惑。我不能想象这些人为什么想要成为安德烈·阿加西，因为连我自己都不想做安德烈·阿加西。

时不时地，我开始在采访中解释这件事，却总是适得其反。我想要幽默一点儿，却总落得沉闷乏味，引起一些人反感；我想要深刻一点儿，但最后发现自己只是说了一些没有意义的话。因此，我不再纠结于这个问题，而是回归到中规中矩的陈词滥调，对记者说他们想要听的答案。我能做的就这些了。如果连我自己都不真正地了解我的欲望和内心的恶魔，我又怎能希望自己能够在那么短的时间内向记者们解释清楚呢？

更糟糕的是，当我说话的时候，记者们总是严格地记下我的每一字每一句，好像只有这样才能保证报道的真实性和可靠性。我想要对他们说："等等，这句话不要记，我只是在大声地思考而已。你们在问我不了解的领域——我自己。让我好好想一想，组织一下语言，刚刚的说法是不确切的。"但是却没有时间。他们需要的答案非黑即白，非好即坏，只需要写出几百字有情节的报道，然后他们就将注意力转向下一件事了。

如果那时的我有更多的时间，如果那时的我更加了解自己，我就会对那些记者说："我正在努力认清我自己。尽管目前我还不清楚我是谁，但我却很清楚哪些并不代表真正的我。我不仅仅是牛仔裤、胭脂头，也不仅仅是网球场上表现出的我。我跟公众心目中的'我'一点儿都不同。不要以为我来自拉斯维加斯、穿着前卫，就认为我是一个爱炫耀的人。我并不是一个'网球顽童'，尽管这个词几乎出现在所有有关我的文章中，可我连这个词怎么读都不清楚……而且，我真的不是一个朋克摇滚爱好者，我喜欢柔和的流行音乐，像是巴瑞·曼尼洛和理查德·马克斯的歌。"

当然，还有一个有关我身份的关键问题，一件我知道但是却不能告诉记者的事，那就是我开始掉头发了。我梳着长长的、乱乱的头发就是为了掩盖这个事实。这个秘密只有菲利和佩里知道，因为他们也经历着同样的痛苦。事实上，最近菲利专程飞到纽约和一个男子爱发俱乐部的老板见面，就是为了买一顶新的假发套。他终于还是放弃了倒立这一尝试。他打电话跟我描述那个爱发俱乐部里提供的奇奇怪怪、各种样式的假发套。"这儿简直就是一个'头发自助餐厅'。"他说，"就像时时乐餐厅里面的沙拉吧台一样，只不过沙拉都换成了头发。"

我让他给我也挑一个。每天早上在枕头上、在洗脸池以及在下水道，我都能发现自己掉的头发。

我问自己：你将来也要戴假发套吗？在比赛的时候戴个假发套？

我回答：我还有别的选择吗？

1988年2月，在印第安韦尔斯站，我一路杀进了半决赛。在半决赛时，我和西德选手鲍里斯·贝克尔对决，他是当时世界上最著名的网球运动员。他的外表很引人注目，梳着一头一美分铜币颜色的头发，腿几乎和我的腰一般粗壮。我在他巅峰状态时遭遇了他，但我还是赢得了第一盘。然后我接连输了两盘，其中第三盘争夺极其激烈。我们走出赛场，怒目相对，就像是两头被激怒的公牛一般。我暗自发誓：下次如果遇到他，我一定不会再输给他。

三月，在比斯坎湾，我的对手是我在波利泰尼网球学校的老同学阿伦·克里克斯坦。我们经常会被别人拿来做比较，因为我们来自同一所学校，而且都较早地表现出了网球天分。我连续赢了两盘，然后开始体力不支。克里克斯坦赢了接下来的两盘。当第五盘开始的时候，我抽筋了。从体能上来说，我的水准仍不足以将我的事业带上新的高度。我输了。

我去了查尔斯顿附近的棕榈岛，在那儿赢得了我的第三个冠军头衔。赛事期间，我迎来了自己的十八岁生日。赛事总监推着一个生日蛋糕来到了中心赛场，全场的人一起唱起了生日歌。我从来不喜欢过生日。一直以来，从来没有人关注过我的生日。但是这一次我觉得很是不同——我成年了，每个人都这样说。从法律上来说，我已经是一个大人了。

法律限制未成年人的一切规定都可以见鬼去了。

我来到了纽约参加锦标赛，这是一个重要的里程碑，因为我将和众多世界顶级选手比赛。又一次，我和张德培对决。自我们的上一次交手后，他已经养成了一个坏习惯：每次击败某个人，他都会用手指指天——他在感谢上帝，并将胜利归功于上帝。这令我很反感。上帝会在网球比赛中支持一方？上帝会站在我的对立方？上帝站在张德培的包厢里？我感到滑稽可笑，并觉得受到了侮辱。我击败了他，尽情享受着亵渎上帝的每一击。然后，我又一雪前耻赢了克里克斯坦。决赛中，我的对手是斯洛博丹·日沃伊诺维奇，一个以双打闻名的塞尔维亚人。我以3：0击败了他。

我赢得越来越多。我本应该感到高兴，但是相反，我开始烦躁不安，因为这一切就要结束了。我在硬地赛季大获全胜，我的身体希望继续留在硬地网球场比赛，但是红土赛季已经到来了。网球场地的突然转变改变了一切。红土网球是完全不同的比赛，因此你必须要转换打法，你的身体也要适应这种变化，不再是从一边到另一边的短距离疾跑、短暂的停顿后再开始，而是移动、屈身、跳跃。原来活跃的肌肉现在只起到支撑作用，而那些沉睡的肌肉转换到了主导的位置。真的是很痛苦的事情，在最好的状态下，我却迷失了自己；再加上突然的角色转换，从一个硬地网球选手变成了一个红土网球选手，让我感到前所未有的沮丧和焦躁。

一个朋友告诉我，四种不同的网球场地就像四个季节一样，每一种场地都要求你做出一定的转变。每种场地都有其优缺点。在不同的场地比赛，会完全改变你的看法和观点，将你重塑为一个崭新的人。1988年5月，在意大利公开赛的三轮比赛后，我已经不是安德烈·阿加西了。我已经被淘汰出局了。

在1988年的法网公开赛时，我的这种感觉更加强烈了。走进罗兰·加洛斯的更衣室，看到所有的红土专家们都斜靠在墙上，不怀好意地盯着走进来的人。尼克称他们为"泥耗子"。他们已经在这里待了好几个月了，一直在练习，等着其余的人比完硬地赛季的比赛，飞到他们红土的老巢。

除了这让人找不到方向的红土场地，巴黎这个城市本身对我来说是一个更大的冲击。这个城市有着同纽约和伦敦相同的后勤问题，有着庞大的人群和畸形的文化，我还要面对的一项挑战就是语言障碍。另外，餐厅里随处可见的狗真的令我很不安。我第一次走进一家位于香榭丽舍的咖啡馆时，竟然看到一只狗正抬着一条腿朝我隔壁的桌子撒尿。

罗兰·加洛斯是一个很奇怪的地方。在我所有比赛过的场地中，它是唯一一个散发着烟味的地方。当比赛进行到我发球的关键时刻时，我总会突然闻到一股浓烈的烟味。那时，我真想揪出那个人，夺过他的雪茄，边抽边教训他。但是事实上我也并不是真的想揪出那个人，因为我想象不出一个能在观看户外网球比赛时吞云吐雾的人是个什么样的怪物。

尽管在罗兰·加洛斯我很不自在，我还是成功地击败了我的前三个对手。在四分之一决赛的时候，我甚至击败了慢速红土场的大师奎勒莫·佩雷斯·罗尔丹罗德。在半决赛的时候我遭遇了马茨·维兰德，他当时世界排名第三，但在我看来他是当时状态最佳的球员。当电视上播放他的比赛时，我会停下手中的一切，观看他的比赛。这一年对于他来说是不可思议的一年，他已经赢得了澳网公开赛的冠军，而且是最有希望获得这次法网冠军的选手。我奋力将他拖入了第五盘，但因为严重的抽筋，我在这一盘以0∶6惨败。

我提醒尼克，我不想参加温布尔登网球公开赛。我说："为什么要把精力浪费在那些草地上呢？让我们好好休整一个月，为夏天的硬地做准备吧。"

事实上，不去伦敦，他比我还高兴。他和我一样不喜欢温布尔登，而且，他还急着赶回美国为我找一个更好的体能教练。

尼克雇了一个名叫帕特的智利壮汉。他从来都是"己所不欲，勿施于人"，在这一点上，我很尊重他。但是他也有个坏毛病，那就是说话时总会喷我一脸唾沫，而当我举重的时候他也总是弯腰俯视着我，汗水会滴在我脸上。我感觉我真应该穿一身塑料雨衣来参加帕特的体能训练。

帕特训练的主要内容就是每天机械地沿着拉斯维加斯外的一座山跑上跑下。那座山很偏僻且没有什么植被，当你接近山顶的时候，那简直就是个活火山；而且那个地方离我父母的住处有一个小时的车程，似乎有些不必要的远——这可不是开车去里诺兜风。但是帕特却坚信那座山可以解决我一切的体能问题。我们到达山下，停好车，他就开始直接往上跑，并要求我紧跟其后。几分钟下来，我就开始大口地喘着粗气，浑身也已经被汗浸透了。当我们到达山顶的时候，我已经喘不过气来了。根据帕特的说法，这很好，很健康。

有一天，当我们朝着山顶进发的时候，看到了一辆破旧的卡车。一个美国印第安人从车上爬了出来，拿着一根杆子朝我们走了过来。如果他要杀我的话，我真的毫无反击之力，因为我已经累得连胳膊都抬不起来了，而且我也跑不掉，因为我已经喘不过气来了。

那个人问："你们在这里干什么？"

"我们在训练，你呢？"

"来抓些响尾蛇。"

"响尾蛇？！这座山上有响尾蛇吗？"

"这边有训练吗？"

当我停止大笑的时候，那个印第安人说了些什么，大概的意思就是我肯定是被祥云笼罩着的，因为这是响尾蛇山，他每天能从山上抓十二条蛇，而且今天早上他打算再抓十二条。我没有踩到一条粗粗壮壮、伺机而动的蛇简直就是个奇迹。

我看着帕特，有种想要朝他吐唾沫的冲动。

七月，我来到了阿根廷，作为美国代表队有史以来最年轻的选手参加了戴维斯杯赛。我在和阿根廷选手马丁·贾蒂对决时表现得很出色，观众们不情愿地对我表示了敬意。我连续赢了两盘。第三盘一开始，我就先发制人，以4：0领先。现在轮到贾蒂发球。阿根廷正值严冬季节，气温肯定只有零下一摄氏度，我被冻得弯腰弓背的。贾蒂一发失误，二发却击出了一记弧度很大、几乎不可还击的球。我伸出手抓住了那个球，全场顿时骚动起来，观众们认为我是在他们同胞面前炫耀自己，是不尊重他的表现。观众的嘘声持续了几分钟。

第二天报纸上全是关于我的负面新闻。我并没有为自己辩护，相反，我表现得很好斗。我说，其实我早就想这么做了。但事实却是，当时我只是感到冷，脑袋一片空白，根本没有想那么多。我当时只是愚蠢，并不是狂妄自大，然而我的名誉却因此受到了很大的损害。

几天后，在斯特拉顿山，观众们却毫不吝啬地展示了对我的友好。我为他们在场上拼搏，为感谢他们让我摆脱了在阿根廷不愉快的记忆而竭尽全力。因为这些人们、这漫山遍野的翠绿、这佛蒙特州的空气，我赢得了这项赛事。一觉醒来，我发觉自己已经是世界第四了，但是我却也已经筋疲力尽，连庆祝的精力都没有了。在帕特的魔鬼训练、戴维斯杯和颠簸劳累的旅途的共同损耗下，我每天都要睡十二个小时。

夏末的时候，我飞往纽约参加了在新泽西州举行的一项小型赛事，也就是1988年美网公开赛的热身赛。我进入了决赛，最后和塔兰戈对决。我击败了他，一个甜美的胜利，因为直到今日，每当我闭上眼睛，脑海中仍能浮现出八岁时塔兰戈欺骗我的画面。那是我第一次在赛事中输球，没齿难忘。在这场比赛中，每打出一记直接得分球，我都在想：见鬼，杰夫，去你的。

美网公开赛，我进入了四分之一决赛，对手是吉米·康纳斯。比赛开始前，在更衣室里，我友好地走到他身边对他讲："我们曾经见过，记得吗？在拉斯维加斯，那时我四岁，你们在恺撒皇宫酒店度假，我们打过几下球？"

"不记得了。"他说。

"哦，事实上，我们后来也见过很多次。我七岁的时候，常常拿球拍给你。你每次去我们那儿的时候，我父亲都会给你的球拍穿线，然后我会到长街上你最喜欢的餐厅把它们送给你？"

"不记得了。"他又说了一遍，然后躺在一条长凳上，将白色的长毛巾盖在腿上，闭上了眼睛。

我就这样被冷冰冰地回绝了。

这跟我从其他运动员口中听到的有关他的一切很相符。"混蛋"，他们这样称他，"无礼、颐指气使、自大狂"。但是，我原以为他会对我有所不同，我以为鉴于我们是老相识，他会对我表现出一些关爱。

"就因为那样，"我跟佩里说，"我一定要在三盘以内将他打败，他不会赢过九局比赛！"

跟斯特拉顿山相反，这里的观众是站在康纳斯那边的。在这里，我被描述成一个"坏家伙"；我是个莽撞无礼的初生牛犊，竟然敢跟资历深厚的前辈叫板。观众们希望康纳斯能够克服困难、获得成功，而我就是阻挡他们梦想成真的绊脚石。每一次观众为他欢呼的时候，我都在想，他们是否能想到这个家伙在更衣室会是那样一副样子？他们知不知道这个家伙的同伴们都是怎么评价他的？他们能否想象得到当别人向他友好地打招呼时，他是怎样反应的？

我打得游刃有余，明显占了上风。一个坐在观众席后排的男人喊道："加油，吉米，他就是个废物，而你是个传奇！"声音在半空回响了很久，比飞机起飞的轰鸣声还要响亮。然后，全场两万多名观众一起哄笑了起来。康纳斯会心一笑，朝观众点头致意，并且将一个网球作为纪念品击给了那个喊话的观众。

现在全场沸腾了，观众们都站起来为他欢呼。

我的怒气和肾上腺素一起往上涌，在最后一局以6：1击败了康纳斯，粉碎了这个传奇。

比赛后，我向记者透露了我的赛前预测，然后他们又转述给了康纳斯。

他的回答是："我很喜欢和那些都能当我孩子的小家伙们比赛，可能他就是其中之一吧，我当年确实在拉斯维加斯度过了不少时光。"

在半决赛的时候，我再一次输给了伦德尔。我成功地将他带进了第四盘，但是他太强大了。我想要耗费他的体力，结果搞得自己筋疲力尽。尽管经过雷尼和帕特的魔鬼训练，我仍然无法和伦德尔相匹敌。我暗自发誓：当我回到拉斯维加斯的时候，我一定要继续寻找，寻找那个可以让我做足战斗准备的人。

但是却没有人能帮我在与媒体的战斗中做好准备，因为这实际上并不是战斗，而是一场屠杀。每天报纸或杂志上都有抨击阿加西的长篇大论——球员的爆料，体育评论员的苛评。恶意中伤的文字，却挂着评论的招牌。我是一个傻瓜、一个小丑、一个骗子、一个侥幸成功的人；我之所以获得如此高的世界排名，全仰仗网络和青少年们串通好的阴谋；我根本就不配得到这么多的关注，因为我没有赢得过大满贯冠军头衔。

很明显，有很多球迷喜欢我。我有几麻袋球迷们的来信，有的信里面还夹着女人的裸体照片，背面潦草地写着她们的电话号码。但是每天我仍因我的外表、我的行为和一些子虚乌有的原因而饱受非议。我接受了这个离经叛道的恶棍角色，接受它并使之更加丰满。我觉得这个角色俨然已经成了我工作的一部分，因此我必须好好扮演。可是不久以后，我的形象被固定了，我必须永远扮演这个坏人的角色，在每一场比赛和每一项赛事中。

我向佩里求助。在一个周末，我飞回了东部去拜访他，他正在乔治敦学习经济。我们到外面吃了一顿丰盛的晚餐，在当地他最喜欢的餐厅——"坟墓"喝了很多啤酒。他一如既往地重新整理了我的痛苦，使之更为清晰，并更有逻辑。如果我是个还击者，他就是重述者。首先，他将这个问题界定为我和世界之间的一场谈判；然后，他明晰了这场谈判的内容。他同意，成为关注的焦点、每天被评头论足是一件令人难以忍受的事情，但是他坚持认为这一切仅仅是暂时的，这种折磨是有时间限制的。他说从我开始赢得大满贯的那一刻起，事情就会向好的方向发展。

赢？这是什么逻辑？为什么胜利会改变人们对我的看法？不论输赢，我都是同一个人。这就是我必须要赢的原因？就为了封住悠悠众口？就为了让一帮根本就不了解我的体育评论员和记者满意？这就是这个协议的条款？

菲利看出我正遭受痛苦，并且一直在寻找人生的道路。他也正在探求着。实际上，他自从出生起就一直在寻求出路。最近，他的探索更进了一步。他跟我说，他最近经常去一个教堂，事实上是位于拉斯维加斯西边的一个类似于教堂的办公区。那间教堂并不受宗教约束，而且那儿的牧师很特别。

他拉我去了那座教堂，我不得不承认，他是对的。那儿的牧师约翰·帕伦蒂确实很特别，他穿着牛仔裤和T恤，留着长长的棕黄色的头发，比牧师更时髦。他不因循守旧，这是我很佩服的一点。确切地说，他就是一个反叛分子。我也很喜欢他突出的鹰钩鼻，以及他小动物般忧郁的眼睛。更重要的是，我喜欢他随意却能让人产生共鸣的布道。他简化了《圣经》，没有自我，没有教条，只有常识和清晰的思路。

帕伦蒂是那样随和，他甚至不喜欢我们叫他帕伦蒂牧师，而坚持我们称呼他J.P.（他姓名的首字母）。他说他想要他的教堂感觉起来不像教堂，而像家一样，没事的时候朋友可以在这儿聚聚。他没有任何答案，他说，他只不过是碰巧从头到尾地读过很多遍《圣经》，他希望能够分享他的感受。

我想他过谦了，他知道的答案比他吐露的要多。我需要答案。我一直以基督教徒自居，但是J.P.的教堂却是唯一一个让我感觉离上帝很近的地方。

我和菲利每周都会去那座教堂。我们每次时间都掌握得很好，当我们踏进教堂门的时候，J.P.刚开始讲经。我们习惯坐在后排，压低帽檐儿，以防被人认出。一个周日，菲利说他想和J.P.单独会面，于是我在后面转悠。我很矛盾，一方面我也很想见一见J.P.，但是另一方面我又很怕见陌生人。我一直是个很害羞的人，但是最近媒体负面报道的狂轰滥炸简直让我有些神经过敏了。

几天后，我开着车在拉斯维加斯漫无目的地闲逛。最近媒体对我的攻击让我怒火中烧。我发现自己停在了J.P.教堂的外面。已经很晚了，所有的灯都灭了，只剩下一盏灯。我从窗户朝里面看，一个秘书正在整理资料。我敲了敲门，告诉那个女人我需要跟J.P.谈一谈。她说他在家，但她并没有告诉我应该去哪里找他。我的声音不禁颤抖起来，我问她是否可以给J.P.打个电话，我真的很需要跟他谈一谈，找个人倾诉一下。她拨通了J.P.的号码，并将话筒递给了我。

"哪位？"J.P.说。

"你好，是我。嗯，你不认识我，我的名字叫安德烈·阿加西，我是一个网球运动员。嗯……就是……"

"我知道你，我看到你已经连续六个月来这个教堂了。我当然认出你来了，只是不想打扰你才没有跟你打招呼。"

对于他的谨慎、他对我隐私的尊重，我真的很感激，最近我都没有受到过这种尊重了。我说："你看我们能不能找个时间一起聊聊？"

"什么时候？"

"现在可以吗？"

"哦，好的，我想我可以到办公室和你见面。"

"如果你不介意的话，可不可以让我去找你？我的车很快，我想我去找你应该会快一些。"

他停顿了一下，然后说："好的。"

半个小时后，我到了他家，J.P. 正站在门阶处等我。

"真的很感激你同意见我，我真的没有其他地方可以去了。"

"你需要什么？"

"我想，我们能不能，嗯，先了解一下彼此？"

他笑了。"听着，"他说，"我真的不大擅长扮演神父的角色。"

我点了点头，自嘲地笑了笑，说："是的，是的，但是或许你可以给我安排一些任务？生活的任务？阅读的任务？"

"就像一个导师那样？"

"是的。"

"其实我也不大擅长扮演导师的角色。"

"噢。"

"聊天、倾听、友谊和陪伴——这些是我能够做的事情。"

我皱了下眉头。

"你看，"J.P. 说，"我的生活就跟常人一样糟糕——或许更糟糕。我在引导方面或许真的不能提供很多帮助和意见，我不是那种类型的牧师。如果你想要一些建议的话，我很抱歉，但是如果你需要一个朋友，或许我可以胜任。"

我点了点头。

他打开家门，问我要不要进去。但是我却反问他愿不愿意跟我去兜兜风，因为我在开车的时候头脑会更清醒。

他伸长了脖子，看到了我的白色克尔维特就像一架小型私家飞机一样停在他的私人车道上。他脸上的光彩减淡了几分。

我载着 J.P. 在拉斯维加斯四处闲逛，沿着霓虹灯闪烁的长街开来开去，然后开进了环绕着市区的盘山公路。我给他展示了克尔维特的性能，将油门踩到底，然后，向他敞开了心扉。我告诉了他我的故事。虽然我说话颠三倒四、毫无逻辑，但是他却能像佩里一样可以用流畅恰当的语言复述出来。他能明白我内心的矛盾，并且化解了其中的一些。

"你还是一个生活在父母羽翼下的孩子，"他说，"但同时你已扬名世界了。这是一件很艰难的事。你想要自由地展现你自己，想要发挥你的创造力和艺术性，但是每次都得不到认同。这是非常痛苦的事情。"

我对他说，人们都认为我赢得并不光彩，认为我从来没有打败过任何优秀的选手，我一直都是侥幸而已，我一直都有祥云笼罩，这让我遭受了巨大的打击。他说："其实你一直都是在逆流而上，从来都没有搭过顺风车。"

我笑了。

他说："挺奇怪的吧？有一群陌生人以为他们很了解你，并且毫无理由地支持你；而另外一群人却以为他们才真正了解你，并且无缘无故地恨你—— 而他们谈论的那个'你'对于你来说都很陌生。"

"更反常的是，"我跟他说，"一切都围绕着网球转，我痛恨网球。"

"哦，是的，但是你并不是真的痛恨网球。"

"不，是真的，我真的痛恨网球。"

我说起我的父亲，跟他谈起那些吼叫、压力、怒气和付出。J.P. 露出一种有趣的表情："你应该知道的吧，上帝跟你的父亲一点儿都不像。你知道的，对吧？"

我几乎将车开到了路肩上。

他说："上帝跟你的父亲正好相反。上帝不会一直对你发脾气，不会冲着你的耳朵大喊，也不会喋喋不休地念叨你的缺点。你一直以来听到的那个声音，那个愤怒的声音，那不是来自上帝的声音，那只是你父亲而已。"

我将头转向他："求你，能不能把刚才的话再说一遍？"

他又说了一遍。一字一句地又说了一遍。

他真的这么做了。

我谢谢他，并问起了他自己的生活。他对我说，他很讨厌他现在做的事情，他不能容忍当一个牧师，不想再为人们的灵魂负责了。他说做牧师时间总是被占得满满的，都没有时间读书和思考了（我心里暗自揣测，他是不是在暗指我也是占用他空闲时间的一员）。而且，他还会受到死亡威胁的困扰。常常有妓女和毒贩来到他的教堂忏悔，于是那些拉皮条的人和吸毒的人以及他们的家人，也就是那些以此为生的人就会怨恨他。

"那如果不做牧师的话，你想做什么？"

"事实上，我会写歌，我是一个作曲家，我想以音乐为生。"

他说，他曾经写过一首歌，名字叫《当上帝奔跑的时候》，这首歌曾在基督教唱片流行排行榜上引起过巨大轰动。他还唱了一小段给我听。他的嗓子很好，那首歌也很动听。

我对他说，如果他确定那就是他想要的，并且为之努力奋斗，他就会成功。

当我开始像一个富有感染力的演讲者那样讲话时，我就知道自己已经累了。我看了看手表，凌晨三点钟。"哇噢，"我边说边伸了个懒腰，"如果你不介意的话，能够在我父母家门口停车吗？我家就在拐角的地方。我真的筋疲力尽了，没有力气再开车了。你开着我的车回家吧，然后方便的时候给我开回来就好。"

　　"我不想开你的车。"

　　"为什么啊？很酷的车啊，速度像风一样。"

　　"我知道，不过如果我不小心弄坏了怎么办？"

　　"如果你不小心弄坏了车，只要你没事，我会一笑置之的。我才不在意一辆车子呢。"

　　"你希望我开多长时间呢？我的意思是说，我应该什么时候把车还回来？"

　　"随便，什么时候都可以。"

　　他第二天就把车开了回来。

　　"开着这样一辆车去教堂是一件很尴尬的事情。"他一边说着，一边将车钥匙抛给了我，"安德烈，我是葬礼的司祭，你总不能开着一辆白色的克尔维特去参加葬礼吧。"

　　我邀请 J.P. 来慕尼黑看戴维斯杯赛。我很期待戴维斯杯，因为这次比赛不仅关乎我自己，还关系到整个国家。我想象着我终于能够在一个团队中与队友并肩作战了，尽管并非完全如此。因此，我希望这次比赛能成为一个好的转折点，希望此次比赛能够顺利，并且希望我的新朋友能同我分享这次经历。

　　比赛一开始，我发现我的对手是贝克尔，他在西德人心中占据着神圣不可侵犯的地位。赛场上，球迷们叫声震天，一万两千名德国人为他的每一次挥拍呐喊助威，同时为我的每一次挥拍喝倒彩。尽管如此，我并没有受到影响，因为我正处于一种怎么打怎么顺的绝佳状态，什么球都不会打丢。而且，几个月前，我就已暗暗下定决心，绝不会再输给贝克尔。现在，我正在顺利地将我的承诺付诸实践。我以大比分2：0领先。尽管全场只有 J.P.、菲利和尼克三个人为我欢呼，我却能清楚地听到他们的声音。这是一个良好的开端，似乎预示着美好的一天。

　　然而，之后我的注意力开始分散，我的自信心开始动摇。我丢掉了一盘，然后以为已经到了换边的时候，便垂头丧气地朝着我的座位走去。

　　突然间，几个德国的工作人员急切地朝我喊着些什么。他们在叫我回到赛场。

　　"这局比赛还没打完呢！"

　　"回来，阿加西先生，回来！"

　　贝克尔咯咯地笑了起来，观众们边吼边哈哈大笑。

　　我走回球场，感觉眼皮不停地在跳，仿佛又一次回到了波利泰尼网球学校，在众多的孩子面前被尼克羞辱的时刻。被媒体嘲笑已经让我很心烦了，我真的不能再忍受当众被人嘲笑。我输掉了这局比赛，进而又输掉了整场比赛。

冲完澡，我就钻进了停在体育场外面的汽车里。我没有看 J.P.，直接转向尼克和菲利，跟他们说："谁要是敢第一个跟我提网球，我就炒了谁。"

我独自一人坐在慕尼黑酒店房间的阳台上，俯视着整座城市，脑子里一片空白，于是我开始烧东西：纸、衣服、鞋子……多年以来，这一直是自我减压的一种方式。我并不是有意这么做的，只是源于内心的一股冲动，我不能控制。

正当我燃起一堆小小的篝火时，J.P. 出现了。他看了我一会儿，然后平静地将旅馆的一套文具扔进了篝火里，然后是餐巾。我又把旅馆的客房送餐菜单扔了进去。我们一起静静地烧着东西，谁都没有说话。火苗渐渐熄灭，他问我："想不想出去走走？"

我们在慕尼黑城区的啤酒花园慢慢走着，放眼望去尽是欢笑、喧闹的人群。人们用容量为一升的大酒杯喝着啤酒，载歌载舞，尽情欢笑。这样的笑声让我战栗不已。我们走上了一座雄伟的石头桥，在铺着鹅卵石的凹凸不平的人行道上缓缓地走着，下面是湍急的河流。走到桥中间时，我们停了下来。周围没有一个人，那些尘世的喧嚣与欢笑已经离我们很远了。四周一片寂静，唯有匆匆而过的流水声。我盯着河水，问他："如果是我不够优秀怎么办？如果今天并不是因为我没有发挥好，而是我的最高水平了怎么办？每当我输了的时候，我总是会找这样或那样的借口——假如怎样怎样，我一定会赢；假如我有足够的信心，假如我赢了那一局，假如我得了多少多少分。但如果我已经发挥出最佳水平了，我尽力了，仍然不能成为全世界最好的，那该怎么办呢？"

"如果那样的话……"

"我想我宁可去死。"

我斜靠在栏杆上，抽泣着。J.P. 明智地选择了沉默，因为他知道，现在他说什么、做什么都毫无助益，只能等待着我自己将心中的火渐渐熄灭。

第二天下午的比赛，我的对手是卡尔·尤韦·斯蒂布，又是一个德国人。精疲力竭的我在这场比赛中，无论从体力还是精神上，都用错了打法。是的，我是在攻击他的反手，他最薄弱的环节，但我却不应该发力强攻。如果我不发力的话，那么他就必须自己发力，那样的话，他的反手就会更加薄弱，他最大的破绽就会暴露出来。然而，如果他借力打力，便可以凭借低平的削球令球在这片快速球场上低空飞行。正是因为我总是不必要地发力击球，并且试图做到完美，从而让他发挥出了超常的水平。带着热情友好的微笑，斯蒂布接受了我的礼物，他站稳脚跟，用在阿加西的帮助下变得强大的反手击球享受着美妙的时刻。后来，戴维斯杯赛中美国队的队长指责我故意输掉了比赛，一位著名的体育评论员也是这么说的。

1989年我球场失意的一部分原因在于我的球拍问题。我一直用"王子"牌的球拍，但是尼克却说服我跟一家新的公司"Donnay"签约。为什么？因为尼克经济上出了问题，通过让我签约一家新的球拍厂商，他自己可以获得一份赚钱的合约。

"尼克，"我对他说，"我喜欢'王子'牌的球拍。"

"你用扫帚把都能打球，"他说，"没有关系的。"

现在，用"Donnay"牌的球拍打球真的就像是握着一把扫帚打球一样，感觉就像是我在用左手打球或者是遭受了脑损伤似的，一切都不对劲。球不受我的掌控，不听从我的命令。

在纽约，我和J.P. 闲逛。早已时过午夜，我们来到一家破旧的熟食餐馆。艳俗的荧光灯下，聒噪的店员们用好几种东欧语言叽里呱啦地争吵着些什么。我和J.P. 一人要了一杯咖啡。我双手托着下巴，不断地跟他抱怨："我用新的球拍打球的时候，找不到感觉。"

"你会找到解决办法的。"J.P. 说。

"怎么找？什么办法？"

"我不知道，但是你会找到的。这只是暂时的危机，安德烈，仅仅是众多困难中的一个，就像是我们现在坐在这里，将来还会有其他的人坐在这里一样。我们会遇到大的、小的，或者是不大不小的困难和难题。你就把这次危机看成是面对今后危机时的一次训练吧！"

后来，我的确是在一次训练中解决了这个难题。几天后在佛罗里达，我在波利泰尼网球学校打球，有人递给了我一支崭新的"王子"牌网球拍。我击了三记球，仅仅三记球，却像是接受了一场神圣的洗礼。每击一次球，球都会像激光一般准确快速地飞出去，并落在我想要它落的地方。我感觉这个球场已经成了我的地盘，受我主宰。

我跟尼克说我不在乎什么交易，我不能因为一场交易而毁掉自己的一生。

"我会解决这个问题的。"他说。

他改装了一个"王子"牌的球拍，把它的外表包装成"Donnay"的样子。在印第安韦尔斯的比赛中，我轻松地赢得了几场比赛。尽管后来在四分之一决赛的时候输掉了，但是我却不在意，因为我的球拍回来了，我的球技也跟着回来了！

第二天，"Donnay"的三名主管来到了印第安韦尔斯。

"这真叫人无法接受，"他们说，"瞎子都能看出来你是在用一把改装过的'王子'

球拍打比赛。你会毁了我们的，你要为我们公司的损失负法律责任。"

"你的球拍要为毁了我而负责！"

看到我毫无悔意，并且丝毫没有讨价还价的余地，"Donnay"的主管们说他们会给我做一把更好的球拍。他们走了，就像尼克那样复制了一把"王子"牌球拍，不过是使球拍的外表更像"Donnay"球拍而已。我拿着我的冒牌"Donnay"去了罗马，和一个我小时候就认识的孩子打了场比赛，他的名字叫皮特，姓氏我已经记不清了，好像是桑普拉斯什么的，是来自加利福尼亚的一个希腊裔男孩。在少年组的比赛中，我轻易地击败过他，那时我十岁，他九岁。上一次见到他是在几个月前的一项赛事中，我想不起来是哪项赛事了。那时我刚刚赢了比赛，坐在我酒店门口铺着美丽草坪的山坡上，菲利和尼克坐在我的身边。我们一边伸着懒腰、享受着清新的空气，一边看着皮特。他刚刚输掉了一场比赛，正在酒店前面的场地做赛后的练习。他击出的每一记球看起来都很糟糕，挥拍四次中有三次会失误。他的反手看起来很奇怪，单手握拍，以前从未见过。有人错误地指导了他的反手，而很明显这可能造成他整个职业生涯的失败。

"这个人永远也不可能打入巡回赛的。"菲利说。

"他能有参赛资格恐怕就够幸运的了。"我说。

"不管是谁像他那么打球的，都应该感到羞愧。"尼克说。

"全怪他们，"菲利说，"他有所有身体上的天赋——身高一米八，动作敏捷，但是有人却将他培养成了一块废铜烂铁。有人应该为此负责，应该让那些人付出代价。"

刚开始的时候，我对菲利的激动感到很吃惊，但随后我意识到菲利是感同身受，他在皮特的身上看到了自己的影子。他知道拼尽全力想获得巡回赛的参赛资格最终却以失败告终的痛苦，尤其是有着非自愿的单手反手这项技术时。从皮特的困境中，从皮特的命运中，菲利看到了当年的自己。

现在在罗马，我看到了皮特自上次以来的进步，但是进步得并不多。他发球不错，但是却算不上一流，达不到贝克尔的发球水平。他的挥拍很快，动作标准，反应敏捷，离击球点很近。他想通过外角发球直接得分，尽管没有成功，但是错得并不是很离谱——他是那种想要通过发球直接得分，却错误地让你得手的选手。他真正的问题在于发球之后。他的击球很不稳定，他的底线球根本不能维持三个回合以上。我击败了他，6：2，6：1。当我走下赛场的时候，我暗想着他还有很长一段艰辛的路要走，我为这个家伙感到难过。他看起来是个不错的人，但是我想我再也不会在巡回赛中见到他了吧，永远。

我进入了决赛，对手是阿尔贝托·曼奇尼。他强健、矮壮，有着树干一样粗的大腿。他击出的球很有力，富有侵略性，像龙卷风一样飞速移动过来，跟健身的实心球一样重重地击在你的球拍上。我在第四盘中获得了赛点，但是我丢了这一分——然后崩溃了。无论如何，我输掉了这场比赛。

回到酒店后，我坐在房间里，一边看着意大利语的电视节目，一边烧东西。我想，人们肯定无法理解在决赛时功亏一篑的痛苦。你不断练习，不断进步，你所经历的一切痛苦与磨难都是为了那一刻做准备。你在一周内连胜了四场比赛（或者，如果是大满贯，那便意味着两周、六场比赛）。然后你输了最后一场比赛，你的名字就不能被铭刻在奖杯上，不能载入史册。你只输了一次，就成了一个彻底的失败者。

我参加了1989年的法网公开赛。第三轮的时候，我与库里埃相遇了，他是我波利泰尼网球学校的同学。人们都将注压在了我身上，很多人都看好我，但是库里埃却爆了一个大冷门，意外地击败了我。然后他就不断地挑衅我，他挥舞着拳头，怒视着我和尼克，而且回到更衣室后，他故意让所有人看到他换上跑鞋，出去慢跑，意思就是：我打败安德烈根本就不费吹灰之力。

后来，当张德培赢得了赛事冠军，感谢上帝使球过网时，我感到很生气——这么多人当中，怎么能让他在我之前赢得大满贯呢？

又一次，我退出了温布尔登网球公开赛，于是我又听到了媒体新一轮的嘲笑：阿加西未能赢得他参加的大满贯赛事，现在又退出了最重要的大满贯……但是，这些评论对于我来说，就像是石沉大海一样，已经激不起什么波澜了，因为我已经麻木了。

尽管我是体育评论员攻击的靶子，但是大的公司却依然邀请我去做他们的产品代言人。1989年中的时候，我代言的一个品牌"佳能"策划为我拍摄一组照片，其中一处是在内华达州的荒野——火之谷取的景。我喜欢那个名字。我生活中的每一天都像是在穿越"火之谷"。

既然这个广告宣传的是相机，导演希望有一个色彩丰富的背景。"要生动。"他说。为了达到突出的效果，他在沙漠的中央修建了一座网球场。当看着建筑工人施工的时候，我不禁想起父亲在沙漠里修建他的网球场的情景。我已经走了很长的路，不是吗？

一整天，导演都在捕捉我一个人打网球的镜头，背景是火焰般赤红的山和橘黄色的石头。我已经精疲力竭，快被晒晕了。我想休息，导演却不放过我，他让我脱掉T恤。在我年少轻狂的时候，我曾经喜欢脱掉T恤衫并抛给观众，这件事众所周知。

然后，他想拍摄我在一个山洞里冲着相机的镜头打球，好像要打碎镜头的场景。

然后，在米德湖，我们又拍摄了几组以水为背景的照片。

做这些事情看起来很傻、很滑稽，但没有什么害处。

回到拉斯维加斯后，我们又在长街上拍了几组照片，然后要在某个游泳池边上拍摄，他们选择了剑桥网球俱乐部的游泳池。我们准备在拉斯维加斯的一家乡村俱乐部拍摄最后一组画面。导演让我穿上一套白色西服，开着一辆白色的兰博基尼到前门廊处。"从车里走出来，"他说，"将脸转向相机，压低黑色太阳镜，然后说，形象就是一切。"

"形象就是一切？"

"是的，形象就是一切。"

拍摄休息期间，我朝四周看了看。在旁观的人群里，我看到了温迪，曾经的球童，我年少时迷恋的对象。她现在也已经完全摆脱了当初在艾伦·金比赛时稚嫩青涩的样子。

她手里拿着一个行李箱，刚刚从大学辍学回到家中。"你是我回来后想见的第一个人。"她说。

她看起来很美，卷曲的棕色长发，碧绿色的眼睛。当导演指导我拍摄的时候，我的心早已经飘到了她那里。太阳刚下山，导演喊完"收工！杀青！"我和温迪就跳上了我的新吉普车，关闭车门并合上车篷，一路呼啸而去。

温迪问我："他们一直让你在镜头前说的那句广告词是什么？"

"形象就是一切。"

"那是什么意思？"

这下把我问住了。"就是一款相机的广告词而已。"

几星期后，我每天都会听到两遍这句广告词，然后是每天六遍，后来是十遍。这让我想到了拉斯维加斯的风暴来袭，总是以叶子的沙沙声开始，最终发展成猛烈的连刮三天的风暴。

一夜之间，这句话几乎成了我的代名词。体育评论员将这句广告语描述成我的内在本质、我的天性。他们说这是我的宗旨、我的信仰、我的墓志铭。他们说我什么都不是，不过就是一个花瓶，没有内涵，因为我没有赢得过一个大满贯赛事的冠军头衔。他们说这句广告语就是证明，我就是一个推销员，靠自己的名气赚钱，而且只在乎钱，一点儿也不在乎网球。比赛时观众开始拿这句广告语嘲笑我："快点儿，安德烈——形象就是一切！"当我发脾气的时候，他们这么喊；当我面无表情的时候，他们也这么喊；当我赢的时候，他们这么喊；当我失败的时候，他们还是这么喊……

这无所不在的广告词以及由其引发的一波波敌意、批评和讽刺的浪潮真的令我很痛苦。我感到自己被背叛了。广告商、佳能的高管们、体育评论员和球迷们都背叛了我。我感到自己被抛弃了。当我进入波利泰尼网球学校的时候，也曾有过这样的感觉。

最让我感到耻辱的是，人们坚持认为我曾承认自己是没有灵魂的空洞形象，而这一切仅仅是因为我为一个商业广告说的一句广告词。他们竟把这句愚蠢的满大街都是的广告词当成是我的忏悔，这简直就同因马龙·白兰度在《教父》(*The Godfather*)里的一句台词而以谋杀罪逮捕他一样可笑。

随着这个广告风波的继续扩大，这句诡异的广告词几乎悄悄登上了所有关于我的文章中，我的态度也随之改变，变得极端、挑剔。我不再接受任何采访；我猛烈地攻击裁判员、对手、记者——甚至是球迷们。我感到自己这样做很公平，因为整个世界都在跟我作对，整个世界都在打压我。我变成了我的父亲。

当观众们起哄的时候，当他们朝我喊"形象就是一切"的时候，我会回应他们："你们不想让我待在这儿，其实我自己也不想来！"在印第安纳波利斯，在我的一场惨痛的失败后，赛场响起了震天的起哄声。一名记者皮笑肉不笑地问我："你是怎么了？你今天看起来都不像你了。是有什么困扰你的事情吗？"

我直接跟他说："见鬼去吧！"

从来没有人给过我这样的忠告——千万不要得罪记者；从来没有人跟我说过，骂记者、向记者发威只会让记者更加失去理智；不要在他们面前表现出胆怯，但是也不要向他们发威。但是我想，即使有人给我这样明智的建议，那时的我也未必听得进去。

相反，我选择了逃避，我表现得就像个逃犯一样，跟我一起藏匿的还有菲利和J.P.。我们每晚都去街区的一家名叫 Peppermill 的破旧咖啡馆，在那儿喝上一杯又一杯的咖啡，吞下一张又一张的馅饼，然后不停地聊天、唱歌。J.P. 已经从一个牧师变成了一个作曲家，他搬到了奥兰治县，专心致志搞音乐。当遇到我和菲利喜欢的歌时，我们就会将音乐声调得很大，直到咖啡馆的其他顾客纷纷忍不住转过头狠狠瞪着我们的时候，我们才过去将声量调小。

J.P. 还是一个失败的"喜剧演员"，他很崇拜杰里·刘易斯，但他讲的笑话却常常无法让我和菲利笑出来。于是我们就会和 J.P. 打打闹闹，我们围着女服务员跳舞，在地板上做蛙跳，最后的时候，三个人常常会笑得喘不过气来。我甚至比从小到大笑得都多，尽管这笑里含着绝望和歇斯底里，但是这样的大笑确实有疗伤的作用。夜深人静的这几个小时里，欢笑让我感觉自己好像又回到了那个以前的安德烈，尽管我也搞不清那个人是谁。

Chapter 10
归属感

　　我放下手中的玩具，直视吉尔的眼睛。我对他说我的人生从来没有哪一天是属于我自己的。我总是为别人活着，首先是我的父亲，然后是尼克。总之，一直都是关于网球。在遇到吉尔之前，就连我的身体也不属于我。吉尔做了一件所有父亲都应该去做的事，那就是让我变得更加强壮。"因此，在这里，吉尔，和你以及你的家人在一起，我第一次感到了归属感。"

　　我父母家离拉斯维加斯的内华达大学很近。这所大学不同体育项目的校队曾经赢得过很多荣誉，其中篮球队尤其出色，是 NBA 明星的后备军团；橄榄球队"奔跑的反叛者"在全美国也具有领先的水准，以速度和良好的体能而闻名。更重要的是，他们是反叛者——这很符合我的个性。帕特说，当他不在的这段时间里，我或许可以在内华达大学找到帮我训练体能的人。

　　有一天，我们开着车去了校园，到那里的健身房逛了逛。那座建筑很雄伟，几乎跟西斯廷教堂一样令人心生敬畏。在这里你可以看到很多身材完美且健壮的男人。我身高一米八，体重六十七千克，我的耐克运动服就像挂在我身上一样。我对自己说，这是个错误。除了可悲地发觉自己的身材相比之下小了一号之外，我在学校里还会变得易怒和敏感，无论是在哪一所学校。

　　"帕特，你在开玩笑吧？我根本就不属于这里。"

　　"就是这儿了！"他说完，吐了口唾沫。

　　我们找到了学校健身教练的办公室。我让帕特等我一会儿，我要进去和那个家伙谈谈。在门口，我探了一下头，在办公室另一头一个很远的角落里，一张跟我的克尔维特差不多大的桌子后面，坐着一个真正的巨人。他看起来就同我第一次参加美网公开赛时在洛克菲勒中心前面看到的大力神阿特拉斯塑像那样大，唯一的不同就是这位"阿特拉斯"有长长的黑发和如同健身房里堆得整整齐齐的杠铃片般又大又圆的眼睛。如果有谁打扰他，他似乎会把那个人碾平。

　　我从门口跳了回来。

"你去吧，帕特。"

他走了进去。我听到他说了些什么，听到一个低沉的男中音的答复，那声音听起来很像卡车启动的声音。然后，帕特喊我进去。

我屏住呼吸，再一次穿过了那道门。

"你好。"我说。

"你好。"那个巨人答道。

"嗯……那个，我叫安德烈·阿加西，我是打网球的，嗯……我住在拉斯维加斯，我想……"

"我知道你是谁。"

他站了起来。他有一米八高，胸围大概有一百四十二厘米。我一度认为他站起来可能是要推倒桌子，但他没有，而只是从后面走到了我面前，伸出了手—— 那是我见过的最大的手。他的肩膀和肱二头肌如此结实，他的腿如此粗壮，这都是我未曾见过的。

"我叫吉尔·雷耶斯。"他说。

"很高兴认识你，雷耶斯先生。"

"叫我吉尔吧。"

"好的，吉尔。我知道你肯定很忙，所以不想占用你太多的时间，我只是想知道，嗯，帕特和我想知道，我是否能跟你谈谈使用您这儿健身设备的事儿。我真的很想提升自己的体能。"

"当然可以了。"他说。他的声音就像是从海底或是地心发出来的一样深沉无比，但同时也很温和。

他带我逛了逛，给我介绍了几个学生运动员。我们谈论网球、篮球以及它们的异同。然后，橄榄球队走了进来。

"不好意思，"吉尔说，"我要跟这些男孩子谈一谈。你请自便，想用什么器械或是设备就自己用，但是要小心谨慎些。原则上来讲，你知道，这是违反规定的。"

"谢谢你。"

帕特和我做了几组杠铃推举、负重深蹲和仰卧起坐，但是我对吉尔更有兴趣。橄榄球队在他前面集合，敬畏地看着他。他就像一个西班牙将军一样，正对着被他征服的士兵喊话。他对他们发号施令："你，坐在那个凳子上；你，用那个机器；你，去那个深蹲架。"他说话的时候，没有人敢四处张望。他不是要求他们这样做，而是他强大的气势自然而然地给他们以压迫感。最后，吉尔告诉他们到他周围集合，靠近一些，提醒他们努力是成功的唯一路径。每个人都深表认同，紧握拳头，大喊："一、二、三，反叛者！"

休息时间到了，他们成扇形散开，各自去锻炼了。我不禁在想：如果我能够在一个团队中，那该是多么好的事情啊！

帕特和我每天都会去内华达大学拉斯维加斯分校的健身房锻炼。在做举重训练和仰卧推举的时候，我能感觉到吉尔在留意着我们。我能感觉到他已经注意到我糟糕的身材了，其他的运动员也注意到了。我觉得自己真的很不专业，羞愧得想要离开，但是帕特总是阻止我。

几星期后，帕特家里有急事，需要飞回东部去。我敲开了吉尔办公室的门，告诉他帕特有事会离开一段时间，但是走之前他已经给我制订好了训练计划。我将帕特的训练计划表递给吉尔，问他可不可以指导我完成这个计划。

"当然可以了。"吉尔说，但是他的声音流露出一种被利用了的情绪。

每看一项训练项目，吉尔的眉毛会挑一下。他浏览了一遍帕特的训练计划，将那张纸握在手里，皱了皱眉头。我鼓励他告诉我他的真实想法，但是他只是紧锁眉头。

"这些训练是针对什么的？"吉尔问。

"我不大清楚。"

"那么请再告诉我，你做这样的训练多长时间了？"

"很长时间了。"

我请他告诉我他的想法。

"我不想诋毁别人，"他说，"我不想多嘴，但是我不能对你说谎。如果有人能够将你每天要做什么都写在一张纸上的话，那么其实这张纸一文不值。你现在是要求我督促你完成一项完全不给自己留空间和余地的计划，你完全无法考虑你在哪儿、你自己的感觉、你需要注意哪些方面……你甚至不被允许做些微小的改变。"

"你说得很有道理。你能帮助我吗？或许给我一些提示？"

"嗯……你看，你的目标是什么？"

我告诉他我最近输给了阿根廷选手阿尔贝托·曼奇尼，他耗尽了我的体力，将我耍得团团转。我就快赢得比赛胜利了，但是却不能够彻底击垮他。当我拿到发球制胜局时，他破发成功，随后在抢七局中胜出；然后在第五盘的时候，他三次破发成功。我当时已经筋疲力尽了。我需要变得更加强壮，这样才能够避免悲剧重演。输了比赛是一回事，但被对手拖垮则是另外一回事，我再也不能忍受这样的事情发生了。

吉尔一直在听，没有动，也没有打断我，只是耐心倾听我的话。

"网球的运动路线有时是很难掌握的，"我跟他说，"我不能够一直掌控网球，但是我想我可以掌控我的身体。如果能得到正确的指导的话，或许我至少能够……"

吉尔深深吸了一口气，然后又慢慢呼出来。他问道："你的赛程是什么？"

"在接下来的五个星期，我会去参加夏季的硬地赛。但当我回来以后，如果我们能够一起工作，我将荣幸之至。"

"好的，"吉尔说，"我们一定会想出办法的。祝你的比赛一切顺利。等你回来时再见吧。"

1989年美国网球公开赛，我在四分之一决赛再度和康纳斯对决。在连输了五场五盘战之后，我赢得了职业生涯的首个五盘战胜利。但是不知为什么，这次的胜利仅仅为我赢来了新一轮的批评：我本应该直落三盘击败康纳斯的。有人宣称听到我对着包厢里的菲利喊道：我要将他拖进第五盘，我要让他尝尝痛苦的滋味！

《纽约日报》专栏记者迈克·卢皮卡指出我在第三盘比赛中有十九次非受迫性失误，说我拖着康纳斯只是为了证明自己能够赢得一场超长的恶战。他们就是这样——不是诽谤我故意输，就是嘲讽我如何赢。

当我再次走进内华达大学的健身房时，我可以从吉尔的表情里看出他在等我。我们握了握手，一切就这样开始了。

他领我走到哑铃架旁边，告诉我一直以来我做的很多运动都是错误的，完全错误。我进行这些运动的方式则更糟。我是在制造悲剧，我会伤到自己的。

他给我上了一节有关人体构造的初级课程，用物理学、水力学和建筑学的知识剖析了整个人体。"去了解你自己的身体想要什么，"他说，"要明白它需要什么、不需要什么。你要有工程师的知识、数学家的逻辑、艺术家的创意，当然还要有几分直觉。"

我真不喜欢听讲，但是如果所有老师都像吉尔这样讲课的话，我宁愿一直待在学校里。我默记着他说的每一个事实、每一份深刻的见解，我相信自己永远不会忘记在这里听到的每一个字。

"真的很神奇，"吉尔说，"人们对人的身体有这么多错误的认识，我们对自己的身体了解得那么少。比如说，人们用斜板卧推来锻炼上部胸大肌，这完全是在浪费时间。我三十年都没有做过斜板卧推。你觉得如果我做斜板卧推的话，我的胸肌会比现在大吗？"

"不会的，先生。"

"你做蹬台阶运动的时候，在你向上迈台阶时背部是不是承受着很大的压力？这样做迟早会严重受伤的。你应该庆幸你还没有伤到自己的膝盖。"

"为什么会这样呢？"

"这都是角度的问题，安德烈。从这个角度来看，你是在拉伸你的四头肌，这没问题，很好。但是，从另外一个角度来看，你却是在磨损你的膝盖，你一直在给膝盖施加压力。屈膝太多次就会造成对膝盖的损伤。"

他接着说道："最好的锻炼是需要利用重力的。"他告诉我怎么利用重力和阻力去分解肌肉，然后再重组使其变得更加强壮，并向我展示了怎么才能够做一个正确的、安全的二头肌弯举动作。他把我带到了一块写字板旁边，用图示分析了我的肌肉、胳膊、关节和肌腱。他谈到弓箭，给我展示当拉满弓的时候，弓上的各个受力点，然后又用这个模型分析了我的背部及其为什么在比赛和训练后会疼痛。

我跟他说了我的脊柱状况，我的脊柱前移，有块突出的椎骨。他草草记下了我说的内容，说他会查找医书来了解需要的相关知识。

他说："基本的意思就是，如果你按照现在的方法继续锻炼下去，你的职业生涯会变短。主要是后背问题和膝盖问题，而且如果你继续用以前的方式去做屈臂锻炼，你将来还会有肘关节的问题。"

吉尔讲解的时候，有时会"说文解字"。他喜欢通过解释关键词来强调重点；他喜欢将一个词分解，破解这些词的密码，展现其内在含义，就像是剥开果壳看见里面的果肉一样。拿"卡路里"这个词来说。他说这个词是从拉丁单词"液态丁烷"演变而来的，液态丁烷是一种燃料。"人们认为卡路里不好，但实际上卡里路只是计算热量的一种单位，而我们需要热量。我们吃饭，就像是给我们人体这个天然大火炉添燃料一样，那有什么不好的？你什么时候吃、你吃多少、你选择吃什么——这些才是导致最后结果的原因。"

他说，人们认为吃东西不好，但是事实上我们必须添加燃料拨旺我们身体这一火炉。

"是的，我认为我身体内部的火炉就需要添加燃料。"

谈到热量，吉尔经常说他很讨厌大热天，他忍受不了那种天气。他对高温极为敏感，哪怕只是想象着坐在阳光下，他也觉得是一种折磨。说着，他又将空调的气温调低了一些。

我记住了这一点。

我告诉他我曾经跟帕特在响尾蛇山上跑步，当时觉得自己就像到了高原上一样。他问："你每天跑多少？"

"五千米。"

"为什么呀？"

"我不知道。"

"那你曾经在比赛中跑过五千米吗？"

"没有。"

"你在比赛中经常会遇到往一个方向跑超过五步的情况吗？"

"不经常。"

"我对网球一无所知，但是在我看来，在打网球的过程中，你向一个方向跑三步后，你就最好考虑停下来，否则在你击球之后，脚步就停不下来，那也就意味着你可能会因此而错过下一击。诀窍就是要降低速度，然后击球，再紧急刹车，迅速跑回。在我看来，你从事的这项运动关键不在于奔跑的过程，而在于起步和止步。你需要集中精力为'启动'和'紧急刹车'构建肌肉。"

我笑着对他说，那是我听过的关于网球的最精辟的论述。

夜幕降临，到了健身房关门的时间了。我帮助吉尔打扫了房间，然后关灯离开。我们坐在我的车里，继续聊天。后来，他注意到我的牙齿在打战。

"这么拉风的车难道没有空调吗？"

"有啊。"

"那你为什么不开空调？"

"因为你说你对热很敏感。"

吉尔一时有些语塞。他说他不敢相信我竟然记得这件事，他不忍去想我因为他竟然冻了这么长时间。他将车里的空调开到了最大。我们继续聊天，很快我就注意到汗珠在他的眉毛和唇边集结，于是我关上了空调，打开窗户。我们又谈了半个小时，直到他发现我已经冻得脸色发青，他又将空调开到了最大。就这样，反反复复，我们一直聊着，倾诉着对对方的敬慕之情，直到天色破晓。

我跟吉尔说了一些我自己的故事：我的父亲、"大龙"、菲利还有佩里；我还向他讲了自己被驱逐到波利泰尼网球学校的事情。然后他讲了他的故事。他讲到自己是在新墨西哥州的拉斯克鲁塞斯市周边的农村长大的，那里的人们以种田为生，主要种植胡桃和棉花。他们在那儿过着很辛苦的日子，冬天的时候采胡桃，夏天的时候摘棉花。后来，他们家搬到了洛杉矶的东部，吉尔在鱼龙混杂的街头迅速成长。

"就跟在战场上一样，"他说，"我中过枪，现在还可以在腿上看到清晰的伤疤。而且，我不会说英语，只会讲西班牙语，因此在学校的时候，我很自闭，从来不讲话。我是通过阅读《洛杉矶时报》上吉姆·默里的文章和听收音机里维恩·斯库利对棒球比赛的解说词自学英语的。我有一个小收音机，每晚调到 KABC 台。维恩·斯库利就是我的英文老师。"

掌握了英语之后，吉尔决定去掌控上帝赐予他的身体。

他说："只有强者才能够生存，对吧？嗯，我们用不起我们社区中那些举重器械，于是我们就自己造。那些曾经在娱乐场所打过工的人给我们演示了制作这些东西的过程，比如说，我们用水泥填满咖啡罐，然后再固定在一根杆子上，这就是我们的推举训练器；我们用牛奶箱作休息时用的长凳。"

他告诉我他是如何成为空手道黑带选手的。他对我讲了他的二十二场专业搏斗，在其中一场他的下巴被对方击碎了。"但是我并没有被打倒。"他很自豪地说。

不得不说再见了，因为天已经渐渐亮了起来。我依依不舍地握了握吉尔的手，跟他说："我明天会再来的。"

"我知道。"他说。

整个1989年秋天，我都在与吉尔合作。收获是巨大的，而且我们之间的关系变得牢不可破。吉尔比我大十八岁，在他看来他扮演的是父亲的角色；从某种程度上来说，我觉得自己就是他从未有过的那个儿子（吉尔有三个孩子，都是女儿）——这是我们两个人之间仅有的没有说破的几件事之一。我们向来是有什么说什么，从来不向对方隐瞒。

吉尔和他的妻子盖伊有一个很温馨的家庭传统——每个周四的晚上，家里的每个人都可以自由点餐，然后盖伊去做。一个女儿想要吃热狗？没问题。另外一个想要吃巧克力夹心饼干？没问题。我养成了每周四拜访吉尔家的习惯，顺便尝尝每个人的晚餐。不久以后，我几乎是每隔一天就会在吉尔家吃顿饭。有时候我会待到很晚，这时，如果我不想开车回家的话，我就会在他家打地铺。

吉尔还有一个理论，就是无论一个人看起来有多么不舒服，只要他睡着了，就可能会舒服些，所以其他人就不应当打搅他们。所以一旦我在他家睡着了，他就不会把我叫醒，仅仅是替我盖一条轻便的阿富汗毛毯，然后让我一觉睡到天明。

"听着，"吉尔终有一天于忍不住说，"我们很乐意让你来，这你知道的。但是我不得不问：长得这么帅的孩子，这么有钱的孩子，一个有很多地方可以去的孩子却每周四来我家吃热狗？蜷在我家地板上睡觉？"

"我喜欢睡在地板上，这会让我的背感觉好受些。"

"我不是在说地板，我的意思是说，你确定你想要待在这里？你肯定有更好的去处。"

"我想不出什么其他更想去的地方，吉尔。"

他给了我一个大大的拥抱。我以为我知道什么是拥抱，但是直到被一个胸围一百四十二厘米的人抱过你才知道什么叫作真正的拥抱。

1989年的圣诞夜，吉尔问我想不想到他家，和他的家人一起过节。

我说："我还以为你从来都不会问呢。"

当盖伊烤曲奇的时候，他们的女儿在楼上睡觉，我和吉尔一起坐在客厅的地板上组装来自圣诞老人的玩具和火车套装。我跟吉尔说，我不知道为什么自己的内心会感到如此的平静。

"如果你参加一个聚会或是和朋友在一起不是会更开心吗？"

"我就想待在这里。"

我放下手中的玩具，直视吉尔的眼睛。我对他说我的人生从来没有哪一天是属于我自己的。我总是为别人活着，首先是我的父亲，然后是尼克。总之，一直都是关于网球。在遇到吉尔之前，就连我的身体也不属于我。吉尔做了一件所有父亲都应该去做的事，那就是让我变得更加强壮。

"因此，在这里，吉尔，和你以及你的家人在一起，我第一次有了归属感。"

"理由很充分，我以后都不会再问了。孩子，圣诞快乐！"

Chapter 11

站在吉尔的肩膀上

我们正面临着一场恶斗，在最后一个敌人倒下之前，我都会站在你的身边支持你。你看，那里有一颗星星是属于你的。我可能不能帮你找到它，但是我有很宽厚的肩膀，你可以站在我的肩膀上寻找属于你的那颗星。就站在我的肩膀上努力去追寻吧，兄弟，努力去追寻你的梦。

如果我必须打网球，必须从事最孤独的一项运动，那么我十分确定的就是当我离开球场的时候，我希望身边有尽可能多的人陪伴我。每一个人都有他特殊的作用：佩里帮助我理清思路；J.P. 可以安抚我焦躁的灵魂；尼克负责我日常的训练与比赛指导；菲利帮助我安排一些细节上的东西，而且永远支持我。

体育评论员总是攻击我的随行人员，他们说我带着这些人是为了满足自己的虚荣心和自尊心，说我之所以需要这些人在我身边，是因为我害怕孤独。他们说的有一些是对的，那就是我不喜欢孤身一人。但是这些陪在我身边的人并不是我的随行人员，他们是一个团队，我需要他们的陪伴，需要他们的建议，需要他们的轮番教育。他们是我的员工，同时也是我的老师、我的专家小组。我研究他们，并向他们偷师学艺：佩里的表述、J.P. 的故事、尼克的态度和姿态。我试着通过模仿了解自己，创造自己。我还能怎么做呢？我的童年是在一个与世隔绝的房间里度过的，我的少年时光是在一个折磨人的房间里度过的。

事实上，我希望扩大我的团队，而不是缩小它。我想让吉尔也加入，正式加入，我想要全职雇用他，让他帮助我提升力量和体能状态。我给在乔治敦的佩里打电话，告诉他我的问题。

"这有什么问题？"他说，"你想要和吉尔一起工作？那就雇他呀。"

但是我已经有帕特了，那个说话时唾沫星子乱飞的智利人。我不能就这样把他解雇了，我不能解雇任何人。而且即使我可以，我怎么能让吉尔离开他那份内华达大学拉斯维加斯分校的高福利、高收入的工作，来专门为我工作呢？我以为自己是谁啊？

佩里对我说，让尼克安排一下，请帕特担任尼克执教的另一个网球运动员的体能教练。然后，同吉尔坐下来好好谈谈。"告诉他你的想法，让他自己决定。"他说。

1999年1月，我问吉尔是否愿意与我一起工作，和我一起到各地比赛，训练我。

"离开我在这里的工作？"

"是的。"

"但是我对网球一窍不通。"

"不用担心，我也是。"

他大笑起来。

"吉尔，我想我可以有很大的成就，我想我能成就一番事业。但是，经过这段时间与你的相处，我有理由相信没有你的帮助我会一事无成的。"

他并不需要我大力推销。"好的，"他说，"我愿意与你一起工作。"

他没有问我会付他多少钱，他甚至根本就没有提起钱这个词。他说我们就像精神伴侣，准备开始一段伟大的冒险征程。他说从我们相遇那天起，他就已经知道了，这是命中注定的。他说："我就像兰斯洛特。"

"兰斯洛特是谁？"

"兰斯洛特爵士。你应该知道亚瑟王吧，圆桌骑士，兰斯洛特是亚瑟的第一勇士。"

"那他会屠龙吗？"

"所有的骑士都会屠龙。"

目前我们前进道路上的唯一阻碍就是吉尔家里没有健身房。他需要将他的车库改造成一个设施齐全的健身房——这需要花费很长的时间，因为他想要自己制造所有的健身设备。

"自己制造？"

"我想用自己的双手焊接金属、制造绳子和滑轮。有我在，我不会让你有一丝一毫受伤的机会。"

我想到了我的父亲，他亲手做出了他的发球机和鼓风机。我想这或许是吉尔和他唯一相同的地方吧。

在吉尔的健身房完工之前，我们还要继续在内华达大学拉斯维加斯分校训练。吉尔还继续在那里工作，他同反叛者队一起创造了一个辉煌的赛季，反叛者队最终以绝对优势击败了公爵队，赢得了全国总冠军的称号。等到他的任务完成后，他家里的健身房也几乎完工了。吉尔说他准备好了。

"安德烈，现在你准备好了吗？最后问一次，你确定想要这样做吗？"

"吉尔，我从来没有这么确定过。"

"我也是。"

他说今天早上他会开车去学校，将钥匙归还给学校。

几个小时后，他从学校走了出来，我就在那里等着他。他看到我后，不禁大笑起来。我们一起去吃了干酪汉堡来庆祝这个新的开始。

有的时候和吉尔一起训练实际上就是一个对话的过程。我们不去动任何健身设备，只是坐在空闲的长凳上，自由畅想。吉尔说："有很多方式可以让你变得强壮起来，而有的时候聊天其实是最好的方式。"当他没有在教我关于我身体的知识的时候，我会告诉他关于网球的一些知识，以及巡回赛中的生活方式。我跟他说比赛是如何组织的，向他讲述了那些小规模赛事以及四个主要赛事，或称为四大满贯赛事——所有选手都是以此作为对自身的衡量标准的。我告诉他网球的赛程表：一年从地球另一端的澳网公开赛开始，然后追着太阳跑，这样下一个就是欧洲的红土赛季，巴黎的法网公开赛为高潮；然后是六月，草地网球，温布尔登——我伸出舌头做了个鬼脸——然后迎来了三伏天里的硬地赛季，以美网公开赛作为终结；最后就是室内网球季——斯图加特公开赛、巴黎大师赛。这与土拨鼠的生活非常相似。相同的球场，相同的对手，只有年份和分数不同，久而久之这些分数摆在一起就像电话号码一样。

我试图向吉尔表达我内心的想法，我一开始就说出了最核心的事实。

他笑了。"你并不是真的痛恨网球。"他说。

"是真的，吉尔，我是真的痛恨网球。"

他的表情很奇怪，我想知道他是不是在想自己的辞职可能过于草率了。

"如果那是真的，为什么还要打网球？"

"我不适合做别的。事实上我根本就不懂其他的事情，打网球是我唯一擅长做的事。而且，如果我放弃网球选择做别的事情的话，我父亲肯定会大发雷霆的。"

吉尔抓了抓耳朵，这对于他来说是个挑战。他认识上百个运动员，但这些人当中没有一个是厌恶体育运动的。他不知道该说些什么。我安慰他说，他什么也不必说，我自己也不明白，我只能告诉他我的感觉而已。

我还跟他说了广告词"形象就是一切"之灾。不知何故，我觉得应该让他了解他需要知道的一切，这样他才能明白自己将要面临的是什么。这整件事仍让我感到愤怒，但现在这份愤怒已经埋藏于内心深处，不想去谈论，不想去触及，感觉就像是胃里的酸水。听到这些，吉尔也感到很愤怒，但对他而言，释放怒气更容易。他想将他的愤怒表现出来，马上。他想要暴打那些广告主管，他说："一些狗娘养的在麦迪逊大道拼凑出一个愚蠢的广告宣传片，然后让你朝着镜头说句台词，那句台词就能代表你？"

几百万人都是这么想的、这么说的，也是这么写的。

"他们这是在利用你，"吉尔说，"显而易见。这不是你的错，你根本就不知道你说的是什么，你不知道这么一句简单的广告词会被曲解成什么意思。"

我们的谈话不仅仅局限在健身房里。我们一起出去吃晚饭，一起出去吃早餐。我们一天中会通六次电话。一天深夜，我给吉尔打电话，聊了几个小时。当谈话快要结束的时候，吉尔跟我说："要不你明天过来，训练一下吧？"

"我很想去，但是我在东京。"

"我们已经谈了三个小时，而你在东京？我还以为你在镇上呢。老弟，我真的很内疚，我一直这样拖着你……"

突然，他自己停了下来，说："你知道吗？其实我一点儿也不内疚。不，应该说我感到很荣幸。你需要和我聊天，不论你是在东京还是在通布图。我明白了。好的，老弟，我明白了。"

从一开始，我的每一次训练，吉尔都会做详细的记录。他买了一个棕色的笔记本，记下我的每一次试举、每一套动作、每一次锻炼——每一天；他记录我的体重、我的饮食、我的脉搏、我的旅行。在笔记本上空白的地方，他会画一些图表甚至是图画。他说他想用图表详细记录我的进步，这样在明年的时候他就可以参考这些数据了。他在研究我，以便在此基础上改造我。他这样做就像米开朗基罗在研究一块大理石一样，但是他并没有被我的缺点吓跑，他又像是达·芬奇一样将观察到的一切都记录在笔记本上。从吉尔笔记本上的记录，从他妥善保管这些记录的样子，从他坚持不懈、不肯错过一天的方式，我可以看出他从我这里获得了巨大的激励，而这也激励着我。

不用说，吉尔自然会陪我一起去参加很多项赛事，他需要观察比赛中我的身体状况，指导我的饮食，确保我摄入充分的水分。（但事实上并不仅仅是水分。吉尔有一种特殊成分的水，其中含有碳水化合物、盐和电解质，我从每场比赛的前一天晚上就开始喝。）他对我的训练不会因比赛而停止。如果有什么不同的话，那就是比赛期间的训练更加重要。

我们都记得，我们俩第一次一起出行是在1990年2月，去的是斯科茨代尔。我跟吉尔说，为了参加"击球和咯咯笑"，我们要在比赛前两天到达那里。

"击球和什么？"

"就是一场表演赛，一些名人为慈善机构筹款，从而使企业赞助商们感觉良好，并借此款待球迷们。"

"听起来还蛮有意思的。"

更重要的是，我跟他说，我们会开着我的新克尔维特去那里。我迫不及待地想要向他展示我新车风驰电掣般的速度。

当我将车开到吉尔家时，我才意识到自己可能想得不够周到。这辆车很小，而吉尔很"大"。车里的空间太狭小了，以至于吉尔看起来有原来两倍那么大。他将自己塞进副驾驶狭窄的座位上，而且他还得斜着身子，头顶着车顶。我的克尔维特看起来似乎随时会爆裂。

看到吉尔蜷在那儿很不舒服的样子，我就想开得尽可能快一些。当然，我不需要加大克尔维特车的油门，这辆车简直是超光速的。我们将音乐的声量调到最大，一路飙出了拉斯维加斯，穿过胡佛大坝，向亚利桑那州西北部浓密的约书亚树林开去。我们决定在金曼市外找个地方吃午饭。美味食物的吸引，再加上克尔维特的速度、喧嚣的音乐、吉尔的相伴，让我忘乎所以，将油门一踩到底。这时，我看到吉尔朝我做了个鬼脸，伸手向后面指了指。我从后视镜里看到一名巡逻交警正紧跟在车的后面。

交警很快递给了我一张超速罚单。

"不是第一次了。"我跟吉尔说。他摇了摇头。

到达金曼市后，我们停在 Carl's Jr. 外，吃了一顿丰盛的午餐。我们两个人都对吃很感兴趣，而且都对快餐毫无抗拒力，因此我们将营养之类的考量抛至脑后，点了炸薯条，然后又点了第二份，还将苏打水续杯加满。当我再次将吉尔塞进克尔维特时，我意识到我们已有些迟了，接下来得赶时间。我猛踩油门，快速倒回95号高速路。距离斯科茨代尔还有三百二十一公里，大概两小时的路程。

二十分钟后，吉尔又用手朝后指了指。

这次是另外一名交警。他拿了我的驾照，并做了记录，然后问我："你最近收过罚单吗？"

我看了眼吉尔，他皱了下眉头。

"嗯，如果你觉得一个小时之前可以称得上是最近的话，那么是的，警官，我收到过。"

"请在这里等一下。"

他走回他的车，一分钟后走了回来。

"法官想要你回金曼市。"

"金曼市？什么？"

"先生，请跟我来。"

"跟你走——那车怎么办？"

"你的朋友可以开车。"

"但是，但是，我不能开车跟在你后面吗？"

"先生，你最好听我的话，按照我说的去做，否则我会给你戴上手铐。你坐到我车子的后排座位上，你的朋友开车跟在我们后面。现在请你下车。"

我坐到了警车的后排座位上，吉尔开着克尔维特跟在我们后面。高大的他挤在狭小的驾驶座空间里，就像是穿了鲸须紧身衣一样。四十五分钟后，我们到达了金曼市市政法庭。我跟着巡警从侧门走了进去，发现自己面前站着一位个子不高的老法官，他戴着一顶牛仔帽，腰带的搭扣有面食烤盘那么大。

我四处张望，想要在墙上找到一张证书样的东西，证明这里确实是一间法庭，而站在我面前的也确实是一位法官——但满眼皆是些动物的头的标本。

法官随意问了几个问题。

"你要到斯科茨代尔打比赛？"

"是的，先生。"

"你以前曾经参加过那项赛事？"

"嗯，是的，先生。"

"你抽到了什么签？"

"不好意思，我没听清楚，麻烦您再讲一遍。"

"你在第一轮的时候将会和谁对决？"

那个法官原来是一个网球迷，并且他一直都在关注我的比赛。他认为我在法网公开赛的时候就应该打败库里埃了。对库里埃，对伦德尔，对张德培，对这项运动的现状以及美国缺少优秀网球运动员的情况，他有很多自己的看法。他对我侃侃而谈了二十分钟，然后问我介不介意给他的孩子们签个名。

"没问题，先生，这是我的荣幸。"

我签了他让我签的所有东西，然后等待宣判。

"好的，"法官说，"我判你在斯科茨代尔所向披靡。"

"对不起，我不大明……我的意思是说，法官大人，我开回到这里，五十多公里，我肯定是犯了比较严重的罪，就算不进监狱，也要罚款的吧？"

"不！不是的，不是这样的，我只不过想要见见你。但是一会儿你最好让你的朋友开车，因为如果你今天再收到一张罚单的话，我就不得不将你长期扣留在金曼市了。"

我走出法庭后，就朝我的克尔维特飞奔过去，吉尔正在那儿等我。我对他说那个法官原来是个网球爱好者，只不过是想见见我。吉尔还以为我在说谎呢。我求他赶快开车带我离开这个地方，他缓慢地开动了车。吉尔本来就是一个很小心的司机，我们与亚利桑那州执法部门发生的小纠纷让他更加紧张，结果他以八十六公里的时速一路开到了斯科茨代尔。

很自然，我到的时候慈善会已经开始了。我们把车开到体育场的停车场，我换上了网球服。我们来到安保亭，告诉那个警卫我是应邀而来的，我是受邀的运动员之一，但是那个警卫并不相信我说的话。我给他看了我的驾照——那一刻，我很庆幸自己的驾照还没被没收。他挥挥手让车进去。

吉尔说："别担心车，我会照管好的。你先走吧。"

我抓起网球包，一溜烟跑出了停车场。吉尔后来跟我说，当我进入体育场时，他听到了掌声。克尔维特的车窗紧闭，但是他仍能听到观众们的喊声。那一刻，他说他明白了我一直想告诉他的那种感觉——见识过我被那个西部老法官硬拉去"表演"，听到当我到达时观众们疯狂的叫声之后，他明白了。他承认说，直到这次旅行，他才意识到这种生活是这样的——荒唐，他真的不知道他面对的将是什么样的工作。我跟他说："不论怎样，我们一起面对。"

我们在斯科茨代尔过得很愉快。通过一起旅行和生活，我们对彼此也有了更深入的了解。一天正午，我在比赛中叫了暂停，让比赛的工作人员给吉尔坐的地方送把伞。他当时正好坐在太阳底下，已经被晒得汗如雨下了。当工作人员把伞递给他的时候，他感到很迷惑，于是向我这边望过来，结果看到我正朝他挥手，他就明白了。他咧开嘴笑了起来，我们都笑了起来。

一天晚上，我们在乡村酒馆吃晚餐。已经很晚了，我们就算是晚餐、早餐一起吃了。这时，四个男人冲进饭馆，坐在了离我们不远的地方。他们大声地聊着天，嘲笑我的头发、我的衣服。

"可能是同性恋。"其中的一个说。

"肯定是同性恋，我打包票。"他的同伴说。

吉尔清了清嗓子，用纸巾擦了擦嘴，然后对我说："慢慢吃，我吃饱了。"

"你不吃了，吉尔？"

"不吃了，老弟，我打架的时候一向不喜欢吃得很饱。"

待我吃完后，吉尔对我说他要去邻桌处理一些事情。"如果发生了什么事，"他说，"你不要担心，我知道回家的路。"他慢慢地站起来，悄悄地朝那四个人走去。他靠在他们的桌子上，桌子因压力发出了嘎吱嘎吱的呻吟声。吉尔在他们面前展示出了自己的胸肌，然后说："你们很喜欢破坏别人的食欲，是不是？你们这样很得意，是不是？哎呀，我现在也要试一试。你们吃的那是什么？汉堡？"

他抓起其中一个人的汉堡，一口就吃掉了半个。

"要加点儿果酱，"吉尔一边咀嚼一边说，"你们知道什么？现在我渴了，我想我

141

要喝一口你的苏打水。是的，然后当我坐下的时候，我想我会把它泼到你们的桌子上。我希望——希望——你们当中有人能够阻止我。"

吉尔慢慢地喝了一小口，然后他很慢地，几乎跟他开车的速度一样慢，把剩下的苏打水全都倒在了桌子上。

桌旁四个人没有一个人敢动。

吉尔放下那个空杯子，然后看着我："安德烈，可以走了吗？"

我没有赢得那项赛事，但是我真的不在乎。当我们开车回拉斯维加斯的时候，我心满意足，满心欢喜。离开那个小镇之前，我们到 Joe's Main Event 大吃了一顿。在那里我们谈论了过去七十二个小时里发生的事情，并一致认同这次旅行就像是一个更伟大征程的开端。在他的达·芬奇记录本里，吉尔还画了一幅我戴着手铐的素描画像。

出来后，我们站在停车场，仰望星空，一股无法抑制的对吉尔的爱意和感激之情在我心底油然而生。我感谢吉尔为我所做的一切，他却对我说，我们之间今后再不必言谢。

然后他发表了一个演讲。通过看报纸和听棒球节目学会英文的吉尔，在 Joe's 店外，发表了一场流畅、美妙、充满诗意的长篇独白。我今生最大的遗憾之一就是当时我未随身带着录音机，但是时至今日，我几乎仍一字不落地记着他的话。

"安德烈，我永远不会试图改变你，因为我从未改变过任何人。如果我能够改变一个人，我最想改变的是我自己。但是我可以帮你搭建起一个架构，绘制出一幅蓝图，从而帮助你实现你想要的。犁地的马和赛马之间是有区别的，你会用不同的方式对待它们。我们一直说要平等对待每个人，但是我相信平等的意思并不意味着相同。据我目前的了解，你是一匹赛马，我会对你因材施教；我会很坚定，也会很公正；我会引导你，永远不会强迫你。我不是那种很善于表达自己的人，但是从现在开始，你只要知道：该开动起来了，兄弟，开动起来。你知道我说的什么意思吧？我们正面临着一场恶斗，在最后一个敌人倒下之前，我都会站在你的身边支持你。你看，那里有一颗星星是属于你的。我可能不能帮你找到它，但是我有很宽厚的肩膀，你可以站在我的肩膀上寻找属于你的那颗星。就站在我的肩膀上努力去追寻吧，兄弟，努力去追寻你的梦。"

Chapter 12

惨败于皮特

皮特对我进行了一场很典型的老式纽约街头抢劫。一个不很恰当的比喻——是的，我被抢劫了；是的，一些应该属于我的东西被别人拿走了。但是，我却不能报案或者试图在法庭上寻求公正，否则所有的人都会指责我这个受害者。

在1990年法网公开赛中，我因为穿了粉红色的紧身裤而登上了各大报纸杂志的头版头条。这则新闻覆盖了大大小小体育版的首页，甚至在一些新闻版的首页也可以看到鲜明的标题：阿加西穿了粉红色，而且是在水洗牛仔短裤下面的粉红色紧身裤。我跟记者说，那不是粉红色，确切地说，那是热熔岩（Hot Lava）的颜色。我真的感到很奇怪，他们竟然这么在意这个小细节。更令我惊讶的是，我竟然也如此在意他们的报道是否准确。但是事实上我的感觉却是，让他们写我短裤的颜色总比写我人格的缺陷要好得多。

吉尔、佩里还有我都不喜欢和媒体打交道，也不喜欢人群拥挤的地方，更不喜欢巴黎。我们不喜欢被当作异类，也不喜欢迷路或是因为说英语而遭人斜眼。因此我们整日将自己锁在酒店的房间里，打开空调，饿了就叫份麦当劳或是汉堡王的外卖。

尼克却喜欢四处闲逛，看风景。"兄弟们，"他说，"我们是在巴黎呀！埃菲尔铁塔？卢浮宫？"

"去过了，看过了。"菲利说。

我不想去卢浮宫，我没有必要去。我现在闭上眼睛，脑海里还能清晰地浮现出那幅恐怖的画：一个男人悬在悬崖边上，他的父亲紧勒着他的脖子，而其他的亲人在下面抓住他的腿。

我对尼克说："我不想见什么人，也不想看什么风景。我只想赢了这项该死的赛事，然后赶快回家。"

我在前几轮比赛中打得不错，得以顺利晋级，然后又遭遇了库里埃。在第一盘中，他取得了抢七局的胜利，但接下来他却表现不佳。我赢得了第二盘，然后又顺势拿下了第三盘。在第四盘中，他垮掉了，以0：6惨败。他脸红了，变成了"热熔岩色"。我想要告诉他：我希望这场比赛足够让你劳心劳力了。但是我没有，可能是因为我变成熟了吧。毫无疑问的是，我的身体更强壮了。

我的下一个对手是卫冕冠军张德培。对于我来说，这是一场雪耻之战，因为我仍然不能够相信他竟在我之前赢得了大满贯。我嫉妒他的职业操守，敬佩他的赛场纪律——但是我不喜欢他这个人，因为他仍然大言不惭地说着比赛的时候上帝站在他那一边之类的话。他竟然将自己的狂妄自大与宗教信仰混为一谈，这彻底激怒了我。四盘比赛后，我将他淘汰出局。

在半决赛的时候，我的对手是乔纳斯·斯文森。他的发球威力很大，就像骡子踢人一样有力，而且他从来不惧怕冲到网前。而事实上他更擅长在快速场地比赛，因此我想在红土场地上我是有绝对优势的。既然他的正手攻势很强大，我很快就决定主攻他的反手。我不断地攻击他脆弱的反手，很快以5：1领先，并拿下了第一盘。第二盘中我也很快就取得了4：0的领先优势，但他却又将比分扳回到3：4，然而在想反超我的路上他也只能走这么远了。值得钦佩的是，他鼓足余勇，赢得了第三盘。通常在这种情况下，我会心烦意乱，但是这次，我朝我的包厢望去，看到了吉尔。我不断默念着他在停车场说的话，然后以6：3拿下了第四盘。

终于，我打进了决赛，我的第一个大满贯决赛。我的对手是来自厄瓜多尔的戈麦斯，我在几周前刚刚打败过他。他已经三十岁，快到退役的年龄了——事实上，我还以为他已经退役了呢。终于，报纸上写道：阿加西的潜力要爆发了。

然后，灾难降临了。决赛的前一天晚上，我在洗澡的时候，感觉到佩里买给我的假发套突然在我手里裂成了碎片。我肯定是用错了护发素，那些编织在一起的结松了开来——这件假发套散了。

在极度的恐慌中，我把佩里叫到了我的酒店房间。

"大灾难，"我跟他说，"我的假发套——你看！"

他检查了一下。

"我们先把它烘干，然后再拼起来。"他说。

"用什么？"

"用发卡。"

他跑遍了整个巴黎找发卡，但是没找到。他打电话说："这是什么破城市？难道没有人用发卡吗？"

在酒店的大堂，他碰巧遇见了克里斯·埃弗特，就问她有没有发卡，她说没有。她问佩里为什么要发卡，他没有回答。最后他终于在我姐姐丽塔的一位朋友那里找到了一大包发卡。他帮我重新拼好了假发，然后用了不下二十只发卡别了起来。

"这结实吗？"我问。

"嗯，嗯，只要别老是乱动它就行。"

我们两个人干巴巴地笑了起来。

当然，我可以不戴假发套，但是几个月以来的嘲弄、批评和嘲笑让我变得很敏感。形象就是一切？如果他们知道我一直戴着假发套会说些什么？输或是赢对于他们来说都不重要——他们不会谈论我的比赛，他们只会谈论我的头发。那样的话，就不是波利泰尼的几个小孩子或是戴维斯杯上的一万两千个德国人嘲笑我了，全世界都会嘲笑我。我闭上眼睛，几乎就能听到那些嘲笑声，而且我知道，这是我承受不起的。

比赛前热身的时候，我在祈祷，不是为了取得胜利而祈祷，而是为了我的假发套千万不要掉下来而祈祷。通常情况下，第一次杀入大满贯决赛，我应该会紧张，但是我脆弱的假发套让我几乎变得神经质。不管它会不会真的掉下来，在我的想象中，它已经掉下来千万次了。比赛中的每一次飞奔投球、每一次跳跃，我的脑海里都会浮现出它掉在红土场地上的情景，就像被我父亲从天上射下来的鹰那样躺在红土场上。我能清晰地听到现场观众的齐声惊呼，我能想象几百万人突然凑到电视跟前，你看我，我看你，用不同的语言和方言说出相同的台词：安德烈·阿加西的头发刚才是掉下来了吗？

从我对付戈麦斯的战术就可以看出我敏感的神经和我的胆怯。知道他上了年纪，知道他坚持不到第五盘，于是我打算将这场比赛的时间拉长，准备进行长时间的连续对打，最后使他精疲力竭。然而，当比赛开始后我才发现，戈麦斯显然也很清楚自己年龄上的劣势，因此他打算速战速决。他采取了很冒险的快速打法，迅速地拿下了第一盘，但之后又同样迅速地输掉了第二盘。现在我知道，我们将在三小时内决出胜负，而不是四个小时，那也就意味着体力在这场比赛中不会成为决定性因素。现在的比赛只是单纯击球的较量，这是一种戈麦斯有可能会赢的比赛类型。两盘比赛没有耗费多少时间，这样就算比赛被拖入第五盘，他也一样会保持体力充沛。

当然从一开始我的计划就有致命的缺点。很糟糕，真的。我的计划根本就行不通，不论这个比赛历时多长时间，因为当你仅仅想着不要输或者期望对手犯错的时候，你是无法赢得大满贯的冠军的。我拉长战线的企图反而给戈麦斯增添了信心。他是一位身经百战的老将，他清楚这很可能是他赢得一个大满贯冠军的最后一次机会了。战胜他的唯一办法就是击垮他的信心和他取胜的欲望，也就是要主动进攻，因此当他看到我采用保守的打法，精心布局而不是主导比赛节奏的时候，他就像打了一针强心剂。

他赢得了第三盘比赛。第四盘开始后，我开始意识到自己又犯了另外一个错误。大多数选手在比赛后期感到疲乏时，发球的杀伤力都会降低，他们由于腿部过于劳累以至于无法跳起大力发球—— 但是戈麦斯的发球却像弹弓一样，他发球的时候本来就不怎么跳，而是利用身体的重量将球"压"出去；当他累了的时候，他会更加依赖身体倾斜出去的重量孤注一掷，他那独特的"弹弓"式发球威力也就会更强。我一直都在等待他的发球变弱，但是相反，他的发球却越来越凌厉。

赢得了这场比赛后，戈麦斯表现得极其优雅、颇富魅力。他流下了激动的泪水。他在镜头前挥手。他知道自己已经成了厄瓜多尔的民族英雄。我很想知道厄瓜多尔是个什么样的国家，可能我会移居到那里，可能那儿将成为我躲避羞辱唯一的藏身之处。我坐在更衣室里，低着头，想象着成千上万的专栏记者和头条新闻会怎么形容我的这次失败，更不用说其他网球手了。我仿佛都已经听到了那些攻击和批评的声音：形象就是一切，阿加西什么也不是；"热熔岩"先生就是热乎乎的一团糟。

菲利走了进来，我从他的眼里不仅看到了同情—— 他感同身受。这对于他来说也是一次挫败，他很痛心。然后他说了正确的话，一语中的，我知道这也是我一直那么爱他的原因之一。

"让我们离开这个鬼地方。"

吉尔用手推车推着我们的行李进入了巴黎戴高乐机场。我走在他前方，距他大概有一步之遥。我停下来看着出港和进港的航班，吉尔继续向前走着，结果那个手推车有处很锋利的金属边缘撞到了我那柔软的、暴露在外面的脚后跟（我当时穿着平底便鞋，并没有穿袜子）。一股血立即喷到了玻璃地板上，然后又是一股血涌了出来。我的脚后跟不断地向外喷血。吉尔迅速从他的包里掏出了绷带，但是我对他说不要那么紧张，慢慢来。"这样很好，"我说，"我们离开巴黎之前，我脚后跟的这一品脱血是该流的。"

我又一次退出了温布尔登网球赛，整个夏天都在与吉尔一起艰苦地训练。他家的"车库健身房"已经完工了，现在里面摆满了各种手工制造的器械，另外还有许多独一无二的设计。他在窗户上装了一部大型空调，在地板上钉了一层像海绵似的人造草皮。在角落里，他放置了一张旧的台球桌，在推举和成套训练之余，我们会打上一局九球制台球。许多夜晚，我们都会在健身房待到凌晨四点。吉尔在不断地寻求新的方法来武装我的大脑，增强我的自信心，强健我的体魄。他和我一样，对法网公开赛惴惴不安。一天黎明的时候，他说了一句他母亲经常说的话。

他说："当你醒着的时候还有梦想是一件多么幸福的事啊。当你醒着的时候去追求你的梦想，安德烈。所有的人都可以在睡觉的时候做梦，但是你需要一直做梦。大声地说出你的梦想，并且相信你能够实现它们。"

换句话说，即便是在大满贯的决赛时，我也必须要做梦。我必须为了胜利而战。

为了感谢他，我送给他一件礼物，是一条配有金字塔吊坠的项链，金字塔里面是三个小环，分别代表着圣父、圣子和圣灵。这款项链是我自己设计的，然后由佛罗里达一家珠宝商制作而成。我自己有一对和这条项链相配的耳饰。

他将项链戴到了脖子上，我想除非天气极为寒冷，否则他是不会把它摘下来的。

当我进行体能训练的时候，吉尔喜欢冲我大吼，但是这跟父亲的吼叫很不一样——吉尔是因为爱我才冲我吼的。当我试着创造一个新的纪录，或者试去举原来没有举过的重量时，他就会站在我的后面大吼："加油，安德烈！冲！"他的吼叫总能让我心潮澎湃。然后，作为额外的奖赏，有的时候他会让我站到一边，并举起他个人能举起的最大重量——249千克。一个人将那么重的钢铁举到胸前实在是一道令人叹为观止的景象，这总会让我联想到一句话：一切皆有可能。有梦想是一件多么美好的事情。"但是，追逐梦想，"我跟吉尔说，"在某些夜深人静的时刻，也会让人心力交瘁。"

他大笑起来。

"我无法向你保证你不会再感到劳累，"他说，"但是你一定要知道，有付出才会有收获，在劳累的另一头总会有许多惊喜等着你。让自己劳累起来吧，安德烈，你将在这个过程中了解你自己。"

在吉尔的精心照料和严格监督下，到1990年8月我已经狂长了4.5千克肌肉。我们来到纽约参加美网公开赛。我感到自己浑身都是力量，粗壮而充满危险。我直落三盘，横扫了来自苏联的安德雷·切卡索夫。我一路猛冲猛打，杀进了半决赛。在四盘激烈的厮杀后，我击败了贝克尔，而且仍留有大把的体力。吉尔和我开车回到酒店观看另外一场半决赛，以便确定明天我的对手是谁，麦肯罗还是桑普拉斯。

看起来似乎很不可思议，那个我以为再也不会出现在赛场上的孩子又重新构建了他的球技。他将会挑战麦肯罗，与其决一死战。然后，我意识到不是他向麦肯罗挑战，而是麦肯罗挑战他，而且还输了。我明天的对手将会是——太不可思议了——皮特·桑普拉斯。

镜头慢慢拉近皮特的脸，我看到他似乎已经筋疲力尽了，而且评论员说他绑满绷带的脚已经起满了水疱。吉尔一直让我喝"吉尔水"，喝得我最后都要吐了。然后我面带微笑地躺在床上，想着明天我把皮特打得屁滚尿流时，我会有怎样的乐趣。我会让他满场跑动，从左到右，从一边到另外一边，从旧金山到布雷登顿，直到他的那些水疱流出血来。我想起了父亲的格言：放一个水疱到他的脑袋里去。平静地，舒适地，自负地——我就像吉尔健身房里的那堆哑铃那样安稳地睡着了。

早上的时候，我觉得神清气爽，浑身充满了力量，简直可以参加一场十盘大战。这次也没有假发的问题困扰我了，因为我根本就没有戴假发套。我用了一种新的、不需要维护的伪装系统，即厚厚的束发带，外加颜色艳丽的挑染。我绝对不会输给皮特，那个我去年曾带着怜悯的目光注视的不幸的孩子，那个不能将球控制在球场上的可怜的傻瓜。

然而，一个完全不同的皮特登场了。一个不会漏接一球的皮特登场了。为了争夺一分，我们两人连续对打了数个回合。他在这个过程中表现得简直无懈可击，不论是什么样的球，他都能接到，都能击中，他像一只羚羊一样跳来跳去；他的发球就像炸弹一般，飞越过网，直接将威力展现在我的面前，让我的发球显得苍白无力。我很无助。我很愤怒。我对自己说：这不可能。

然而，这一切都正在发生。

不，这不可能。

然后，我开始想怎样才能避免输而不是想怎样去赢——我犯了跟戈麦斯比赛时同样的错误，也得到了相同的结果。等到一切都结束了，我跟记者说：皮特对我进行了一场很典型的老式纽约街头抢劫。一个不很恰当的比喻——是的，我被抢劫了；是的，一些应该属于我的东西被别人拿走了。但是，我却不能报案或者试图在法庭上寻求公正，否则所有的人都会指责我这个受害者。

几个小时后，我躺在酒店的房间里，睁着双眼盯着天花板。这一切就像一场梦，有几秒钟我甚至相信，我是在菲利和尼克嘲笑皮特的超烂球技时睡着了。我梦到了在所有人当中，偏偏是那个皮特在一场大满贯赛的决赛中击败了我。

但这不是梦，这是真的。这一切真实地发生过了。我看着屋子一点点亮起来，我的心情也随之一点点坠到谷底。

Chapter 13
首个大满贯冠军

在更衣室里，我盯着奖杯上自己扭曲的影子。我冲着奖杯和奖杯上那个扭曲的人形说："一切的痛苦和折磨，都是为了你。"

自从上次温迪来"形象就是一切"的广告片场探班后，我和她就成了男女朋友。她和我一起旅行，照顾我。我们两个真的很合拍，因为我们从小一起长大，并且发现现在的我们也可以继续一起成长。我们来自同一个地方，有着共同的追求。我们疯狂地爱着对方，尽管我们彼此都同意应该保持开放式的关系——这是她的原话。她说："我们还太年轻，承诺对于我们来说还太复杂。"她不知道她是谁。她在一个摩门教家庭长大，然后发现自己并不真正认同摩门教的教义；她上了大学，然后又发现自己完全选错了学校。她说，在她知道自己是谁之前，她不能把自己完全地交给我。

1991年，我、温迪还有吉尔一起在亚特兰大一家破旧肮脏的酒吧里庆祝我二十一岁的生日。酒吧的台球桌上满是被烟头烧焦的痕迹，喝啤酒用的是塑料大杯。我们三个人一起大笑，一起喝酒，即使是从来不碰这些东西的吉尔今日也放纵地喝到微醺。为了留住那晚的美好回忆，温迪把她的摄像机带来了。她把摄像机递给我，让我拍摄她在拱廊玩投篮游戏的情景。她说她要训练我。我只拍摄了三秒钟她投篮的情景，然后就将镜头慢慢下移到她的身体。

"安德烈，"她说，"把摄像机从我的屁股移开。"

然后一群吵吵闹闹的人进来了。他们跟我的年龄差不多，我想他们可能是当地的美式或英式橄榄球队的队员。他们对我说了很多粗鲁的话，然后将注意力转移到了温迪身上。他们就是一群酒鬼，非常无礼，想要在温迪面前使我难堪。我想到了纳斯塔斯，在十四年前他也做过相同的事情。

那个橄榄球队的一群人扔了一堆硬币在我们的台球桌上，其中一个人说："下一场轮到我们了。"说完，他们邪恶地笑着离开了。

吉尔放下了他的塑料啤酒杯，拿起那些硬币，缓缓地走到了一个自动售货机旁边。

他买了一包花生，然后又走了回来。他慢慢地吃着花生，眼睛从来没有离开过那帮家伙。最后，他们做出了明智的决定，去了另外一个酒吧。

温迪咯咯地笑了起来。她建议说："吉尔除了这么多职能和义务之外，还应该扮演保镖的角色。"

"他已经是了。"我对她说。但是"保镖"这个词并不能真正体现吉尔的作用，这个词不足以描述他。吉尔保护我的身体、我的头脑、我的女朋友。他是我生命中不可缺少的一部分。他是我的守护神。

每当记者、球迷、怪人们问吉尔是不是我的保镖时，我都很享受那个过程。吉尔总是微微一笑，说："要是谁敢碰他，你们就知道了。"

1991年法网公开赛时，我在前六轮中一路过关斩将，杀入了决赛。这是我第三次进入大满贯赛事的决赛，对手是库里埃。两人当中我明显更被看好，每个人都说我一定会击败他，我也是这样认为的。我需要击败他。我不能想象连续三次进入大满贯赛事的决赛，又都以惨败收场会是什么样的感觉。

好消息是，我知道怎样才能打败库里埃，去年也是在法网中我曾击败过他；坏消息是，这场比赛夹杂着私人恩怨，这使我很紧张。我们从同一个地方起步，都在波利泰尼网球学校学习，我们的床铺挨得很近。我比库里埃强很多，比他更受尼克的偏爱，如果我在大满贯的决赛中输给他的话，我就成了在龟兔赛跑中输给乌龟的兔子。先是张德培在我之前赢得了大满贯冠军，这令我感觉很糟。然后是皮特。现在是库里埃，他也要赢我？不，我绝不会让这样的事情发生。

我参加这次比赛，就是为了取得最终的胜利。从上两次大满贯赛事的惨败中，我吸取了很多的教训。我以6：3轻取第一盘。在第二盘中，我很快就以3：1建立起领先优势。我获得了一个破发点。如果我赢了这一分，我就会在这盘比赛甚至是整场比赛中占据绝对优势。突然，天下起了雨，球迷们纷纷用手遮着头跑到了避雨处。库里埃和我回到了更衣室，在那里，我们俩表现得就像两头困在笼子里的狮子。尼克走了进来，我注视着他，希望他能给我些意见，但是他却什么都没说。什么都没说！我继续跟着尼克是出于忠诚和习惯，而不是为了得到什么真正的指导，这一点我早就意识到了。那么，在这个时刻，我需要的不是指导，而是关怀和鼓励，这是每个教练的职责。在这个特殊而关键的时刻，我需要别人的认可来增强自己的信心，这个要求很过分吗？

雨停了，库里埃的底线站位明显更加靠后，希望借此削弱我击球的力量。在下雨期间，他有足够的时间休息、放松和调整状态，从而挽救了破发点，赢了第二盘。现在我很愤怒，怒不可遏。我赢了第三盘，6：2。我想要让他明白，也让自己相信，第二盘他不过是侥幸获胜而已。盘分2：1的领先优势让我找回了自信，我仿佛已感到胜利正在向我招手——我距我的第一个大满贯冠军头衔只有短短的六局比赛之遥了。

但第四盘一开始我就连续失分，最初13分里输掉了12分。是我没有用尽全力，还是库里埃打得更好了？我不知道，我永远不会知道，但是我知道这种感觉很熟悉。这种感觉我永远不会忘记——无能为力的感觉，只能眼睁睁地看着自己的势头慢慢减弱。库里埃赢了这盘比赛，6：1。

在第五盘的时候，在比分战成4：4平时，他获得了破发点。现在，突然间，我放弃了获胜的希望。

我无法解释这是为什么。在第四盘时，我丧失了斗志，而现在我则彻底丧失了希望。就像比赛刚开始我确信我会赢一样，现在我几乎已经确定我必输无疑。而且，我想输，我渴望输。我默默地祈祷：让比赛赶快结束吧。既然这一结局不可避免，我只希望它来得快一点儿。

我已经听不清观众的呼喊声，脑袋里一片空白，只能听到耳边的嗡嗡声。我什么都听不到，什么都感觉不到了，只剩下对输的渴望。我输了这场紧张的、至关重要的第五盘比赛，然后祝贺库里埃取得了胜利。朋友们跟我说，当时我脸上的表情悲凉得让人心碎。

赛后，我并没有自责。我冷静地分析，得出以下结论：你不具备最终冲过终点线的那种素质，你放弃了自己——你需要退出这项运动。

这次失败留下了一道伤疤，温迪说她几乎都能看到那道伤疤，就像被闪电劈过后留下的印记。这句话是她在同我一起飞回拉斯维加斯的长途航班上说的。

当我们从前门走进我父母的房子时，父亲正在门厅等着我们。他对我的教训马上开始了。"在下雨之后，你为什么没有好好调整？""你为什么不攻击他的反手？"我没有回答，一动不动。在过去的二十四个小时内我都在想象他会怎样教训我，现在我已经麻木了。但是温迪却没有，她做了以前没有人做的事，做了以前我一直希望我母亲会做的事——她站在了我和父亲中间。她说："我们在两个小时内能不能不谈网球？两个小时——不谈网球？"

父亲停了下来，目瞪口呆。当时我很担心他会给她一巴掌，但他只是怒气冲冲地穿过门厅，回到他的卧室去了。

我凝视着温迪。那一刻，我比任何时候都更爱她。

我碰都不碰我的球拍，也不打开我的网球包。我不同吉尔一起训练。我只是同温迪一起躺着看恐怖电影，只有恐怖电影能够转移我的注意力，因为看恐怖电影时的感觉同与库里埃比赛时的某种感觉很相似。

尼克不断地劝我去参加温布尔登网球公开赛，我只冲着他晒黑的脸大笑了一声。

"重新回到赛场上，"他说，"这是唯一的方法，我的孩子。"

去那个该死的赛场。

"去吧，"温迪说，"说实话，反正也不会比这更糟了，不是吗？"

我已经没有力气跟他们争论了，任凭尼克和温迪将我推上了飞往伦敦的飞机。我们租了一栋两层的楼房，远离繁华的主路。这个地方离全英草地网球俱乐部很近，房子后院有一个大花园，遍植着粉色的玫瑰，各种鸟儿在这里尽情歌唱。这里就像是一个小小的避难所，我住在这里，远离尘嚣，几乎忘记了这次来英国的目的。温迪将这座房子收拾得就像家一样，她用蜡烛、杂物还有她的香水填满了整个屋子。每天晚上她会做美味丰盛的晚餐，早上也会准备我可以带到练习场地去的美味的午餐。

比赛因雨延迟了五天。第五天的时候，尽管房子很舒适，但我们都快要憋疯了。我想到赛场上去，我想洗刷自己在法网公开赛上所遭受的耻辱，或者是直接输了，这样我便可以回家了。最后终于雨过天晴了。我的第一个对手是格兰特·康奈尔，他是一个发球上网型球员，在快速场地上拥有一席之地。对于我的第一场草场比赛来说，他真的是一个很难对付的对手。他本应该打败我的，但是我却笑到了最后，经过五盘战斗赢得了比赛。

我最终进入了四分之一决赛，和戴维·惠顿对决。我们当时的比分为2∶1，在第四盘中，我获得了两个破发点，但是突然我的臀部屈肌——能带动关节弯曲的那块肌肉抽了一下，我只能一瘸一拐地打完比赛。惠顿轻松获胜。

我跟温迪说，我本能获得这项赛事的冠军的。我终于开始从法网公开赛的失败中恢复过来了。见鬼的臀部。

但是我想，我想要取胜本身就是一个好消息。我可能很快就能找回自己获胜的欲望，然后朝着一个正确的方向前进。

我恢复得很快，几天后我的臀部就没事了，然而我的情绪却还没有完全恢复过来。我参加了美网公开赛，在第一轮比赛中就被淘汰出局了——但是最可怕之处在于我输的方式。我的对手是克里克斯坦，一个很棒的老将，然而我就是不想与他进行这场比赛。我知道我可以战胜他，但是觉得为了获胜而这么麻烦并不值得，我不想消耗自身的体力。我很清楚自己缺乏努力——很简单，我就是对胜利缺乏兴趣。我对此毫不怀疑，也没有必要费心去摆脱这种消极的状态。当克里克斯坦气喘吁吁地跑来跑去、跳来跳去的时候，我就像个旁观者那样冷静、温和地看着他。只有在比赛之后，我才为此感到羞愧。

我需要做一些激进的事情，一些能够让我打破失败诅咒的事情。我决定从家里搬出去自己住。我在拉斯维加斯西南部住宅区买了一套三室的房子，将其改造成了一间彻头彻尾的单身公寓，几乎是单身公寓的样板。我将其中一间房间改造成了游戏室，里面有各种经典的游戏——《太空陨石歼灭战》（Asteroids）《太空侵略者》（Space Invaders）《防御者》（Defender）—— 这些游戏我玩得很烂，但是我想提高一下自己在这方面的技能；我将主卧室改造成了一间电影放映室，在长沙发间安装了最先进的音响设备和低音扩音器；我将餐厅改造成了台球室。整套房子里，摆了很多形状怪异、颜色鲜艳的豪华真皮椅。我在主客厅摆放了一套绿色精纺的双毛绒软垫组合沙发，在厨房里放了一台苏打水机，里面装有我最爱的私酿威士忌酒，还设有啤酒龙头。在房子后面，我装了一个热浴盆，还修了一个黑底的环礁湖。

最棒的是，我将我的卧室装修成了一个山洞，里面所有的东西都是深黑色的，就连窗帘也是遮光效果很好的那种黑色，不允许哪怕一丝阳光侵入。这是一个被监禁的青春期孩子的房间，一个想要与世隔绝的男孩的房间。我在这所新房子里走来走去，在这个豪华的囚所里，我敢于去想自己有多成熟了。

1992年伊始，我又退出了澳网公开赛。我从来没有参加过澳网赛，现在看起来也不是一个好时机。然而，我还是参加了戴维斯杯赛，而且表现得非常好，可能是因为在夏威夷的缘故吧。我们和阿根廷队对决，我的两场比赛都赢了。然后，比赛结束的前一天晚上，我、温迪、麦肯罗还有他的妻子塔特姆·奥尼尔一起喝酒。我们都喝多了，我凌晨四点钟才上床，武断地认为周日肯定会有人代替我去打那场毫无意义、被称作"死橡胶"的比赛[1]。

显然，没有人会替我去打。尽管我宿醉而且严重脱水，我仍要走到赛场和那位发球曾被我用手接住的贾蒂比赛。庆幸的是，贾蒂也是宿醉。这是场名副其实的"死橡胶"比赛，我们看起来都死气沉沉且马马虎虎。为了遮掩我布满红血丝的眼睛，我戴了一副奥克莉太阳镜。不知怎的，我打得非常好，打得很放松。我作为赢家走出了赛场，并且想着是不是能从这场比赛总结些经验。如果这是一场争夺赛，如果这是一项大满贯赛事，我是不是还能这么放松？我是不是应该每场比赛前都喝得酩酊大醉？

比赛后的第二周，我发现自己登上了《网球》杂志的封面，封面上的我戴着奥克莉太阳镜，正在打出一记制胜球。这期杂志发行数个小时后，一辆运货卡车停在了我的单身公寓门口，于是我和温迪走到外面。"请在这里签名。"一个邮递员说。

1　团体赛事中，在比赛胜负已定的情况下仍要坚持打完剩余的比赛。

"这里面是什么？"

"礼物，来自吉姆·简纳德的礼物，他是奥克莉的创始人。"

卡车的货箱被打开，一辆红色的道奇蟒蛇跑车慢慢地被卸了下来。

即使我丢掉了球技，我仍然可以推销商品，知道这一点感觉还真不错。

我的排名直线下降，已经跌出了前十名。现在唯一能让我觉得自己在球场上还算胜任的就是戴维斯杯赛了。在迈尔斯堡，我帮助美国队击败了捷克斯洛伐克队，在参加的两场比赛中均取得了胜利。除此之外，我只在"太空陨石歼灭战"里取得了胜利。

1992年法网公开赛的时候，我击败了皮特，这让我感觉不错。然后，我又遇到了库里埃，这次是在半决赛中。去年的记忆仍清晰可见，我的内心依然隐隐作痛。我又一次输了——被库里埃直落三盘轻取。又一次，库里埃在击败我后，蹬上他的跑鞋去慢跑了——与我比赛仍不能帮助他消耗掉足够的热量。

我跌跌撞撞地来到佛罗里达，瘫倒在尼克的家里。待在那儿的那段时间，我一直都没有碰过我的网球拍。然后，在波利泰尼学校的硬地球场进行了短暂的训练后，我又不情愿地和尼克一起飞往了温布尔登。

1992年的温布尔登网球公开赛可谓名将云集，群星闪烁：有世界排名第一、两届大满贯冠军得主的库里埃，有实力越来越强的皮特，有比赛随心所欲、得心应手的斯蒂芬·埃德伯格。我是第12号种子选手，其实按照我近来的状态，我的排名应该更低的。

在第一轮中，我和俄罗斯的安德雷·切斯诺科夫对决，比赛时我就像一个新手一样。我输掉了第一盘。我深受打击，沮丧中不禁开始咒骂自己，用恶毒的话攻击自己，裁判还因我说粗口而给了我警告。当时我真想冲过去冲他大骂"去你妈的、去你妈的、去你妈的"，但我没有那样做，而只是深吸了一口气，迫使自己平静下来，这让所有人都大吃一惊。然后我做了让他们更为震惊的事情——我连续赢了三盘比赛。

我进入了四分之一决赛，对手是贝克尔。他在过去七年的温布尔登网球公开赛中曾六次杀进决赛，这里的的确确就像他的主场、他的老巢一样。但是最近我接他的发球特别有心得。在连续两天的比赛中，经过了五盘的激战后，我击败了他——慕尼黑的记忆，终于可以落幕了。

在半决赛中，我的对手是曾获得过三次温布尔登网球公开赛冠军的麦肯罗。他已经三十三岁，快要退役了，而且是非种子选手。鉴于他目前处于劣势地位，而他以前又取得过辉煌的成绩，球迷们都希望他能赢。从某种意义上讲，我也希望他能赢，但是我直落三盘击败了他，杀进了决赛。

我很期待能与皮特对决，但是他在半决赛时输给了来自克罗地亚的戈兰·伊万尼塞维奇，一个强大的发球机器。我以前曾经跟他打过两次比赛，每一次他都是不失一盘将我击垮，因此我明白皮特的感受，而且我知道自己很快就会像他一样了。我根本就没有战胜他的可能。这就像一个中量级拳击运动员跟一个重量级拳击运动员比赛一样，唯一的悬念就是后者会将前者一拳击倒还是会凭借点数获胜。

伊万尼塞维奇平时的发球就已经很强大了，而今天他的发球简直就是一种艺术。他对我左右开弓，不断轰出 Ace 球，怪兽才能达到他那样的发球速度——测速仪指针已指到了222千米／时。但是，不仅仅是速度的问题，还有他发球的运动轨迹问题——这些球统统以75度角砸向场地。我尽量不介意，我对自己说：和他比赛，Ace 球总会经常发生。每当他发出的球从我身边呼啸而过时，我都默默告诉自己他不是每次都可以做到这样的，只要走到另一侧场地、做好准备就可以了，安德烈。这场比赛的胜负就系于那关键的几次二发上。

他赢得了第一盘，7∶6。这一盘中我一次都没能破发成功。我集中精力，尽量让自己不去在意，深呼吸，保持耐心。这时有一个可怕的想法在我脑海中一闪而过：我是不是要第四次在大满贯的决赛中铩羽而归？我暂时将这个想法放到一边。在第二盘中，伊万尼塞维奇接连失误，这使我有了可乘之机。我破发成功，拿下了第二盘，然后又赢得了第三盘。这反而让我感觉更糟糕了，因为我又一次距大满贯的冠军宝座只有一盘之遥了。

在第四盘中，伊万尼塞维奇重整旗鼓并击败了我。我已经惹怒了这个克罗地亚人，他开始发威了。整个第四盘，他仅失几分。我们又陷入了这种局面。我似乎都知道明天头条新闻会是什么，它们会像我手中的球拍一样给我造成痛苦。第五盘开始的时候，我不停地跑动，以使我浑身的血液沸腾起来。我喃喃自语：你必须拿下，你不想输，起码这场比赛你不想输。你之所以在前三次大满贯决赛失败，是因为你对胜利的渴望还不够强烈。但是这次不一样，这次你非常想赢，所以你要让伊万尼塞维奇和所有人知道你想赢。

3∶3，我发球，破发点。这一盘中，从开始到现在我都没能一发成功，但是现在，谢天谢地，我终于成功了。他将球回击到球场中央，我用反手将球击回，他切出了一记高球，我被迫后退两步调整位置。高压球是最好打的球之一。这也是我在大满贯赛事不断挣扎的一个缩影，因为它太简单了，我不喜欢太简单的事情。它就在那儿等着我去击打它——我要扣杀它吗？我挥了一下球拍，打出了一记教科书般的高压球，得到了这一分，并顺势保住了这个发球局。

现在伊万尼塞维奇以4∶5落后。他双发失误，两次，现在以0∶30落后。他自己在重压之下崩溃了。我在过去的一个半小时内都没能将他击垮，但是现在他自己垮掉了。他一发又失误了。他的自信心正在瓦解，我知道，我能看得出来。没有人比我更清楚自信心瓦解是什么样子，我也知道那是什么感觉。我确切地知道现在伊万尼塞维奇的体内正发生怎样的变化——他的喉咙发干，腿在打战。但是很快他就平静了下来，二发将球击到了发球区的深区，只见一道黄光飞过，刚好压线，界线处因此扬起了一些粉尘，就好像他是在用步枪射击边线一样。然后，他又发出了完美的一球。突然间，比分战成了30∶30平。

他一发失误，二发成功。我大力回击，他则奉上一记半截击球，我跑上前将球击回，球从他身边飞过。然后，我慢慢回到了底线。我对自己说，挥一次拍，你就可以赢得这场比赛了。仅一拍之遥，你从来没有离成功这样近过，而且，错过了这次机会，你可能以后都没有机会了。

这也正是问题的所在。如果我离成功如此接近，但最后还是功亏一篑，那会怎么样？那些嘲弄，那些指责……不要再想这些了，我试着将注意力重新集中在伊万尼塞维奇身上，我需要猜测他会以何种方式发球。通常说来，一位左撇子球员面临压力在占先区发球时，会发出把对手拉出场外的外角球，但是伊万尼塞维奇并不是一名典型的球员，在关键时刻，他发出的球通常是落在中线处的大力平击球。为什么他喜欢这样的发球，老天才知道。可能他不应该这样发球，但是他的确这样做了。我知道他的这个发球特点，我知道他会将球打到中线。果然，他的球冲着中线飞了过来，但是球触网了——是件好事，因为那个球简直像一颗流星那么快，并且直扑中线而来，即使我猜对了方向，并且向着正确的方向移动，我也不可能将球击回。

现在观众们沸腾起来了，纷纷站了起来。我宣布是时候了。我对自己说，大声地说：赢了这一分，否则我会让你永无安宁之日，安德烈。不要期盼他双发失误，不要妄想他会失误，你只要控制你能控制的就好了。用尽全力将球打回去。如果你已经全力以赴但仍然没有击中，那你也不会有遗憾了。你能够承受那个结局。一次接发球，永不后悔。

用力地回击。

他将球抛出，朝我的反手位发过来。我跳起来，用尽全力回击，但是我太紧张了，以至于朝他反手位击出的这一记球速度很平缓。但不知怎的，他竟然没能完成这次本应很容易的网前截击——球落网了。就这样，二十二年之后，经过二十二年上百万次的挥拍之后，我登上了1992年温布尔登网球公开赛冠军的宝座。

我双膝跪倒，匍匐在地，我控制不住这倾泻而出的感情。当我跌跌撞撞地爬起来的时候，伊万尼塞维奇出现在我的一侧。他拥抱了我，并用温暖的声音说："恭喜你，温布尔登的冠军，你今天实至名归。"

"打得很棒，戈兰。"

他拍了拍我的肩膀，微笑着走回到了他的座位，并用一块毛巾把头包了起来。我明白他此刻的心情。当我坐在自己的椅子上试着整理自己的情绪时，我内心的很大一部分是跟他一起的。

一个非常典型的英国人靠近我，让我站起来。他递给我一个巨大的金灿灿的奖杯。我不知道该怎样拿着它，或者该拿着它去哪里。他指了指，让我围着赛场走一圈。"将奖杯举过头顶。"他说。

我高举着奖杯绕场一周。球迷们欢呼着。另外一个男人试图从我手中将奖杯拿走，我拽了回来，他解释说他要拿着奖杯去刻上我的名字。

我向我的包厢望去，朝尼克、温迪和菲利挥手。他们在为我鼓掌、呐喊。菲利拥抱了尼克，尼克拥抱了温迪。我爱你，温迪。我朝王室人员鞠了一躬，然后走出了场地。

在更衣室里，我盯着奖杯上自己扭曲的影子。我冲着奖杯和奖杯上那个扭曲的人形说："一切的痛苦和折磨，都是为了你。"

我因自己眩晕的状态而感到紧张。对于我来说，这不应该如此重要的，我不应该感觉如此好的。但一波波强烈的情感却不断朝我涌来——宽慰、得意，甚至还有歇斯底里般的安静，因为我终于从那些残酷的批评家口中赢得了短暂的缓刑，尤其是我身体里的那些批评家们。

下午晚一点儿的时候，我们回到了我租的房子。我打电话给吉尔。他没能来跟我一起参加比赛，是因为在漫长的红土赛季后他需要陪陪他的家人。他真的很希望自己能够在比赛的现场亲眼见证我夺冠的那一刻。他跟我谈论这场比赛，比赛的详细情形——他能在这么短的时间内学到这么多关于网球的知识，真令人震惊。我又打电话给佩里和 J.P.。然后，我颤抖着拨通了父亲在拉斯维加斯的电话。

"爸爸？是我！你能听到我说话吗？你感觉怎么样？"

没有回答。

"爸爸？"

"你没有理由输掉第四盘比赛。"

我惊呆了，沉默着，不敢相信自己的耳朵。然后我说："好在不管怎样我赢了第五盘比赛，不是吗？"

他什么也没说，不是因为他不同意我的观点，或是不赞成，而是因为他哭了。隐隐约约中，我听到父亲抽鼻子和擦眼泪的声音。我知道他为我感到骄傲，只是不会表达而已，我不能因为他不善于表达内心的感受而责备他——这是我们家族天生所欠缺的。

决赛当天晚上将举行著名的温布尔登舞会。我很久之前就听说过，而且很渴望能够参加，因为男子冠军将会和女子冠军共舞——而这一年，跟大多数年份一样，这意味着能够和施特菲·格拉芙共舞。我第一次是在法国一家电视台的访问节目中看到了她，自那以后，我就迷恋上了她，就像是遭到了雷击一般，为她闪耀夺目的优雅和不事雕琢的美丽所倾倒。不知为什么，她看起来就像她"闻起来"那么好。而且，仿佛她的好是最基础的、最根本的、与生俱来的，她由内而外散发出正直、善良和一种已经不存于世的高贵。有半秒钟的时间，我还以为我在她的头上看到了光环。上次法网公开赛之后，我试着给她留言，但是她没有回复。现在，我已经迫不及待地想要带着她在舞池里旋转，尽管我并不知道怎么跳舞。

温迪知道我对施特菲的感情，而且她一点儿也不嫉妒。我们之间是很开放式的恋爱关系，她提醒我说，我们都只有二十一岁。事实上，决赛的前夜，我们一起到哈罗兹去买礼服，以备不时之需。温迪当时还跟售货员打趣说，我要赢这场比赛的原因就是为了同施特菲·格拉芙共舞。

于是，我第一次戴着黑色的领带、挽着温迪、迈着从容的步伐走进了舞会。我们不时地被白发苍苍的英国夫妇所"攻击"，那些男人耳朵里有耳毛，女人笑起来像是醇香的陈酒。他们似乎对我获胜这件事感到很高兴，但是事实上主要是因为我给这个俱乐部注入了新鲜的血液。"能够在这些糟糕透顶、枯燥乏味的集会里找个新的人聊天。"有些人如是说。温迪和我背靠背站着，就像一群鲨鱼中间戴着自携式水下呼吸器的潜水员。我尽力去弄懂一些浓重的英国口音。我试图向一位长得很像本尼·希尔的年长的女士表达清楚这一点：我很期待与女子冠军的共舞。

"很不幸，"那位女士说，"今年不会有共舞这个节目。"

"你说什么？"

"过去几年来，选手们对共舞这一传统节目并不是很热衷，因此这一节目已经被取消了。"

她看到我的脸拉了下来。温迪转过身来，也看到了我阴沉的脸色，她大笑了起来。

我没能够跟施特菲共舞，但是将会有一个安慰性的会面：一个正式的自我介绍。我整个晚上都很期待。然后一切发生了。我握了握她的手，跟她说去年法网公开赛的时候我曾试图联系她，希望她不要误会。我说，我真的很想找个时间跟你好好聊聊。

她没有回答，只是微微笑着，很神秘的微笑，我不能确定对于我刚刚说的话她是高兴还是紧张。

Chapter 14

情定波姬·小丝

在电影的结局，刘易斯对他的学生们说：痛苦是上帝唤醒这个常常听而不闻的世界的扩音器。他告诉他们：我们就像一块块石头，上帝拿凿子的重击虽然使我们饱受磨难，但是也使我们臻于完美。

既然我赢得了一个大满贯冠军，我就应该成为一个不同的人，每个人都这样说。没有人再说"形象就是一切"。现在，体育记者声称：对于安德烈·阿加西来说，赢得比赛才是一切。整整两年来，他们一直称我为骗子、"掉链子艺术家"、毫无理由的反叛者，而今天他们则把我捧为了名人。他们宣称我是一个胜利者、一个有实力的选手、真正的高手。他们说我在温布尔登的胜利迫使他们不得不重新对我进行评价，不得不重新考虑我到底是谁。

但是我并不觉得温布尔登改变了我。我觉得，事实上，我只是得知了一个令人生厌的小秘密：胜利什么都不能改变。既然我赢了一个大满贯赛事，我就知道了世界上很少有人能够获知的事情。你从一场胜利中获得的快感根本无法与你在一场失败中承受的痛苦相提并论，而且好的感觉也不会像糟糕的感觉那么持久，相差甚远。

我在1992年的夏天确实要比以往更为幸福、更加充实，但并不是因为温布尔登，而是因为温迪。我们变得更为亲密了，我们私下里对彼此许下了诺言。我已接受了我未必会和施特菲在一起这一点。你执着于那份痴想时，它的确很美好，但此时我已全身心地投入到与温迪的这份感情中，她也如此。她去了好几所大学，但没有一所合适，因此她现在整日和我待在一起。

但1992年，和温迪待在一起突然间变得复杂起来。无论是在电影院还是在餐厅，我们事实上从来都不是单独相处。人们不知从哪里就冒了出来，要求和我拍照，索要我的签名，试图引起我的注意或者寻求我的意见。温布尔登使我出了名。我本来以为我在很久以前就出名了——六岁时，我就第一次为别人签名——但现在我发现我以往其实是声名狼藉。温布尔登为我正了名，拓展并深化了我的吸引力，至少根据那些经纪人、经理还有营销专家们的说辞确实如此，我现在会经常与这些人会面。人们想更加靠近我，他们认为他们有这种权力。我理解在美国任何事情都要交税，现在我发现，每个球迷十五秒钟——这就是你要为你在体育运动上的成功所要缴的税。我理智上能接受这一点，只是我希望这不会意味着我从此丧失了和女朋友之间的私人生活。

温迪只是耸耸肩，表现出一副无所谓的样子。她对生活中的一切侵扰都非常大度。她使我免于太过严肃地对待任何事情，包括我自己。在她的帮助下，我认定身为名人的最佳之道就是忘记自身的名声，我尽力将自己的名望抛诸脑后。

但是名声是一种力量，是不可阻挡的，你关上窗户阻挡名声，它会从门缝中溜进来。某一天，我一转身，竟然发现我已经有了几十位名人朋友，其中有一半我甚至都不知道是如何认识的。我被邀请到聚会和贵宾室，参加各种社交活动和庆典。这些场合名人云集，其中许多人会主动要我的电话号码，或者把他们的号码塞进我的手里。同样，我在温布尔登的胜利使我自动成为全英俱乐部的终身会员，这也意味着我被接纳成为这一鱼龙混杂的名人俱乐部的一员了。现在，我的社交圈子包括肯尼·基、凯文·科斯特纳和芭芭拉·史翠珊。我被邀请到白宫过夜，乔治·布什在与米哈伊尔·戈尔巴乔夫举行峰会前和我共进了晚餐，我睡在林肯曾经的卧室里。

我开始觉得有点儿像做梦，但是随后就觉得这没什么了，完全正常。我只是对从不可思议到习以为常的转变如此迅速而惊讶。我惊讶原来出名是这么无聊和乏味，惊讶名人是那么平凡甚至庸俗。他们困惑慌乱，摇摆不定，缺乏安全感，而且常常讨厌自己所做的事情，就像我们常常听到的那句格言：金钱买不到幸福。但直到我们亲眼所见，我们才会相信。在1992年，我看到了这一点，从此开始以一种新的方式衡量自身的信心。

我正航行在温哥华岛附近的海域上，与我的新朋友、音乐制作人戴维·福斯特一起度假。在我和温迪登上福斯特游艇后不久，科斯特纳也登上了这艘游艇，并邀请我们去他的游艇聚一聚，他的游艇就停在离这里大约四十五米处。我们立刻跟随他来到了他的游艇。尽管科斯特纳有一艘游艇，但他似乎是个非常传统的男人，随和、幽默，并且从容冷静。他热爱体育运动，热切关注着各种体育赛事，而且认为我也如此。我只能不好意思地告诉他我从来都不关注那些运动，告诉他我并不喜欢它们。

"你是什么意思呢？"

"我的意思是，我不喜欢体育运动。"

他失声大笑。"你的意思是除了网球？"

"我最讨厌网球。"

"好吧，好吧，我猜打网球肯定是个苦差事，但你并不是真的讨厌网球。"

"我确实讨厌。"

在游艇上的大部分时间里，温迪和我都在观察科斯特纳的三个孩子。他们很有教养，也很讨人喜欢，而且他们是那么的漂亮，看起来就像是从我母亲的诺曼·罗克韦尔拼图里偶然跌落人间的小人儿。在我们与他们见面后不久，四岁的乔·科斯特纳就抓住我的裤腿，然后用他那大大的蓝眼睛仰视着我，大叫道：我们摔跤吧。我一把抱起他，然后头朝下地"提"着他。他咯咯地笑着，那笑声是我听过的最美妙的声音。温迪和我当时心里想我们无可救药地被这些小科斯特纳们迷住了，但实际上我们是在有意无意地扮演他们父母的角色。我注意到温迪的眼神不时地从我们这些成年人身上溜走，然后转向那些孩子。我能看出她会成为一个伟大的母亲，我也想象着陪在她身边，与她一起经历这些，与她一起抚养三个绿眼睛的小黄毛。这种想法不禁吓了我一跳，当然也使她为之一惊。我开始和她讨论家庭这一话题，我提到了未来。她没有回避，她也想要。

几周后，科斯特纳邀请我们去他在洛杉矶的家里观看他的新电影《保镖》（*The Bodyguard*）的预映。温迪和我对这部新电影没有什么过多的想法，但是我们疯狂地迷恋上了它的主题曲《我将永远爱你》（*I WiII Always Love You*）。

"这首歌属于我们。"温迪说。

"永远。"

我们对彼此唱这首歌，我们引用这首歌表达对彼此的爱。每当电台放这首歌时，无论我们在做什么，我们都会停下来含情脉脉地看着对方。我们周围的人都不禁连呼肉麻，而我们却毫不在意。

我告诉佩里和菲利我头脑里经常出现和温迪共度余生的情景，所以我可能很快就会向她求婚。菲利表示完全赞同，佩里则只是觉得可以。

"温迪就是我要找的那个人。"我对 J.P. 说。

"那施特菲·格拉芙呢？"

"是她拒绝我的。别再提她了，就是温迪了。"

我正向 J.P. 和温迪炫耀我的新玩物。

J.P. 问："这个东西被称作什么来着？"

"悍马。他们在海湾战争中开的就是这个。"

在美国刚刚开始出售悍马时，我就买了一辆。我们驾驶着这辆车在拉斯维加斯周围的沙漠里四处游荡，直到我们被困在了沙子里。J.P. 打趣道："他们在海湾战争中肯定没碰到过任何沙子。"我们下了车，在沙漠里漫无目的地走。我今天下午还要赶飞机，明天还有一场比赛，如果我不能从这个沙漠里出去，各类人等都会对我发火的。我们不停地走啊走，比赛的问题突然变得那样微不足道，生存问题开始成为一个真正的切身之忧。环顾四周，我们如此渺小，而黑暗正在降临。

"我感觉到这似乎可能是我生活的一个转折点，"J.P. 说，"而显然这不会是一个好的转折点。"

"谢谢你的正面思维方式。"

终于，我们发现了一个简陋的小屋，一个隐居的老人把他的铁锹租给了我们。我们长途跋涉回到了悍马车旁，然后就赶快着手清除后轮处的沙子。突然间铁锹碰到了一个非常坚硬的东西，那是钙积层，即内华达沙漠下的类似水泥的土层。我觉得手腕里面的某个部位发出了咔嚓一声，我痛得不禁叫出了声。

"怎么了？"温迪问道。

"我不知道。"

我看着手腕。

"在上面擦些土。"J.P. 说。

我挖出了悍马，赶上了我的航班，还赢了第二天的比赛，但是几天后，我痛得从睡梦中醒来。我感觉我的手腕已经断掉了，它已经无法弯曲了。我感觉里面已被梳入了许多缝衣针和生锈的剃须刀片。这太糟糕了，这可是个严重的问题。

然后疼痛自行消失了，我舒了一口气，后来它又出现了，我惊恐不已。不久，这种疼痛不再只是偶尔光顾，而是日夜与我相伴。早上还可以忍受，但是晚上这种针扎刀刺的感觉使我几乎不能呼吸，痛不欲生。

医生说我有肌腱炎，手腕外侧的囊炎尤为严重，即在腕部有很多难以愈合的微小裂口。他说这是用腕过度的结果，只有通过休息或手术才有可能痊愈。

我选择休息。我把自己封闭起来，抚慰我的手腕，像呵护一只受伤的鸟儿一样呵护它。但几个星期过去了，我仍不能进行锻炼，连一个俯卧撑都完成不了，而且就连开一下门，我的脸都会痛得扭曲。

腕伤带来的一个积极的结果就是我能有更多时间和温迪待在一起了。1993年的开端对我来说，不是硬地赛季而是"温迪季"，我完全沉浸其中。她喜欢这种额外的关注，但同时她也担心她会忽视自己的学业。她又进入了另一所大学，这是她的第五所或者是第六所，我已经不太清楚了。

我正开车行驶在彩虹大道上。为了避免用到我那受伤的右手腕，我用左手握着方向盘。我摇下车窗，打开了收音机。在春风的吹拂下，温迪的头发轻轻扬起。她调低了收音机的音量，并且感叹自从她知道自己真正想要的是什么以来，又过去这么长的时间了。

我点点头，并且调高了收音机的音量。

她再度调低了音量，并且说她上了这些不同的大学，在不同的州居住过，她一直在寻找生命的意义和目的，但感觉总是不对。她说她似乎无法认清自己是谁。

我再次点了点头。我非常同意，对那种感觉我再熟悉不过了，而且赢得温布尔登并没有使这种感觉得到缓解。然后我仔细看了看温迪，意识到她并不只是在闲聊，她说这些是为了把话题引到某处，她正在表明一种看法—— 关于我们关系的看法。她转过身，直视着我的眼睛。"安德烈，我一直在想这件事情，而且我认为我不会快乐，真正地快乐，除非我能认清自己是谁以及我该如何度过我的人生。我也不知道如果我们待在一起的话，我该如何做到这一点。"

她哭了起来。

"我不能只做你的旅伴、你的密友、你的球迷，再也不能。嗯，我会永远是你的球迷，但你知道我的意思吧？"

她需要找到自己，而要做到这一点她需要自由。

"你也是，"她说，"如果我们待在一起，我们就无法实现各自的目标。"

即使是开放式的情侣关系也太过限制双方。

我无法和她争论，如果那就是她的感觉，我则什么也不能说。我想让她快乐。此刻收音机中又开始播放那首属于我们的歌——《我将永远爱你》。我死死地盯着温迪，试图捕捉到她的眼神，但她的脸一直侧向一边。我掉转车头，把车开到了她家，送她到了门口。她给了我一个长长的拥抱，最后一个拥抱。

然后我开着车离开了那里，还没开到那个街区的尽头，我就不得不停下来，给佩里打了个电话。当听到电话那头他的声音时，我由于哭得太厉害，甚至说不出话来。他以为这是个恶作剧电话。

"喂，"他不耐烦地喊道，"喂—— "

他挂断了电话。

我又打过去，但还是说不出话来。他再次挂断了电话。

我藏了起来，躲在单身公寓里，疯狂地喝酒，没日没夜地睡觉，吃垃圾食品。胸口处剧烈的疼痛不断袭来。我把这种痛感告诉了吉尔，他说那听起来就是典型的心碎的感觉，拒绝愈合的小伤口，过度使用的结果。

然后他问我："那温布尔登怎么办？该想想我们的海外之行了。是时候放下了，安德烈，我们要继续上路了。"

我此时甚至连电话都拿不住，更别提球拍了。不过我想去，这样可以暂时转移自己的注意力。我可以在路上耗掉一些时间，与吉尔一起，为一个共同的目标而努力，而且我将不得不奋起捍卫我的冠军头衔，我别无选择。就在我们的航班起飞前，吉尔安排我在西雅图与一位医生会面，他应该是这一领域最好的医生，他给我打了一针可的松。这一针起作用了，到达欧洲时，我可以毫无痛苦地随意弯曲我的手腕。

我们首先去德国的哈雷参加了一项热身赛事。我在那里碰到了尼克，他立刻就向我提到了钱的问题。他因为欠了债，所以卖掉了波利泰尼学校，而这是他一生中最大的错误。他以很低的价钱就把它卖掉了，现在他需要现金。他已经面目全非，或者说是露出了本来的面目。他说他并没有得到他应该得到的回报。他说投资我是一个错误的选择，他花掉了大把大把的钱培养我，他有权获得比我已经付给他的报酬多得多的回报。我对他说："我们回去后再谈论这个问题可以吗？现在我心头已经压着好几件事情了。"

"当然，"他说，"我们回去再谈。"

这次对峙使我心烦不已，以致在第一轮比赛中，斯蒂布以三盘击败了我，使我颜面尽失。热身赛到此为止。

去年我很少参加比赛，即使参加了，也表现得很糟糕，因此我成了温布尔登历史上排名最低的卫冕冠军。我在中心球场第一场比赛的对手是德国人贝恩德·卡巴切尔。他厚厚的头发从比赛开始到结束一直都是一个样子，这显然使我十分厌烦。卡巴切尔的种种，都让人无法专注于比赛，这不禁使我怀疑这一切是不是事先设计好的。除了他那令人羡慕的头发，他还是一个罗圈腿，他走路时的样子就好像他不只是整天都坐在马上，而且是刚刚摔下了马，而那肯定是一个漫长的马上旅程，并且摔下时屁股被摔裂了。得益于他的这副样子，他在比赛中的表现很奇特。他反手很强大，反手技术堪称一流，但他只是靠它来减少跑动。他讨厌跑动，讨厌移动。有些时候，他也不怎么在乎发球。他的一发表现得非常具有进攻性，但二发就要逊色很多。

由于手腕麻木，我也有自己的发球问题。我不得不改变动作，只是小幅度地向后挥拍，并且限制突然的活动。这自然会引起问题，我在第一盘比赛中以2∶5落后。我就要成为近几十年来第一个在第一轮就被淘汰出局的卫冕冠军了。但是我打起精神，迫使自己与自己的新发球方式和解，终于熬到了胜利。卡巴切尔跳上他的马，策马而逃。

英国的球迷非常友好，他们为我欢呼喝彩，赞赏我为克服腕伤所做出的努力；但是英国的那些小报却并非如此，它们充满恶意，连篇累牍地报道我最近刚刚刮过毛的胸部，各种奇怪的版本层出不穷。只是无意识地简单修剪了体毛，别人却认为我是切断了一只胳膊或一条腿。我的手腕断掉了，他们却只是谈论我的胸部。我的新闻发布会变成了滑稽剧，几乎每个问题都与我那新近变得光滑的胸部有关。英国记者都对毛发非常着迷——要是他们知道了我头发的真相，还不晓得会写出什么来。还有几个小报说我胖了，记者们恶毒地称我为"汉堡王"，并以此为乐。吉尔试图把我体形的变化归咎于我腕部注射的可的松——可的松会引起浮肿，但没有人相信这种说法。

不过没有什么比芭芭拉·史翠珊更令英国人着迷的了，她到中心球场观看我的比赛，这引起了好一阵骚动。温布尔登从来不乏名流捧场，但芭芭拉的出现引起的骚动如此之大，我以前从未见识过。记者不断地骚扰她，随后又不断地逼问我关于她的种种。小报们煞费苦心地剖析评论进而贬低我们之间的关系。事实上，我们之间只是充满激情的友情。

他们想知道我们是如何相识的，我拒绝告知，因为芭芭拉是我所认识的最害羞、最不爱谈论私事的人。

我和芭芭拉的相识要感谢史蒂夫·温，他是一个赌场的老板，我从孩提时代就认识他了。一天，我和他在打高尔夫球，我提到我喜欢芭芭拉·史翠珊的音乐，他说她是自己的一个好朋友，然后我和芭芭拉就通过一系列的电话开始了联络。我赢得温布尔登后，她发了一封贴心的电报祝贺我并且略带挖苦地对我说：终于把你的样子和声音对上号了，还不错。

几周后她邀请我去她在马里布的牧场参加一次小型聚会。戴维·福斯特也会参加，她说，还有其他几个朋友。我们终于要见面了。

她的牧场各处都建有小屋，其中一间是电影屋。在午餐会后，我们闲逛到那里，观看了《喜福会》的非公开试映版。这是一部典型的女性文艺片，无聊至极，我耐着性子观看，不时担心自己会被闷死。然后我们又漫步到另一间小屋，是一个音乐室，窗户下摆着一架豪华钢琴。我们站在一起，一边吃着东西，一边随意交谈着。戴维坐在钢琴旁弹奏着一曲又一曲感伤的恋歌，他几度要求芭芭拉唱歌，但她不唱，而他紧追不舍，坚持要她唱，后来气氛都变得有些尴尬了，我真希望他能就此罢手。芭芭拉的胳膊肘支在钢琴上，后背正对着我。我看到她绷紧着身体——很明显，她有些害怕在其他人面前表演，这会使她非常不自在。

但是，过了不到五分钟吧，她哼出了几个小音节，从屋顶到地板，屋子的各处都回荡着她的声音。每个人都屏息静听。玻璃颤抖了，餐具颤抖了，我的肋骨和腕骨也为之一颤。有那么一瞬间，我甚至认为是有人在用博世（Bose）音响系统播放芭芭拉的唱片，而且是调足音量之后播放的。我无法相信人类能够发出那么震撼的声音，无法相信人类的声音竟能够弥漫于整个房间，充满每一寸空间。

从那一刻起，我更加为她所吸引。她拥有如此强大、如此摄人心魄的天赋，却不能仅作为消遣自由地使用。一想到这一点，我就对她更加着迷，也觉得她更加亲切，但再一想，沮丧之情又不禁涌上心头，因为这种感觉是如此熟悉。那天之后不久，我们又见面了，她邀请我到她的牧场去。我们一起吃了比萨，然后又聊了几个小时，发现我们有很多方面很相像。她是个极端完美主义者，讨厌做一些她已经做得非常出色的事情。而且，尽管她处于半隐退状态已经很多年了，尽管她内心充满了自我怀疑以及持续不断的恐惧，但她承认她一直在考虑要不要回到演唱舞台上。我鼓励她那样做，我告诉她剥夺人们听到那种声音——那种令人震撼的声音的机会是不对的。"最重要的是，向恐惧投降是危险的。恐惧就像毒品一样。"我说，"你对它做出一小步让步，它就会让你做出更大的让步。"所以即使她不想表演又能怎么样？她不得不表演。

当然，我每次对芭芭拉说这些话时，都会觉得自己很伪善。在我与恐惧和完美主义进行的斗争中，我一向输多赢少。我以对记者讲话的方式对她讲话，我只是告诉她我知道是正确的或者我希望是正确的事情，但其中大部分我自己都不能完全相信，更别说付诸实施。

那是在春天，在我和芭芭拉打了一整个下午的网球后，我对她讲了关于拉斯维加斯一名新歌手的事。这名新歌手的声音非常洪亮，堪与芭芭拉媲美。我问："你想听一听她的歌吗？"

"当然。"

我把她带出了网球场，带到了我车里，然后播放了这位轰动一时的加拿大歌手席琳·狄翁的CD。芭芭拉咬着她拇指的指甲，聚精会神地听着。我知道此刻她在想什么，她在想：我也能做到。她的脑海中肯定浮现出自己重新在歌坛大有作为的情景。我感觉到我终于帮上了忙，但也觉得自己真是虚伪透顶。

芭芭拉终于重新回到了舞台，而我的虚伪也在那一刻达到了顶点。我坐在前排，戴着一顶黑色的棒球帽——我的假发又出了问题，而我则担心别人对此会做何感想和评论。那晚我除了是一个伪君子外，还成了恐惧的奴隶。

大多数时候，我和芭芭拉总是会对我们的约会引起的震惊和流言蜚语一笑置之。我们一致认为，既然我们觉得彼此不错，那么纵使她比我大二十八岁又如何呢？我们的关系很和谐，而公众的反对声只是使我们的关系更加有趣，这种反对使我们的友谊具有某种为社会所不容甚至危险的意味——我整个反抗行为中的又一部分。与芭芭拉·史翠珊约会就像穿"热熔岩色"的球鞋。

不过，如果我疲惫不堪或是情绪低落，就像在温布尔登那次一样，公众的污蔑则会使我痛苦不堪。而芭芭拉对某个记者讲的我是一个禅宗大师的那番话也正中了那些诋毁者的下怀，各类报纸由此获得了一个可以对我大肆嘲笑的机会。我开始不断地听到有人引用"禅宗大师"——这句评语一时间取代了"形象就是一切"。我不理解他们的反应为什么会如此强烈，也许这是由于我不知道何为"禅宗大师"的缘故。既然芭芭拉是我的朋友，我只能认为它是一个好的评价。

　　暂时抛开芭芭拉的话题，避开报纸和电视，我继续自己在1993年温网的进程。在击败卡巴切尔后，我又战胜了葡萄牙的若昂·库尼亚·席尔瓦、澳大利亚的帕特里克·拉夫特和荷兰的理查德·克拉吉赛克。我进入了四分之一决赛，与皮特对决。又是皮特。他的发球已然成为一种武器，我怀疑我的手腕是否能承受得住他的发球。但皮特此时也被其自身的伤痛所困扰，他的一个肩膀疼痛难忍，所以他在比赛中的表现比平常稍微差些——或者他们是这样说的。你绝不会知道他是如何对付我的：他迅速地拿下了第一盘，花费的时间比我穿赛服的时间还要短，然后又以同样的速度赢得了第二盘。

　　又是一场短命的比赛，我心里想。我抬头看了看我的包厢，芭芭拉坐在那里，闪光灯在她周围不停地闪着。我想：这真的就是我的命运吗？

　　第三盘开始时，皮特连续失误，这给了我喘息的机会。我赢了这一盘，接着又拿下了第四盘。我们战平了，各胜两盘。命运的车轮似乎正在朝我的方向转动，我看到恐惧悄悄爬上了皮特的双颊，怀疑、明显的怀疑之情就像下午时出现在温布尔登草场上那长长的影子一样追随着他。只有这一次，不是我，而是皮特在声嘶力竭地咒骂自己。

　　在第五盘中，皮特退缩了，他揉着肩，请出了赛会医生。在比赛中断的这段时间里，皮特接受了治疗，我则暗暗发誓一定要拿下这场比赛。连续两年温网冠军——难道这不是了不起的成绩吗？到时那些小报又会说些什么，或者我将说些什么，我们走着瞧。或者我会说：你们现在觉得你们的"汉堡王"如何呢？

　　但当我们重新开始比赛时，皮特完全换了一个人——不是重新恢复了生机或者重新焕发了活力，而是完全不同了。他从头开始，完全丢弃了那个深陷自我怀疑的泥沼中而不能自拔的皮特，就像蛇完成了蜕皮一样。现在他正在一点点甩开我，以5∶4领先。在这一盘的第十局一开始，他就连发了三个 Ace 球，但与其他任何 Ace 球都不同，它们甚至有自己独特的声音，就像内战中加农炮的声音。三个赛点。

　　突然间他朝球网走来，然后伸出了手，又一次以胜利者的身份。这次握手使我感到了切身的疼痛，但这并不是因为我那一触即痛的手腕。

输给皮特几天后，我回到了我的单身公寓。在这里，我只有一个简单的目标：我不愿再想起任何有关网球的事情，一个星期足矣，我只想短暂休息一下。我的心痛苦不已，我的手腕疼痛难忍，我的骨头要散架了。我只需要一个星期的时间什么也不做，只是安静地坐着，没有痛苦，没有戏剧性，没有发球局，没有小报，没有歌手，没有赛点。我正在小口啜饮着我当日的第一杯咖啡，随意翻看着一份《今日美国》报纸，然后一个标题吸引了我的注意力，因为我的名字在里面——"波利泰尼与阿加西分道扬镳"。尼克告诉记者他已经和我彻底断绝往来了，他想花更多的时间陪陪家人——十年了，他竟然以这种方式让我获得了这一消息，甚至还不如我在他的椅子上放的那只屁股朝天的大熊猫。

几分钟后，联邦快递送来了尼克的一封信，信上的说辞和报纸上的内容大同小异。我一遍又一遍地看着这封信，看了不下数十遍，最后我把它塞进了一个鞋盒里。我走到镜子前。我并没感觉有多糟——我已经什么感觉都没有了，已经麻木了。仿佛可的松的药力已经蔓延到了我的全身，吞没了我的知觉——我似乎已经不复存在了。

我开车到了吉尔那里，和他坐在健身房里。听我讲完这件事后，他和我一样感觉很糟，并且愤怒不已。

"嗯，"我说，"我猜现在是'同阿加西决裂'时间，首先是温迪，然后是尼克。"

我身边的人比我的头发减少得还快。

尽管似乎说不通，但我还是想再次踏上球场，我想要"享受"只有网球才能赐予我的那种痛苦。

但也不是这种剧痛。可的松的药力完全消失了，所以我手腕中那种针扎刀刺的感觉再度回归，而且简直令人无法忍受。我又见了一个新医生，他说我的手腕需要手术。然后我又见了另一个医生，他说休息可能会起作用。我赞同第二个医生的看法，所以我选择了休息。但当四周后我踏上球场，只是挥了一下拍后，我就意识到手术可能是我唯一的选择了。

我就是不信任外科医师。我信任的人本来就很少，我尤其不赞同别人说可以信任某个完全陌生的人。把自己交给一个刚刚见过面的人，由他掌控自己的命运，我实在厌恶这样做。一想到要毫无意识地躺在一张台子上，而某个人会切开我赖以为生的手腕，我就想打退堂鼓。如果那天他注意力不集中怎么办？如果失误怎么办？我总是会在球场上看到这一幕，而一半的时候，它就发生在我身上。我排在世界前十名，但某天你会觉得我只是个不折不扣的业余选手而已。如果我的外科医生恰巧就是医学界的安德烈·阿加西怎么办？如果他那天未在最佳状态怎么办？如果他喝醉了或者吸毒了怎么办?

我让吉尔在我手术时待在手术室里,陪在我的身旁。我想让他充当我的警卫、监视器、后盾以及见证人,换句话说,我想让他做他一直在做的事情——为我站岗、守卫着我,只不过这次要穿着一身长袍,戴着一副口罩。

他皱起了眉头。他摇摇头。他不知道。

吉尔有几个可爱的特性,比如说他很恐惧太阳。但是最可爱的就是他那神经质的个性——他见不得针,他一打流感疫苗心里就直发毛。

但是,为了我,他会鼓起勇气。他说:"我会坚持住的。"

"算我欠你一个人情。"我对他说。

"你从来都不欠我的,"他说,"我们之间不存在谁欠谁的问题。"

1993年12月,吉尔和我飞到了圣巴巴拉市,然后我住进了医院。当护士在我周围忙来忙去、为我做手术前的准备时,我对吉尔说我非常紧张,我会晕过去的。

"这样他们就不用给你打麻药了。"

"吉尔,这可能会是我网球生涯的终点。"

"不会的。"

"如果是的话怎么办?我该怎么办?"

他们给我戴上了口罩,然后对我说:"深呼吸。"我的眼睑变得很重很重,我挣扎着不让它们合上,挣扎着不让自己失去意识。"别走开,吉尔,别离开我。"我凝视着吉尔。他此时正戴着外科手术用的口罩,只有那双黑眼睛露在外面。他注视着我,眼睛一眨都不眨。吉尔在这里,我心里暗暗想,吉尔做到了这一点,他在守护着我,一切都不会有问题的。我闭上了眼睛,让某种迷雾吞噬了我。然而仿佛刚刚过了一瞬间,我就清醒了过来,吉尔则靠在我病床边对我说我手腕的状况比预料的还要糟,事实上要糟得多。"不过,他们已经清理干净了,安德烈,现在让我们心存希望,默默等待最好的结果吧。这是我们现在唯一能够做的事情,对吧?"心存希望,期待最好的结果。

我栖身在绿色鹅绒沙发上,对一只手敬而远之,用另一只手打电话聊天。医生说我必须使我的手腕在几天之内保持抬起状态,于是我用一个大的硬枕头垫着手腕躺在沙发上。尽管我一直在吃强力止痛药,但手腕仍然隐隐作痛,而我无法抑制自己的担忧之情,我依然很脆弱。不过至少还有事情可以转移我的注意力——一个女人,肯尼·基的妻子琳迪的朋友。

我是通过迈克尔·波顿认识肯尼·基的,而前者则是我在戴维斯杯上结识的,我们全都住在一个酒店里。然后，琳迪突然打电话给我，说她遇见了一个完美的女人。

"嗯，我喜欢完美的女人。"

"我觉得你们真是天生一对。"

"为什么？"

"她漂亮、聪明、雅致，而且幽默。"

"我可不这么认为。我还没忘了温迪呢，而且我不想通过别人介绍寻找心仪对象。"

"你会愿意和这个人联系的，她的名字叫波姬·小丝。"

"我听说过她。"

"再说，你和她联系又不会失去什么。"

"我会失去很多。"

"安德烈。"

"我会考虑的。她的电话号码是多少？"

"你没法给她打电话，她正在南非拍电影。"

"她肯定有电话吧。"

"没有，她此时正在茫茫蛮荒中，住的不过是在灌木丛中临时搭起的帐篷或者小木屋，你只能通过传真和她取得联系。"

我没有传真。在我家里什么小装置都有，但就是没有传真机。

我只好把菲利的传真号码给了她。

就在我手术前，我接到了菲利的电话。

"我这儿有一个你的传真——来自波姬·小丝？"

我们之间就这样开始了。我俩你来我往地不断发着传真，就这样我和一个素未谋面的女人开始了这种远距离的通信联系。以这种方式开始本来就略显奇怪，而在不断推进的过程中，我们之间的这种联系方式就显得更加奇特。交谈的节奏极其缓慢，而这对于我们两个人来说都再合适不过了——我们都不心急，而且这种空间上的巨大距离使我们迅速放下了对彼此的戒心。发了几次传真后，我们之间就从彼此只是无关痛痒的调情转换到倾诉内心最深的秘密了；而几天之后，我们之间的传真就呈现出一种相互吸引，进而是亲密的语气了。我感觉我正在与这个从未见过面甚至交谈过的女人发展成为关系确定的情侣。

我也不再给芭芭拉打电话了。

此时此刻，我困居于沙发的一角，绑着绷带的手腕架在枕头上，除了焦急地等待波姬的传真，我别无他事可做。吉尔会隔三岔五地来看看我，并帮我拟了几份传真的草稿。波姬毕业于普林斯顿大学，拥有法国文学学位，而我则在九年级就辍学了，这一点使我有些胆怯。吉尔则对我的这种想法置之不理，而是不断鼓励我，提升我的信心。

"除此之外，"他说，"别担心她是否喜欢你，而是要好好考虑你是否喜欢她。"

"嗯，"我语带嘲讽地说，"对，你说得很对。"

因此我叫他帮我租来了波姬·小丝的作品集，然后我们开始了两个男人的电影盛宴。我们买来爆米花，把灯光调暗。吉尔播放的第一部电影是《蓝色珊瑚岛》(*The Blue Lagoon*)，波姬在其中扮演一个尚未到青春期的美人鱼，她与一个男孩困在了一个风景如画的小岛上，故事情节则与亚当和夏娃的传说大同小异。我们不断地倒回、快进或定格录像带，讨论波姬·小丝是否是我喜欢的类型。

"还不错，"吉尔说，"很不错，你继续给她发传真毫无疑问是值得的。"

这种通过发传真进行的约会维持了几个星期，随后，波姬发给我了一份简短的传真，说电影已经完成拍摄，她即将回到美国，她的飞机两个星期后将在洛杉矶着陆。而我恰巧也得在她到达后的一天抵达那里，因为我要做客吉姆·罗梅主持的节目，接受他的采访。

我们是在她家见的面。在接受完罗梅的采访后，我从演播室一出来就直奔她那里，连脸上的浓妆都没来得及卸掉。她猛地推开了门，看起来星味十足，脖子上戴着一个松垂的围巾似的东西，没有化妆（或者至少妆没有我化得这么浓）。但她的头发剪得很短，这使我颇为吃惊，因为一直以来我都想象着她有着飘逸的长发。

"我扮演的一个角色需要剪短头发。"她说。

"哪部电影?《少棒闯天下》(*The Bad News Bears*)?"

她的母亲不知从哪里冒了出来。我们握了握手，她表现得很热情，但难掩生硬。我有一种奇怪的直觉——无论发生什么，这个女人绝对不会和我相处得很好。

在开车载着波姬去吃晚餐的路上，我问她："你和你母亲一起住啊?"

"是啊。嗯，不是，不完全是，这很复杂。"

"涉及父母的问题时的确总是很棘手。"

我们去了位于圣维森特的一家小型意大利餐厅 Pasta Maria。我主动要求在餐厅的一个角落里就座，这样我们才能有一定的私人空间。很快我就忘记了波姬的母亲、她的发型以及其他所有的事情。她举止优雅，魅力非凡，而且极为风趣。一位服务生来到我们桌边问道："请问两位女士看过菜单了吗，需要什么呢?"听到他这么说，我们都大笑了起来。

"我可能是该剪头了。"我说。

我问了她关于那部刚刚在南非拍摄完毕的电影。我问她喜欢当演员吗，她满怀激情地谈论着拍电影这一激动人心的经历以及与有天赋的演员和导演一起工作的乐趣。她这一点与温迪正好相反，温迪永远都不知道自己想要的是什么，而波姬则总是十分明确地知道自己想要的是什么，这种深刻的反差使我印象尤为深刻。她看到了自己的梦想，并且毫不犹豫地把这些梦想描绘出来，即使她也不完全知晓如何将这些梦想变为现实。她比我大五岁，所以更加老于世故，更加具有世俗智慧，但她也流露出一种快乐天真的气质，一种需要别人的神情，这使我不禁想要保护她。她唤醒了我体内的"吉尔"，我以前从未意识到我还有这一面。

我们谈论的大都是在传真里谈过的话题，但现在，在餐桌上，这些话题听起来已然不同，更加私密。现在彼此之间的表达能够更加精确细腻，谈话中也蕴涵着丰富的潜台词，肢体语言也在其中起着作用。她使我不停地大笑，也使她自己笑声不断，而且她笑得很可爱。就同在手腕手术中的感觉一样，三个小时眨眼间就过去了。

她对我的手腕尤其关注，并且表现得呵护有加。她仔细观察着约二点五厘米长的粉红色伤疤，轻轻地触摸着它，然后关切地问这问那。她也颇有些同病相怜之感，因为她也面临着手术——她的脚趾由于多年的舞蹈训练已经受到了损伤，医生需要把它们弄断然后再重新接上。我告诉她在我手术时，吉尔站在手术室里守护着我，而她则笑着问我是否可以把吉尔借给她。

我们发现，尽管表面上看来我们的生活很不同，但我们有着相同的起点。她深深知道在自以为是、野心勃勃且生硬粗暴的刻板父母的管教下成长起来是什么样的感觉。从十一岁开始，她的母亲就当起了她的管家，而与我不同的是，她的母亲现在还在管理着她的大小事务。现在她们已濒临破产，因为波姬的事业正江河日下。非洲的这部电影是此前很长一段时间里她的第一份工作，她在欧洲拍咖啡广告赚的钱只够付房屋按揭款。她对我讲类似这样的事情，惊人地坦白，好像我们已经认识了几十年，这不仅仅是因为我们此前互发传真已经使彼此之间的气氛颇为和缓。她只是生性坦率，我敢说，她一直都如此。如果我能有她一半那么坦率，我就心满意足了。我尚不能毫无顾忌地向她倾吐我内心的痛苦，尽管我不得不承认我对网球的厌恶。

她不禁笑了起来。"你不是真的痛恨网球。"

"我是真的讨厌。"

"但你并不痛恨它。"

"我确实痛恨它。"

我们谈论我们的旅行、我们最喜欢的食物和电影。我们在最近的一部电影《影子大地》（Shadowlands）上找到了共同话题，这部电影讲述的是英国作家 C.S. 刘易斯的故事。我对波姬说这部电影在我心中引起了深深的共鸣。刘易斯和他的兄弟很亲近，他的生活处处受人庇护，与世隔绝；他害怕冒险，也承受着爱的痛苦，但后来他遇到了一个女人，这位异常勇敢的女人使他认识到那种痛苦是生而为人的代价，经历那种痛苦也是非常值得的。

在电影的结局，刘易斯对他的学生们说：痛苦是上帝唤醒这个常常听而不闻的世界的扩音器。他告诉他们：我们就像一块块石头，上帝拿凿子的重击虽然使我们饱受磨难，但是也使我们臻于完美。我对波姬说，佩里和我已经看过这部电影两遍了，而且能够背出半数台词。波姬也很喜欢这部电影，对于这一点我深为感动。而当得知她还读过刘易斯的几部书时，我不禁心生些许敬畏之情。

已经过了午夜，咖啡杯也早已见底，我们不能再无视服务生和餐厅老板不耐烦的目光了。我们得走了。我开车送她回家。在她家外面的人行道上道别时，我有种感觉，觉得波姬的妈妈正透过楼上的窗帘注视着我们。我礼节性地吻了波姬一下，并且问她我是否可以打电话给她。

"请一定要打电话。"

当我转身离开时，她注意到我的牛仔裤在腰背部处有一个洞。她把手指伸了进去，用她的指甲划了一下我的尾骨，然后跑向房门，并在进屋前冲我会心一笑。

我在日落大道上开着租来的车。我之前本打算约会后开回拉斯维加斯的，未曾料到此次约会进展得如此顺利并且持续了这么长时间，而现在乘飞机也来不及了。于是我决定在我经过的第一家旅店过夜，结果我停在了如今已破败不堪的假日酒店门前。十分钟后，我躺在了二楼的一间散发着霉味的房间里，窗外日落大道和405州际高速公路上车辆不时呼啸而过。我试图重温这次约会的种种，更为重要的是得出一些关于这次约会以及它意味着什么的结论，但是我的眼皮很重很重。我挣扎着睁着眼睛，就像任何时候行将失去意识，似乎也将因此失去最终的选择权那样抗争着。

Chapter 15
"丑陋地赢"

　　你总是力图完美……不要再去考虑你和你自己的比赛，要记住球网另一边的那个人也有弱点。择其弱点而攻之。你不必每次出战时都是世界上最优秀的选手——你只要比一个人出色即可。你不必成功，而是迫使对方失败。更理想的情形是，迫使对手自乱阵脚，最终失败。

　　在波姬足部手术前的那个晚上，我和她在她位于曼哈顿的家中进行了第三次约会。坐在这所褐色砂石房子的底层会客室里，我们相互亲吻，浓情蜜意，但我首先需要告诉她我头发的真实状况。

　　她能感觉到我脑子里在想事情。"怎么了？"她问道。

　　"没什么。"

　　"跟我讲吧，没关系的。"

　　"只是我没有对你百分之百的诚实。"

　　当时我们正躺在沙发上。我坐了起来，捶着枕头，深吸了一口气。我眼睛看着墙，斟酌着字句，试图找到合适的词语。墙上装饰着无眼无发的非洲面具，它们令人恐惧不安，但又让人隐隐产生一种亲切感。

　　"安德烈，你到底指什么？"

　　"承认这一点很不易，波姬。但，听着，很长时间以来，我一直在掉头发，我不得不戴假发掩饰这一点。"

　　我伸出手，握住她的手，然后把她的手放在了我的假发上。

　　她微笑着说："我已经有所觉察了。"

　　"你已经觉察到了？"

　　"这没什么大不了的。"

　　"你只是没说出来？"

　　"吸引我的是你的眼睛和心灵，而不是你的头发。"

我盯着那些无眼无发的面具以确定自己没有倒下。

我陪着波姬一起去了医院，并在恢复室里等着她。我看着医护人员把她推进恢复室，当时，她的脚就像我在比赛前那样绑着绷带。她醒来时，我也在她身旁。我有一种强烈的冲动要去保护她，内心的柔情也汹涌澎湃，但在她接到了她的密友迈克尔·杰克逊的电话时，这种情绪有所消退。鉴于有关杰克逊的传闻和指责比比皆是，我无法理解波姬为什么还和他维持着友谊，但波姬说他和我们一样，只是又一个没有享受到童年乐趣的天才而已。

我随波姬回到她家里，在她康复期间，在她床边陪了她几天。一天早上，她母亲发现我睡在波姬床边的地板上，她对此甚为反感——睡在地板上？这很不得体。我告诉她我更喜欢睡在地板上，躺在地上，我的背会舒服些。她气呼呼地离开了。

我给了波姬一个早安吻。"你母亲和我似乎不是很合得来。"

我们不禁都看了看她的脚。用词不当啊[1]。

我必须得走了，我得去斯科茨代尔参加我术后的首项赛事。

"几周后再见。"我对她说，并再次吻了她，然后又抱了抱她。

我在斯科茨代尔赛中抽中的实为上上签，但这丝毫减轻不了我的担忧。这是对我手腕的第一次真正的测试——如果它没有痊愈怎么办？如果它的状况更糟了怎么办？我不断做着同一个噩梦：在一场比赛中我的手脱落了。我正在酒店的房间里，闭着双眼，尽力去想象我的手腕状况良好，而我的比赛也进展顺利。这时，我听到了敲门声。

"谁啊？"

"波姬。"

两只脚还未痊愈，她便挣扎着跑到了我这里。

我赢得了冠军，而且手腕毫无痛感。

几周后，皮特和我同意同时接受一位杂志记者的采访。由于采访将在我酒店的房间里进行，所以皮特来到了这里。他在这里发现了我的鹦鹉"桃子"，为此他大吃一惊。

"到底怎么回事？"皮特说。

"皮特，来与'桃子'认识一下，它是我从拉斯维加斯一家即将破产的宠物店里

1　由于上句中"不是很合得来"原文用的是"on the wrong foot"，正好与波姬受伤的脚有关。

救出的一只老鹦鹉。"

"不错的鸟。"皮特调侃道。

"的确是一只不错的鸟。"我说，"它不咬人，还能模仿人。"

"模仿谁？"

"我。它像我那样打喷嚏，像我那样讲话，事实上它运用词汇运用得比我还要出色。每次电话铃响起时，我都不禁捧腹大笑，因为'桃子'会喊道：您有来电！您有来电！"

我对皮特说，在拉斯维加斯我有一整个动物园。我有一只叫"国王"的猫，有一只叫"老弟"的老鼠，任何可以排遣寂寞的动物我都会养，没有人是一座孤岛。他摇摇头。显然，在认为打网球是一项如此寂寞的运动项目这点上，他和我看法不同。

我们正接受着采访，突然间我觉得房间里仿佛有两只鹦鹉。在我向记者胡扯时，至少我会带着某种程度的热情，表现出一点儿感情色彩，但皮特听起来俨然比"桃子"还木讷机械。

我才懒得将这一点告诉皮特，但我视"桃子"为我的团队中不可或缺的一部分。我的团队在不断地壮大，不断地变化，不断进行着实验。我失去了尼克和温迪，但波姬和斯利姆又加入了进来。斯利姆来自拉斯维加斯，他很聪明，也很讨人喜欢。我们出生在同一家医院，前后只相差一天，而且我们一起上的小学。斯利姆是一个好人，只是生活有些堕落，所以我让他做我的私人助理。他负责为我照看房子，管理游泳池工作人员和其他各类杂务工的进进出出，为我整理邮件，处理球迷们索要照片和签名的请求。

现在我觉得我可能需要为我的团队增加一位经纪人。我把佩里拉到一边，请他帮我看看我目前的管理状况，看看他们是否多收了我的钱。他仔细看了我的合同，然后说确实有很多可以商榷的地方。我抱了抱他，并且向他道了谢，然后我有了一个主意："佩里，你来当我的经纪人如何？我需要一个可以信任的人帮帮我。"

我知道他很忙。他在亚利桑那大学法学院读二年级，学业繁重，他已然疲于奔命了。但我还是请求他考虑接受我的这一邀请，至少兼职担任我的经纪人。

我不必再次请求——佩里想要干这份工作，而且他想立即就开始。他将在课余做这个工作，他说，早上、周末，什么时候有空就做。对于他来说，这是一次绝佳的机会。除此之外，这份工作也可以减少他对我的欠款。佩里上法学院的学费是我借给他的，因为他不想再从他父亲那里拿钱了。一天晚上，他站在我面前，告诉我他的父亲如何用金钱操控别人的生活，尤其是他的生活。"我必须摆脱我父亲的控制，"佩里说，"我必须获得自由，安德烈，彻底获得自由。"

对我而言，还有什么理由比这个更具说服力呢。我当场就给他开了一张支票。

作为我的新经纪人，佩里的首要任务就是帮我找一位新教练，某个能代替尼克的人。他列出了一份简短的候选人名单，位于该名单顶部的是刚刚出版的一本有关网球的书《丑陋地赢》(*Winning Ugly*)的作者。

佩里把那本书交给了我，并催我快点儿读。

我白了他一眼："谢谢，但是不用了，我不用再学这些东西了。"

而且，我也没必要读这本书，我认识它的作者布拉德·吉尔伯特。我非常了解他。他也是个网球运动员，我和他交过好几次手，几周前我还和他打过一场比赛呢。他的比赛风格与我正好相反，他是一辆破车，即他不断地变换速度，并通过旋转球路的改变以及假动作打乱对手的节奏。他技术有限，却为此而自鸣得意。如果我是典型的学习成绩低劣的学生，那布拉德则是顶级的差生，他不是以自己的实力战胜对手，而是使对手灰心丧气，靠攻击对方的缺点捞取好处——他此前在我身上捞了不少"好处"。就算我对他感兴趣，他也不会来当我的教练的，因为布拉德仍在不断地参加比赛。事实上，由于我的手术以及这段时间的缺赛，他的排名已居我之前。

"不是的，"佩里说，"布拉德的网球生涯马上就要结束了。他已经三十二岁了，而且他可能也不排斥当教练这种可能。"佩里一再强调他对布拉德的书印象颇为深刻，而且认为这本书里包含的实践智慧正是我所需要的。

1994年3月，我们恰好都在比斯坎湾参加比赛。佩里邀请布拉德同我们在渔人岛的意大利水上餐厅 Cafe Porte Chervo 共进晚餐，那是我们最钟爱的餐厅之一。

那是傍晚时分，太阳刚刚隐没在码头处一眼望不到头的桅杆和船帆之中。佩里和我早早就到了，布拉德则准时到达。我绝不会忘记他当时看起来是如此特别——深色皮肤、粗壮强健的身躯。他的确英俊，但不是通常意义上的那种英俊——他的五官不是雕刻出来的，而是浇铸出来的。一个想法在我脑海中挥之不去：布拉德看起来就像一个刚从时间机器里跳出来、刚刚发现火种的原始人。也许是他的毛发使我产生了这种想法。他的毛发非常浓密，看起来颇为骇人，但也令我心生羡慕。仅仅是他的眉毛就极具吸引力，我想，仅用他的左眉毛就足以制成一顶漂亮的假发了。

侍者总管雷纳托说我们可以坐在大阳台上，从而可以俯瞰整个码头。

我说："听起来不错。"

"不，"布拉德说，"嗯哼，我们得坐在里面。"

"为什么？"

"因为曼尼。"

"什么？谁是曼尼？"

"蚊子曼尼，蚊子们——嗯，我特别怕它们。相信我，曼尼就在附近，它们正在外面集结兵力，而且它们喜欢我。看看它们！一群又一群！看！不行，我得坐在里面，远离曼尼！"

他解释道，即使现在有三十七摄氏度，天气闷热而潮湿，他也穿牛仔裤而非运动短裤，就是因为怕蚊子叮咬。"曼尼。"他最后一次说这个词时，身体不禁颤抖了一下。

佩里和我对视了一下。

"好吧，"佩里说，"我们就坐里面吧。"

雷纳托把我们领到了一个靠窗的餐桌旁，待我们坐好后，他把菜单递给了我们。布拉德翻了翻菜单，便皱起了眉头。

"有问题。"他说。

"怎么了？"

"他们这儿没有我要喝的啤酒，百威冰啤。"

"也许他们有……"

"必须得是百威冰啤，我只喝这种啤酒。"

他站起来，然后说他要去隔壁的市场买几瓶百威冰啤。

佩里和我点了一瓶红酒等着他回来。在布拉德出去的那段时间里，我和佩里什么也没说。五分钟后，他回来了，手中拿着六瓶百威冰啤，然后他让雷纳托把酒冰镇一下。"不要放在冰箱里，"布拉德说，"那不够冰。要冰镇，或者至少放在冷冻柜里。"

当布拉德最终坐定、半瓶冰啤酒下肚后，佩里开始了他的话题。

"那么，听着，布拉德，我们想和你会面的一个原因就是想听听你对安德烈的比赛方式及技巧有什么看法。"

"说什么？"

"有关安德烈的比赛，我们想请你说说你的看法。"

"我的看法？"

"对。"

"你们想知道我怎么看待他的比赛？"

"是这样的。"

"你们想听实话吗？"

"请讲。"

"完完全全的实话？"

"不必有所隐瞒。"

他喝了一大口啤酒，然后开始小心翼翼地对我作为一个网球运动员的缺陷进行了彻底的总结，他的话令人不快但又无可否认。

"这不是火箭科学。"他说，"如果我是你，有你这样的技术、这样的天赋，能够像这样接发球并且具有你这样的跑动能力，我将所向披靡。但你失去了你十六岁时具有的那种激情。那个孩子在球的上升期就无情地出击，十分具有进攻性。那个时候的你哪儿去了？"

布拉德说我首要的问题，即可能会对我的职业生涯产生威胁，从而使其过早地结束的问题——这一问题似乎也是拜我父亲所赐——就是我的完美主义。

"你总是力图完美，"他说，"而你却总是无法达到完美的境界，这扰乱了你的心绪。你丧失了自信，而这全都应归咎于你的完美主义。你试图每一球都打出直接得分，但其实只要你稳定发挥，前后状态保持一致，在比赛的关键时刻表现上乘，就足以赢得百分之九十的胜利。"

他连珠炮似的说着，持续不停地对我进行着单调乏味的说教，就像蚊子一般嗡嗡作响。他不加选择地运用有关各项运动的隐喻来阐释其观点。他是一个铁杆的体育迷，同时也是一个铁杆的隐喻迷。

"不要再执迷于一拳击倒对方，不要再试图打全垒打，你所要做的就是稳扎稳打，持之以恒，一垒打、二垒打，逐渐推进。不要再去考虑你和你自己的比赛，只需记住球网另一边的那个人也有弱点。择其弱点而攻之。你不必每次出战时都是世界上最优秀的选手——你只要比一个人出色即可。你不必成功，而是迫使对方失败，更理想的情形是，迫使对手自乱阵脚，最终失败。这一切都与赔率和百分率有关。你来自拉斯维加斯，应该会对赔率和百分率有所重视。赌场总是赢，为什么？因为赌场暗中做了手脚，设定了有利于自己的赔率。所以呢？你就应该成为赌场那样的角色，使赔率有利于你。而现在，你试图成为能够击中每一个球的完美击球手的努力正在使赔率变得越来越不利于你。在你的设想中，有太多的风险——你根本无须承担如此多的风险。去他的吧，你只要保持回合即可，反复地、应对有度、轻松自如。更为重要的是要持之以恒，像地心引力一样，伙计，就像地心引力一样就行了。当你追求完美，当你把完美设定为你的终极目标时，你知道你在做什么吗？你在追求一样根本就不存在的东西，因而也使你周围的每个人都痛苦不堪，并且把自己也推向了痛苦的深渊。完美？一年里大概只有五次你醒来时拥有完美的感觉，这种感觉使你不会输给任何人。但是一年中仅有的这五次不会使你成为一个网球运动员，而且也不会使你成为一个完整的人。相反，是一年中其他那些并不完美的时刻成就了一个网球运动员，进而成就了一个完整的人。伙计，这全在于你的头脑。凭你的天赋，如果你只有百分之五十的球技，但拥有百分之九十的比赛智慧，你就必赢无疑；但如果你有百分之九十

179

的球技，却只有百分之五十的比赛智慧，你的结局只能是不断地输掉比赛，输个不停。既然你来自拉斯维加斯，那么这样理解好了：你需要打21盘比赛，才能赢得一个大满贯头衔，那你赢21盘比赛就可以了——七场五盘三胜制的比赛，那就是21盘。在网球中，'21'代表着胜利，这同在纸牌游戏中一样。将注意力集中在这个数字上，你不会失手的。简化再简化。每当你拿下一盘，你就对自己说，又少了一盘，又一盘被我收入囊中。在赛事开始时，从21开始倒数。正面积极的思维方式，看到了吧？当然，说到我自己，当我玩21点时，我更喜欢以16点取胜，那就叫'丑陋地赢'。没有必要以21点取胜，没有必要做到完美。"

他滔滔不绝地说了十五分钟。佩里和我没有打断他，没有丝毫的眼神交流，杯中的酒也没有喝过一口。最后布拉德喝光了第二瓶酒，然后问道："厕所在哪里？我得放放水。"

他一离开，我就对佩里说："他就是我们要找的人。"

"绝对是。"

当布拉德回来后，服务生前来为我们点菜。布拉德要了一份香辣番茄酱通心粉、烤鸡以及意大利干酪。

佩里点了一份帕尔玛干酪鸡。布拉德看着佩里，脸上流露出厌恶的神情。"很糟糕的选择。"他说。

服务生停下了手中的笔。

"你实际上可以单独点一份鸡胸，然后再点一份意大利干酪和沙司，放在鸡胸的一旁。这样的话，鸡胸是新鲜的，而且没有被浸泡过，另外你也可以自己控制鸡肉、奶酪和沙司的比例。"

佩里感谢了布拉德的点菜指导，但说他仍然坚持自己之前的选择。服务生看了看我，我指着布拉德说："他点了什么，我就点什么。"

布拉德的脸上浮现出了微笑。

佩里清了清喉咙说："那么布拉德，你有兴趣当安德烈的教练吗？"

布拉德只想了三秒钟。"好的，"他说，"我认为我会喜欢这份工作的，我认为我能助你一臂之力。"

我问："我们什么时候可以开始？"

"明天，"布拉德说，"明天上午十点钟，我会在球场与你碰面。"

"嘿，这个，有一个问题啊，我从来不在下午一点之前打球。"

"安德烈，"他说，"我们十点钟开始。"

当然，我迟到了。布拉德看了看他的表。

"还记得我们说的是十点吧？"

"伙计，我甚至都不知道还有上午十点这么一回事。"

我们开始击球的同时，布拉德又打开了话匣子。他滔滔不绝地讲个不停，仿佛昨晚的独白和今晨的训练之间的那几个小时只是一次短暂的休息。他对我的打法吹毛求疵，在我准备击球以及把球击出去之后，他则预测并分析我的击球。他主要强调的一点就是反手直线球。

他说："下次一旦有机会，你就要击出反手直线球。那是你的'财源球'，那是你的'股本球'。只要打出那种球，你的一堆账单就可以付清了。"

我们打了几局比赛。每过几分，他都会走到网前，然后告诉我为什么我刚刚做了世界上最蠢的事。

"你为什么要那样做？我知道那是个绝杀的机会，但你不用杀得这么凶啊！有时你击出的最棒的球反而是一记收力的并使对方能够勉强回球的球，这样你的对手才有可能失误。让对手辛苦去吧！"

我喜欢这种方式给我的感觉，因此对布拉德的观点、热情和活力积极响应。我从他的"完美主义也是可控的"这一说法中获得了平静。完美主义是我的选择，它正在毁灭我，但我也可以有别的选择——我必须得做出别的选择。以前从来没有人对我这么说过。一直以来，我都认为我的完美主义同我那日益稀疏的头发和变稠的脊髓一样，都是与生俱来的。

在吃了一顿清淡的午餐后，我躺在床上看电视、读报纸，随后又在树荫下纳凉，然后我前往赛场，战胜了一个与我年龄相仿的英国选手马克·佩奇。我下一场比赛的对手是贝克尔，他现在的教练是尼克。尼克曾公开宣称他无法想象会充当我的任何对手的教练，但如今他正在训练我最为强劲的一个对手。事实上，尼克正坐在贝克尔的包厢里。贝克尔正在一如既往地大力发球，球速可达217千米／时。而这次，因为尼克站在了他那一边，让我此时体内的肾上腺素陡增，能够应对他发射来的任何炮弹。贝克尔深知这一点，于是他不再和我竞争，而是在观众面前做起了秀。在落后一盘和一个破发局后，他将球拍递给了一个女球童，仿佛在说：给你，我现在做的，你也能做到。

我则在想：好的，让她也打吧，我会把你们两个都击败。

在淘汰了贝克尔之后，我进入了决赛。想知道我的对手是谁吗？皮特。又是皮特。

这场比赛将通过电视在全美国直播。当布拉德和我走进更衣室时，我们都很紧张，却发现皮特正躺在地上，一位医生以及一位赛会医生正弯着腰对其病情进行诊断。赛事总监也守候在他近旁。皮特抱着膝盖，蜷缩成了一团，并不断地发出呻吟声。

"食物中毒。"医生说。

布拉德悄悄地对我说："看来你已经赢了比斯坎湾站的比赛了。"

赛事总监把布拉德和我拉到一旁，问我们是否愿意给皮特一些恢复的时间。我感觉到布拉德挺直了身子，我知道他想让我说什么，但我还是对赛事总监说："他需要多久，我就会等多久。"

赛事总监叹了一口气，然后拉住我的胳膊说："谢谢你，现在外面有十四万观众，还有数不胜数的电视观众。"

于是布拉德和我在更衣室里百无聊赖地消磨时间，在不同的电视频道之间调来调去，还随便打了几通电话。我拨通了波姬的电话，她此时正在百老汇参加《油脂》（Grease）的试演，要不然的话，她肯定会在这儿的。

布拉德恶狠狠地看了我一眼。

"放松，"我对他说，"皮特很可能恢复不了了。"

医生给皮特打了一针，然后扶他站了起来。皮特像一只刚出生的马驹一样摇晃着身体。他绝不会赢得这场比赛的。

赛事总监走到我们近前。

"皮特可以了。"他说。

"真见鬼，"布拉德说，"我们也该死。"

"今晚的比赛肯定会速战速决。"我对布拉德说。

但皮特做到了，他把他邪恶的"双胞胎兄弟"派到了赛场上。此时此刻，赛场上的这个人已然不是在更衣室地板上缩成一团的那个皮特，也不是被打了一针并站立不稳的那个皮特。这个皮特正处于生命的巅峰期，几乎不费吹灰之力便能够以极快的速度发球。他发挥出了最佳的竞技水平，不可战胜。他一上来就以5：1领先。

我愤怒了。此情此景就如同我发现了一只受伤的鸟，把它带回了家，悉心照顾直至其康复，但最后它却试图啄食我的眼睛。我奋力回击，赢了这盘。显然我已顶住了皮特能够发动的唯一攻势，他不可能再有什么作为了。

但在第二盘中，他表现得更为出色；在第三盘中，他简直就是个魔鬼。他赢得了这场三盘两胜制的比赛。

我冲进了更衣室。布拉德正等着我，此时的他怒火中烧。他又一次对我说，如果他是我，他早就已经迫使皮特弃权了，而且他一定也已经使赛事总监开出了给获胜者的支票，尽管对方是多么地不情愿。

"我不是那样的人，"我对布拉德说，"我不想以那种方式获胜。另外，如果我连一个中了毒、躺在地上的人都战胜不了，我就没有资格成为最终的胜利者。"

布拉德突然间沉默下来，他瞪大了眼睛，点了点头。在那一点上，他无力与我争辩。他说他尊重我的原则，尽管他并不认同。

我们像《卡萨布兰卡》（*Casablanca*）结尾处博加特和克劳德·雷恩斯那样一起走出了体育场。一场美丽的友谊由此展开——他成了我的团队中关键的一员。

随之，这个团队就经历了一连串"壮丽"的失败。

运用布拉德的理念打球就如同学习用左手写字。他称他的哲学为"布拉德式网球"，我则称之为"布拉德态度"。不论到底管它叫什么，一个不争的事实是——它很难。我感觉自己又重新回到了学校，完全搞不懂老师在说些什么，渴望自己身在别处。布拉德一遍又一遍地重申，说我需要始终如一，发挥稳定，就像地心引力一样。他反复地说着：要像地心引力一样，持续施压，使你的对手不堪重负。他试图向我兜售他有关"丑陋地赢"的乐趣、"丑陋地赢"的优势那一套理论，但我只知道如何"丑陋地"输以及如何"丑陋地"思考。我信任布拉德，我知道他的建议完全正确。我完全按照他说的去做，可是为什么还是赢不了？我已经放弃了完美主义，为什么我还是不完美？

我去大阪参加比赛，再次输给了皮特。地心引力？算了吧，我根本就是个"乌龙博士"（Flubber）。

我去了蒙特卡洛，在第一轮中就被叶甫根尼·卡费尔尼科夫淘汰出局。

更糟的是，在赛后的记者发布会上，卡费尔尼科夫被问到在有如此多的球迷为我加油的情形下战胜我的感觉如何。

"很艰难，"他说，"因为阿加西就像耶稣一样。"

我不知道他是什么意思，但我认为那肯定不是赞美我。

我去了佐治亚州的德卢斯，输给了马利韦·华盛顿。赛后，在更衣室里，我几近崩溃。这时，布拉德微笑着出现了。"好事情马上就要发生了。"他说。

我盯着他，一脸狐疑。

他说："首先你得承受痛苦，你得输掉大量激烈的比赛，然后有一天你会在一场激烈的比赛中胜出，天空拨云见日，你将由此获得突破。你需要那次突破，那一新的开端。在那之后，你将所向披靡，再也没有什么可以阻挡你成为世界上最优秀的选手。"

"你疯了。"

"你会看到那一天的。"

"你这个傻瓜。"

"走着瞧。"

我参加了1994年的法国网球公开赛，和托马斯·穆斯特恶战了五盘。当第五盘中我以1：5落后时，一些事情发生了。我的脑子里总是回响着布拉德的哲学，但现在这种哲学已发自内心，而非从外部灌输。我已经将这种哲学内化于心，就像我从前对待我父亲的声音那样。我奋力回击，多少挽回了些败局，在第五盘中以5：5与穆斯特战平。穆斯特破了我的发球局，拿到了他的发球制胜局，但我在这局中还是坚持打到了30：40，我尚有希望。我保持警觉，随时准备战斗，但他用反手打出了极难对付的一球，我击中了球，但打出了边线。

胜利者，穆斯特。

在球网处，他摸了摸我的头，弄乱了我的头发。除了表现出这种居高临下的恩赐态度之外，他的动作还几乎弄掉了我的假发。

"打得真不错。"他说。

我以完完全全仇恨的眼神盯着他。巨大的错误！不要碰我的头发，我的头发绝对不能碰！就因为这个原因，我在球网前对他说："我发誓，我绝对不会再输给你。"

在更衣室里，布拉德向我祝贺。

"好事儿马上就要发生在你身上了。"

"什么？"

他点点头："相信我——好事情。"

很明显，他不知道失败给我造成的痛苦有多大，而试图向某人解释一件他根本无法理解的事情是毫无意义的。

在1994年的温布尔登网球公开赛上，我进入了第四轮，但是惜败给托德·马丁。我的自尊心严重受挫，我恐惧不安，我失望沮丧。在更衣室里，布拉德微笑着说道："好事情即将光顾你。"

我们参加了加拿大网球公开赛。赛事开始之前，布拉德使我着实吃了一惊，他说："好事情不会发生了。"相反，据他看来，有几件非常糟糕的事情就要发生了。

他正在研究我的签表。"NG。"他说。

"NG 到底是什么意思？"

"就是大事不妙（Not good）。你抽的签很糟糕啊。"

"让我看看。"

我一下子从他手里夺过了那张纸。他说的很对。在第一轮比赛中，我将与来自瑞士的雅各布·赫拉塞克对战，这场比赛会很轻松。但在第二轮中，我的对手则是戴维·惠顿，他总是给我造成许多麻烦。不过，我最不怕的就是别人看轻我。我告诉布拉德，我将成为这项赛事的最后赢家。

"而且如果我最终做到了这一点，"我补充道，"你得戴上个耳饰。"

"我不喜欢珠宝首饰。"他说。

他思忖了一会儿。

"好，成交，一言为定。"

我觉得加拿大网球公开赛的赛场小得令人难以置信，这使对手看起来比平时高大许多。

惠顿是个大块头，但在这里，在加拿大的赛场上，他看起来有三米那么高。这是一种视觉上的错觉，但我仍觉得他就站在距我只有五厘米的地方。我就这样心不在焉、浑浑噩噩地打着比赛。第三盘抢七局时，我猛地发现自己已经被他拿到了两个赛点。

然而，与以往不同，这一次我调整了心态，设法使自己重新振作了起来。我排除了所有的干扰，抛弃了所有的错觉，奋力回击并最终赢得了这场比赛。我做了布拉德认为我会做成的事情，我在一场势均力敌的比赛中取得了胜利。赛后，我告诉布拉德："这场比赛就是你说过的那种我终会赢得的比赛，这场比赛就是你说过的将改变一切的比赛。"

他微笑着，仿佛我正独自一人坐在餐厅里并且点了一份未将沙司和奶酪与鸡胸拌在一起的帕尔玛干酪鸡。很好，再接再厉。

我的比赛越来越顺利，心态也越来越平静。我一路过关斩将，赢得了加拿大网球公开赛的冠军。

布拉德选择了一个钻石耳钉。

我是以男单第20位的排名参加1994年的美网公开赛的，因此我不是种子选手。自20世纪60年代以来，还没有一位非种子选手赢得过冠军。

布拉德很喜欢这一点，他说他不想让我成为种子选手，他想让我带点儿神秘色彩，成为难以捉摸的人。"你在最初的几轮会打得比较艰难，"他说，"但如果你坚持下来，战胜了那些对手，你就会成为这次公开赛的最大赢家。"

他对这一点深信不疑，并发誓如果我最终成功了，他就剃掉整个身子的毛发。我总是对布拉德说他的毛太多了。他需要剃掉胸部和胳膊上的毛，还有眉毛。要么剃掉它们，要么给它们起名字。

"相信我，"我对他说，"在你刮掉胸毛后，你会获得以前从未有过的感受。"

"赢了美网公开赛，你也会如此。"

因为我的排名较低，所以我不是美网的热门人物。(如果波姬没有去观赛，如果不是她每次回头都会有照相机拍个不停的话，我可能会更受人冷落。)我因而得以专注于比赛，而且我这次穿得也中规中矩：黑色帽子，黑色运动短裤，黑色短袜和黑白相间的运动鞋。但在第一轮比赛开始时(这一轮中我的对手是罗伯特·埃里克松)，我感觉到我的神经又像以往一样绷紧了，我的胃部非常不舒服，恶心的感觉不断地袭来。我不懈地与这种情绪抗争，不断回想布拉德说的话，拒绝抱有任何完美主义的思想。我专注于稳扎稳打，让埃里克松自己输掉这场比赛——他最终也确实如此，使我顺利地进入了第二轮比赛。

然后，在差一点就痛失好局之后，我战胜了来自法国的盖伊·福盖特。接下来我直落三盘，淘汰了来自南非的韦恩·费雷拉。

我的下一个对手是张德培。我在比赛那天早上醒来时腹泻不止，到比赛开始时，我虚弱无比，整个身体似乎都被榨干了，甚至连说话都像我的鹦鹉"桃子"那样颠三倒四的。吉尔让我又喝了一服吉尔汤药，这服药就像油一样又浓又稠。我硬着头皮喝了下去，有几次险些吐出来。在我喝药的时候，我听到吉尔轻声地说："谢谢你信任我。"

然后我陷入了与张德培的拉锯战中。对我而言，他是难得一见的那种对手——他对取胜的渴望程度同我完全一致，不多也不少。我们从比赛一开始就知道这种较量将持续到比赛的最后一刻，势均力敌，难分胜负。在第五盘中，我还一度认为我们必将进入抢七局，但我找到了很好的节奏，并且成功破发。我疯狂地击球，并感觉到他已乱了阵脚，逐渐失去了力量。在如此这番针锋相对的对抗后，我竟以这种方式偷走了该场比赛的胜利，这几乎是不公平的。在最后的时刻，我本应遭遇到更多的困难，但我却如此轻易地摘得了胜利，轻易得不禁使我产生了负罪感。

在新闻发布会上，张德培为记者们勾勒出了一场与我刚刚打完的那场比赛大不相同的比赛。他说他本可能再多打两盘。安德烈今天运气不错，他说。而且，他十分自豪地表示，他令我暴露了打法中的弱点，他还预言赛事中的其他选手将为此而感谢他。他说我现在不堪一击，就要完蛋了。

下一轮比赛中，我将遭遇穆斯特。我曾经立下毒誓再也不会输给他。在我取胜后，在球网前，我用尽全力克制自己才没去摸他的头。

我进入了半决赛，将在周六和马丁对决。周五下午，吉尔和我在 P.J. 克拉克餐厅吃午餐，并像以往一样点了干酪英格兰烤松饼汉堡。我们坐在我们最喜欢的女侍者的服务区，我们俩都认为如果有人敢开口问她，她一定有着不寻常的经历可以诉说。在我们点的菜端上来之前，我们随手翻看了一叠纽约的报纸。我看到卢皮卡的专栏写到了我——我不应该看专栏的内容，但我还是看了——他称我在美网公开赛中必输无疑，因为我会找到一种方式输掉这次比赛的。

"阿加西，"卢皮卡写道，"就不是一个当冠军的料。"

我合上报纸，感觉四周的墙正向我逼近，我的视野仿佛已经收窄到只有针孔那么大了。卢皮卡是如此确定，好像他已经看到了未来。如果他是对的将会怎么样？如果这就是我的真实时刻而这又表明我就是一个骗子将会怎么样？如果我这次赢不了，那我何时还有机会成为美网的冠军？在前行的路上有如此多的障碍，进入决赛并非易事。如果我没有在这场比赛中获胜将会怎么样？如果我将总是带着遗憾回忆这一刻怎么办？如果雇布拉德本来就是一个错误怎么办？如果波姬并非我要找的女孩又将如何？如果我精心组织的团队运作不良又将如何？

吉尔抬起头，发现我的脸色变得很苍白。

"怎么了？"

"我读了他的专栏，他没有改变对我的看法。"

"我哪天一定要会一会这个卢皮卡。"他说。

"如果他是对的呢？"

"控制自己能够控制的。"

"嗯。"

"做好自己能够掌控的事。"

"对。"

这时服务员端上了我们点的餐。

马丁刚刚在温布尔登赛上战胜了我，是一个具有致命杀伤力的对手。他能够出色地保住自己的发球局，破发能力也很稳定。他个头很高，一米九八，并且正反手都可以精准有力地接发球。对于那些质量不高的发球，他会狠狠痛击，也会给像我这样一个发球水平中等的人造成极大的压力。他发出的球极其精确，即使失误了，也肯定只是差之毫厘。如果他想要发出压线球，他对击中边界线靠近场内的那半部分毫无兴趣——他想要击中靠外的那半部分。不知为何，我在应对雄心勃勃但失误较多的发球手时表现更佳，我喜欢在对手不断变换发球方式的尝试中前进，猜测他的球将以何种方式发出。而在与像马丁这样的选手的较量中，我的猜测经常是错的，这使我更加无暇顾及两侧区域。对于我这样的选手来说，他是一个恼人的对手，因此在半决赛开始时，我认为命运更加垂青他以及卢皮卡，而非我。

不过，当最初几局比赛逐渐展开时，我意识到我也有几项优势。相对于硬地，马丁的草地网球造诣更高，而硬地是我的地盘。而且同我一样，他在球场上往往发挥不出其真实水平，他也是自身紧张情绪的奴隶。我理解这位我正在与之对决的男人，而只是了解你的敌人这一点就使你拥有了强大的优势。

首先，马丁有一个不自觉的习惯，一种行为暗示。发球时，一些选手会看着他们的对手，一些则什么也不看，而马丁的目光会落在发球区内的一个固定点上。如果他长时间盯着那个点，那么他会发到相反的方向；如果他只是匆匆一瞥，他就一定会把球发到那一固定点处。当0：0以及15：0时，你可能不会注意到这一点，但在破发点时，他会像恐怖电影中的杀手那样，以精神病患者似的眼神盯着那一点，或匆匆一瞥后就迅速移开目光，此时的他像极了纸牌桌上的新手。

但是，这场比赛进行得如此顺利，以至于我根本不必考虑马丁那种习惯性动作的含义。他似乎被当时的大场面震慑住了，情绪很不稳定，而我发挥得极为稳健。我看出他在怀疑自己，在这一点上，我很同情他。四盘后，当我以胜利者的身份走出球场时，我心里竟然在想他还必须进一步成熟起来。然后我回过了神——我刚才真的在那样想吗？评判别人的成熟度？

在决赛中，我的对手是来自德国的米夏埃尔·施蒂希。他在三次大满贯比赛中都杀入了决赛，因此和马丁不同，他在任一类型的场地上对我来说都是威胁。他有着令人难以置信的臂长，是一流的体育健将。他的一发强劲有力，速度极快。当他发球状态上佳时——并且通常如此——他简直可以用发球把你轰到下个星期去。他总是如此精准，以至于当他失误时，你竟然会大吃一惊，甚至必须克服这种惊讶情绪而继续与之对战。而且，即使他真的失误了，你也仍未脱离险境，因为此时他还可以指望他所发的保险球，即一记高质量的慢速旋转球。除了总是使你难以保持平衡，施蒂希打球时没有任何模式和特性可循。你从来就难以确定他是会发球上网还是会坚守底线。

为了掌控局面，我开门见山、干脆利落地击球，装出一副无所畏惧的样子。我喜欢球撞击球拍的声音，我喜欢观众的声音，喜欢他们不断发出"啊"和"哦"的赞叹声。而同时，施蒂希则不安起来。当你像他那样迅速地以1：6失掉首盘比赛时，你的本能反应也会是恐惧。我能从他的身体语言里看出他已经被那种出自本能的恐惧所俘获。

但他在第二盘中重新振作，与我进行了一场殊死的战斗。我最终以7：6赢得了这盘比赛，但我深知自己很幸运。我知道很可能会是另一种结果。

在第三盘中我们彼此都加大了赌注。我感觉到终点线正越来越近，但现在他全身心地投入到了这场战斗中。在前几盘中，他曾有几次因为信心不足而打得太过冒险，以这样的方式自我放弃。但这一次绝非如此。在这盘比赛中，他身手敏捷，技艺高超。他正在向我证明如果我真的想赢得这个奖杯，就必须从他手里抢过来。我确实想要这个奖杯，因此我会夺过来。在我的发球局中，我们对打了很长时间，他最终意识到我心意已决，即使打上一整天，我也会奉陪到底。我看到他叉着腰，大口地喘着气。我不禁开始想象奖杯摆在我拉斯维加斯的单身公寓里的样子。

第三盘开始后，我们谁都没能破发成功，比分战成5：5平。最后，我终于破了他的发球局，因而现在我的这一发球局将决定胜负。我的耳边回响起布拉德的声音——他的声音是那么清晰，仿佛他就站在我的身后——"打他的正手位，当你不知道将球打向何处的时候，永远打他的正手！"他的正手果然接二连三地失球。对于我们两个人来说，比赛的最终结果，此刻已不可逆转。

我双膝跪地，眼里充满了泪水。我举目望向我的包厢，望向佩里、菲利还有吉尔，尤其是布拉德。在你胜利的时刻，你看着人们的脸，就会获知你所需知道的关于他们的一切。我从一开始就对布拉德的天赋和能力深信不疑，但当我看到他因我而表现出纯粹和毫无保留的喜悦时，我也毫无保留地信任了他。

记者说我是自1966年以来首位赢得美网的非种子选手。更为重要的是，第一位曾经做到这一点的男选手是弗兰克·小丝——我包厢里坐着的第五个人的祖父。每场比赛都必到场的波姬看起来与布拉德一样高兴。

我的新女友，我的新教练，我的新经纪人，我的"代理父亲"。

终于，这一团队组建成功——坚不可摧，不可替代。

Chapter 16
世界第一

　　我终于把皮特赶下了山顶。在当了八十二周世界第一之后，他现在要抬头看我了……我对记者说，我对自己的新排名很高兴，能登上我所能达到的制高点，我感觉很好。这是一个谎言，我根本就不是这样想的。这是我想要拥有的想法，这是我期待产生的想法，这是我告诉自己我应该拥有的想法。但事实上，我什么感觉也没有。

　　"我认为你不应该再戴假发了，"波姬说，"还有那个马尾辫也应该剪掉。把你的头发剃得很短、很短，来个了结。"

　　"不可能，那样我会觉得无所遮蔽，光秃秃的。"

　　"你会觉得获得了解放。"

　　"我会感到暴露无遗。"

　　这就好像她在建议我把所有的牙拔光。我对她说还是忘了这件事吧，但离开后，我却为此思索了好几天。我想到我的头发给我带来的痛苦，想到了假发的种种不便之处，想到了虚伪、装腔作势和谎言。也许波姬的建议根本就不疯狂，可能那是迈向清醒理智的第一步。

　　一天早上，我站在波姬面前说："我们动手吧。"

　　"做什么？"

　　"剪掉，把所有的全剪掉。"

　　我们把剪发这一仪式设定在了深夜这一通常都会为狂欢聚会预留的时刻。这一仪式将待波姬从剧院归来后，在她的褐色砂石房子的厨房里进行（她得到了《油脂》中的那个角色）。"我们将因此举行一个聚会，"她说，"邀请几个朋友。"

　　佩里来了。尽管我和温迪已经分手，但她也来了。波姬对温迪的存在显然有些生气，反之亦然，佩里为此很是为难。我向波姬解释：除了我们之前那段无疾而终的感情，我和温迪还是亲密的朋友，这种友谊会持续一生。剪发是我迈出的巨大一步，我需要朋友们在房间里给予我精神上的支持，就像我在接受手腕手术时需要吉尔守在近旁一样。事实上，我觉得接受这一"手术"，我也需要服用镇静剂。作为替代品，我们上了酒。

波姬的发型师马修把我的头摁到水槽里，为我洗了头发，然后又把它们梳理整齐。

"安德烈——你确定要这样做吗？"

"不。"

"你准备好了吗？"

"没有。"

"你想对着镜子吗？"

"不，我可不想看。"

他让我坐在了一把木椅上，然后开始剪起了头发。马尾辫消失了。

每个人都鼓掌祝贺。

他开始贴着头皮剪我两边的头发。我想起了自己留着莫西干头在布雷登顿购物中心闲逛的日子。我闭上双眼，感觉心在剧烈地跳动，仿佛我要面对的将是决赛中的厮杀。这是一个错误，也许是我生命中的致命错误。J.P. 曾提醒我不要这么做，他说无论他在现场观看我的哪场比赛，他都会听到人们在谈论我的发型——女人们因为我的发型而喜欢我，男人们则因它而讨厌我。现在 J.P. 已经不再当牧师，转而投身于音乐事业了，他的一部分工作就涉及广告业，主要是为广播和电视商业广告写广告词，因此他以颇具权威的口吻宣称：以企业界的观点来看，安德烈·阿加西最有价值之处就是他的头发；当阿加西的头发没了的时候，各大公司的赞助也会随之消失。

他还指明让我重读《圣经》中有关"参孙和德莉拉"的那段故事。

在马修的剪刀下，我的头发不断地变短、变短、变短，我意识到自己真应该听J.P. 的话——J.P. 指的路什么时候错过？随着一撮又一撮的头发落在地上，我感觉我身体的一部分也随之飘落。

大概十一分钟后，马修拿掉了围在我身上的围布，叫道："成啦！"

我走到镜子前，看到了一个我并不认识的人——一个完全陌生的人。我变了样，镜子里的人根本就不是我。但，说真的，我究竟失去了什么呢？也许做眼前这个人，我会过得更加轻松。在与布拉德相处的这段时间里，我竭尽所能修正我脑子里的东西，但却从未想到要修理我头上之物。我微笑地看着我的新模样，朝他挥了挥手："你好，见到你很高兴。"

第二天早上，当我们穿梭在满地的空酒瓶之间的时候，我的内心十分愉悦，我觉得我真应该好好地谢谢波姬。"你是对的。"我对她说。我的假发对我来说是一种枷锁，而我自己那些已经长得有些滑稽的、被染成三种颜色的头发，也是一种使我倍感压抑的重负。头发这件事似乎无足轻重，但头发已经成为我公共形象和自我形象的症结所在，它是一场骗局。

现在，这场骗局正像干草一样堆在波姬的地板上。摆脱了它们，我感觉极佳。我感觉我变得真实了，我觉得我获得了自由。

而我比赛时感觉也同样如此。在1995年澳大利亚网球公开赛上，我像绿巨人一样驰骋在赛场上。我未丢一盘便杀入决赛，像极了一场闪电战，只是未俘一兵一卒。这是我第一次在澳大利亚比赛，我真搞不清楚自己为什么要等这么久才来到这里。我喜欢这里的赛场，还有这里的高温。在拉斯维加斯长大的我对高温有着与其他选手不同的感觉，而澳网公开赛的一个显著特点便是其令人难以忍受的高温。就像在与罗兰·加洛斯比赛后雪茄烟味道会在记忆中挥之不去一样，在你离开墨尔本后的数周里，那种仿佛在巨大的砖窑里比赛的模糊记忆仍会一直伴随着你。

我也很喜欢澳大利亚人，他们似乎也喜欢我，即使我已经不再是原来的我了。现在的我，秃秃的头上扎着大花头巾，留着山羊胡子，戴着耳环——我已获得了新生。几乎所有的报纸都在大肆评论我的新形象，每个人对此都有自己的看法。支持我的球迷们有些不知所措，反对我的球迷们则获得了一个讨厌我的新理由。我读到以及听到一系列令人瞩目的海盗笑话——我从来不知道会有如此多的海盗笑话——但我毫不介意。我心想，当我将奖杯高高举起时，所有的人都得面对这个海盗，进而接受这个海盗。

在决赛中，我又恰好与皮特狭路相逢。双发失误后，我毫无血性地丢掉了这一盘。我本来绝不应该如此。我们又开始了新的较量。

在第二盘比赛前，我整理思绪以期重新振作起来。我瞥了一眼我的包厢。布拉德看起来有些沮丧，他从来都不认为皮特的水平要强于我。他的脸分明在告诉我：你比他要强，安德烈，别太把他当回事。

皮特连珠炮似的发出了一连串大力发球，仿佛在连续投掷未爆炸的手榴弹——典型的皮特式连续"齐射"。但在第二盘进行到一半时，我感觉到他有些疲惫了。他扔出的手榴弹仍然带着保险栓，不过无论是身体上还是精神上，他都已经疲惫不堪，因为在过去的几天中，他经历了非常糟糕的事情。长期担任他教练的蒂姆·古利克森两次中风后，医生在他脑中发现了一个肿瘤，皮特因而心绪难平。当比赛朝着有利于我的方向发展后，我甚至产生了负罪感。我愿意就此停赛，让皮特走进更衣室打一针点滴，然后回来时，他会成为另一个完全不同的皮特，那个喜欢在大满贯赛事中打得我落荒而逃的皮特。

在我破了他两个发球局后，他垂下了肩膀，这一盘拱手认输。

第三盘最后竟要以令人颇为不安的抢七局一决胜负。我先是以3：0领先，接下来皮特连续赢得了四分。突然间他已以6：4领先于我，只要再拿下一分，他便可以赢得这盘比赛。如同和吉尔在举重室里一样，我发出野人般的号叫，然后用尽全身力气回击他发出的这一球，球擦网，并落在了界内。皮特有些吃惊地看了看球，然后又看了看我。

在争夺下一分的较量中，他的一记正手球飞出了底线。我们的比分战成6：6平。在势均力敌地连续对打数个回合后，我令他吃惊地冲到网前，轻轻地反手放出一记网前小球，这一击也为这一回合画上了句号。这种打法是如此有效，以至于我随后又运用了一次。这一盘的获胜者，阿加西。比赛的天平已倾向我这一边。

第四盘似乎从一开始就已成定局。我加快步伐，最后以6：4获胜。皮特神色坚定。还有太多的山要攀登。事实上，当他走到网前时，他平静得几乎有些令人无法忍受。

这是我连续赢得的第二个大满贯胜利，也是我职业生涯中的第三个大满贯胜利。所有人都说这是我分量最重的一次大满贯胜利，因为这是我在大满贯赛事的决赛中第一次战胜皮特。但我认为从那时起的二十年后，我回忆起它时，首先想到的就是这是我的第一个"秃顶大满贯"。

人们谈论的话题迅速将我和世界第一联系在一起，他们认为我即将成为世界第一。此前的一年半时间里，皮特排名世界第一，此刻我团队里的每个人都说我命中注定会把他从那座自我炫耀之山的山顶踢开。我对他们说网球与命运一点儿关系都没有，命运之神除了计算ATP积分外还有更重要的事情要去做。

不过，我还是把我的目标定位在世界第一，因为我的团队想让我成为世界第一。

我把自己封闭在吉尔的健身房里疯狂地训练。我告诉了他我的目标，他据此为我制订了作战计划。首先，他设计了一个研究课程。他着手收集世界上口碑最好的运动医生和营养学家的电话号码和地址，然后和他们取得了联系，并使他们成为他的私人顾问。他在科罗拉多州斯普林斯市的美国奥林匹克训练中心与专家私下会面。他在东西海岸之间飞来飞去，采访最出色、最具智慧的身心健康研究方面的权威人士，然后把他们说的每一个词都记录在他那个"达·芬奇笔记本"上。他阅读的内容从肌肉杂志到晦涩难懂的医学研究和枯燥的医学报告，几乎无所不包。他甚至还订阅了《新英格兰医学期刊》。几乎顷刻间他使自己变成了一所移动大学，这所大学只有一位学生和一个课程——我和我的身体。

然后他为我设定了身体极限，并尽力使我达到这一极限。他很快就让我开始了杠铃推举训练，每次要进行5—7组，亦即推举超过136千克，相当于我体重两倍的杠铃。

他还为我安排了举哑铃训练，所举总重量达到22.6千克，几套动作都令人难以忍受，全部是通过三个步骤来完成的，即向后、向后再向后的收缩以燃烧我肩部三块不同的肌肉。然后我们开始操练二头肌和三头肌。我们把我的肌肉烧成了灰。我喜欢吉尔的"燃烧肌肉，把它们点着"的说法，这能够使我心中的"纵火狂"发挥正面的作用，我甚是欢喜。

下一步我们首先借助于吉尔设计和建造的专用器械，专门锻炼我的躯干中段。他把他所有的器械拆开、切割，然后重新焊接（他的"达·芬奇笔记本"上的设计蓝图精妙得令人目瞪口呆）。"这是世界上仅有的此类器械，"他说，"因为你利用它既可以锻炼你的腹肌，而又不会损伤你脆弱的背部。我们将把重物堆在你的腹肌处，你要坚持此种状态直到你的腹肌燃烧起来为止。然后我们来做俄罗斯式转体运动：你将手举一个二十千克重的铁板，一个大的转盘，向左转，向右转，再向左，再向右，那样会燃烧你两肋的肌肉和斜肌。"

最后，我们转向吉尔自制的背阔肌重锤拉力器。与世界各地任何一个健身房里的任何一个拉力器都不同，吉尔的这一拉力器不会损伤我的背部和脖子。拉力器重锤的位置靠前，恰好在我的前方，因此我身体的姿势绝不会使我感到别扭。

当我举重时，吉尔每隔二十分钟就会为我提供一次食物。他想让我以4∶1的比例吸收碳水化合物和蛋白质，并力图使我摄取食物的时间精确到毫微秒。他说："你何时吃东西，以及你如何吃东西才是关键所在。"每次我转身时，他都会把一碗高蛋白的麦片粥或者一个熏咸肉三明治，或者涂有花生酱和蜂蜜的百吉圈递到我面前。

终于，我的上身和腹部不堪重负，祈求暂时的"宽恕"。于是我们来到室外，在吉尔家后面的山上跑上跑下。吉尔山。爆发力和速度。上去下来，上去下来，我一直跑，直到我的思想乞求我的身体停下来，但我会忽略我思想的请求，继续再跑一段。

当黄昏时分我小心翼翼地钻进车里时，我通常都不确定自己是否还能开车回家。有时我连试都懒得试。如果我连转动钥匙发动引擎的力气都没有了，我就会回到健身房里，蜷缩在吉尔的一条长凳上，酣然入梦。

在与吉尔共同度过在这个迷你新兵训练营的日子后，我看起来像换了一个人一样，仿佛我已经把我的旧身躯折价卖出，升级为最新的。不过还有提升的空间，我可以改善我在健身房之外的饮食结构，但吉尔不会苛求我改掉一些小毛病。他当然不喜欢当他不在我身边时我吃饭的方式——我会吃墨西哥"塔克钟"肉卷、"汉堡王"等，但他说我偶尔也需要吃一些安慰食品。我的精神比我的背还要脆弱，他不想使我过度紧张。而且，一个人需要有一两样坏习惯。

吉尔自身便是一个矛盾体，我们全都知道这一点。他可以一边给我上营养课，一边看着我一口一口地抿着奶昔。他不会把奶昔从我手里抢走，相反，他可能也会喝上一小口。我喜欢矛盾的人，这对我是理所当然的事情。吉尔并不像监工，这一点我很满足。我的监工已经足够多了，多到完全可以监督我的一生。吉尔理解我，溺爱我，而且有时——只是有时——纵容我吃垃圾食品的喜好，或许是因为他会与我分享。

在印第安韦尔斯，我再次与皮特狭路相逢。如果我能战胜他，我离排名榜的最高点就仅一步之遥了。我的体能处于绝佳状态，但我们的这场比赛打得马马虎虎，充满了不必要的失误。我们两个都无法完全专注于比赛。皮特仍在为他的教练苦恼，而我则在为我的父亲担心——他几天后将接受心脏直视手术。这次，皮特最终战胜了他烦乱的思绪，而我则让我的这种思绪肆意泛滥。我以三盘输掉了这场比赛。

比赛后，我马不停蹄地赶到加州大学洛杉矶分校医学中心，发现我的父亲全身都插着长长的管子，我不禁回想起我童年时用过的那台发球机。你战胜不了"大龙"的。母亲给了我一个拥抱，然后说："他昨天看你比赛了，他看着你输给了皮特。"

对不起，爸爸。

他躺在床上，靠药物维持着，看起来是那么无助。他的眼睛睁着，眼皮在颤抖。他看到我后做了个手势，示意我靠近点儿。

我探身贴近了他。他不能说话，因为他嘴里插着一根伸进喉咙的管子。他嘟囔着什么。

"我不明白，爸爸。"

更多的手势。我不知道他到底想要对我说什么。他被激怒了，如果他现在还有力气的话，他一定会从床上爬起来，一拳把我打倒在地。

他又示意要纸笔。

"过一段时间再对我说吧，爸爸。"

不，不。他摇摇头，他一定要现在告诉我。

护士递给了他纸和笔。他潦草地写了几个字，然后做出了一个"刷"的动作——像艺术家那样，轻轻地"刷"。我终于懂了。

反手，他想说，打皮特的反手，你应该让皮特更多地使用他的反手。

网前集结。再用点儿力。

我站在那里，几乎是在一瞬间原谅了他，因为我意识到我父亲控制不了自己，他从来都控制不了自己，也从来不了解自己。父亲一直如此，将来也不会改变。尽管他控制不了自己，尽管他说不出爱我和爱网球之间有什么区别，但那毕竟是爱。我们中很少有人真正了解自己，而如果我们有幸了解了自己，我们的最佳选择便是坚持。父亲绝对做到了这一点——坚持到底。

我抓住父亲的手，把它轻轻放在床上，然后告诉他我懂了。"好的，好的，打他反手。下周在比斯坎湾我会打他的反手，我会狠狠地打的。别担心，爸爸，我会战胜他的。现在休息吧。"

他点点头，手却仍然轻抖着。他闭上眼睛，进入了梦乡。

接下来的那周，我在比斯坎湾站的决赛中击败了皮特。

在比赛后，我和皮特一起飞往纽约，然后我们会在那里乘飞机前往欧洲参加戴维斯杯。但飞机一落地，我就拉着皮特去了尤金·奥尼尔剧院，观看波姬在其中扮演里索的《油脂》。我认为这是皮特第一次看百老汇的演出，但却是我第五十次观看《油脂》。我能面无表情地背出其中《我们一起走》（ *We Go Together* ）的歌词，我就曾经在《大卫·莱特曼深夜秀》节目中表演过这个绝活，并引来一阵哄笑。

我喜欢百老汇，戏剧在我心中产生了共鸣。百老汇演员的工作是个体力活，紧张繁重、要求苛刻，而且每晚的压力都很大。最优秀的百老汇演员使我不禁联想到运动员。如果他们没有发挥出最佳水平，他们会意识到这一点；如果他们没有意识到这一点，观众会让他们意识到这一点。但皮特和我并没有同感，从一开始他就哈欠不断，还不停地看表，显得颇为不耐烦。他不喜欢戏剧，而且由于他在生活中从未有所伪装，所以他也无法理解演员。在舞台脚灯昏暗的灯光照射下，看到他如此烦躁不安，我不禁微笑起来。不管怎样，迫使他坐在剧院里看完《油脂》比在比斯坎湾战胜他使我更为惬意。

第二天早上，我们搭上了飞往巴黎的协和式飞机，然后转乘一架私人飞机飞往巴勒莫。我刚刚在酒店安顿下来，电话铃就响了。

是佩里。

"我手里有最新的世界排名。"他说。

"说给我听听。"

"你现在是世界第一啦！"

我终于把皮特赶下了山顶。在当了八十二周世界第一之后，他现在要抬头看我了。自从实行电脑排名以来，我是二十多年来第十二位世界第一。我接到的下一个电话来自一位记者。我对他说我对自己的新排名很高兴，能登上我所能达到的制高点，我感觉很好。

这是一个谎言，我根本就不是这样想的，而只是我想要拥有的想法而已。这是我期待产生的想法，这是我告诉自己我应该拥有的想法，但事实上，我什么感觉也没有。

Fig.1

Fig.2

Fig.3

1   好斗的轻量级拳击手——我父亲迈克，十八岁，摄于德黑兰。（阿加西供图）

2   我父母——迈克·阿加西和贝蒂·阿加西——新婚合影，1959 年，芝加哥。（阿加西供图）

3   八岁时和我的偶像比约恩·博格对打了几个球。（阿加西供图）

Fig.4

Fig.5

4　十八岁，留着彩色胭脂鱼头、穿着牛仔短裤——我的第一个标志性形象。
（迈克尔·科尔供图）

5　1990年我和吉尔正式开始一起工作之前，在拉斯维加斯外的沙漠的合影。
（约翰·C·拉塞尔/拉塞尔团队供图）

Fig.6

6 1997 年年底，与波姬一起在南非旅行，几天后我们见到了曼德拉。（约翰·帕伦蒂供图）

Fig.7

7   打败安德雷·梅德韦杰夫赢得 1999 年法网冠军后。(迈克尔·科尔供图)

Fig.8

---

8   在印第安韦尔斯，我与布拉德一起庆祝击败皮特，当时并不知道那是我们在一起获得的最后一场胜利。

（迈克·纳尔逊 / 法新社 / 格蒂图片社供图）

Fig.9

9   2002 年美网赛决赛后，我与皮特·桑普拉斯的私下交谈。（加里·M·普赖尔 / 格蒂图片社供图）

Fig.10

10　2003 年澳网赛，我的两个最大的力量源泉——吉尔和施特芬妮坐在我的包厢里。

（尼古拉斯·路蒂奥 /Presse Sports 图片社供图）

Fig.11

Fig.12

11 赢得 2003 年澳网冠军后不久。（尼古拉斯·路蒂奥 /Presse Sports 图片社供图）

12 2006 年秋天，与施特芬妮、杰登和杰姬在一起。（约翰·C·拉塞尔 / 拉塞尔团队供图）

Fig.13

13　2006 年美网第二轮后，马科斯·巴格达蒂斯向我表示祝贺。（唐·埃默特 / 法新社 / 格蒂图片社供图）

14　2000 年，温布尔登中心球场。（迈克尔·科尔供图）

Fig.14

Fig.15

15　探访安德烈·阿加西大学预备学校的学生。（丹尼丝·特拉斯赛罗供图）

Chapter 17

复仇之夏

在经历了所有的努力、愤怒之后，在所有这些比赛、训练之后，在每一次场上的跳跃、每一滴汗水后，最后得到的却还是相同的空虚和失望。不论你赢了多少场，如果你不是最后赢的那个人，你就是一个失败者。而我在最后的时候总是会输，因为有皮特，总是有皮特。

我在巴勒莫的大街上逛来逛去，喝很浓的黑咖啡，试图弄明白我到底怎么了。我做到了——我现在是世界排名第一的网球选手了，但我仍觉得很空虚。如果成为世界第一我还感觉空虚的话，那为什么还要继续坚持呢？干脆退役得了。

我想象着我宣布退役时的情景，我甚至开始想我在新闻发布会上如何措辞。几个人的脸浮现在了我的脑海中：布拉德、佩里，还有我父亲。每个人都很失望，都颇为震惊。同时，我也告诉自己退役解决不了本质的问题，退役无助于我弄清楚我今生到底想要什么这一问题。我将成为一个二十五岁的退役者，这听起来与九年级的辍学生大同小异。

不，我需要一个新目标。真正的问题是，一直以来，我的目标就是错的。我从来不是真的想成为世界第一，那只是别人为我设定的目标。循着别人为我设定的目标，我成了世界第一，我得到了电脑排名系统的青睐，那又怎样？我认为自从儿时起一直想要的，以及我现在想要的，远远比这更为困难。更加有分量。我想要在法网称王，这样我就将四个大满贯头衔收入囊中，这才完满。我将成为公开赛年代以来第五位完成此壮举的人——并且是第一个美国人。

我从来都不在意电脑系统的排名，就像我从来都不在意我赢得大满贯的次数一样。罗伊·埃默森获得的大满贯冠军头衔最多（十二个），但没有人认为他比罗德·拉沃优秀，没有人。我的对手们以及我敬重的任何网球专家都一致认为拉沃才是最优秀的，才是真正的王者，因为四大满贯冠军头衔他全都得过，而且他两次在同一年包揽了四大满贯冠军头衔。虽然当时只有草地和红土两种场地，但那仍然有如神来之笔，无人能及。

我想到以往的伟大选手们，他们如何试图与拉沃比肩而立，如何梦想着将四大满贯冠军头衔悉数拿下。他们都会缺席一些大满贯赛事，因为他们并不在意数量，他们在意的是技术的全面。他们全都担心如果履历不完整，如果与四个大满贯头衔中的一个或两个失之交臂，他们就不会被视为真正伟大的选手。

我越想着要问鼎全部四大满贯赛事的冠军头衔，我就越兴奋。突然间，我对自己有了如此深刻的洞见，这真令人吃惊。我意识到这才是我一直想要的。我只是将这一欲望压制在心底，因为那似乎是不大可能实现的目标，尤其是在连续两年经历了杀入法网决赛但最终均功亏一篑的挫折之后。而且我还放纵自己被那些什么也不懂的体育记者和球迷们牵着鼻子走，他们只知道计算选手们赢得的大满贯冠军头衔，然后用那个实际上并无实际意义的数字衡量某位选手的成就。在四大满贯赛事均问鼎冠军才是我真正的圣杯。因此，1995年在巴勒莫我决定朝此圣杯全速前进。

与此同时，波姬从未停止过对自己的圣杯的不懈追求。她在百老汇的演出获得了巨大的成功，但她并未因此感到空虚，而仍然雄心勃勃。她想要的不只如此。她期待着下一次巨大的成功，但这种机会迟迟未来。我觉得我应该做些什么，于是我对她说，公众其实并不了解她，一些人认为她是个模特，一些则认为她是个演员。我也有过类似的遭遇。她需要重塑自身的形象。我还请佩里帮波姬重新规划其发展方向和职业前景。

没过多久，佩里就得出自己的结论并制订了一项计划。他说波姬现在需要参演电视节目，她的未来取决于电视。因此，她立即开始寻找那种能使她星光闪耀的剧本和样片。

就在1995年法网公开赛开赛前，波姬和我去渔人岛待了几天。我们都需要休息和补充睡眠，但我既没能好好休息，又无法安然入睡——我一直在想着巴黎。深夜，我躺在床上，神经却高度紧张，脑袋里像绷着根弦一样。我盯着天花板，脑海中浮现的全是比赛时的场景。

在飞往巴黎的飞机上，尽管有波姬陪着我，但我仍然心神不宁。波姬此刻没有工作，所以她得以脱身陪我前往巴黎。

"这是我们第一次一起去巴黎。"她说，并吻了我。

"是啊。"我一边轻轻地抚摸着她的手，一边说道。

我怎样才能让她知道这一次并不是，而且完全不是来度假的呢？我怎样才能让她知道这次旅行绝不只是我和她之间的事呢？

我们住在凯旋门附近的拉斐尔酒店。波姬喜欢那里破旧的老式电梯，喜欢那种用手把电梯的铁门拉上的感觉，我则喜欢酒店大厅外那间小烛光酒吧。房间很小，而且没有电视，这使布拉德大吃一惊。事实上这一点让他无法忍受，在入住这个酒店几分钟后他就结账离开了，随后住进了一家更为现代的酒店。

波姬会说法语，所以她可以以一种全新的、更为宽阔的视野为我展示巴黎。探索这个城市使我感到很惬意，因为我不用担心迷路，而且她可以为我翻译。我向她讲述起我第一次和菲利来巴黎的经历，讲起了我和菲利的卢浮宫之行，我说我们当时真的被那些画作深深吸引了。她对此非常感兴趣，并想让我也带她去看看。

"下一次吧。"我说。

我们在高档餐厅就餐，还参观了一些若是我自己一个人绝不会冒险踏入的偏僻社区。我确实觉得其中一些社区颇为迷人，但对其他大多数社区则没什么兴趣，因为我非常不愿分散我的注意力。一家小餐馆的老板邀请我们参观了他古老的酒窖—— 一个散发着霉味的中世纪的坟墓，里面装满了满是灰尘的瓶子。他把其中一瓶递给了波姬，她瞥了一眼标签上的日期：1787。她像抱着一个婴儿那样抱着这个瓶子，然后把它递给了我，一副不敢相信的神情。

"我不要，"我轻声说，"就是一个瓶子而已，而且还全都是灰。"

她狠狠瞪了我一眼，似乎都想要用那个瓶子砸我的头了。

一天深夜，我们沿着塞纳河散步。那天是她三十岁生日。我们在通往塞纳河的一段石阶上停了下来，然后我送给她一个钻石手链。我把它戴在了她的手腕上，并用手不停地拨弄手链的搭扣，她则开心地笑着。我们都很喜欢它在月光下的样子。这时，在波姬一侧的石阶上站着一个醉醺醺的法国男人，他正摇摇晃晃地撒尿，尿液呈弧形高高飞起后落入了塞纳河。通常情况下，我不相信所谓的预兆之说，但这似乎确是个不祥的预兆，我只是不确定这到底是预示着我的法网之旅还是我与波姬的关系。

赛事终于开打了。我前四场比赛未输一盘。对于记者和评论员来说，很明显我已经成为一个完全不同的网球运动员—— 更加强大也更加专注。对于参加此项赛事的其他选手来说，他们最为清晰地感觉到了这种变化。我总是会注意到选手们默默选定他们当中的阿尔法狗的方式，他们会挑出那个最具王者风范、最有可能赢的选手。在这项赛事中，我第一次承担起了这一角色。在更衣室里，我感到他们都在注视着我，留意着我的一举一动，任何微小的举动他们都不放过，甚至连我是如何整理我的包的他们都要研究；当我走过他们身旁的时候，他们会快速地闪到一边；他们还会非常主动地把训练台让给我用。他们对我的敬意达到了前所未有的程度，而我则尽量看淡这些，但我还是禁不住享受起这种待遇，毕竟这样总比让别人获得这种待遇好。

但波姬似乎并没有注意到我的不同，也没有对我区别对待。晚上，我坐在酒店的房间里，凝视着窗外的巴黎——驻足在悬崖上的一只雄鹰，但她则在我耳边说个不停，她谈论《油脂》，谈论巴黎，谈论某某人、某某事。她不了解我在吉尔的健身房里所付出的努力，不了解我如今的自信是无数次尝试和牺牲以及日益强大的专注力的结果，这种自信也使我决意完成摆在我面前的艰巨任务。她对我们下一次将去哪里吃饭、将再去探索哪个酒窖更感兴趣。她认为我赢是理所当然的事情，而且她希望我快点儿赢得决赛，这样我们就能尽情地玩了。从她的角度讲，这并非出于自私，只是她错误地认为赢得比赛是正常的，而输掉比赛才不正常。

在四分之一决赛中我的对手是卡费尔尼科夫，那个把我与耶稣作比的俄罗斯人，在比赛开始时，我隔着球网不禁心生嘲讽：耶稣就要用汽车天线鞭打你了。我知道我能击败卡费尔尼科夫，他也知道这一点，这种情绪全都写在了他脸上。但在第一盘刚刚开始不久，在一次飞身救球时，我感觉到什么东西咔嚓了一声——那是我的臀屈肌。我不去管它，装作什么也没发生，装作我根本就没有臀部，但臀部把疼痛传递到了我的腿上，疼痛在我的腿上蹿上蹿下。

我不能屈身，也动弹不得。我请求赛会医生上场，他给了我两片阿司匹林，并告诉我他对此无能为力。当他对我这么说的时候，他的眼睛有纸牌游戏中的圆形筹码那么大。

我输掉了第一盘，然后第二盘。在第三盘中，我振作精神，以4∶1领先。观众们鼓励我继续奋进。"加油，阿加西！"但每过去一分钟，我都会变得更加难以动弹，而运动自如的卡费尔尼科夫则逐渐将该盘的比分追平。我感觉到自己的四肢越来越无力。这是又一种俄式酷刑。再见，圣杯。我走出球场，连球拍都没有拿。

对我的真正考验本不应来自卡费尔尼科夫，而应该是穆斯特，那个曾经弄乱我头发、如今称霸红土球场的人。所以即使我勉强战胜了卡费尔尼科夫，我也不知道以我目前这种一瘸一拐的状态又该如何与穆斯特对抗。但我曾发过誓绝不会再输给他，我绝对是认真的，而且我也非常珍惜这次机会。我曾认为无论球网对面站着的是谁，我都会成就伟大。而此次，当我离开巴黎时，我并不认为自己被打败了，我认为我被命运捉弄了。就是那样，我知道。这是我最后的机会。我在巴黎绝不会再感到如此强大、如此年轻了，我再也不会在更衣室里激起如此强烈的恐惧了。

我赢得全满贯的黄金时机就此付诸东流。

波姬已经提前飞回了家，因此在飞机上只有吉尔和我。吉尔轻声地说着我们将如何处理那条屈肌，在经历了我们刚刚经历的事情之后，我们该如何调整，并该如何准备即将来临的草地赛季。我们在拉斯维加斯待了一个星期，除了看电影、等着我的臀部恢复之外，我们什么也没做。核磁共振成像表明我臀部肌肉的损伤不是永久性的——不幸中的万幸。

我们飞到英国。我是以头号种子选手的身份参加1995年温布尔登网球公开赛的，因为我当时的排名还是世界第一。球迷们欢快热情地问候我，这与我此时的情绪形成鲜明的对比。耐克公司的人已提前来到这里，搞一些赛前推广活动以鼓舞人心，比如说分发阿加西配件——可以粘在脸上的连鬓胡子和八字胡，还有印度扎染印花大手帕。这是我的新形象，我已从海盗变成了土匪。就像一直以来那样，看到男人打扮成我这个样子颇具有超现实的色彩，而看到女孩们也尝试着打扮成我这个样子则会更加超现实。留着连鬓胡子和八字胡的女孩几乎让我忍俊不禁，但我还是笑不出来。

在温布尔登，几乎每天都在下雨，但球迷们仍然蜂拥而至。教堂路两侧都是冒着大雨、不顾寒冷前来观赛的球迷，他们这样做，只是因为他们热爱网球。我很想走出去，站到他们中间，询问他们，从而弄清楚到底是什么使他们如此热爱网球。我很想知道对该项运动拥有如此强烈的激情会是什么样子。我很想知道假的八字胡在被雨水淋湿后是会完好无损，还是会像我以前的假发那样散落。

我轻松地拿下了前两场比赛，然后以3∶1战胜了惠顿。但那天的大新闻是塔兰戈。输掉比赛的他在离开球场前和裁判员打了一仗，然后他的妻子又掴了裁判一记耳光。这是温布尔登历史上最大的丑闻之一。因此，我在下一场比赛中的对手就是来自德国的亚历山大·莫隆兹而非塔兰戈了。当记者问我更愿意与他们中的哪位对决时，我真的很想说出塔兰戈八岁时在与我比赛时作弊的事情，但我没有。我不想与塔兰戈公开争吵，而且尤其不想与他的妻子为敌。所以即使塔兰戈对我来说是更为危险的威胁，我还是给出了中规中矩的答案：我不在乎对手是谁。

我直落三盘，轻取莫隆兹。

在半决赛中，我遭遇了贝克尔。我在之前与其进行的八次比赛中从未失过手。皮特已经晋级决赛，正在等待着贝克尔和阿加西一战的胜利者，或者更确切地说，他正等待着我，因为在我看来，每一项大满贯赛事的决赛已开始成为我和皮特之间长期有效的约会场合了。

在第一盘比赛中，我毫不费力地拿下了贝克尔。在第二盘中，我已经以4∶1领先。我来了，皮特。准备好，皮特。然而接下来，贝克尔发起了一场更粗野、更强悍的进攻。他零星地得了几分。在用极小的钉子在我的自信心上凿出了缺口后，现在他又掏出了大锤。他退回到底线，这不是他经常使用的战术，他借此暂时占了上风。他破了我的发球局，但我仍以4∶2领先。但我感觉到什么"咔嚓"一声断了，这次不是我的臀部，而是我的意志。我突然间无法控制我的思想。我想到皮特正等着我；我想到我的姐姐丽塔，她的丈夫潘乔在与胃癌长期斗争后还是去世了；我想到贝克尔还在与尼克合作，尼克此时正坐在贝克尔的包厢里——皮肤已被晒成了棕褐色，而且颜色比以往都要深，同上等肋条牛肉的颜色相差无几——我不知道尼克是否已经将我的秘密透露给了贝克尔，就像我摸清了贝克尔发球规律那样（在发球前，贝克尔会伸出舌头，而他的舌头就像一个小小的红箭头，指引着他发球的目标方向）；我想到了波姬，这周正和皮特的女朋友——一个名为德莱纳·马尔卡希的法学院学生在哈罗兹百货商场购物。所有这些想法都涌入了我的脑中，让我思绪混乱，无法集中精神，而这给了贝克尔机会。他紧紧抓住这一机会，最终凭借四盘赢得了胜利。

这是我有生以来最具毁灭性的一场比赛。赛后，我没有对任何人说任何话——吉尔、布拉德还有波姬——我没有跟他们说话，因为我不能。我完蛋了，就像腹部中枪一样。

波姬和我按预定计划是要去度假的，我们已经计划了好几个星期了。我们想要去一个较为偏远的地方，没有电话，没有其他人，于是我们打算去距拿骚二百四十一公里远的印第哥岛。在温布尔登的溃败后，我想要取消这次旅行，但波姬提醒说我们已经订下了整个小岛，而且如果不去，保证金是无法退还的。

"不仅如此，那里应该有如天堂一般，"她说，"去那里对我们都有好处。"

我皱起了眉头。

正如我担心的那样，从我们到达的那一刻起，天堂感觉就像重罪犯监狱。整个岛上只有一间房子，而对于我们三个——波姬、我还有我的坏情绪——来说，并不够大。

波姬晒着太阳，等着我同她讲话。她没有因我的沉默而恐惧不安，但她也不理解我。在她的世界里，每个人都在伪装，而在我的世界里，有些事情是装不出来的。

在两天的沉默后，我对她能够如此耐心表示了谢意，并且告诉她我已经没事了。

"我要去海滩上慢跑几圈。"我说。

开始时，我还是慢悠悠的，但随后我发现我正以百米冲刺的速度奔跑着。我已经在想要使身体重新处于良好状态，为夏季硬地球场的比赛重整旗鼓了。

我前往华盛顿参加了莱格梅森精英赛。天气热得令人作呕，布拉德和我试图通过在下午两三点钟进行练习来适应这种热度。当我们完成练习之后，球迷们聚过来，对我们大声提问。几乎没有选手愿意花很多时间和球迷们聊天，但是我会，我喜欢这样。对于我来说，球迷们总是比记者们更可爱。

在我们签完最后一个签名并且回答完了最后一个问题后，布拉德说他想来杯啤酒。他看起来有些诡秘，肯定发生什么事了。我把他带到了"坟墓"。佩里在乔治敦大学上学期间，当我去看望他时，我们经常来这个地方。从一扇小型街门进入，沿着狭窄的楼梯走到地下一层，就到了"坟墓"酒吧。这里阴暗、潮湿，空气中充斥着一股不干净的浴室的气味。这里的厨房也是开放式的，这样你就能将烹饪过程尽收眼底。开放厨房在一些餐厅确实产生了不错的效果，但对"坟墓"来说却并不是什么有利因素。我们找了一个小隔间坐下来后就开始点喝的东西。由于这里没有百威冰啤，布拉德有些心烦意乱，他只喝百威。在刚才的训练后，我感觉到我很了不起，我觉得神清气爽，并且浑身充满了力量。我已经快二十分钟没有想贝克尔了，布拉德却将此终结。他从开司米套头衫里面的口袋里掏出了一叠报纸，然后怒气冲冲地把它们摔在了桌子上。

"贝克尔。"他说。

"怎么了？"

"这是他在温布尔登击败你之后说的话。"

"我管他呢！"

"他在胡说八道。"

"怎么个胡说法？"

他开始读了起来。

整个赛后新闻发布会上，贝克尔都在抱怨。他抱怨温布尔登对我的宣传要多于对其他选手的宣传；他抱怨温布尔登网球赛的官员们竭尽所能把我安排到了中心球场比赛，这不公平；他抱怨所有赛事的组织者都拍我的马屁。然后他把矛头转向了我，说我是一个精英主义者，说我不与其他选手交往，说我在巡回赛中并不很受欢迎。他说我不坦率、不开朗，否则的话其他选手可能就不会那么怕我了。

简而言之，他向我下了战书。

布拉德从未在意过贝克尔，他总是称贝克尔为苏格拉底，因为他认为贝克尔总试图表现得像一个智者，但他其实只不过是一个来自农场的长得过高的小子罢了。但布拉德现在满腔愤怒，似乎已不能再在这个小单间里继续坐下去了。

"安德烈，"他说，"这太过分了！注意听着我下面的话。我们会再次遇到这个该死的家伙，我们会在美网公开赛上再次碰到他。在那之前，我们要做足准备，我们训练，我们制订复仇计划。"

我又回味了一遍贝克尔的话，简直不敢相信。我知道这家伙不喜欢我，但这个……我低下头，看到自己的拳头握紧、松开、握紧、又松开。

布拉德问："你听到了吗？我想让你把这个混蛋淘汰出局！"

"一言为定。"

我们碰杯，就此立誓。

而且，我对自己说，在战胜贝克尔后，我还要继续赢下去。我就是不想再输了，至少在冬天来临之前不想再输了。我厌恶了失败，厌恶了失望的感觉，厌恶和厌倦了其他人像我一样那么不尊重我的球技。

1995年的夏天是复仇之夏。我心里充满着仇恨，在华盛顿的赛场上以不可阻挡之势前进着。在决赛中与我对决的是埃德伯格。我的实力要强于他，但当时足足有三十七摄氏度，这种极端的炎热将不平衡给扯平了——在这种热度中，所有人都"被平等"了，所有人都一样。在比赛开始时，我不能思考，也无法找到以前的感觉。幸运的是，埃德伯格也如此。我赢得了第一盘，他赢得了第二盘。在第三盘中，我暂时以5:2领先。我的球迷们，确切说是那些没有中暑的球迷们，在欢呼。由于观众席中不时有人需要接受治疗，比赛已经暂停了好几次。

接下来是我的发球制胜局，至少他们是这样告诉我的。我还在神游幻境，我不知道我打的是什么比赛。这是Nerf乒乓球吗？我应该把这个覆有黄色细绒毛的球打出去吗？打给谁呢？我的牙在打战。我看到有三个球从球网那一边飞过来，我就对着中间的那个回击。

我唯一希望的是埃德伯格头脑里也出现了幻觉。也许在我昏过去之前，他就先昏了过去，这样我就能因他的弃权而获胜了。我等待着，密切地注视着他，但我的情况变得更糟了。我的胃一阵紧缩，而他则破了我的发球局。

现在轮到他发球了。我叫了暂停，跑到了一边，把早饭吐在了场地后边的一个装饰性的花盆上。当我回到球场时，埃德伯格毫不费力地保住了他的发球局。

又轮到我的发球制胜局。我们勉强振作精神，小心翼翼地将球打到对方的场地中部，仿佛怕惊到网球一般，俨然两个十岁的小女孩在打羽毛球。他再次破了我的发球局。

5:5平。我放下球拍，跌跌撞撞地跑出了球场。

有一项不成文的规定——或许事实上它已成文——那就是如果拿着球拍离开球场，就算自动认输，所以我丢下球拍以示我还会回来。在我神志如此混乱的情况下，我仍然在意网球的规则，但我也很在意生理的规则。在这种热度中，你吃进肚里的东西必定会出来，而且必定是不久就会出来。在去更衣室的路上，我吐了好几次。我冲进厕所把我几天前、或许是几年前吃的东西都吐了出来。我感觉自己就要休克了。吹着更衣室里的空调，加之我已把胃清空了，我终于重新获得了生机。

裁判员来敲门了。

"安德烈！如果你不马上回到球场，你就会被罚分了。"

胃里空空如也，脑袋里嗡嗡作响，我回到了赛场。我破了埃德伯格的发球局。我不知道我是如何做到的。我继续坚持，最终赢得了这场比赛。

我蹒跚地走到了网前。埃德伯格斜着身子，似乎也马上要晕过去了。待在球场接受颁奖的那段时间，对于我们两个人来说都很难挨。当他们把奖杯递给我时，我想的是我可能会吐到里边。他们交给了我一个麦克风，让我说几句话，我想的也是我要是吐在上面怎么办。我说我为我的行为道歉，尤其要向那些坐在那个被我不当使用的花盆旁边的人道歉。我本想公开建议那些官员们把比赛的地点改为冰岛，但呕吐感再次汹涌袭来，我再也撑不住了。我放下麦克风，飞奔而去。

波姬问我为什么不干脆退赛。

因为这是复仇之夏。

赛后，塔兰戈公开反对我的行为，要求我为离开球场做出解释。他说他当时正等着打他的双打比赛，我耽误了他。他很生气，我却很愉悦。我想要回到球场，找到那个花盆，把它包装起来，作为礼物送给塔兰戈，并附上一张字条，上面写着：你就把那叫出界吧，你这个骗子。

我绝不会忘记，贝克尔必须受到严厉的教训。

我离开华盛顿，来到了凉爽宜人的蒙特利尔。在这里，在三盘艰苦的战斗后，我在决赛中战胜了皮特。我战胜皮特后总会心情大好，但这次却几乎没什么感觉。我想要击败贝克尔。在辛辛那提的比赛中，我在决赛中战胜了张德培，感谢上帝。然后我来到纽黑文市，重新回到了东北夏季的高温炉里。我进入决赛，与克拉吉赛克对决。他很高大，至少有一米九，而他的脚步却很轻盈，只需两步他就已经冲到了网前，龇牙咧嘴地准备在你的心上狠狠咬上一口。而且，他的发球极为可怕，我可不想花三个小时对付他那发球。在这么短的时间内接连赢得了三个冠军头衔后，我的体力已经消耗得差不多了，但布拉德不允许我这样说。

"你是在训练，记得吗？用一场终极恶战去终结所有的恶战？振作起来。"他说。

我于是振作起来，问题是，克拉吉赛克也如此。第一盘，他以6∶3取胜。第二盘，他两次拿到了赛点。我没有屈服，把比分追平，并在抢七局中扳回这一盘。在第三盘中，我击败了克拉吉赛克。这是我第二十场连胜，也是我的四连冠。在这一年我已经参加的七十场比赛中，我赢了六十三场，而在四十六场硬地赛中，我获得了四十四场胜利。记者问我是否有一种无往不胜的感觉，我给出了否定的答案。他们认为我是谦虚，但我说的是实话，我就是这样觉得的。在复仇之夏，我只允许自己拥有这种感觉。骄傲是糟糕的，压力才是有益的。我不想感到自信，我想感觉到愤怒——永无止境的、强烈的愤怒。

巡回赛的所有话题都集中在我跟皮特的对抗上，主要是因为耐克公司的新一轮广告宣传，其中包括一个很流行的电视商业广告：在旧金山，我们从出租车里跳下来，搭起球网，准备开始比赛。《纽约时报周日杂志》发表了一篇长篇人物报道，内容主要是关于我们两人的竞争和性格上的差异，其中描述了皮特对网球的专注，以及他对网球的热爱。我想知道如果那个记者知道我对网球的真实感觉，他会怎样描述我们两人的分歧。要是我告诉他了该多好。

我将这篇报道放到一边，然后又拿了起来，我不想读，但我又必须读。这种感觉很奇怪，使我烦躁不安，因为皮特现在在我的心中已经不再占据最重要的位置了。日日夜夜，我想着贝克尔——只有贝克尔。但是，我还是浏览了一下这篇文章。当看到皮特被问到喜欢我哪一点时，我身体不禁缩了一下。

他想不出任何一点来。

最后他终于说："我喜欢他旅行的方式。"

终于，八月来了，吉尔、布拉德和我开车去纽约参加1995年的美网公开赛。在路易斯·阿姆斯特朗运动场的第一个早晨，我看到布拉德站在更衣室里，手里拿着签表。

"很好，"他微笑着说，"哦，这真是太好了。AG，都很好。"

我和贝克尔被分到了同一个半区。如果一切按照布拉德的计划进行，我将会在半决赛和贝克尔对决，然后在决赛中对阵皮特。我想，如果我们出生的时候能够看到自己人生的抽签顺序，预计我们走到决赛的路径那该多好。

开始的几轮比赛，我的表现极佳。我知道我想要的是什么，我也看到了我想要的就在前方，这些对手只是这条路上的绊脚石而已。埃德伯格、阿历克斯·克雷特加、皮特·科达——我需要越过他们才能达到我的目标。因此，我这么做了。每一次胜利之后，布拉德并没有像往常那样表现得兴高采烈。他没有笑，没有庆祝。他对贝克尔全神贯注——关注他的比赛，细细研究他的打法。他想要贝克尔赢得每一场比赛、每一分。

当我以胜利者的身份走出赛场时，布拉德总一本正经地说："又是不错的一天。"

"谢谢。是啊，感觉不错。"

"不，我是说苏格拉底，他赢了。"

皮特解决了他那边的问题，进入了他所处半区的决赛，现在等待着阿加西和贝克尔中的胜者。这就像是温布尔登网球公开赛的重演，第二季。但是这一次我却没有想皮特。我没有想那么远，我只关注眼前。我一直以来瞄准的对象都是贝克尔，而现在这个时刻终于来临了。我的注意力是如此集中，精神高度紧张到自己都觉得害怕。

一个朋友曾经问我，当我面对一个跟自己有私人恩怨的对手时，我会不会哪怕是有一点的冲动想要扔下球拍冲上去卡住他的脖子。如果这是一场带有私人恩怨的比赛，如果比赛中充满了仇恨，我不会更想用拳头解决问题吗？我对朋友说，网球就是拳击。每一个网球运动员，或早或晚，都会将自己比作一个拳击手，因为网球就像是一场没有身体接触的搏击，它很暴力，徒手肉搏，在网球场上所做的选择就跟在拳击场上做的选择一样原始而野蛮。杀死对手或是被对手杀掉，击败对方或是被对方击败。网球中的争斗是深藏在体内的。他们让我想起拉斯维加斯以前的那些放高利贷者，用一袋橘子去打人，因为这样不会在体表留下任何淤痕。

但是，尽管如此，我还是一个普通人。所以进场前，我和贝克尔站在通道里的时候，我跟保安说："詹姆斯，把我们俩分开，我不想让那个讨厌的德国人出现在我的视线里。相信我，詹姆斯，你不想让我看到他。"

贝克尔跟我的感觉是一样的。他记得他说过的话，他知道我已经将那些话读了不下五十遍，并且已将其牢牢地记在脑海里。他知道我整个夏天都因他的话愤怒不已，他知道我想要让他血债血偿。他也想这么做。他从来都不喜欢我，而且对于他来说，这个夏天也是"复仇之夏"。我们走到球场上，避免眼神交流，拒绝向观众致意，我们将注意力集中在我们的装备、我们的网球包和这场即将上演的惨烈的比赛上。

比赛一开始就进入了我预想中的场面。我们互相嘲笑，用两种不同的语言轻蔑地咒骂对方。我赢了第一盘，7：6。但令人气愤的是，贝克尔看起来一点儿也不为其所扰。他为什么要困扰呢？我们在温布尔登比赛时，开始就是这样的。他不担心落后——他已经证明了他能够承受住我的重击然后后来居上。

我赢了第二盘，7：6。现在他开始局促不安了，开始寻找出路。他试图干扰我的心智。他曾经看到过我不冷静时的样子，所以他认为可以再次让我失去冷静。他做了一个网球运动员可以对另外一个网球运动员做的最无耻的事情：他朝我的包厢抛出了几个飞吻，朝波姬。

这奏效了。我很生气，以至于我的注意力开始分散。第三盘的时候，在我以4：2领先的情况下，贝克尔朝一个他本不可能够到的球扑去。他做到了，赢得了一分，然后成功破发了我的发球局，赢得了第三盘。观众们现在沸腾起来了。他们似乎已经看出来了，这是私人恩怨，这两个家伙互相看不顺眼，我们是在解决宿怨。他们喜欢看到戏剧化的场面，想要让这些冲突更加激化，现在我觉得温布尔登的一切又要重演了。

贝克尔开始取悦观众，他朝波姬又抛出了几个飞吻，并露出了贪婪的笑容。这种做法既然奏效了，为什么不再做一次呢？我看了看布拉德，他坐在波姬的旁边，用钢铁般的目光看着我，那是标准的布拉德表情，他在吼："加油！冲！"

第四盘是一场势均力敌的缠斗。我们两个都保住了自己的发球局，正在寻找破发的机会。我看了看表，九点半。没有人离场回家，现场的紧张气氛非常明显。我从来都没有如此强烈地想要赢得一场比赛，我从来都没有对任何事情有如此的渴望。我保住了发球局，并取得了6∶5的领先，现在贝克尔的发球局将决定他的去留。

佩里正朝他大喊大叫，波姬发出了让人恐惧的尖叫声。贝克尔微笑着朝他们俩招手，好像他是美国小姐一样。他的一发失误。我知道他的二发会很有进攻性，他是一个冠军，就会展现出一些冠军的架势。此时，他牙关紧闭，我很确定他会凭借本能向中路猛击一球。通常情况下，你会担心球的反弹和弹起的最高点，因此你向前移动，试着在球弹起却尚没高过你的肩膀时将球击回。但是，我赌了一把，保持在原地。我赌对了。现在球向我飞了过来，在我的可控范围内。我将我的臀部扭到一边，为这决定命运的一击做好准备。这球比我预想的快了那么一点点，但是我迅速做出了调整。我踮起脚尖，感觉自己就像是怀亚特·厄普、蜘蛛侠还有斯巴达克斯。我大力挥拍，感觉身上的汗毛都立起来了。我将球击出的那一瞬间，发出了类似某种野兽的吼声。我知道以后我再也不会发出那样的声音了，我不会比这打得更用力或者更完美了。我打出了非常完美的一球——成败在此一举。当球在贝克尔那半边的球场落地的时候，我的吼叫仍在继续。

"啊啊啊——"

那球闪着金光从贝克尔身边呼啸而过。阿加西，赢了。

贝克尔走到网前。就让他站在那里好了。球迷们都站了起来，兴奋地挥舞着双臂。我久久凝视着波姬、吉尔、佩里和布拉德，尤其是布拉德。我继续凝视着他们，贝克尔还站在网前，我不在乎。我让他站在那里，他就像我门阶上的耶和华见证人一般呆立在那里。最后，终于，我摘掉护腕，走到网前，瞅都没瞅他一眼，就将手伸向他那个方向。他握了握我的手，我迅速地将手抽了出来。

一个电视记者冲到场上，问了我几个问题。我想都没想就回答了，然后又带着微笑冲着摄像机说了一句："皮特！我来了！"

我跑回了通道，进入了休息室。吉尔在那边，一副忧心忡忡的样子，他知道这场胜利对我的体力消耗有多大。

"我感觉很不好，吉尔。"

"先躺下来。"

我的头嗡嗡作响，浑身已经被汗水浸透了，而且我将要在不到十八个小时之内进行决赛。现在和明天比赛之间，我需要让体力迅速恢复过来，回到家，吃点热腾腾的饭菜，喝一加仑"吉尔水"直到再也喝不下，然后便上床睡觉。

吉尔将我载回了波姬的褐色砂石房子。我们吃过晚饭后，我在浴室里待了一小时。水哗哗地流，让我觉得自己应该为那些环境保护组织开张支票或是种棵树。凌晨两点钟，我在波姬旁边躺下，然后合上了眼睛。

五个小时后，我睁开了眼睛，有一瞬间竟然不清楚自己是在哪里。我试着坐起来，然后发出了一声号叫，与我同贝克尔对决时发出的那声叫声类似。我动不了了。

最初我以为是腹部肌肉痉挛，然后我意识到这比那要严重得多。我从床上滚了下来，趴在地上。我知道这种感觉，以前也曾有过。肋骨间的软骨好像撕裂了一般，我很清楚地知道是哪一击撕裂了它们，但是这次的撕裂肯定很严重，因为我几乎不敢扩张我的胸腔。我几乎不能呼吸了。

我模糊地记得这种伤需要五周的时间才能痊愈，但是九个小时后我就要与皮特对决了。现在是早上七点，比赛是在下午四点。我大声喊着波姬的名字。她肯定是出去了。我侧躺着，喊道：请不要让这一切发生。

我闭上眼睛祈祷：我一定能走到赛场上。但是我的要求似乎很滑稽，因为我连站都站不起来。尽管我很努力地尝试，但是我就是站不起来。

上帝，求你了，我不能缺席这场美网公开赛的决赛。

我爬到电话旁边，拨通了吉尔的电话。

"吉尔，我站不起来。我就是站不起来了。"

"我马上就到。"

他到的时候，我已经站起来了，但是我的呼吸仍然有问题。我告诉他我觉得肯定是肋骨间的软骨组织拉伤了，他也同意这一点。在他的注视下，我喝了一杯咖啡，然后他说："到时间了，我们该走了。"

我们看了看表，做了我们在这个时刻唯一能做的事——我们笑了。

吉尔开车把我送到了体育场。在练习场，我击出了一球，肋骨狠狠地抓了我一下。我又击出了一球，不禁痛得叫出了声。我打出了第三记球，仍然很痛，但是我能够使出力气了，我能呼吸了。

"感觉怎么样？"

"好多了，大概恢复了百分之三十八。"

我们盯着对方。或许这就足够了。

但是皮特却是百分百地应战。他有备而来，在看了我跟贝克尔的对决后做了充足的准备。我输掉了第一盘，4：6，然后又输了第二盘，3：6。

然而，我赢了第三盘。我试图寻找能够利用的机会，试着寻找捷径、折中的办法、后路。我看到了将这盘比赛变成奇迹的一些机会，但是我就是不能好好把握它们。我输掉了第四盘比赛，5：7。

记者们问我："连续赢了二十六场比赛，连续赢了整个夏天，却在最后时刻遭遇强敌，也就是皮特，那是一种什么样的感觉？"我想：要是你，你会做何感想呢？我说："明年夏天，我会多输掉一些比赛。我赢了二十六场，输了一场，我宁肯为这场比赛的胜利而放弃之前的二十六场胜利。"

坐车回"褐色砂石"的路上，我扶着肋骨，望着车窗外，回想这个"复仇之夏"的每一次击球。在经历了所有的努力、愤怒之后，在所有这些比赛、训练之后，在每一次场上的跳跃、每一滴汗水后，最后得到的却还是相同的空虚和失望。不论你赢了多少场，如果你不是最后赢的那个人，你就是一个失败者。而我在最后的时候总是会输，因为有皮特，总是有皮特。

波姬安静地开着车。她皱着眉头，带着温柔的表情看着我，但这感觉并不真实。她不会明白。她正在等着我好起来，等着这一切过去，等着一切恢复正常。失败是不正常的。

波姬跟我说过，在我输掉比赛时她有一个习惯，一种消磨时间直到一切恢复正常的方式。当我沉默着暗自神伤的时候，她会彻底整理她的衣柜，将所有几个月来没有穿过的衣服扔出来。她将毛衣和 T 恤整整齐齐地叠起来，将袜子、长筒袜和鞋重新整理，然后秩序井然地放到抽屉和盒子里。我输给皮特的那一晚，瞥了一眼波姬的衣柜。

整洁得一尘不染。

在我们短暂的恋情中，她有很多时间可以用来消磨。

Chapter 18

惩罚自己

你无法欺骗你镜子里的那个人，吉尔总是这样说，因此我打算让那个人付出代价。在巡回赛中，我的绰号是"惩罚者"，因为在比赛中我总是让别人跑前跑后。现在我决意通过晒焦他的头的方式来惩罚这个最难对付的对手——自己。

在戴维斯杯上对阵维兰德时，我转变了运动方式以保护我的肋软骨，但当你保护一件东西时，通常会损坏另一件。当我打出了一个奇怪的正手球后，我感到胸部的一块肌肉被抻了一下。在比赛时，我尚能活动自如，没有感到什么明显的不适，但在第二天早上醒来时，我连动都不能动了。

医生让我休息几周。布拉德为此心急如焚。

"停止比赛会使你丧失世界第一的排名的。"他说。

我一点儿都不在乎。无论电脑系统排出的结果如何，皮特才是世界第一。皮特今年赢得了两个大满贯单打冠军头衔，而且在纽约，在我们的最后决战中，他获得了胜利。另外，我仍然对成为世界第一一点儿都不感兴趣。即使登上世界第一的宝座感觉真的不错，那也不是我的目标。当然，战胜皮特也不是我的目标，但输给他仍使我坠入了沮丧的无底深渊。

我总是无法轻易摆脱惨痛失败的消极影响，但这次对皮特的失败不同于以往——这次失败是一场终极失败，是一场超级失败，是一场彻彻底底的失败。在输给皮特前，对库里埃的失败、对戈麦斯的失败都只是肉体上的伤口，而这次对皮特的失败则像插在心脏上的一支长矛。每一天，伤口都是新的，失败仿佛刚刚发生一样。每一天，我都叫自己不要再去想了，但我做不到，我每天都会不停地想。只有幻想着退役才能暂时缓解我的痛苦，使我获得片刻的安宁。

与此同时，波姬的工作一个接着一个，她的演艺事业正在起飞。在佩里的建议下，她在洛杉矶买了一套房子，并且一直在寻找出演电视剧的机会。现在她获得了一个很好的机会——她将在情景喜剧《老友记》（*Friends*）中客串一个小角色。

"这可是世界第一的电视剧啊，"她说，"第一！"

我皱了皱眉。又是世界第一。她却没有注意到这一点。

《老友记》的制片人邀请波姬出演剧中的一个跟踪狂。跟踪狂？一想到那些跟踪狂和过于热情的影迷们给她造成的那些噩梦般的经历，我吓得不禁后退了一步。但波姬却认为，对出演这一角色而言，她如此多的被跟踪的经历反而能帮她找到感觉。她说她知道跟踪狂的精神状态。

"而且，安德烈，《老友记》是收视率第一的电视剧，出演这一角色可能会令我在今后的剧集中再度现身。除此之外，我参演的那一集正好在橄榄球'超级碗'赛事转播后播出——到时将有五千万人观看，这就像我的'美网公开赛'一样。"

用网球作比——这是使我远离她的野心最有效的方式，但我装出一副很高兴的样子，并且对她说我应该说的话："只要你快乐，我就快乐。"她相信我，或者表现出很相信我的样子，这两者在我看来常常就像是一回事。

我们商定我和佩里陪她一起前往好莱坞，并观看她拍摄这一集。我们将待在她的"包厢"里，就像她之前在我的包厢里观看我的比赛一样。

"那会很有趣吧，不是吗？"她问。

不，我并不这么认为。

但我却口是心非地答道："是的，有趣。"

我不想去，但我再也不想继续躺在房间里自言自语了。疼痛的胸部、受伤的自我——连我自己都再也不想和自己独自待在一起了。

在她拍摄《老友记》之前的几天里，我们把自己关在波姬洛杉矶的房子里。与她合作的一个演员每天都来帮她排练台词，我则在一旁留心观察。波姬高度紧张，倍感压力，进行着刻苦的训练——这一进程我再熟悉不过了。我为她骄傲，我对她说她会成为一颗闪亮的明星的，好事情就要发生了。

我们在傍晚到达摄影棚。六位演员都热情地问候了我们。我猜他们就是那六位演员——该剧的主人公，但就我所知他们也可能是来自西科维纳的六位落选的演员。我没看过这部电视剧，一集也没看过。波姬拥抱了他们。和他们在一起时，她的双颊飞红，说话也结巴起来，尽管她已经和他们一起排练好几天了。我从未见过她也如此"追星"。我把她介绍给芭芭拉·史翠珊时，她并没有做出如此反应。

我待在波姬身后几步之遥的地方，躲进了阴影里。我不想抢走人们对她的注意力，而且我觉得我并不是很适合这种社交场合，但演员们也是网球迷，他们一直与我攀谈。

他们询问我的伤情，祝贺我这一年取得了成功。这绝不是成功的一年，但我还是尽可能礼貌地对他们表示了谢意，然后重新退回到阴影中。

可他们不肯罢休，继续询问我关于美网的事情、与皮特之间的竞争。"那会是什么感觉呢？你们两个都是很伟大的网球运动员。"

"嗯，是的。"

"你们是朋友吗？"

朋友？他们刚才真的问我这个问题了吗？他们这样问是因为他们是"老友"吗？我以前从未想过这个问题，但是，我想皮特和我应该算是朋友。

我想向佩里求助，但他同波姬一样，对这些明星表现出了不可思议的兴趣。事实上，他表现得较为自然。他与演员们大谈娱乐业，不时提到业内人士的名字，装出一副内行人的样子。

谢天谢地，波姬被叫到了她的拖车，我和佩里跟着她进入了拖车。拖车里，一组人员为她梳理头发，另一组则负责她的化妆和服装，我和佩里就默默地坐在一边。我注意到波姬盯着镜子里的自己，她是如此高兴，如此亢奋，就像一个正在为自己甜蜜的十六岁生日聚会精心打扮的小女孩一样。而我却如此心不在焉，我觉得我已将自己封闭了起来。我说着得体的话，我保持微笑，我说着鼓励的话，但在内心深处，我感觉某种类似心门的东西已经关闭了。我不知道当我在比赛前神情紧张时，当我在输掉比赛后悲伤抑郁时，波姬是否与我有同感。我装作饶有兴趣，我的回答千篇一律，并且从根本上来讲，我缺乏兴趣——我也经常让她变成这样吗？

我们走到片场—— 一个配有二手家具的紫色公寓。当一大群人来回摆弄着灯光、导演和剧本创作者交流意见时，我们站在周围，消磨着时间。一个人正在讲笑话，试图借此把观众的情绪调动起来。我在前排找了个靠近假门的位子坐下，拍戏时波姬会从这扇假门进来。观众们嗡嗡地说个不停，演职人员也是。空气中的期待氛围越来越强烈，我则不停地打着哈欠。我想到了被强拉着观看《油脂》的皮特，此时的我感同身受。我不知道为什么我对百老汇如此尊崇，却对这一切如此鄙视。

有人喊了一声："安静！"然后另一个人喊道："开拍！"波姬向前走了几步，然后开始敲那扇假门。门打开后，波姬说了她的第一句台词，观众们爆发出一阵笑声和欢呼声。导演喊道："停！"坐在我后面几排的一个女人喊道："波姬，你演得太棒了！"

导演也肯定了波姬的表演。听着他的称赞，波姬不停地点头。"谢谢你，"她说，"但我可以做得更好。"她想再演一次，她想要另一次机会。"好的。"导演说。

在他们为第二次拍摄做准备时，佩里给了波姬许多建议。他对表演一无所知，但波姬现在如此不自信，任何人的建议她都会留意。她一边听，一边点头。他们就站在我的正下方，佩里正对波姬的表演大发议论，不知情的人看到他那副高谈阔论的样子，肯定会误以为他是这个电影棚的头头。

"请大家各就各位！"

波姬感谢了佩里后，迅速跑到门口。

"请大家安静！"

波姬闭上了眼睛。

"开拍！"

她敲了门，然后又毫厘不差地把刚才的情节重复了一遍。

"停！"

"棒极了！"导演说。

她匆忙地跑到我面前，询问我的看法。"你真了不起。"我说，而这一次我讲的是实话，她的确很了不起。即使电视使我心烦，即使这里的气氛和这种假惺惺的表演使我兴味索然，但我尊重辛勤的劳动，我钦佩她的全情投入。她已经倾尽全力。我吻了她，并且告诉她我为她骄傲。

"你完事儿了吗？"

"没有，我还有一场戏要演。"

"噢。"

我们转移到另一个拍摄场地——一个餐厅，波姬扮演的那个跟踪狂将与她喜欢的对象——乔伊约会。她坐在一张餐桌旁，和扮演乔伊的那个演员面对面地坐着。又是一次没完没了的等待，而佩里在这段时间里则不停地对波姬指点来指点去。终于导演喊道："开拍！"

扮演乔伊的那个演员看起来是一个相当不错的人，但当这一幕开始拍摄时，我意识到我将不得不狠狠地教训他一顿。显然剧本要求波姬抓住乔伊的手并且舔它，但她演得有点儿过头了，像大口吃冰激凌蛋筒一样"吞食"着他的手。"停！很好，"导演说，"不过我们再试一次。"波姬开怀大笑，乔伊则一边大笑着，一边用纸巾擦着手。我瞪大了眼睛，目不转睛地盯着他们。波姬从没有提起舔手这件事，她知道我会做何反应。

这不是我的生活，这不可能是我的生活。我并不是真的在这儿，我并没有和两百个人坐在一起，观看我的女朋友舔另一个男人的手，这不是真的。

我抬头看着天花板，直视着灯光。

他们还要再做一遍。

"请安静！"

"开拍！"

波姬抓住乔伊的手，把直到指关节的那部分都放进了自己的嘴里。这一次她一边转动着眼珠，一边用舌头沿着……

我从椅子上跳了起来，跑下楼梯，推开一个侧门走了出去。天已经黑了。天怎么黑得这么快？我租来的林肯正停在门口。佩里和波姬也跟着我跑了出来。佩里困惑不已，波姬则非常激动，她抓住我的胳膊问道："你要去哪里？你现在不能走！"

佩里问道："怎么了？到底出什么事了？"

"你知道，你们全都知道。"

波姬求我留下来，佩里也是，我告诉他们不可能。我不想再看她舔另一个男人的手了。

"你别这样。"波姬说。

"我？我？我可什么都没干。回去吧，好好享受剩下的时光！祝你大获成功！品尝更多的手。我要离开这儿了。"

我在高速公路上飞速行驶着，在车流中穿梭前进。我不确定我要去哪里，但有一点我很确定：我绝不会回波姬那里。见鬼去吧。突然间我意识到我要一路奔回拉斯维加斯，中途绝不停车。做出这个决定后，我的心情顿时好了许多。我开足马力，呼啸着穿过了两个城市的边界，开始行驶在沙漠上，现在在我和我的床之间只有一望无垠的荒原和天上闪耀的群星。

收音机里的节目都结束了，只剩下无尽的噪声。我开始试着分析自己的情感。我心怀嫉妒，是的，但我也感到混乱不堪，失去了自我。同波姬一样，我也正在扮演一个角色——一个迟钝麻木的男朋友，而且我认为我演得还不错。但当舔手那一幕开始时，我无法再继续演下去了。当然，我以前就观看过波姬在舞台上吻男人的手的表演。我也曾遇到过一个色情狂，他一见到我，便迫不及待地向我讲述起他在片场和我女朋友亲热的事，当时她只有十五岁。但这次不同，这次已经越过了界限——其实我也不知道界限在哪里，但舔手肯定是越界了。

我在凌晨两点把车停在了我的单身公寓前。长途跋涉使我疲惫不已，也冲淡了我的愤怒。我仍然很生气，但也十分后悔。我拨通了波姬的电话。

"对不起，我只是——我需要离开那里。"

她说每个人都问我去哪儿了。她说我羞辱了她，破坏了她这次的大好机会。她说每个人都对她讲她有多么出色，但她一分钟都享受不了这种成功的喜悦，因为她唯一想与之分享这一喜悦的人已经走掉了。

"你最让我分心，"她提高声音说，"我不得不把你阻挡在我的思绪之外，这样我才可以专注于我的台词，而这让一切都变得更为困难。如果在比赛中，我也对你做出这样的事情，你一定会狂怒不已的。"

"我就是不能看着你舔那个家伙的手。"

"我在表演，安德烈，难道你忘了我是个演员吗？难道你忘了我以演戏为生吗？难道你忘了那全都是装出来的吗？装装样子而已？"

"要是我能忘了就好了。"

我开始为自己辩解，但波姬说她不想听。她挂断了电话。

我站在客厅的中央，感觉地板在摇晃，有那么一瞬间，我还以为拉斯维加斯发生地震了。我不知道该做什么，不知道该站在哪里。我走到放置奖杯的架子前，拿起了其中的一个奖杯，用力扔了出去。奖杯飞出了客厅，最终落到了厨房的地上，摔成了碎片。我又拿起了一个，朝墙上猛地砸去。我一个接一个地摔着，把所有的奖杯都摔碎了。戴维斯杯？摔了。美网公开赛的？摔了。温布尔登的？摔了，都摔了。我从网球包里一把拽出球拍，试图用它把玻璃咖啡桌砸碎，但球拍反而断掉了。我又将已经碎了的奖杯捡起，再次朝墙上猛地砸去，然后再朝房子里的其他东西砸去。当奖杯碎得不能再碎了的时候，我一下子倒在了满是脱落的墙皮的沙发上。

几个小时后，我睁开了眼睛，惊讶地环视四周，仿佛这些破坏都是别人造成的。确实，确实还有别人，有一半的破坏是那个人造成的。

电话响了起来，是波姬。我再次道歉，并告诉了她我砸奖杯的事。她的语气缓和了些，并表现出了关切之情。她讨厌看到我伤心难过，看到我为嫉妒所折磨，看到我处在痛苦中。我告诉她我爱她。

一个月后，我来到斯图加特，踏上了室内赛季的征程。如果让我列出一个全世界所有的大陆和国家、所有的城市和乡镇、所有的乡村和村庄中我最不想待的地方的名单，斯图加特可能会位居榜首。即使我能活到一千岁，在斯图加特这个地方也不会有什么好事情发生在我身上。不是说斯图加特有什么不好，此时此刻，我只是不想待在这里打网球。

尽管如此，我还是来到了这里，参加一场重要的比赛。如果我赢了，我世界第一的排名将得到巩固，这是布拉德极度渴望的。我与马利韦·华盛顿正在进行比赛。我对他非常了解，之前在青少年组的比赛中，我总是与他狭路相逢。他很有运动天赋，像柏油帆布一样覆盖全场，总是使我有一种要击败他的冲动。他的腿是纯铜的，因此我攻击不了它们。我无法像对付一个典型的对手那样使他筋疲力尽，只得以智取胜。我这样做了，并得以领先一盘。我积极跑动，突然间有一种类似踩到捕鼠夹的感觉。

我低头看去，发现我的鞋底掉了。

除了现在穿的这双，我没带别的网球鞋。

我叫了暂停，告诉裁判我需要一双新鞋子。扬声器响了起来，用断断续续的德语广播道："有谁能借给阿加西先生一双鞋？四十四码半？"

而且必须得是耐克鞋，我补充道——因为我的代言合同。

后排座位上的一个男人站了起来，手中挥舞着他的鞋子。他很高兴把鞋借给我，他说。布拉德走上看台把鞋拿给了我。虽然这个男人的鞋是四十二码半的，我还是把脚硬挤进了他的鞋里，就像翻版灰姑娘那样，只不过这个灰姑娘有些愚笨而已。穿上鞋后，我重新开始了比赛。

这就是我的生活吗？

这不可能是我的生活。

我正在打一场捍卫世界第一排名的比赛，却穿着一双从斯图加特一位陌生人手中借来的鞋。我回想起当我们还是孩子时，父亲用网球修补我们的鞋，而这次我感到更尴尬、更荒唐。情感上，我已经疲惫不堪，我在想我为什么不就此罢手，走出球场，离开。是什么使我还在继续？我是如何做到选择击发球时机，如何保住自己的发球局，又是如何破了对方发球局的？我的精神已经飘离了赛场。我现在已经云游到大山中，租了一个滑雪小屋，吃着自己做的煎蛋饼，呼吸着充满森林与雪的气息的空气，惬意地休息呢。

我对自己说：如果我赢了这场比赛，我就退役；如果我输了这场比赛，我也退役。

我输了。

我并没有退役。我做的事情与退役恰好相反：我登上了飞往澳大利亚的飞机，前去参加四大满贯赛事之一——澳大利亚网球公开赛。澳网还有几天就要开赛了，我是卫冕冠军，但我却一点儿不在状态。我看起来一副要发疯的样子，两眼布满了血丝，面容憔悴。空乘员应该把我踢出去，我自己差点儿就把自己踢出去。布拉德和我登上飞机后刚刚过去几分钟，我就差一点儿从座位上跳起来然后跑掉。布拉德看见了我脸上的表情，便抓住我的胳膊。

"别这样，"他说，"放松。你不会知道到底会发生什么，说不定会发生什么好事情呢。"

我吞下了一粒安眠药，又喝了一瓶伏特加。当我再次睁开眼睛时，飞机已经抵达墨尔本，正在着陆。布拉德载着我来到了科莫酒店，我此时昏昏沉沉，脑袋里就是一堆糨糊。一个年轻侍者把我带到了我的房间。房间中央摆放着一架钢琴，钢琴旁边是一个螺旋形的楼梯，楼梯的木台阶闪着光泽。随手轻敲了几个琴键后，我摇摇晃晃地踏上了台阶，想上楼睡觉，但却踏空了，膝盖撞到了楼梯扶手尖锐的金属边上，被撕开了一个大口子。我跌下了楼梯，血流得到处都是。

我给吉尔打了电话，他两分钟后就赶来了。他说我撞到了膝盖骨。"不妙的裂口，"他说，"不妙的淤伤。"他为我包扎了伤口，然后把我扶到了沙发上。第二天早上，他给我关了禁闭，不让我出去练习。"我们得小心你的膝盖，"他说，"如果你的膝盖能撑过七场比赛，那就是个奇迹了。"

膝盖上绑着绷带，眼睛上蒙着一层薄雾，我一瘸一拐地参加了第一轮比赛。对于球迷、体育记者、评论员来说，很明显我已经不是一年前的那个选手了。我丢掉了第一盘，又很快在第二盘中落后了两个破发局。我即将成为继罗斯科·坦纳之后第二个在大满贯赛事的第一轮比赛中就被淘汰出局的卫冕冠军。

在该场比赛中，我的对手是来自阿根廷的加斯通·埃特利斯，先不管他是谁了。他看起来甚至不像一个网球选手，而就像在学校里代课的代课教师。他本来是个双打选手，受到上天的眷顾才获得了单打的资格。能够待在这里，他自己看上去也颇为惊讶。像这样一个家伙，通常情况下我在更衣室狠狠地瞪一眼他就会落荒而逃，但现在他竟然已经领先了一盘，并且在第二盘中继续保持着领先优势。天哪，他才是那个饱受折磨的人。如果我的样子称得上痛苦的话，那他看起来则惶恐不安，仿佛喉咙里正塞着一只四十千克重的牛蛙。我希望他淘汰我，干掉我，因为如果我现在输掉比赛并早早出局，反倒会对我好一点儿。

但埃特利斯畏缩不前，原地徘徊，在场上做出了一个又一个极为糟糕的决定。

虚弱开始蚕食我。今天早上我剃了个干干净净、锃亮的大秃头，因为我想惩罚自己。为什么？因为毁了波姬在《老友记》的客串演出，我仍然耿耿于怀；因为我摔碎了我所有的奖杯；因为我没有做好准备就前来参加一项大满贯赛事——而且因为我在美网中输给了皮特。你无法欺骗你镜子里的那个人，吉尔总是这样说，因此我打算让那个人付出代价。在巡回赛中，我的绰号是"惩罚者"，因为在比赛中我总是让别人跑前跑后。现在我决意通过晒焦他的头的方式来惩罚这个最难对付的对手——自己。

使命完成了。澳大利亚的太阳无情地照在我的身上，就像火烤一般。我痛斥自己，然后原谅了自己，并按下了复位键。随后，我设法将第二盘的比分拉平，然后我赢了抢七局。

而同时我的思绪一直在闲聊：我该怎么做？我应该和波姬分手吗？还是和她结婚？我输掉了第三盘。然后埃特利斯似乎又承受不起领先的喜悦了，我再次通过抢七局拿下了第四盘。第五盘，埃特利斯体力已消耗殆尽，他放弃了。我既没有感到自豪也没有感到如释重负。我很尴尬，我的头看起来像一个大水疱。我想起了父亲曾经说过："放一个大水疱到他的脑子里去。"

赛后，记者问我是否担心被晒伤，我笑着告诉他们：我最不担心的便是被晒伤了。我很想补充说：精神上，我已经焦头烂额了。但我没有。

在四分之一决赛中，与我对阵的是库里埃。此前，他对我保持了六连胜的纪录。我们进行着残酷的战争，无论是在球场上还是在报纸上。在1989年法网公开赛上战胜我后，他抱怨我得到了太多的关注，他说他感觉一直以来他总是在充当我的配角。

"听起来他好像很缺乏安全感。"我对记者说。

库里埃则迅速回击："我缺乏安全感？"

他对我不断变换的装扮以及发型一向看不顺眼。曾经有一次，当被问到对新阿加西有什么看法时，他如是说："你是指新版阿加西，还是新版的新版阿加西？"也是自从那次起，我们就不再公开争吵了。我对库里埃说我为他取得的成功感到高兴，我把他当朋友看待，而他也说了类似的话。但在我们之间仍然存在一种紧张感，而且这种紧张感很可能会一直存在下去，至少会持续到我们其中一个人退役为止，因为我们之间的竞争要追溯到青春期，追溯到尼克那个时候。

由于同一个球场之前进行的女子四分之一决赛打得过长，比赛被推迟了很久，我们在几近午夜时才踏上球场。第一盘中已经进行了九局，然后事情发生了变化——天开始下雨了。裁判们可以合上屋顶，但是需要四十分钟才能完成。他们问我们是否愿意明天再接着比赛，我们俩同意了。

睡眠很有帮助。第二天早上醒来时，我神清气爽，决意战胜库里埃。但球网那边站着的已经不是库里埃了，而只是个苍白无力的摹本。尽管以2∶0领先，他看起来却犹豫不决，疲惫不堪。我认得那副表情——我曾多次在镜子中看到过那副表情。我于是立即行动，奋力拼杀。我赢得了这场比赛，获得了这么多年来对他的第一场胜利。

当记者问我库里埃在比赛中的表现时，我说："他今天不在状态。"

这场胜利使我重新回到了世界第一的位置。我再一次摘掉了皮特的王冠，但这只能让我再一次想起我没有、也不能战胜皮特的那一次经历。

在半决赛中我对阵的是张德培。我知道我能赢，但我也知道我会输。事实上，我想要输掉这场比赛，我必须输，因为贝克尔已经进入了决赛，我应付不了他。我不想在决赛中面对他，反正面对他我也会输掉比赛。在贝克尔和张德培之间进行选择，我宁愿输给后者。除此之外，从心理上来讲，在半决赛中输掉比赛总比在决赛中功亏一篑更易让人接受。

因此今天我将输掉比赛。祝贺你，张德培，希望你和你的救世主都能为此高兴。

但故意输掉比赛并非易事，这几乎比赢得比赛还要困难。当你故意输掉比赛时，你不能让观众们感觉出来，你甚至不能让自己感觉到，因为你当然不是完全自觉地故意输掉比赛的——你甚至连半自觉都算不上。你的精神已经缴械投降了，但你的身体还在战斗，肌肉也有记忆，甚至你的精神也并没有完全缴械投降，只有那个主张独立的小集团，那个分裂出来的小群体完全投降了。故意做出的糟糕决定是在黑暗的角落，完全见不得光。你不去注意那些你需要注意的细节，你不去竭尽全力跑动，你不会猛扑过去接球。你慢悠悠地迈步，你不愿意弯腰或俯身，你只挥动胳膊，却吝啬你的腿部和臀部之力。犯了一个粗心的错误后，你会用漂亮的一击作为弥补，然后你会再犯两个错误，慢慢地，但毫无疑问地，你最终落在了后面。你从不会真的想这次我要击球落网。总之，故意输掉比赛要复杂得多，也隐蔽得多。

在赛后的新闻发布会上，布拉德对记者说："今天，安德烈遇到了瓶颈。"

确实，我想，非常正确，但我没有告诉布拉德，我每天都会遇见瓶颈。如果他知道今天我觉得这个"瓶颈"很好，如果他知道我甚至亲吻了它，如果他知道我输得很高兴，如果他知道我宁愿乘飞机回拉斯维加斯，也不愿与我们的老朋友"苏格拉底"再战——如果他知道这些，一定会震惊得哑口无言。我宁愿去其他任何地方——甚至好莱坞，我行程的下一站。既然我输了，我可以及时赶回家观看橄榄球"超级碗"比赛，以及随后播出的那集特殊的、长达一小时的、由波姬·小丝主演的《老友记》。

Chapter 19

瓶颈期

　　我不禁在想：我们真的很合适吗？我并不这么认为。但我无法后退，无法向她建议我们应该分开一下，因为我已经使自己远离了网球。没有波姬，没有网球，我将一无所有。我害怕空虚寂寥，害怕阴郁和忧伤。于是我紧紧抓住波姬，波姬也紧紧抓住我。

　　佩里天天追着问我到底怎么了，到底出了什么事。我不能告诉他。我不知道，更确切地说，我不想知道。我不想向佩里或者自己承认对皮特的一次失利竟然在我心中产生了如此挥之不去的阴影。就这么一次，我不想和佩里坐在一起，不想厘清自己一团乱麻似的潜意识。我已经放弃理解自己，我对自我分析已经毫无兴趣。在与自己进行的这场长期的战斗中，我屡战屡败，而这一次我却主动认输了。

　　我去了圣何塞，然后被皮特彻底击溃了。当然我并没有遵照医生的嘱咐。在比赛中，有好几次我都大发脾气，咒骂我的球拍，对自己尖声呵斥。皮特看起来颇为茫然，裁判员则因为我的不雅言辞而罚了我的分。

　　哦，你喜欢那样？这里，接住这个。

　　我朝上层观众席发了一记球。

　　我去了印第安韦尔斯，在四分之一决赛中输给了张德培。我无法面对赛后的新闻发布会，于是我逃掉了，因此付了一大笔罚金。我去了蒙特卡洛，在五十四分钟内就输给了来自西班牙的阿尔贝托·科斯塔。当我走出球场时，我听到了口哨声和嘘声——它们可能也是从我的内心深处发出来的。我想要向观众大喊："我同意！"

　　吉尔问我："到底怎么了？"

　　我告诉了他，直截了当地说了出来。自从我在美网赛上输给皮特那一刻起，我已经失去了意志力。

　　"那么我们就别这样，"吉尔说，"我们得想清楚我们该怎么办。"

　　"我想要退出，"我说，"但是我不知道如何或者何时退出。"

在1996年的法国网球公开赛上，我烦躁不安。第一轮比赛，从头到尾，我不停地大喊大叫，咒骂自己，因此受到了正式的警告。但我却更加声嘶力竭了。我被罚了一分。我是一个满口"他妈的"、差点儿就要被驱逐出这项赛事的混蛋。天下起了雨，比赛推迟了。在这段时间里，我坐在更衣室里，像被催眠了似的直愣愣地盯着前方。在比赛重新开始后，我赢了我的对手雅各布·迪亚兹。其实我根本看不见他，他浑身是水，同单打边线与双打边线之间的雨水坑中的影子一样模糊不清。

战胜迪亚兹只是暂时延缓了那不可避免的失败。在下一轮比赛中，我输给了来自田纳西州的克里斯·伍德拉夫。一看见他，我就会想起西部乡村歌手，他与其说是在打球，不如说是在进行一场竞技表演。他在红土场上看起来更加笨手笨脚，为了弥补这一点，他表现得非常积极主动，极富侵略性，尤其是反手击球。我抗击不住他的猛攻，犯了六十三次非受迫性失误。他纵情欢呼，我目不转睛地盯着他，觊觎他的热情而非他的成功。

体育记者们说我并没有认真对待每个球，而是故意输掉了这场比赛。他们从来就没搞明白：当我故意输掉比赛时，他们说我不够优秀；而当我表现得不够好时，他们则说我故意输掉了比赛。我几乎忍不住告诉他们我没有故意输掉比赛，我只是在折磨自己——因为我不够优秀。无论何时当我意识到自己没有资格成为胜利者，知道自己不配获胜，我就会折磨自己。你可以查查我的历史。

但我什么也没说。赛后，我马上离开了体育场，又一次没有出席本应出席的新闻发布会，又一次，我心甘情愿地付了罚金。好在这钱花得很值。

波姬带我去了曼哈顿的一家餐厅。它的前厅比电话亭还小，但主餐厅很大，全厅都笼罩在一种芥末黄的色调中，温馨可人。Campagnola——我喜欢波姬说这个词的方式；我喜欢它的气味；我喜欢走进这个餐厅时，我和波姬都心生喜悦却心照不宣的那种感觉；我喜欢衣帽间旁边那张爵士歌手辛纳特拉的照片，上面附有其亲笔签名。

"这是在纽约我最喜欢的地方。"波姬说，因此我也将之视为最心爱之地。我们坐在角落里，在朦胧的黄昏时刻吃着清淡的食物，享受着在午饭和晚餐高峰期间这段难得的时光。餐厅在这个时间通常都不提供食物，但经理说鉴于我们的情况，他们会破例为我们准备食物。

Campagnola很快就成了我们的第二厨房，以及我们关系的全部。波姬和我经常去那里，以向自己表明我们相处得仍然很愉悦。我们在特殊的场合去那里，在工作日也去那里，从而使单调乏味的生活变得特殊。在美网的每场比赛后，我们几乎都会习惯性地去那里。我们如此频繁地光顾，以至于那里的厨师和侍者都根据我们来对表了。

在一场五盘大战的决胜盘中，我有时竟然在想 Campagnola 里的那群人。我知道他们一边在准备意大利干酪、土豆和意大利熏火腿，一边会不时地瞟上一眼电视。当我拍拍球，即将发出第一个球时，我就知道不久我就会坐在角落里的桌子旁，吃着配有白葡萄酒汁和柠檬汁的黄油煎虾，外加一盘意大利式小方饺，小方饺如此的柔软和香甜，他们真应该把它算在甜点内。我知道当我和波姬走进那扇门时，无论刚刚打完的比赛是赢还是输，他们都会报以热烈的掌声。

Campagnola 的经理弗朗基总是穿得非常干净利落——吉尔的那种干净利落——意大利西装、印花领带，还有丝帕。他每次跟我们打招呼时，总是咧嘴一笑，微微露出牙齿，而每次见面他都会给我们讲几个有趣的新故事。"他是我的第二父亲。"当波姬把他介绍给我时如是说，而我认为那是非常神奇的说法。第二父亲是我最为敬重的角色，因此我立刻就喜欢上了弗朗基。然后他为我们叫了一瓶红酒，向我们娓娓道来那些泡在他的餐厅里的名人、赌徒、银行家，还有歹徒的奇闻逸事。波姬被逗得大笑不已，笑得双颊绯红。一来二去，从我自身来说，我也对他产生了好感。

弗朗基说："约翰·戈蒂[1]？你想知道关于戈蒂的事？他总是坐在那里，就在那里，角落处的那张桌子旁，脸冲着外面。如果有人要暗杀他，他就能察觉到。"

"我倒是和他想的一样。"我说。

弗朗基发出了坏笑，然后点点头："我知道，对吧？"

弗朗基很诚实，工作很努力，也很真诚，是我喜欢的那一类人。我发现每次我一踏进餐厅，就会情不自禁地搜寻他的脸。当弗朗基面带微笑和我们拥抱过后，脚步轻快地把我们带到我们的座位旁时，我的感觉会好很多，我的伤痛和焦虑也会黯然失色。有时他会把其他客人赶出去，波姬和我则会佯装没有注意到他们的皱眉和抱怨。

弗朗基最大的优点，按我个人看法，是他谈论他的孩子们时的语气。他爱他们，总是夸赞他们，随时会把他们的照片拿出来展示。但很明显，他有些担忧他们的未来。一天晚上，他摸着他那张疲惫的脸，对我说他的孩子现在才上小学，但他已经在为他们的大学担心了。他抱怨高等教育的费用是那么的昂贵，他真不知道将来该如何应付。

几天后，我和佩里谈了这件事，并叫他将一些耐克公司的股票作为储蓄存在弗朗基的名下。在我和波姬下一次去 Campagnola 时，我把这件事告诉了弗朗基。"这些股票十年后才能自由处置，"我说，"但到那时，它们应该会值一些钱，应该可以大大减轻你的学费负担了。"

1　此人为纽约黑帮教父。

弗朗基的下唇在微微抖动。"安德烈，"他说，"我真不敢相信你竟然为我这样做。"

他一脸震惊的表情。我以往并不理解教育的意义和价值，以及这给大多数父母和孩子带来的艰辛和压力。我以前从未像这样思考过教育。对我而言，学校一直是一个我设法逃离的地方，而不是一个应该被珍视的地方。我存这些股票，只是因为弗朗基特别地提到了大学而我则想尽点儿绵薄之力帮帮他。当我看出来这对他意味着什么时，我才是那个受到了教育的人。

较之1996年发生的任何其他事，帮助弗朗基使我获得了更多的满足感，使我觉得自己更加有血有肉、更加具有活力，而且更加真实。我对自己说：记住这一点，持之以恒地践行这一点。帮助别人是完美的，这是人生仅有的完美，是我们能够做的唯一一具有持久价值和意义的事情。这就是我们为什么存在的原因——使彼此感到安全。

当1996年在沉闷中逐渐消逝时，安全则似乎变得越来越珍贵。波姬会定期收到跟踪者的信，信中常用死亡和不可言说的恐惧威胁她，有时也威胁我。信中的内容很详细，很恐怖，也很恶心。我们把它们交给了FBI，并叫吉尔与那些探员合作，密切注意他们的进展情况。好几次，他们查到了信的源头，吉尔则变得非常暴戾。他会搭上飞机，然后拜访那个跟踪者。他通常都会在黎明之后的清晨在跟踪者的房子前或工作场所出现。他手中拿着信，然后非常温柔地说："我知道你是谁，也知道你住在哪里。现在好好看看我，如果你敢再骚扰波姬和阿加西的话，你就会再次见到我。你肯定不想那样吧，因为到那时你就完蛋了。"

而最吓人的信往往追查不到源头。当这些信恐怖到一定程度，当信里威胁某天将发生某事时，吉尔就会在我们睡觉时站在波姬的褐色砂石房子外面守护着我们。站着，真的是站着。他站在门廊处，双臂交叉在胸前。他自愿在那里驻扎，承担起警卫的角色，看看左边，再看看右边，整个晚上都如此。

夜夜如此。

这种紧张感，这种持续不断的压力给他的心理造成了很大的负担。他不断地担心他做得还不够，担心漏掉了什么，担心稍不留神，哪怕是眨眨眼睛，某个无赖就会从他眼皮底下溜走。他变得心神不宁，日益憔悴，日益沉郁，而我则随着他的消沉而消沉，因为这一切全都是因为我。我使吉尔承受了这些。我感到深深的愧疚，我被不祥的预兆深深困扰。

我试图劝说自己摆脱这种情绪。我告诉自己："你在银行里有数目不菲的存款，你有自己的私人飞机，你绝对不应该不高兴。"但我控制不了自己，我觉得百无聊赖、毫无希望；我觉得自己被困在了一种并非出于自己的选择的生活中，被众多我无法看见的人驱赶着。我不能和波姬讨论这些事情，一点儿都不能谈，因为我不想承认我是如此的软弱，如此的不堪一击。在输掉比赛之后感到沮丧是一回事，而无缘由地感到沮丧，或者说对整个生活感到沮丧则完全是另一回事。我不能有这种感觉。我拒绝承认我现在的感觉正是如此。

这些天来，就算我想和波姬讨论这件事，我们也无法顺畅地沟通。我们的频率不一样，我们的宽带也完全不同。例如，当我试图和她说些关于弗朗基的事，当我试图向她表达因为帮助他而获得的那种满足感时，她就像没听见一样，毫无表情。在最初饶有兴致地把我介绍给弗朗基后，她现在对他非常冷淡，漠不关心，就仿佛他已经演完了他的角色，现在该退出舞台了。这并不是第一次了，这已经成了一种模式。波姬把许多人或地方带入了我的生活——博物馆、美术馆、社会名流、作家、演出、朋友。从这些人、这些事、这些地方中，我总是比她获得的要多。当我刚刚开始享受其中的乐趣、刚刚开始从中得到一些收获时，她却已将它丢到了一边。

我不禁在想：我们真的很合适吗？我并不这么认为。但我无法后退，无法向她建议我们应该分开一下，因为我已经使自己远离了网球。没有波姬，没有网球，我将一无所有。我害怕空虚寂寥，害怕阴郁和忧伤。于是我紧紧抓住波姬，波姬也紧紧抓住我，尽管这看上去是爱情使然，但此种情形或许与卢浮宫中那幅画描述的场景更为相似——牢牢抓住皆因要维持宝贵的生命。

当波姬和我交往快到两周年的时候，我决定我们应该使这种"彼此紧抓"的关系正式化。在我的爱情生活中，两年对我来说是一个意义深远的分界点。在我之前的每段恋爱中，两年都是一个"不成则散"的时刻——而我总是选择后者。每过两年，要么是我厌倦了我的约会对象，要么就是对方厌倦了我，如此准时，仿佛我的心里安了一个定时器，时间到了就会自动响起。我与温迪在一起两年，然后她公开了我们的关系，这也预示着我们的关系行将结束；在温迪之前，我与孟菲斯的一个女孩相处了整整两年，然后我逃掉了。为什么我的爱情生活总是以两年为一周期，我不知道。甚至在佩里向我指出这一点之前，我竟然对此毫无意识。

不管原因是什么，我已决意改变。我二十六岁了，我坚信我应该打破这一模式，立即打破，否则当我三十六岁回顾过往时，我只能看到一系列仅维持两年、最终均无疾而终的感情。如果我想有一个家，如果我想要幸福快乐，我必须得打破这一怪圈，必须使自己跨越两年这一界限，必须使自己做出承诺。

当然，从严格意义上来讲，我和波姬在一起的时间远远未到两年。由于我们繁忙的日程安排，由于我的比赛和她的拍摄，实际上，我们一起度过的时间只有几个月。我们仍在熟悉彼此，仍在磨合。一方面，我知道自己不应该急着做决定，另一方面，我就是不想马上结婚。但谁在乎我怎么想？什么时候我想做的恰巧是我应该做的？有多少次我满怀期望地参加比赛，但却只能以早早出局而告终？又有多少次我不情愿地参加一场比赛，比赛时仿佛身处炼狱，最终却载誉而归？也许婚姻——一项终极的配对赛，一项终极的单一淘汰赛——也是如此。

此外，我周围的每个人都在准备结婚——佩里、菲利，还有更巧的是，菲利和J.P. 在同一天晚上一起遇到了他们未来的妻子。"复仇之夏"刚刚过去，现在又迎来了"结婚之冬"。

我向佩里征求意见。我们在拉斯维加斯谈了好几个小时，之后又通过电话商谈。他倾向于结婚。"波姬就是你要找的那个人，"他说，"还有比一个普林斯顿大学毕业的超级模特更好的人选吗？毕竟，我们很多年前不就想象过你会娶她吗？我那时不就预测她会走进你的生活吗？现在，她就在这里，这是命中注定的，还有什么问题吗？"他的这番话使我不禁想起《影子大地》。直到 C.S. 刘易斯敞开心灵去爱时，他的生命才得以完整，他才真正成熟起来。电影中有一句这样的台词：爱就是我们成长的方式。而刘易斯也这样提醒他的学生：上帝想要我们成熟起来。

佩里说他认识洛杉矶的一个非常不错的珠宝商，他订婚时用的就是她家的珠宝。"先别去考虑是否求婚这一问题了，"他说，"暂时先把注意力集中在戒指上吧。"

我知道波姬想要的是哪种戒指——圆的，蒂芙尼切工的——因为她告诉过我，直截了当地告诉了我。她总是毫不迟疑地告诉我她关于珠宝、衣服、汽车、鞋子的看法。事实上，我们之间最热烈的讨论就集中在这件或那件东西上。我们过去常常谈论我们的梦想、我们的童年，以及我们的感情，但现在在我们却乐此不疲地谈论着最舒适的沙发、最好的立体声唱机、最可口的干酪汉堡包。尽管我觉得这些谈话很有趣，而且是生活艺术的一个重要方面，但我总是隐隐有些不安：或许波姬和我太过强调它们了。

我说服了自己，给那个珠宝商打了电话，说我正准备购买一枚订婚戒指。说这句话时，我的嗓音低沉而沙哑，我的心在狂跳。我问自己：此时此刻，在人生中最重要的时刻之一，我难道不应该满怀喜悦吗？我还没来得及回答，她就向我提出了一系列问题："多大尺寸？多少克拉？色度？净度？"她不断地谈论净度，不断地问我关于净度的问题。

我想：女士，问我净度，你可算是问错人了。

我说："我只知道我想要圆的、蒂芙尼切工的。"

"你什么时候要？"

"这几天？"

"没问题，我想我这里就有一枚戒指，正是你想要的。"

238

几天后，戒指就送到了，装在一个大盒子里。随后的两周，我一直把这个戒指盒放在口袋里。我觉得这个盒子很沉，很危险，就像我一样。

波姬恰好不在我身边，她正在外地拍摄一部电影。每天晚上我们都打电话聊天，有时我一只手握着电话，另一只手则在抚弄着戒指。她在北卡罗来纳州或是南卡罗来纳州，总之那里非常冷，但剧本中的天气却是温和宜人的，因此导演强迫她和其他演员嘴含冰块，这样他们呼吸时就不会有雾气了。

总比舔手要好。

她对我说了几句他们的台词，听她说完，我们都不禁哑然失笑，因为那些台词听起来太假了。它们听起来就像台词一样。

在挂断电话之后，我出去兜了兜风，车里暖风的温度逐渐升高，长街闪烁的灯光宛若钻石一般。我回忆起我们刚才的谈话，我已经无法将她剧本的台词和我们之间的对话区分开来了。我从上衣口袋里掏出了戒指盒，然后打开了它。戒指在灯光下闪闪发光，我把它放在仪表板上。

净度。

当波姬拍摄完毕时，我也结束了一连串悲惨的网球赛事。这些比赛使体育记者公开地、有时甚至幸灾乐祸地评论道：阿加西已经完蛋了。他们说，三个大满贯冠军头衔已经远远超出了我们对他的预期。波姬说我们需要离开，离得远远的。这一次我们选择了夏威夷。我把戒指也带上了。

当飞机迅速降落，似乎朝着火山猛冲过去时，我的胃里翻江倒海般难受。窗外的棕榈树、波涛汹涌的海岸以及薄雾笼罩着的热带雨林从我眼前一一闪过，我想：又一个天堂岛，为什么我们每次被迫逃离时，总要逃到天堂似的岛屿？似乎我们已经患上"蓝色珊瑚岛"[1]综合征了。我想象着发动机噼啪作响、飞机旋转着掉进了一个火山口的情景。使我大为懊恼的是，飞机安全降落了。

我在毛纳拉尼度假村租了一座小屋，内有两间卧室、一间厨房、一间餐厅、一个游泳池，还配有一个全职厨师。另外，还有一片很大的白色海滩完全属于我们。

开始的几天里，我们就待在小屋中消磨时间，在游泳池里游游泳，然后就在泳池边上尽情放松。波姬正专心致志地读一本关于三十岁的单身男女如何过得高兴的书。她把书举得很高，书几乎挡住了她的脸。她不时哗啦啦地翻着书，认真思考时，还会禁不住咬起手指头。我当时满脑子想的都是求婚的事，根本没有想到她这个动作可能

1　波姬·小丝主演的一部影片就叫《蓝色珊瑚岛》。

也是个暗示。

"安德烈，你似乎有些心不在焉。"

"没有，我……"

"没什么事吧？"

请别管我，我心里想，我正试图决定向你求婚的时间和地点。

我就像一个谋杀犯，正在设计着作案的情节，不断地思考着作案的时间和地点。但不同的是，谋杀犯都是出于某种动机才犯案的。

第三天晚上，尽管我们打算在小屋里吃晚餐，但我还是建议我们应像要出席一个特殊场合一样精心打扮一番。好主意，波姬说。一个小时后，她穿着一件到脚踝的白色长裙从卧室里翩翩而出，我则穿了一件有衬里的衬衫和一条米色裤子。真不应该穿这一套，因为裤兜很浅，戒指盒却较大。我只能用手盖着鼓鼓的裤兜，这样波姬才不会注意到。

我全身紧绷，似乎即将进行一场激烈的比赛。我抖抖腿，然后对波姬说我们出去走走吧。"好，"波姬说，"听起来是个不错的主意。"她喝了一小口酒，漫不经心地笑了笑，对即将发生的事毫无感知。我们大概走了十分钟，走到了一处没有任何现代文明迹象的海滩。我伸长脖子环顾四周以确定没有别人会来——没有游客，没有狗仔队，海岸一片祥和安宁。我想到了《壮志凌云》（*Top Gun*）中的台词：我已筹划好了，而且没有危险，所以我行动了。

我放慢脚步，与波姬错开了几步的距离，然后我单膝跪在了沙滩上。她转过身，低头看着我。落日的余晖越发灿烂夺目，而她的脸色则渐渐苍白。

"波姬·克里斯塔·小丝？"

如果有人想要向她求婚的话，最好要用她法定的全名波姬·克里斯塔·小丝，她在聊天中曾经多次提到过这一点。我从来不知道那是为什么，也从来没想过去探究原因，但现在它出现在了我的脑海中。

我又重复了一遍："波姬·克里斯塔·小丝？"

她把一只手放在了额头上。"等等，"她说，"什么？你……等等，我还没准备好。"

我们都没准备好。

当我从裤兜里拽出戒指盒、打开盒盖、拿出戒指并把它戴在她手上时，她已经泪流满面。

"波姬·克里斯塔·小丝？你愿意……"

她把我扶起。我吻着她，心里却在想：我真希望自己已经认真思考了这件事。安德烈·柯克·阿加西，你真的应该和这个人共同度过今生吗？

"我愿意，"她说，"我愿意，愿意，愿意。"

等等，我心里想。等等，等等。

她说她想再来一次。

一天后，她说在海滩上她已经完全惊呆了，根本听不到我在说什么。她想让我再逐字逐句地重复一次。

"我需要你说一遍，"她一再要求，"因为我还不相信这是真的。"

我也不相信。

在我们离开小岛前，她就开始筹备婚礼了。在我们回到拉斯维加斯后，我又重新开始了我未经筹划的、非正式的网球生涯的终结之旅。我像太空漫步一样一项赛事接着另一项赛事地参加，每次都被早早淘汰出局。不过，这样我待在家里的时间就多了起来，这倒使波姬颇为高兴。我很平和，或者说已经麻木了。我现在有很多时间谈论婚礼蛋糕和请柬的问题。

我们飞到英国参加1996年的温布尔登网球公开赛。在赛事即将开打时，波姬坚持要去多切斯特酒店吃下午茶。我恳请以后再去，但她一再坚持。我们的周围全都是穿着花呢服装、扎着蝶形领结的年纪较大的夫妇们，他们中的一半看起来都昏昏欲睡。我们吃着面包皮被剥掉的小三明治，面前堆满了空盘子，这些盘子原本装满了鸡蛋沙拉以及涂有果酱和黄油的烤饼。这些食物味道不错，但显然会阻塞人的动脉。这些食物使我烦躁不安，而这里的氛围也荒唐可笑，坐在这里就像置身于一场在养老院里举办的儿童茶会一般。但就在我要向波姬建议我们该买单离开这里的时候，我发现她正沉醉于其中，玩得非常开心。她想要更多的果酱。

在第一轮比赛中，我的对手是排名第281位的道格·弗拉赫，一个只是通过资格赛才打入正选赛的球员。但当你观看他与我比赛时，你不会意识到这一点。

他比赛时好像化身为罗德·拉沃，而我则像拉尔夫·纳德，我们正在"坟墓"球场决一死战。到目前为止，你会认为我在这里也将拥有自己的墓碑。我尽可能快地输掉了这场比赛，然后与波姬迅速赶回洛杉矶，进一步讨论关于双色蛋糕饰带和雪纺绸边的帐篷的问题。

当夏季临近时，只有一件盛事使我感兴趣并鼓舞着我——并非我的婚礼，而是亚特兰大奥运会。我不知道这是为什么，也许是它给了我一种新的感觉；也许这场比赛与我自身无关，我将为我的国家而战，为这个国家三亿成员而战。我也正在完成一项未竟的事业——我父亲曾经参加过奥运会，现在轮到我了。

我与吉尔制定了一个奥运会作息制度，并在训练期内全力以赴。我每天早上花两个小时与吉尔待在一起，再和布拉德打两个小时的球，然后在一天中最热的时段跑到吉尔山顶，再跑下来。我想品味炎热，品味痛苦。

奥运会开始时，体育记者因我缺席奥运会开幕式而对我口诛笔伐，佩里也因此狠狠地责怪了我。但我绝不是为了参加开幕式才来亚特兰大的，我是为金牌而来，而且在这段日子中，我需要尽可能地集中注意力和精力。网球比赛将在石山公园进行，而开幕式则在城区举行，从前者到后者驾车大概需要一个小时的时间。到达开幕式现场后，还要在佐治亚州潮湿闷热的天气中穿着外套、系着领带站着等上几个小时，才能沿跑道走上一圈。然后驾车回到石山公园，在赛场上发挥出我的最高水平？不，我做不到。我确实很想亲身经历这盛大的庆典，欣赏奥林匹克的壮丽与宏伟，但不应该在我的第一场比赛前。这才是焦点所在，我对自己说，这才是将实质置于表象之上的真谛所在。

在美美地睡了一夜之后，第二天，我在第一轮比赛中战胜了来自瑞典的尤纳斯·比约克曼。在第二轮中，我轻松战胜了来自斯洛伐克的卡罗尔·库切拉。在第三轮中，我面临的考验比前两轮要艰巨些，我的对手是来自意大利的安德烈亚·高登兹。他的球风非常暴烈，喜欢与你针锋相对，如果你敬重他，他就会更加强硬。我对他没有表示出丝毫的敬意，但网球也没有对我致以丝毫的敬意。我犯了各种类型的非受迫性失误。在我意识到发生了什么事之前，我已经落后一盘和一个破发局了。我抬头看了看布拉德："我应该怎么办？"他吼道："别再失误了！"

噢，对，明智的忠告。我不再失误，不再把对手视为胜者，把压力转移到了高登兹的身上。真的就那么简单，我攫取了一场丑陋却也令人心满意足的胜利。

在四分之一决赛中，我几乎就要被费雷拉淘汰出局。当时比赛已经进行到第三盘，他以5：4领先。现在是他的发球局，如果他保住了这个发球局，他就是这场比赛的胜者。他以前从未战胜过我，而且我确切地知道他体内正在发生什么变化。我突然想起了父亲过去常说的一句话：如果你把一片木炭戳进他的屁股，你拽出来的将是一枚钻石（圆的，蒂芙尼切工）。我知道费雷拉的括约肌已处于收缩状态，而这使我非常自信。我重整旗鼓，破了他的发球局，最后赢得了这场比赛。

在半决赛中我与来自印度的林达·佩斯对决。他简直就是一个会飞的跳豆，运动功能亢进，拥有大把大把的精力，而且双手的动作比巡回赛中其他所有选手都要迅捷。不过，他似乎从未学习过如何中规中矩地击球。他击出慢速球，他劈球、切球、吊高球——这就是孟买的布拉德。除此之外，他还会飞身冲向网前，进行有力有效的回击。比赛进行一个小时之后，你不禁会产生这种感觉——虽然他没有利利索索地打出过一个球，但是他会使你输得痛痛快快。不过我早有准备，我耐心比拼，镇定自若，最终以7：6、6：3战胜了佩斯。

在决赛中，我的对手是来自西班牙的塞尔吉·布鲁格拉。由于有雷暴雨，比赛被推迟了，气象预报员说五个小时后我们才能上场比赛，于是我狼吞虎咽地吃了一个麻辣鸡肉三明治。安慰食品。在有比赛的日子里，我并不担心卡路里和营养，我担心的是我是否有足够的精力和是否觉得饱了这样的问题。而且，由于紧张情绪作祟，在比赛的日子，我几乎都不会觉得饿，所以一旦我有胃口，我就会大吃特吃，我的胃对什么感兴趣，我就吃什么。但当吞下最后一口麻辣鸡时，乌云却散开了，暴风雨远去了，天气又重新闷热起来。现在我的肚子里塞满了麻辣鸡肉三明治，温度达到了三十二摄氏度，空气稠得像肉汁一样。我几乎动都动不了了——我还得为金牌而战？关于安慰食品就谈这么多吧，我现在胃里极其不舒服。

但我不在乎。吉尔问我感觉如何，我告诉他：非常好。我将奋力回击每个球，我将使这个家伙不断地跑来跑去。如果他认为他可以把金牌带回西班牙，那他就大错特错了。

吉尔露出了灿烂的笑容："这才是我的好小子。"

"以前你走上赛场时，很少像今天这样，"吉尔说，"我在你的眼神里看不到一丁点儿恐惧。"

从首个发球局开始，我就连续重击布鲁格拉，迫使他从一角跑到另一角，他跑动的总面积绝对快赶上巴塞罗那的面积了。我每获得一分，都是对他的致命一击。在第二盘比赛中段时，我们为了一分的争夺进行了长时间的拉锯战，场面堪称壮观。他最终赢得了这漫长而艰难的一分，但也只是追至平分而已。他准备下一个发球的时间已明显超出了规定，我完全可以向裁判申诉了。按理我应该与裁判据理力争，那么布鲁格拉就会受到警告，但我没有。我用这段时间漫步到了球童那里，用毛巾擦了擦汗，然后低声对吉尔说："我们场上的那位朋友怎么样了？"

吉尔微笑着。要不是吉尔在战斗中从来不会大笑的话，他此时定已开怀大笑了。即便布鲁格拉赢得了刚刚那一分，但吉尔已经预见到了，我也料到了，在赢得这一分后，等待布鲁格拉的只能是下一盘中的完败——连输六局。

吉尔大声叫道："这才是我的好小子！"

当我登上领奖台时，我在想：站在上面会是什么感觉呢？

我在电视上已经很多次看到这一场面，它不会辜负我的期望吧？

还是像很多事情一样，它最终只会令我大失所望？

我向左看看，又向右看看。获得铜牌的佩斯站在我的一侧，获得银牌的布鲁格拉站在我的另一侧。我的领奖台比他们的要高出三十厘米左右，因此我比我的对手高出了一些——这种情况并不多见。但此情此景，无论站在什么地方，我都会觉得自己足足有三米那么高。一个男士把金牌戴在了我的脖子上。当国歌奏响的那一刻，我感觉到我的心在膨胀，我分外自豪，但这无关乎网球，也无关乎自我。强烈的情感远远超出了我之前的所有想象。

我朝人群望了望，看到了吉尔、波姬还有布拉德。我试图找到我的父亲，但他藏了起来。他在比赛的前一天晚上对我说：我已经成功地夺回了多年前别人从他那里夺走的东西，但他并不想出现在众人面前，他不想贬损属于我的这一特殊时刻。他却不知道这一时刻之所以如此地特殊，是因为它不仅仅属于我。

几天后，由于连我都无法理解的原因，我在奥运会时表现出的那种状态荡然无存。在辛辛那提的赛场上，我失去了理智，再一次和自己较起了劲，我在一阵狂怒中摔碎了我的球拍。不过最终我还是杀入了决赛，并赢得了最终的胜利，很可笑吧。在这之后，我更加觉得这一切都只不过是个笑话而已。

然后八月份的时候，我在印第安纳波利斯参加 RCA 锦标赛。在第一轮比赛中，我与来自加拿大的塞尔维亚人丹尼尔·内斯特对阵。开始时我遥遥领先，但当他破了我的发球局后，不知怎的我竟然怒不可遏。我无法平息这突如其来的怒气。我仰望天空，真想一下子飞走，飞得无影无踪。既然我飞不走，至少我的网球可以飞走。自由飞吧，小球。我狠狠地击出一个球，球高高飞起，高过了看台，飞出了体育场。

理所当然会受到警告。

裁判达纳·莱康托对着麦克风说："违反规则。警告，用球不当。"

"去你妈的，达纳。"

他把裁判长叫了过来，对裁判长说，阿加西说了"去你妈的，达纳"。

裁判长走近我，问道："你说过吗？"

"是的。"

比赛结束。

"好吧，去你妈的，还有你手下的那个裁判。"

球迷开始骚动。他们不知道发生了什么，因为他们听不到我说的话，他们只知道他们付了钱来看比赛，结果这场比赛却要被取消了。他们不断发出嘘声，纷纷把坐垫和饮料瓶扔到球场上。Spuds MacKenzie 狗是 RCA 锦标赛的吉祥物，现在这只小狗正穿梭在球场上的坐垫和饮料瓶中，它慢跑到球网的中央处，然后抬起后腿，撒了一泡尿。

我再同意不过了。

它快活地跑出了球场，我紧跟其后，低着头，拖着网球包走出了球场。观众们已经愤怒得要发疯了，疯狂程度不亚于电影中角斗场上的观众。垃圾如雨点般落在了球场上。

在更衣室里布拉德问："到底怎么……"

"他们取消了我的资格。"

"为什么？"

我告诉了他。

他摇摇头。

他七岁的儿子扎克正在哭，因为人们对他的安德烈叔叔太坏了，也因为那只狗在球网边撒了一泡尿。我把他们打发走了，然后一个人低着头在更衣室里坐了一个小时。这就是我们来这儿的原因——创造新的低点。好吧，我能应付。事实上，我会惬意起来的。我能够适应这种新局面。处在最低点，你也可以很悠然自得，因为至少你可以休息了。你知道在一段时间内你哪儿都不用去了。

但我还远未抵达最低点。我去参加了1996年的美网公开赛，我一到那里立刻就引起了争议，是关于确定种子选手的问题。有几位球员抱怨我得到了特殊待遇，我在签表上的位置被特意安排了，因为赛事的官员和哥伦比亚广播公司想要在决赛中看到我和皮特对决。穆斯特说我受到了特殊照顾，说我目空一切。因此，当我在四分之一决赛中把这个曾弄乱我头发的人淘汰出局，再次践行了我绝不会再输给他的诺言时，我尤感欣喜。

我杀入了半决赛，与张德培对决。几个月前，我在印第安韦尔斯输给了他，如今我已迫不及待地要让他尝尝失败的滋味。本应该是没什么问题的，他正处于职业生涯中的低潮，布拉德说。我也是，人们这么说。但我获得了奥运会金牌，我甚至想在比赛中戴着这块金牌。但张德培对我的金牌不以为意。他发出了十六个 Ace 球，成功地挽救了三个破发点，迫使我出现了四十五次非受迫性失误。张德培赢得他上一个大满贯冠军已经是七年前了，但今天他似乎不可战胜，无可匹敌。他升起来了，我却沉了下去。

第二天早上，体育记者肆意贬低我，他们说"我认输了""我满盘皆输""我满不在乎"，似乎他们就是因为我才如此愤怒。但我知道真正的原因是什么。因为我输掉了这场比赛，现在他们不得不多应对张德培一天。

我没有在电视上观看决赛——在决赛中，皮特直落三盘，战胜了张德培——但我确实读了很多关于这场比赛的报道。每篇文章都以就事论事的口吻表示，皮特才是这个时代最好的网球选手。

在1996年接近尾声时，我去了慕尼黑，那里的嘘声震耳欲聋。我输给了马克·伍德福德，而就在两年前我还曾以两个6∶0轻松战胜过他。布拉德狂怒不已，他求我告诉他这到底是为什么。

"我不知道。"

"告诉我，伙计，告诉我。"

"如果我知道的话，我一定会告诉你的。"

我们一致认为，我应该休息一下，不参加澳网公开赛了。

"回家吧，"他说，"休息一阵，陪你的未婚妻待上一段时间，这样无论你得了什么'病'，你都会痊愈的。"

Chapter 20
汗流浃背的婚礼

似乎皮特是对的，网球是他的工作，他满怀热情、全身心地投入到这份工作中，而我所有关于过一种没有网球的生活的言论似乎都只是说说而已，只是为我的心烦意乱找的一种冠冕堂皇的借口而已。自从认识他以来，我第一次羡慕起他的乏味和迟钝。我希望自己也能像他一样，如此缺乏激情，而且如此不需要激情。

波姬和我在太平洋帕利塞德区买了一座房子。这座房子并不是我想要的那种类型，我一心想买一座有与厨房相通的大型家庭活动室的农场房。但她喜欢，因此我们搬进了这里，住在这座建在悬崖边上、法国乡村风格的多层建筑里。这里的空气不流通，而且感觉了无生气，但对于打算在众多房间里度过大量时间且尚无孩子的夫妇来说，这里倒是一个理想的选择。

房产中介滔滔不绝地谈论着从我们家看出去的景色如何美轮美奂。前景是日落大道，在晚上，我能看到我们第一次约会后我住的那家假日酒店。很多夜晚，我凝望着这家酒店时禁不住在想：如果我继续开车没有停下来，如果我在那次见面后就没再给波姬打电话，今天又会是什么样子？我认为在烟雾笼罩的日子里，从我们家看出去的景色要好一些，因为我不会看到那家假日酒店。

在1996年行将过去时，我们在家里开了一个新年前夜的乔迁聚会，邀请了拉斯维加斯的一伙人和波姬在好莱坞的朋友。我们与吉尔商议了安全事宜。在恐吓信源源不断的情况下，我们不得不防范那些闯入者，因此吉尔几乎整个晚上都站在车道的入口处，检查前来的车辆。麦肯罗也到场了，当时我便戏谑地问他是如何过吉尔那一关的。他坐在露天平台上，谈论着这些天来我最不喜欢的话题——网球，于是我不断地进进出出。我整个晚上不是在调玛格丽特鸡尾酒，就是坐在壁炉前通炉子、添燃料。当我凝视着壁炉里的火焰时，我心里在想，1997年会比1996年好。我暗自发誓：1997年将是阿加西之年。

波姬和我正在参加金球奖颁奖典礼，这时我接到了吉尔的电话。他十二岁的女儿凯茜出事了，她到拉斯维加斯以北、距拉斯维加斯大概一个小时路程的查尔斯顿山旅行，滑雪时径直滑进了一个雪坑里，摔断了脖子。我马上离开波姬，飞往了拉斯维加斯，晚礼服都没换就直接奔向了医院。到医院时，走廊里的吉尔和盖伊正在焦急地等待，他们看起来似乎都要撑不住了。我分别给了他们一个拥抱，然后他们说情况很糟，非常糟。凯茜需要做手术，医生说她有可能会瘫痪。

几天里，我们一直待在医院，和医生谈论凯茜的病情，并尽力使凯茜过得舒服些。吉尔急需回家补充睡眠，他甚至都站不住了，但他不会离开的，他要一直守护在女儿的身旁。我想出了一个折中的办法。我有一个非常棒的小型货车，是我从佩里的父亲那里买来的，车上有圆盘式卫星接收天线，还有折叠床。我把它停在医院外面，就停在医院的前门不远处，然后我对吉尔说："现在，当探视时间结束时，你不必回家，但你可以下楼，在你的新货车的后座上合一会儿眼，休息几个小时。不过，在医院前面停车是要计时收费的，我已经在茶杯架上放满了面额二十五美分的硬币。"

吉尔奇怪地看了我一眼，并且意识到我们相识这么长时间来，我和他第一次互换了角色。在这几天里，是我使他更加坚强。

一周后，医院准许凯茜出院了，医生说她已经脱离了危险。她的手术很成功，因此她不久就能站起来并且四处走动了，但我仍想跟着她回家，在拉斯维加斯逗留一段时间，看她恢复得如何。

吉尔听不进去我的话。他知道我要去圣何塞参赛。

我跟他说我准备退出这项赛事。

"绝对不行，"他说，"现在除了耐心等待并虔诚祈祷外，什么也做不了。我会给你打电话，通知你最新进展的。去吧，去比赛。"

我从未与吉尔争吵过，因此这一次我也不会。我很不情愿地去了圣何塞，参加了三个月以来我的首场比赛。我的对手是马克·诺尔斯，他是我在波利泰尼学校时的一个室友。他之前一直在双打领域发展，如今试图打入单打领域。他是一位出色的运动员，但对于我来说，战胜他应该不成问题，我比他自己还了解他的比赛风格。但他还是和我一直抗争到了第三盘。虽然最终我赢得了这场比赛，但赢得并不轻松，因此我心里很不痛快。我在比赛中一路高歌猛进，似乎决意要杀入决赛，与皮特一争高下。但在半决赛中，我溃败了，我在与来自加拿大的格雷格·鲁塞德斯基的对决中败下阵来。当时，我的思想已经逃离了我的身体，提前几个小时回到了拉斯维加斯。

我正待在我的单身公寓里，与助手斯利姆一起看电视。凯茜恢复得并不是很好，而医生也不知道原因何在。吉尔已经处于崩溃的边缘。与此同时，我的婚期也日益逼近了。我总是想推迟或者干脆取消这场婚礼，但我不知道如何开口。

斯利姆也很郁闷。他说，不久前，他和女朋友亲热时，安全套破掉了，现在她这个月的月经还没来。当电视插播一段广告时，他提议找些乐子。我内心萌生了一种冲动，一种打扫卫生的强烈欲望。我把房子从顶到底打扫了一遍，就差把房子拆了——我掸掉家具的灰尘、擦拭浴缸、整理床铺。当没有什么可以再打扫的时候，我就洗衣服，洗所有的衣服。我把每件毛衣和T恤都叠得整整齐齐，但我的精力似乎没有受到丝毫的减损，我还是不想坐下来。如果我有餐具的话，我会把它们擦得锃亮；如果我有皮鞋的话，我会使它们熠熠生辉；如果我有一大罐硬币的话，我会把它们码得整整齐齐。我上下张望，四处寻找斯利姆，原来他在外面的车库里，正把他汽车的发动机拆下来，然后再装回去。我告诉他我现在可以做任何事，任何事，伙计，任何事。我可以钻到车里，开车到棕榈泉市，打一场18洞高尔夫球，然后开车回家，做午饭，游泳。

我两天都没有睡觉。而当我最终得以入睡时，我则仿佛昏死过去一样，毫无意识。

几周后，我与左手握拍的斯哥特·德拉帕进行了一场艰苦的战斗。他很有天赋，是一位优秀的选手，但过去我曾轻松地击败过他，因此这次战胜他应该不成问题。可是，他却彻底打垮了我。事实上，此时的我已完全不是他的对手。说实在的，我真的觉得上一次击败他的那个人并不是我。在那么短的时间之前，我怎么可能会比现在强这么多？在比赛中，他在每个方面都压倒了我。

赛后，记者问我是否还好。他们问这一问题时，并没有流露出责难和刻薄的语气。事实上，他们就像佩里和布拉德一样担心和不安，他们也很想知道我到底是怎么了。

波姬对此却毫不在意。现在，我几乎逢赛必输，只有当我退出赛事时，我才能逃脱失败的命运。而她只是说她很喜欢我有更多的时间陪她，她说因为总的来说我的比赛少了，我也没有以前那么情绪化了。

她对此如此无动于衷，部分是由于她在全神贯注地筹备婚礼，当然，严格的婚前强化训练课也"功不可没"。为了漂亮的白色婚纱装，她在吉尔的指导下进行着严格的塑身训练——跑步、举重、做伸展运动，仔细地计算着每个单位的卡路里。为了获得更强大的动力，她在冰箱门上贴了一张照片，并用心形磁吸相框将其框住。这是一位完美女人的照片，她说。有着波姬想要拥有的那种完美双腿的完美女人。

我盯着照片，不禁有些惊讶。我伸出手摸了一下相框。

"那不是……？"

"对，"波姬说，"施特菲·格拉芙。"

四月份，我参加了戴维斯杯，想借此找回原来的状态，重获生机。我发奋地练习，刻苦地训练。我在纽波特比奇的第一场比赛，对手是沙尔肯。身高一米九的他发起球来就像只有一米六的选手那样。不过，他的击球还是相当干净利落，而且同我一样是个"惩罚者"，一个喜欢退回底线、让对手满场跑动的底线型选手。我知道我面对的是什么。比赛的那天阳光充足，风很大，而我则感觉有些怪诞——荷兰球迷们竟然穿着木屐，手中挥动着郁金香呐喊助威。在三盘沉闷冗长的比赛后，我战胜了沙尔肯。

两天后，我再次上场，这回对手是扬·西梅林克，又名"垃圾男"。他是个左撇子，也是一位优秀的截击手，他可以迅速地移动到网前并出色地完成截击。但除此之外，他在比赛中的表现看起来都很滑稽，完全不正常。西梅林克每一次用正手击球看起来都像是误击，而他的每一记反手击球则似乎都会碰到球拍，甚至连他的发球都具有一种古怪的特质。垃圾。我满怀信心地开始了这场比赛，随后才意识到缺乏条理也是一件强大的武器。他糟透了的击球总是使你不知所措、防不胜防，而你似乎永远掌握不好击球时机。在比赛进行了两个小时后，我手忙脚乱、呼吸困难、头痛欲裂，而且我未赢一盘，以0：2落后。不过，不知怎的，我最后还是赢得了这场比赛。至此，我已在戴维斯杯上取得了二十四胜四负的战绩——美国球员创造的最好成绩之一。在称赞了我在这场比赛中的表现后，体育记者问我为什么不能在其他比赛中也表现如此。即使他们对我的称赞有所保留，但我还是尽情地享受其中。我感觉很好，因而我还是要感谢一下戴维斯杯的。

而从另一方面来讲，戴维斯杯却扰乱了我的美甲日程。波姬就婚礼事宜向我提出了许多要求，其中不容商量的一项是关于我的指甲。她要求我的指甲必须完美。我喜欢抠包在指甲根部的角质层护膜，我一紧张便会如此，已经成了习惯。当她把戒指戴到我手上时，波姬说，她想让我的手呈现其最佳状态。就在我与"垃圾男"比赛前，以及比赛后，我屈从了她。我独自坐在美甲师的椅子上，看着那个女人在我的指甲上精雕细琢。坐在那里，我心里想，这就像同"垃圾男"的比赛一样使我感到不知所措、手忙脚乱。

我想：现在，此情此景，我才应该被称为垃圾。

1997年4月19日，波姬和我在蒙特雷的一座小教堂里举行了婚礼。教堂里闷热至极，令人窒息，而坐满狗仔队的四架直升机不停地在头顶盘旋。当时我愿意用我所拥有的任何东西换取一股新鲜空气，但为了不受到窗外直升机噪音的影响，窗户全都紧紧地关着。

闷热是导致我在婚礼上浑身冒汗的一个原因，但主要原因是我的身体和神经都崩溃了。当神父按部就班地主持着婚礼时，汗不断地从我的眉毛、下巴，还有耳朵上滴下来。其他人也都出汗了，但都没有像我这样。我的新登喜路礼服上装都湿透了，甚至当我走路时，我的鞋都咯吱咯吱作响。我的鞋里垫了增高垫，这是波姬另一个不容商量的要求。她的身高超过一米八，而她不想在婚礼拍摄的照片中高于我，于是她穿了一双平跟的老式无带浅口鞋，而我则像踩高跷一般。

在我们离开教堂之前，一个假新娘——波姬的替身先行离开，从而转移狗仔队的视线。这是我第一次听到这个计划。我以前全然没有把这件事放在心上，我拒绝留意与婚礼有关的事情。当我注视着假波姬离开时，我心里产生了一种没有任何一个男人会在婚礼上产生的想法：我希望我也能够离开。我希望有一位假新郎能够替代我继续这场婚礼。

一驾马车正在不远处停着，它将把我们送到一个叫 Stonepine 的牧场，我们将在那里举办招待会。不过在乘马车前，我们还得先乘一小段路的汽车。我上了车，坐在波姬的身旁，目光却无法从我的大腿处移走。我对于自己汗流不止这件事感到很没面子，波姬则说这没什么。她非常体贴，但我觉得这绝对有问题。没有一件事情没有问题。

我们进入了招待会现场，也陷入了无穷的噪声之中。一张张不同的面孔不断在我眼前闪过——菲利、吉尔、J.P.、布拉德、斯利姆，还有我的父母。也有一些我不认识，或者从未见过但能依稀辨认出的名人。波姬的朋友？朋友的朋友？《老友记》中结识的朋友？我看到了佩里——我的伴郎兼毛遂自荐的婚礼策划人。他戴着麦当娜在演唱会上用的那种耳麦以便随时与摄影师、花商以及酒席承办人联系。他如此尽职，如此紧张，我的神经因而绷得更紧了。我以前从未想过自己会这样。

在这个夜晚行将结束时，我和波姬蹒跚地上了楼，走进了我们的婚房。房间里点着数百支蜡烛，这是我为波姬安排的，但是蜡烛太多了，这个房间俨然成了一个大烤炉，比教堂还热。我又开始出汗了。我们开始吹蜡烛，随后烟雾警报器响了起来。我们关掉警报器并打开了窗户。在等待房间凉快下来的同时，我和波姬下了楼，继续参加招待会，与客人们一起吃巧克力慕斯蛋糕，挥霍掉了我们的新婚之夜剩下的时光。

第二天下午，在朋友和家人出席的烧烤野餐会上，波姬和我上演了一场隆重的出场秀。按照波姬的计划，我们头戴牛仔帽、身穿劳动布衬衫，骑着马到达聚餐地点。我骑的马名叫"糖糖"，它哀伤呆滞的眼神使我不禁想起了我的鹦鹉"桃子"。人们聚在我周围，同我交谈，祝贺我，拍拍我的背。我需要以某种形式逃离此地，于是我花了很多时间和我的外甥斯凯勒——丽塔和潘乔的儿子——待在一起。我们手握着弓和箭，朝远处的一棵橡树进行射击练习。

当我拉弓时，我突然感到手腕处一阵刺痛。

我因此退出了1997年的法网赛。在所有类型的场地中，红土场对于脆弱的手腕来说伤害最大。和那些一直在进行训练的泥耗子打比赛，我是绝对坚持不到第五盘的，更何况当他们在进行训练时我却在修指甲和骑马。

但我会去温布尔登的，我想去。波姬在英国得到了一个角色，这意味着她可以陪伴我。这会是一次不错的经历，我想，换个环境也好，这是我和波姬以夫妻身份进行的第一次旅行，而且去的地方不再是一个岛。

但是仔细想想，英国不也是一个岛吗？

在伦敦，我度过了几个开心的夜晚——与朋友共进餐，看了一场实验剧，沿着泰晤士河散步。在河边散步时，夜晚的天空繁星点点，似乎预示着我将拥有一个美好的温布尔登。然而随后，我决定我宁可一头扎进泰晤士河。不知为何，我就是不能使自己进入状态。

我告诉布拉德和吉尔我将退出这项赛事。"我陷入了'气阻'状态。"

"你所谓的'气阻'状态到底是什么意思？"布拉德问。

"我因为很多原因打了这么多年网球，"我说，"而似乎这些原因中没有一个是出于我自己的。"

这些话脱口而出，根本未经思索，就像那个晚上我对斯利姆说那些话时一样，但它们听起来又非常真实——事实上，是那样的真实，以至于我都把它们记下来了。我不断地重复着这些话，对记者，以及对着镜子。

退赛后，我又在伦敦逗留了一段时间，等待波姬完成拍摄。一天晚上，我们与一群演员到波姬急切想尝试的一家世界闻名的餐厅——常春藤饭店——就餐。波姬和那些演员们一直在交谈，而我则默默地坐在桌子的另一端，不停地吃着——不，应该说是啃食着。我要了五道菜，然后在吃甜食时，又把三杯黏糊糊的奶糖布丁塞进了嘴里。

慢慢地，一个女演员终于注意到我面前有多少食物消失掉了。她看着我，流露出担心的神色。

"你总是像这样吃东西吗？"她问。

我正在华盛顿比赛，对手是弗拉赫。布拉德让我站出来，以报去年在温布尔登的一箭之仇。但这对我一点儿都不重要，我根本就不在乎。复仇？又一次？难道我们以前没有走过这条路吗？布拉德竟然可以被"布拉德个性"遮蔽双眼到如此程度，他竟然如此无视我的感受，这使我很悲伤，很疲倦。他以为他是谁，波姬吗？

我输给了弗拉赫，然后我对布拉德说，我整个夏天都不会再参赛了。

布拉德问："整个夏天？"

那好，秋天见。

波姬在洛杉矶，而我大部分时间都在拉斯维加斯度过。斯利姆也在这里，我们经常一起玩。拥有精力，感到高兴，摆脱"气阻"状态，这的确是令人欣喜的改变。我喜欢再次拥有那种意气风发的感觉。我整夜都醒着，连续好几夜都睁着眼，恣意享受着寂静。没有电话，没有传真，没有人打扰我——除了在屋里忙来忙去、叠洗衣服以及思考，什么也不用做。

"我想要摆脱空虚。"我对斯利姆说。

"对，"他说，"对，空虚。"

除此之外，我从伤害我自己和缩短我的职业生涯中也获得了无可争辩的满足感。在二十多年来只是对受虐浅尝辄止后，我现在把受虐变成了自己的使命。

但是心理上的后果却是可怕的。在连续两天都处于极度兴奋的状态、连续两天都彻夜未眠后，我已然成了外星人。我竟然还厚颜无耻地想知道自己为什么会觉得自己是在堕落。我是一名运动员，我的身体应该能够应付这个的。

然而几乎是突然间，斯利姆，我几乎认不出他来了。这并不全是药剂在作怪，他对于自己马上就要成为父亲这一点本来就已焦虑得发狂了。一天晚上，他从医院给我打来电话，说："发生了。"

"发生了什么？"

"她生了个小孩，提前了几个月。一个男孩，安德烈，他只有六百克重，医生说不知道他是否能活下来。"

我马上赶到了日落医院，正是在这所医院，斯利姆和我相隔一天出生。我透过玻璃窗凝视着那个婴儿，虽然他们告诉我那是一个婴儿，但事实上他只有我的手掌那么大。医生告诉斯利姆和我这个婴儿病得很严重，他不得不给他注射抗生素。

第二天早上，医生又对我们说抗生素注射得过量了。抗生素是注射到婴儿腿上的，现在腿部被"烧伤"了，而且他自己也无法呼吸了，他们需要给他戴上呼吸器。这是有风险的，医生担心婴儿的肺没有发育成熟，可能承受不了呼吸器，但没有呼吸器，他就会死。

斯利姆默默无语。"你认为怎么做最好，你就怎么做吧。"我对医生说。

就像担心的那样，几个小时后，婴儿的一个肺崩溃了，然后另一个也崩溃了。现在医生说，婴儿的肺确实承受不了呼吸器，但不用呼吸器，他就会死。他们真的不知道该怎么办了。

只有最后一线希望——有一种机器能够代替呼吸器，但又不会伤到肺。这种机器从婴儿体内采血，然后将氧充到血里，再把充了氧的血输回到婴儿的体内。但最近一处拥有这种机器的医院在菲尼克斯。

我安排了一架医用飞机。一组医生和护士摘掉了婴儿的呼吸器，像运送一个鸡蛋一样把他运送到了飞机跑道上。然后斯利姆、他的女朋友和我登上了另一架飞机。护士给了我们一个电话号码，当我们的飞机着陆时就打这个电话号码，以确定婴儿是否还活着。

当飞机的轮子刚一触到菲尼克斯的土地，我就深深地呼了一口气，然后拨通了电话。

"他……？"

"他活了下来，但现在我们得把他固定在机器上。"

在医院里，我们坐着、坐着，一直坐着。时间似乎凝固了。斯利姆一支接一支地抽烟，他女朋友则一边翻着杂志，一边默默地流泪。我走到一旁给吉尔打了个电话。"凯茜的状况不是很好。"他说，"她总是觉得疼。"我听着他的声音，感觉电话那头的人已经不是吉尔了，而是另一个斯利姆。

我回到了候诊室。一位医生出现了，他摘掉了口罩。我不知道我是否还能够承受得住更多的坏消息。

"我们设法把他固定在机器上了。"医生说，"到目前为止还不错，但是最终结果还要等六个月后才能确定。"

我为斯利姆和他女朋友在医院附近租了一间屋子，然后飞回了洛杉矶。我应该在飞机上好好睡上一觉的，但我却一直盯着我前面座位的靠背，思索着生命是多么的脆弱。"等六个月才能确定"——这一可怕的陈述对谁不适用呢？

回到家，我坐在厨房里，对波姬完完整整地讲述了这件悲伤、可怕、不可思议的事。她被深深吸引了，但却有些困惑不解。

她问："你怎么会如此投入呢？"

我又怎能不投入呢？

几周后，布拉德说服我短暂地回归了赛场，我参加了在辛辛那提举办的ATP锦标赛。我的对手是来自巴西的古斯塔沃·库尔滕，他花了四十六分钟就击败了我。这是我连续第三项赛事在第一轮中就被淘汰出局。古利克森宣布他将不会选用我代表美国队参加戴维斯杯。我是美国最好的选手之一，但我不会怪他。谁会责怪他呢？

我以非种子选手的身份参加了1997年的美网公开赛，这是三年来的第一次。我穿了一件桃色网球衫，货架上的这种衣服因而销售一光。真是令人大吃一惊，人们竟然还想要跟我穿得一样，想要看起来与我相像——他们最近到底有没有好好看过我？

我进入了十六强，对手是拉夫特。1997年也是他取得重大突破的一年。他进入了法网的半决赛，也是我个人最为看好能够赢得本次大赛的人。他是一个出色的发球上网型球员，使我不禁想起了皮特，但我一直认为从美学的角度讲，拉夫特和我才是最佳对手，因为他在比赛中的发挥通常更加稳定。皮特可能在三十八分钟时间里都发挥平淡，但在最后一分钟却灵光一闪并赢得一盘，而拉夫特却自始至终都会打得很好。他身高一米八七，因而重心较低，而且他能像赛车那样迅速地改变方向。他是整个巡回赛中最难网前穿越的对手，而要讨厌他则难上加难——无论是赢还是输，他都风度翩翩。今天他赢了，他非常绅士地和我握了握手，并对我微微一笑。正是在他的微笑中，我察觉出了他明显的怜悯之情。

十天后我将到斯图加特参加比赛，因此我应该躲在一处，好好休息，并加强练习。但为了波姬，我却得前往北卡罗来纳州的一个名为幸福山的小镇，与戴维·斯特里克兰及其家人共同庆祝他的生日。戴维是波姬出演的新剧《出乎意料的苏珊》(*Suddenly Susan*)中的一位演员，和波姬关系很好。波姬想让我们跟他一起去，她认为在乡村四处转转并且呼吸呼吸新鲜空气，对我们会大有裨益，而我想不出好的理由拒绝她。

幸福山是一个古雅的南方小镇，但我在这里没看到任何山，而且它也并不是那么幸福。斯特里克兰的房子非常舒适，拥有古老的木地板、柔软的床，还弥漫着一种怡人的桂皮和馅饼皮的味道。稍微有点儿不协调的是它坐落在一个高尔夫球场附近，它的后门廊离一处果岭只有十八米，因此在我视线所及范围内，我总是能够看到有人在准备推杆入洞。这座房子的女主人——格兰妮·斯特里克兰拥有丰满的胸部、圆润的脸颊，她一直站在烤炉旁边，不断地烘焙着什么或者做出又一批平锅菜饭。并不仅仅是因为饭菜可口，而主要是出于礼貌，我总是将碟子里的饭一扫而光，然后会再要一份。

波姬则仿佛身处极乐世界，我大体能够理解她为何如此。这座房子被蜿蜒起伏的小山和古老的大树环绕着，在这个季节，树叶会呈现出九种不同的橙色；而且，她喜欢戴维，他们之间有一种特殊的纽带，一种能够理解彼此之间的调侃和戏谑的语言。时不时地，他们会不知不觉地进入他们正在演的那部戏的角色，演出一幕戏，然后大笑不止，直至声音嘶哑。虽然他们会迅速地向我解释他们在做什么或在说什么，试图不使我觉得受到冷落，但对我来讲，那远远不够，而且往往太迟。我是电灯泡，我知道。

在晚上，温度会下降，空气中弥漫着松树和泥土的气息，使我倍觉伤感。我呆立在后门廊处，仰望星空，想弄清自己到底怎么了，为什么如此美景都无法吸引我。我想到了那一时刻：很多年前的那一天，当菲利和我决定放弃网球时，一个电话打来，邀请我来北卡罗来纳州参加一场比赛，于是才有了我后来的辉煌和惨败。我一遍又一遍地问自己："如果我那时退役了，会怎么样？"

我打定主意，我要努力工作。就像一直以来那样，努力工作才是答案。毕竟，斯图加特站几天后就要开打了，如果我能够在这一赛事中胜出，我目前的状况就能够得到改善。我给布拉德打了电话，他大概一个小时后就给我订了一个球场，还为我找到了一位练球伙伴，一个除了每天上午只是想和我对打而别无他求的业余选手。我在清晨的雾霭中驱车朝布卢里奇一路驶去，在那里与那位业余选手会面。我感谢他愿意花时间陪我练习，但他说他乐此不疲。"这是我的荣幸，阿加西先生。"我精神为之一振——我会完成我的工作的，即使我身处这个偏远的地区。我们开始击球。这里海拔较高，地心引力较小，球总是四处乱飞，打球时就仿佛身处外太空，似乎总是在做无用功。

几天之后，这位年轻人的肩膀脱臼了。

在这趟南部之旅的剩下两天里，我不是在狼吞虎咽地吃着平锅菜饭，就是在默默思考。而当我无聊至极时，我甚至想用头撞松树。我走上高尔夫球场，试图以低于标准杆一杆的成绩把球击入离后门廊最近的洞里。

终于到我该离开的时候了。我分别同波姬和格兰妮·斯特里克兰吻别，并注意到自己竟然赋予了这两个吻同样的激情。我飞往迈阿密，转乘飞往斯图加特的直航飞机。当我登机时，我又看到了皮特——除了他还会是谁？看起来在过去的一个月中，他除了训练就是训练，而在他不训练的时候，他会躺在他那间几乎空无一物的房间里，思索着怎么击败我。他休息充足，全神贯注，完全不受外物所扰。我总是在想我和皮特之间的差别被体育记者们过度夸大了。无论是对于球迷、耐克公司，还是对于赛事方来说，把我和皮特分别视作网球中的扬基队和波士顿红袜队都是极为方便的，也是很重要的——这项运动中最好的接发球手：谦虚谨慎的加利福尼亚人和鲁莽草率的拉斯维加斯人。这些都是屁话，或者用皮特最喜欢的话来说，这些都是胡说。但此时此刻，我们在登机门处随便聊了几句，我发现我们之间的差别似乎是真实存在的，而且差别之大令人恐惧。我总是对布拉德说，网球在皮特生活中所占的分量太重了，而在我的生活中分量却不够重。但似乎皮特是对的，网球是他的工作，他满怀热情、全身心地投入到这份工作中，而我所有关于过一种没有网球的生活的言论似乎都只是说说而已，只是为我的心烦意乱找的一种冠冕堂皇的借口而已。自从认识他以来，我第一次羡慕起他的乏味和迟钝。我希望自己也能像他一样，如此缺乏激情，而且如此不需要激情。

在斯图加特的比赛中，我又一次在第一轮就被淘汰出局。布拉德的情绪非常糟糕，我以前从未见过他这样。他以一种惊讶、悲伤以及与拉夫特相似的那种怜悯的眼神看着我。当我们在酒店前停下之后，他叫我去他的房间。

他在迷你吧里翻出了两瓶啤酒。他看都没看标签，甚至都不在意它们是德国啤酒了。当布拉德不去注意或者没有抱怨就喝德国啤酒时，肯定出事了。

他穿着牛仔裤和黑色高领毛衣，神情阴郁、严肃而且看起来苍老了许多。我使他变老了。

"安德烈，我们得做出一个决定，我们在今晚离开这间屋子前就要做出决定。"

"怎么了，布拉德？"

"我们不能再这样继续下去了。你的水平远不应该如此，至少，你过去比现在要好很多。你或者退役，或者重新开始，但你不能再像这样丢自己的脸了。"

"什么……？"

"让我把话说完。你还远未走到尽头，至少我认为你可以。你还能赢，好的事情还会发生的——但是你需要彻底地重新审视自己。你需要回到起点，你需要退出所有的赛事，重整旗鼓。我说的是一切从零开始。"

如果布拉德说要退出赛事，我知道事情已经很严重了。

"你需要这样做，"他说，"你需要像多年没有训练过那样进行训练。强化训练。你需要使自己的身体就位，精神就位，然后从最底层开始——我指的是挑战赛，你要和那些从未梦想过自己能有机会和你见面、更别提和你打比赛的人对抗。"

他停下来，喝了一大口啤酒。我什么也没说。我们已经走到了十字路口，这就是现在的境况，而且似乎我们已经朝这个方向行进好几个月了。我凝望着窗外斯图加特来来往往的车辆。我比以往任何时候都更厌恶网球——但我更厌恶自己。我心里想：即使你痛恨网球又怎么样？谁在乎？外面的那些人，那些讨厌他们赖以为生的工作的芸芸众生，尽管讨厌，他们还是在继续从事着他们的工作。也许，做你所讨厌的事情，而且要欢欣鼓舞地好好做，才是关键之所在。既然你厌恶网球，那就全身心地恨它，但你仍需要尊重它——还有你自己。

我说："好的，布拉德，我还不想就这么结束，但我已经筋疲力尽了。所以请告诉我怎么做，我一定照办。"

Chapter 21

从零开始

我们看到了数百只黑斑羚，还有至少七十五只斑马；我们看到数十只有两层楼那么高的长颈鹿在我们的周围跳来跳去……眼前的情景仿佛在对我说：所有这些动物身处危险的世界，却在每一天开始时都表现得如此从容和平静，毫无怨言地等待命运的赐予——你为什么不能呢？

改变。

是时候改变了，安德烈，你不能再这样下去了。改变、改变、改变——我每天对自己说好几遍这个词，每一天都如此。无论是早上我把黄油涂到吐司上时，还是刷牙时，我都会喃喃自语："改变，改变!"这与其说是一种警告，不如说是一种安慰。必须从头到脚、彻底地改变，这一想法没有使我沮丧，也没有使我羞愧，相反，它使我找到了那个无畏的自我。仅此一次，在我做出决定后，喋喋不休的自我怀疑不再接踵而至。我这次不会再失败，不能再失败了，因为要么现在改变，要么永不再变。我发现如果我从此消沉下去，不思进取，如果我在余生中都一直做现在的安德烈，我才真正会感到沮丧和羞愧。

但是，我们初衷很好，却往往会被外部的力量所阻挠，而这往往是我们咎由自取的结果。你的决定，尤其是糟糕的决定，有其自身的惯性，而每个运动员都知道，当你想要停下来时，惯性会给你带来多大的麻烦。即使当我们发誓要改变时，即使我们为我们的错误后悔不已并想尽力弥补时，我们过去所作所为的惯性会使我们在错误的路上渐行渐远。惯性统治着这个世界。惯性说：慢着，不要变得这么快，现在这里还归我管呢。就像一个朋友总是引用的那句古老的希腊诗所说的那样：永恒的上帝是不会突然改变其思想的。

在斯图加特比赛的几周后，当我走过拉瓜迪亚机场时，我接到了一个男人的电话。他说他是为 ATP 工作的医生（我不禁在想 ATP 代表着什么，国际职业网球联合会？）。他的声音低沉沙哑，并透着一种不祥的语气，仿佛他要告诉我的是我将不久于世的消息——而那正是他所告诉我的。

测试我最近一次比赛中的尿液样本是他的工作之一。他说："我有义务通知你，你没能达到 ATP 的相关药检标准，你提供的尿液样本被检测出含有微量的违禁成分。"

我瘫坐在行李提取区的椅子上，背包也从肩上滑落下来，掉到了地上。

"阿加西先生？"

"是，我在听。那么，现在怎么办？"

"按照程序，你需要给 ATP 写一封信，承认你服过违禁药剂或声明你没服过。"

"嗯哼？"

"你知道你的体内可能有违禁成分吗？"

"是的，是的，我知道。"

"既然这样的话，你必须要写一封信解释你是如何摄入的。"

"然后呢？"

"一个专门小组会审核你的信。"

"然后呢？"

"如果你是有意摄取——如果你，承认罪责的话——你当然会受到惩罚。"

"怎么惩罚？"

他提醒我，在网球比赛中，触犯违禁药剂规定的行为分为三个等级。服用旨在提高比赛表现的药剂，当然是第一等级，他说，这会被施以禁赛两年的处罚。但是，他补充道，消遣性违禁药剂属于第二等级。

我想：消遣，消……遣？

我说："那意味着什么呢？"

"禁赛三个月。"

"我写好这封信后要寄到哪里呢？"

"我给你一个地址，你方便记下来吗？"

我从背包里摸出了笔记本。他告诉了我城市街道名和邮政编码，恍惚中，我草草地记下了地址，但并不打算真的写这封信。

医生又说了几件事，但我根本没有听进去。待他说完，我谢过了他，然后挂断了电话。我踉跄地走出机场，搭上了一辆出租车。当出租车开进曼哈顿时，我凝视着污渍斑斑的车窗，对着出租车司机的后脑勺说："改变恐怕只能到此为止了。"

我直接到了波姬的褐色砂石房子，幸运的是，她现在不在洛杉矶。我无法在她面前隐藏自己的感情，从来都如此。我不得不将这些事情和盘托出，但此时此刻我还应付不来。我一头扎在床上，立即昏睡了过去。一个小时后，当我醒过来时，我意识到那只是个噩梦。如释重负。

但几分钟后，我不得不接受这一事实——那个电话是真实存在的。那位医生确有其人。违禁药剂，也真真切切地存在着。

现在，我的名声、我的事业以及所有的一切都岌岌可危。它们仿佛都被压在了一张双骰子赌台上，在这张赌台上，没人能赢。无论我取得过何种成就，无论我的目标是什么，都不再有意义了，因为所有的这一切旋即就会烟消云散。我之所以会对网球反感，部分是由于我的一种挥之不去的感觉——我觉得网球毫无意义。而现在我马上就会品味到毫无意义的真正意义了。

我活该。

直到黎明，我还无法入睡。我不停地在想应该做些什么，以及应该把这件事情告诉谁。我试图想象：不是因为我的衣服或比赛、不是因为某人强加于我的营销口号，而完全是因为我愚蠢至极、因为我自身的原因，而当众受到羞辱会是一种什么样的感觉。我将被世人所抛弃，而我的所作所为则将成为一则绝佳的警示故事。

但是尽管我处在痛苦中，在接下来的几天里，我并未惶恐不安。也并不完全是还没来得及惶恐，还因为我不能，因为其他更令人忧心的事情纷至沓来。我周围的人，我爱的人，他们在遭受痛苦。

医生说小凯茜的脖子要接受第二次手术，第一次手术显然搞砸了。我为她安排了一架去洛杉矶的飞机，这样她就可以得到最好的照顾，但在术后恢复期，她无法动弹，只能一动不动地躺在医院的床上，痛苦至极。由于她的头部无法动弹，她说她的头皮和皮肤都要烧着了，火辣辣地疼。她的房间说不出有多热，而她同她的父亲一样，无法忍受炎热。我亲亲她的脸颊，然后对她说："别担心，我们会解决这个问题的。"

我看看吉尔。他在我眼前变小了。

我跑到最近的电器商店，买了一台他们那里最大个、最时髦的空调，吉尔和我把它装在凯茜房间的窗户上。在我们把温度调到最低并按下电源后，阵阵凉风将凯茜的刘海从她那张圆嘟嘟的脸上吹了起来，吉尔和我不禁击掌祝贺，而凯茜也开心地笑了起来。

然后我又跑到了玩具店游泳用品部，买了一个供学步的儿童使用的内胎。我把内胎慢慢地塞到凯茜的头下并把她的头摆正，然后慢慢地给轮胎充气，直到轮胎能够轻轻地抬起她的头却不会改变她脖子的角度为止。她的脸上闪过了如释重负、感激和愉悦的神情。在这一神情里，在这个勇敢的小女孩身上，我找到了我一直所寻找的东西，能够把过去几年所有的经历——无论好的还是坏的——统一起来的点金石。她的痛苦、她面对痛苦时露出的坚忍的微笑以及我为缓解这种痛苦所做出的努力——这，这就是所有一切的原因之所在。还要有多少事实摆在我面前？这就是我们存在的原因——面对痛苦时勇于抗争，当有可能的时候，尽量减轻别人的痛苦。如此简单，却如此难以被认识到。

我转身面向吉尔，他目睹了我所做的一切，而我看到了他双颊的泪痕。

一会儿，凯茜睡着了，吉尔在一个角落里也昏昏欲睡。我坐在床边的一张硬靠背的椅子上，把信纸放在大腿上，开始给 ATP 写信。这是一封夹杂着零星真话，但绝对满纸谎言的信。

我承认违禁药剂确实在我的体内，但是我坚称我绝不是有意摄入的。我说斯利姆（自此他就被开除了）是一个瘾君子，很多人都知道这一点，他经常悄悄地把化学药剂掺在自己的苏打水里—— 这倒是真的。然后我编造了这封信中最大的谎言。我说我最近不小心喝了斯利姆的苏打水，在不知情的情况下摄入了药剂。我说我觉察到自己中毒了，但认为那些物质很快就会从我的体内消失，但显然它们没有。

我希望获得他们的理解和宽容，并且匆匆地签上了：你真诚的朋友。

信放在我的大腿上，我注视着凯茜的脸。我当然感到羞愧不已。我一直都是一个诚实的人，几乎只有在不知情的情况下或面对自己时才撒谎。当凯茜获悉她的安德烈叔叔是个瘾君子并被禁赛三个月时会是什么样的表情，而这种表情还会在数百万人脸上浮现，一想到这一点，我不知道除了撒谎还能怎么办。

至少这是最后的谎言，我暗暗发誓。我会寄出这封信，但我不会再做任何事情，之后的事情我会让我的律师去处理。我不会出现在调查小组成员的面前，不会在任何人面前撒谎。我不会在公开场合就此问题说谎。从现在开始，这件事情将由命运和那些官员来决定。如果这件事情能够私下解决，平静地过去，那很好，但如果没有，我也将坦然承担一切后果。

吉尔醒了。我折好信，和他一起离开病房，走到走廊上。

在荧光灯下，吉尔看起来憔悴、苍白，而且——我甚至无法相信——很虚弱。我忘记了一点：在医院的走廊里，我们才知道生活意味着什么。我拥抱吉尔，对他说："吉尔，我爱你，让我们一起渡过难关。"

他点点头，感谢了我，并咕哝了几句语无伦次的话。我们站在那里，默默无语，很久，很久。在他的眼神里，我能看到他的思想正在深渊徘徊。他试图转移注意力。他需要说些什么，什么都行，只要不是恐惧和担忧。于是他问我怎么样了。

我说我已决定重新全身心地投入网球，从较低级别的赛事开始，争取找回原来的状态。我说是凯茜激励了我，给我指明了前方的路。

吉尔说他想助我一臂之力。

"不，你的事情已经够多了。"

"嘿，站在我的肩膀上，记得吗？达到……"

我不敢相信他仍然满怀信心——他有足够的理由质疑我的未来。我已经二十七岁了，对于网球运动员来说，已经到了开始走下坡路的年龄。而我讨论的是第二次机会，吉尔却毫不迟疑，眉头都不皱一下。

"让我们大干一场，"他说，"开始了。"

我们真的从头开始，就仿佛我是一个十来岁的少年，仿佛我从来没有接受过训练。不过我看起来确实如此，我动作缓慢，身体发福，虚弱得像只小猫。一年来，我都没举过哑铃了，这期间我举过的最重的东西就是凯茜的空调。我必须重新开发我的身体，小心翼翼地、循序渐进地恢复体力。

首先，我们来到吉尔的健身房里。我坐在一条训练凳上，他则斜靠着一架腿部伸展机。我对他坦白了我对自己身体的胡作非为，我告诉他我有可能会被禁赛。我只有告诉他我已堕落得有多深，才能请求他将我带出深渊。他看起来如同置身于他女儿的病房里那般痛心不已。在我心中，吉尔一直就是那座阿特拉斯雕像，但现在的他看起来如同肩负着整个世界的重担，如同推举着六十亿个问题。他的声音哽咽了。

我从来没有如此厌恶过自己。

我要告诉他我已经彻底远离，再也不会碰它们了，但这无须说出口，他和我一样深知这一点。他清了清喉咙说："感谢你的坦诚。"然后他便将此事放在了一边。"你去过哪里并不重要，从现在开始，我们关注的是我们将去往何方。"

"我们去往何方。"我重复道。

"对。"

他制订了一项计划，并为我草拟了一份合理的饮食表。"不会再有好心先生了，"他说，"不允许再有什么不当行为，不许再吃快餐，也没有什么捷径可走。"

"你甚至不得不限制饮酒。"他说。

首要的一点是，我将在他的督促下严格按照时间表行事——吃饭、运动、举重、打球，每一环节都要在精确的时间内完成。

作为我新的禁欲主义生活方式的一部分，我与波姬相聚的时间将减少。她是否会注意到这一点呢，我不知道。

吉尔对我进行了为期一个月的高强度、极为残酷的训练，其残酷程度丝毫不亚于1995年初的那次迷你新兵训练。然后我去参加了一项挑战赛——职业网球的最低级别赛事，胜利者将获得一张三千五百美元的支票，而观众比一般高中橄榄球比赛的观众还要少。

场地在内华达大学拉斯维加斯分校，一个熟悉的区域，即将面临的却是一个如此不熟悉的时刻。当吉尔和我把车停在停车场时，我在想我的生命旅程已经走过了多长的路，而如今又回到了原点。我七岁时就在这些球场打球了。在吉尔辞职并与我合作的那一天，我也曾来过这里。我就站在那边，站在他的办公室外，为我和吉尔将要走的路感到兴奋不已，甚至高兴地跳起来。而现在，就在距那个地点也就几百米远的地方，我将与那些有韧劲但水平有限或过气的选手们战斗。

换句话说，同道之人。

挑战赛就是三流比赛的同义词，这在选手们的休息室表现得最为明显。赛前的食物与飞机上的食物无异——毫无味道的鸡肉、不新鲜的蔬菜、跑了气的苏打水。很久以前，在大满贯赛事上，我会在一眼看不到头的自助餐餐台边走来走去，与正在为我做轻薄的煎蛋饼和家制意大利面的头戴厨师帽的大厨聊天。那样的日子一去不复返了。

怠慢和轻侮还不止于此。在挑战赛上，球童也少很多。这倒是说得通，因为球场上几乎就没有球。每场比赛中，你只有三个网球可以用。你的场地两边都是成排的场地，而且都在同时进行着比赛。当你抛出球准备发球时，你会看到你左边或右边的选手，你会听到他们在争吵，他们不会在意是否分散了你的注意力。不时还会有来自另一个场地的球滚到你的脚下，然后你会听到：帮个忙！这时无论你在做什么，你都要停下来然后把球扔回去。现在你就是球童——你又成了球童。

你也得自己操作记分卡，手动操作。在换边时，我会快速翻动那些塑料数字板，感觉有点儿像孩子们在玩游戏。球迷们狂笑着，尖叫着。"那个强人怎么沦落到这种地步啦！""形象就是一切，不是吗，老兄？"一位官员公开表示，看安德烈·阿加西打挑战赛就像看布鲁斯·斯普林斯廷在街角酒吧表演一样。

斯普林斯廷在酒吧表演又怎么了？我倒认为，如果斯普林斯廷真能时不时地在酒吧表演一次，那一定很酷。

我现在的世界排名是第141位，这是我在成年后的最差名次，我甚至从未想过自己会沦落至此。体育记者说我已经彻底被击败了。他们喜欢这样说，但他们大错特错了。当我在酒店与布拉德交谈时，我确实彻底被击败了；当我和斯利姆一起放肆时，我确实被彻底击败了。而现在，我很乐于在这里。

布拉德和我有同感，他一点儿都不认为参加挑战赛有什么丢脸的。他现在精力充沛，跃跃欲试，我非常喜欢他这一点。他为这些挑战赛兴奋不已，满怀激情地训练我，仿佛我们参加的是温布尔登网球公开赛。他从不怀疑这是回归世界第一的漫漫征程的第一步。像往常一样，他的信念立即就受到了考验。现在的我只是旧有自我的一个翻版。我的腿和胳膊可能正在变得强健，但我的精神却依然羸弱。我进入了决赛，然而随后我的精神却疲惫了，在压力面前、在陌生感面前、在看台上观众的嘲弄面前动摇了。我输了。

布拉德并没有气馁。"一些技巧需要重新学习，"他说，"比如，击球时机的选择。你需要控制那块肌肉，当比赛进行到激烈时刻，网球选手就是用那块肌肉判定何时击球是正确的。你要记住，你是否完成了世界上最漂亮的一击并不重要，记住了吗？如果时机不对，就是糟糕的一击。"

每一次击球，你都要根据一定的经验做出猜测，而现在我似乎已经验全无。我就像青少年选手一样生疏。我用了二十二年时间才发现自己的天赋，赢得了我的第一个大满贯冠军头衔，而仅用了两年时间就将其丧失殆尽。

在拉斯维加斯参加比赛一周后，我在伯班克参加了另一场挑战赛，赛场是在一个公园。中央球场一侧有一棵大树，投下的阴影足足有六米长。在我的职业生涯中，我在成千上万个球场打过比赛，这一个是最蹩脚的。我能听到远方孩子们玩儿童足球和躲球游戏的声音以及汽车的噪声。

比赛贯穿感恩节周末，我在感恩节那天打入了第三轮。此时此刻，我并没有在家吃火鸡，而是混战在伯班克的公园中，排名也比两年前感恩节时的排名低了120位。与此同时，戴维斯杯正在哥德堡进行，张德培和桑普拉斯正与瑞典队对决。我没有出现在那里，这很令人伤感，但却是合乎情理的。我不属于那里。我属于这里——球场边这棵荒唐可笑的树下。除非我接受我应该置身此地这一点，否则我永远都不会再属于那里。

在赛前的热身活动中，我意识到我离波姬拍摄《出乎意料的苏珊》（佩里是这部剧集的制片人）的摄影棚只有四分钟的车程。这部电视剧非常成功，广受欢迎，所以波姬现在很忙，一天要工作十二个小时。而且，奇怪的是，她现在也不会在赛场现身，然后观看几分钟的比赛了。当我回家时，她甚至问都不问我关于比赛的事。

当然，我也没问她关于《出乎意料的苏珊》的事情。

我们会谈话，但其实我们什么也没有谈。

在此期间我只有一次中断了训练——我去与佩里会面，同他商量我的慈善基金会成立的事宜。十五年前，当我们还是满怀理想主义激情、嘴里常常塞满冰激凌三明治的少年时，我们就讨论过这个问题。我们想要在我们的人生达到一定高度并趋于平稳的状态下回馈社会，现在我们终于达到了这种状态。我已经与耐克达成了一项长期代言协议，在未来的十年我将获得数千万美金的报酬。我已经为父母买了一座房子，已经能照顾到我的团队中的每个人。现在，我在经济上有能力拓宽视野，在1997年，尽管我处于人生的最低谷，或者说正是因为我处于人生最低谷，我在这件事情上已经准备就绪。

我们最先考虑的是身处险境中的孩子们。成人们总是可以寻求帮助，但孩子们没有发言权，力量薄弱，因此我的基金会的首个项目就是为正处于法庭保护性监护、受到虐待或未被妥善照管的孩子建立一个庇护中心。庇护中心拥有一处为从医学意义上讲比较脆弱的孩子们准备的单幢住宅和一所临时的学校。我们接下来将启动一个每年为三千个市中心贫民区的孩子提供衣服的项目，然后我们会为内华达州立大学拉斯维加斯分校提供一系列奖学金，然后是男孩和女孩俱乐部。我的基金会买下了一栋面积为204平方米的破旧不堪的建筑，然后把它改造成一个面积达2322平方米的活动中心，内有一间计算机房、一个自助餐厅、一座图书馆以及几个网球场，前美国国务卿科林·鲍威尔将在落成典礼上致辞。

我在新的男孩和女孩俱乐部度过了许多轻松愉快的时光。我与孩子们见面，听他们的故事。我把他们带到网球场，教他们正确的握拍方法，然后我看到他们眼里竟然闪着光，因为以前他们从没有握过球拍。我与他们一起坐在计算机房里。由于上网在孩子们中很流行，而资源却有限，所以他们排着长队，耐心地等待着。他们的学习意志如此坚定，让我十分震惊，也心痛不已。其他时候，我就待在男孩和女孩俱乐部的娱乐中心里，和孩子们打乒乓球。我每次走进这里都会想到波利泰尼学校的娱乐中心。在我到达波利泰尼的第一天晚上，就是在那里，我背靠着墙，心中充满了恐惧。那一段记忆使我有一种想要收养进入我视野的每一个惊恐不安的孩子的冲动。

一天，我和斯坦坐在娱乐中心，斯坦负责管理男孩和女孩俱乐部。我问他："我们还能做些什么？我们怎样才能使他们的生活有更大的改变？"

斯坦说："你得想出一种能够占据他们更多时间的法子，否则的话，即使前进一步，也会后退两步。你真的想改变他们的生活吗？你想要产生持久的影响？你需要他们更多的时间。事实上，你需要他们全部的时间。"

因此在1997年，我和佩里又聚在一起，并想到了把教育因素糅合到我们的慈善工作中。然后我们决定要把教育作为我们的工作。但是怎样做呢？我们想到了开办一所私立学校，但各种繁杂的手续和经济上的障碍太大了。我偶然在《60分钟》节目上看到了一则关于特许学校的报道，看完后，我心里就萌生出了一个主意。特许学校的资金一部分来自政府，一部分来自私人，这种学校面临的挑战是筹集资金，优点则在于其完全的自主性。开办一所特许学校，我们能够以我们想要的方式做事情，可以放手做一些与众不同的事情。而如果这些与众不同之处起作用了，它就可以像星星之火一样蔓延开来，而我们的特许学校也会成为全美国特许学校的一个成功范例，从而可以改变我们对教育的看法。

我不能相信人生是如此具有讽刺意味。《60分钟》的一则报道导致我被父亲送走，从而使我痛彻心扉，而现在《60分钟》的另一则报道则为我点亮了回家的路，为我描绘出了找寻生命意义和使命的图谱。佩里和我决意要建成美国最好的特许学校。当你设定极高的标准并投入大量资金时，你会取得什么成果呢？我们决意要向全世界展示这一点。我们握手为誓。

我自己将投入数百万美元来创办这所学校，但我们还需要筹集更多的款项。我们将发行四千万美元的债券，然后利用，或者说压上我的名声偿还这笔欠款。我的名气终于有所价值了。我在派对上认识的和通过波姬认识的所有名人——我将请求他们为这所学校奉献出自己的一些时间和才能，探望这些孩子，并在每年我们称之为"孩子们的大满贯"的筹款会上表演。

当佩里和我正为学校选址时，我接到了加里·穆勒的电话。穆勒来自南非，过去曾参加过网球巡回赛，也曾担任过教练。他正在开普敦组织一场网球赛，为纳尔逊·曼德拉基金会筹款，问我是否愿意参加。

"我们不知道曼德拉是否会到场。"他说。

"只要他有可能出现，即使那种概率微乎其微，我也会参加的。"

加里不久又给我打了电话。"好消息，"他说，"你会见到他的！"

"你在开玩笑吧？"

"他已经确认了这一点：他将到场。"

我不禁握紧了话筒。我已经崇拜曼德拉好多年了，他的斗争、他的牢狱之灾、他奇迹般的获释经历以及他壮丽的政治生涯无不让我对他充满了敬畏之情。想到能够与他见面，与他交谈，我突然感到一阵眩晕。

我兴奋地将此事告诉了波姬，很长时间以来，我都没有如此高兴了。波姬感受到了我的喜悦并因此也高兴起来，她想和我一起去。这场赛事的地点距1993年她拍摄非洲电影的地方不远，就是在那时、在那个地方她第一次和我传真联系，如果乘飞机的话一会儿就能到。

她立即开始为她的非洲之旅采购全套服装。

J.P.和我一样也非常崇敬曼德拉，于是我邀请他同我们一起前往南非，并要求他带上他的妻子琼尼，波姬和我都非常喜欢她。我们四人首先飞到南美，然后搭乘另一架飞机飞往约翰内斯堡。到达约翰内斯堡后，我们登上了一架破旧的螺旋桨飞机，前往非洲内陆。

由于遭遇了暴风雨，我们不得不临时着陆，躲在茫茫蛮荒中的一间稻草顶的小屋里。屋外雷声隆隆，成百上千的动物奔跑着寻找庇身之地的声音不绝于耳。朝窗外望去，大草原广袤无垠，天边乌云翻滚，J.P. 和我一致认为这就是"那些时刻"。我们两个都在读曼德拉的《漫漫自由路》(Long Walk to Freedom)，虽然这是一部自传，但我们却在其中感受到了海明威小说式的英雄情怀。我想到了曼德拉在一次接受采访时说的话："无论你到达生命中的哪一站，前方总有更长的征途。"我想到了《不可征服》(Invictus)中的一句诗："我是我命运的主宰，我是我灵魂的统帅。"这是曼德拉最爱的一句诗，在他认为自己的人生征程已被阻断的时刻，这句诗赋予了他无穷的力量。

暴风雨过后，我们钻回螺旋桨飞机，最终降落在了一个禁猎区。我们花了三天时间在此地游览。每个清晨天未亮我们就会钻进一辆吉普车，然后开啊，开啊，随意停在某处。我们坐在车里，发动机空转着，周围一片漆黑。大概是二十分钟后吧，曙光渐显，我们会发现我们正停在雾气缭绕的巨大沼泽的岸边，被数十种动物环绕着。我们看到了数百只黑斑羚，还有至少七十五只斑马；我们看到数十只有两层楼那么高的长颈鹿在我们的周围跳来跳去，在树丛中轻快地穿梭，啃着最高的树枝上的树叶，发出一种咯吱咯吱嚼芹菜的声音。眼前的情景仿佛在对我说：所有这些动物身处危险的世界，却在每一天开始时都表现得如此从容和平静，毫无怨言地等待命运的赐予——你为什么不能呢？

和我们在一起的还有一个司机和一个射手。射手的名字叫约翰逊，我们非常喜欢他，他就是我们的非洲吉尔。他为我们站岗放哨。他知道我们喜欢他，所以他的微笑中常常流露出身为神枪手的那种自豪感。

他比黑斑羚更了解这里的风景。他站在某处，朝着树挥挥手，无数只小猴子就会像接到了信号一样，像秋天的树叶般落在地上。

一天早上，我们把车开进了灌木丛深处，这时吉普车颤动了一下，突然转了向，我们冲向了右方。

"怎么了？"

我们几乎碾到了一头睡在路中央的狮子。

狮子坐了起来，满脸怒容地瞪着我们，仿佛在说：你们把我吵醒了。

它拥有一个硕大无比的头和一双柠檬酸橙汁色的眼睛，身上散发出的麝香气味如此浓郁，我们都有些头晕眼花了。

它的毛发跟我过去的发型颇为相似。

"不要发出声音。"司机低声说。

"无论你做什么，"约翰逊小声说，"都不要站起来。"

"为什么？"

"狮子现在将我们视为一只大型食肉动物，所以它怕我们。如果你站起来，它将看出来我们只不过是几个小人。"

有道理。

几分钟后，狮子退却了，钻入了灌木丛。我们则继续开车。

不久之后，我们回到了营地。我俯身向前，在 J.P. 耳边轻声说道："我必须得告诉你一些事。"

"说吧。"

"我现在正经历着……嗯，一段非常艰难的时期。我正试图将一些坏的事情抛诸脑后。"

"出什么问题了？"

"我不能深入谈这个问题，如果我看起来有什么——不同的话，我想为此道歉。"

"好吧，既然你提到了这一点，你确实与之前有些不同，但是到底怎么了？"

"当我更加了解你的时候，我再告诉你。"

他哑然失笑。

然后他看出来我并不是在开玩笑，于是问道："你没事吧？"

"我不知道，我真的不知道。"

我想要告诉他我的消沉、我的困惑、我与斯利姆共同度过的那段时期，以及我可能面临的来自 ATP 的禁赛处罚。但我不能，现在不能。在这一切尚未远离我之前，我不能。此时此刻，这些问题就像那头咫尺之外的狮子，依然对我虎视眈眈。我不想声张我的问题，生怕会惊醒它们，会使它们猛扑过来。我只是想提醒 J.P. 问题是存在的。

"我已经加倍投入于网球。如果我能挺过这段艰难的时期，如果我能卷土重来，一切的一切都将不同，我也将大大不同于以往。但即使我不能，即使我完蛋了，即使我失去了一切，我仍然会与以往不同。"

他问："就这些了吗？"

"我只是想让你知道。"

这像一份忏悔，一份证词。J.P. 心疼地看着我，紧紧抓住我的胳膊斩钉截铁地对我说："你是你命运的统帅。"

我们来到了开普敦。在这里，我焦躁不安地打着比赛，焦躁得就像周六早上做家务的孩子。然后，终于，那一刻来临了。我们乘坐直升机抵达一座大院，曼德拉亲自到直升机停机坪迎接我们。他被摄影师、众多要人、记者和助手们簇拥着，但他比他们都要高大。他看起来不仅比我想象的要高，而且比我想象的要强壮、健康，就像他以前曾经还是运动员一样。考虑到他多年的繁重劳动和经受的折磨，我对此甚为吃惊。当然，他确实曾经是一位运动员，年轻时他是个拳击手。他在他的回忆录中写道，在狱中，他会适时地在牢房里跑步，或者偶尔在一个简陋的临时球场打网球。虽然他显示出了强大的力量，但他的微笑是那么和善和纯净，有如天使一般。

我对 J.P. 说，对我来说，曼德拉就像圣人一般。他就像甘地那样，已将个人荣辱和恩怨置之度外。被囚禁的那段岁月中，由于长年在石灰采集场做苦工，他的眼睛已被那里的强光刺伤了，但眼神里依然充满了智慧。他的眼神显示他已经领会到了一些事情，一些本质性的事情。

当他用那种眼神看着我并握着我的手对我说他很欣赏我的球技时，我甚至都不知自己说了些什么。

我们跟随他进入了举行正式晚宴的大厅。波姬和我被安排与曼德拉同桌就餐，波姬坐在我的右边，曼德拉坐在她的右边。整个晚餐期间，他都在讲故事。我有很多问题想问他，但我不敢打断他。他谈起了罗本岛，在那里他度过了他二十七年牢狱生涯中的十八年。他谈到他争取到几个看守的同情。作为一种特殊待遇，他们有时会让他带着钓鱼竿走到一个小湖边，自己解决自己的晚餐。他面带微笑地回忆着过往，我甚至在他的神色中看到了怀恋之情。

晚餐后，曼德拉站起来，发表了振奋人心的讲话。他的主题是：我们所有人必须彼此照顾，这是我们生命的使命。但我们也必须照顾好自己，即在做出决定时，我们必须三思而后行；在与别人相处时，我们必须小心维护与他人的关系；在发表言论前，我们必须审慎思索。我们必须小心谨慎地经营我们的生活，这样才不致成为受害者。我觉得他的这些话仿佛就是针对我而言的，好像他已知道了我是如何挥霍自己的天赋和健康的。

他谈论着南非以及全世界范围内的种族主义。这只是一种愚昧无知的表现，他说，而只有教育可以改变。在监狱里，曼德拉用他仅有的可自由利用的几个小时自学。他创建了某种形式的大学，他和他的室友就是彼此的教授。他通过读书排遣他漫漫监禁生涯中的孤独寂寥，他尤其喜欢托尔斯泰。看守想出的对他最严酷的惩罚之一就是剥夺了他四年学习的权利。他的话似乎再一次闪烁着对我个人的暗示。我想到了佩里和我在拉斯维加斯已经着手推进的工作——我们的特许学校，我感到精神振奋，但同时也感到局促不安。这么多年来，我第一次强烈意识到我所受教育的缺乏，感受到了这种缺乏所造成的严重后果和不幸。我视它为一种罪行，而我则是犯下这一罪行的共犯之一。我想到此时此刻，在我的家乡有多少这种罪行的受害者，他们被剥夺了受教育的权利，却并未真正意识到自己失去了多少。

最后，曼德拉谈到了他走过的路。他谈到了所有人的人生旅途中的艰难险阻。但是，他说，只是作为一个旅行者，我们就能彰显明晰和高贵。当他讲完话坐在椅子上时，我知道我的旅途和他的相比是那么不足挂齿，但那不是重点。曼德拉想要告诉我们的是，每个人的旅途都是重要的，而且没有任何一种旅途是不可能的。

在向曼德拉道别时，我陷入了沉思。他为我指明了正确的方向。后来，一个朋友给我看了普利策获奖小说《失亲记》（*A Death in the Family*）中的一段，在这段中，一个陷入巨大悲痛中的女人这样想着：

> 现在我更加接近于成熟的人类一员了……
>
> 她认为她以前从未有机会去感受人类所拥有的力量，去承受痛苦；她热爱并敬畏曾经遭受痛苦的人们，甚至那些没能经受住痛苦的人。

这大概最能表达我离开曼德拉时的心情，这就是当直升机载我们离开他的大院时我的所思所想。我热爱并敬畏那些正在承受痛苦或是曾经遭受痛苦的人们，现在我已几乎成为成熟人类的一员了。

上帝想要我们成长。

新年前夜，1997年这一糟糕年份的最后几个小时，波姬和我又举办了一场新年派对。第二天早上，我很早就醒了。我把被子蒙在头上，而后突然记起按计划我要和参加巡回赛的一个孩子文斯·斯帕迪亚打一场练习赛。我决定将其取消。不，我对自己咆哮道，你不能取消，你不再是以前的那个人了。你不能以睡大觉和取消一场练习赛开始新的一年——1998年。

我强迫自己从床上爬了起来，然后与斯帕迪亚碰了面。即使这只是一场练习赛，但我们都严肃地对待。他把它变成了一场战斗，我非常珍惜这场战斗，更何况我最终赢得了这场比赛。走出球场时，我气喘吁吁，但浑身都是力量——久违的那种力量。

这一年将是阿加西年，我对斯帕迪亚说，1998年将是属于我的。

我参加了1998年的澳大利亚网球公开赛。波姬也前来观战，并看着我淘汰了前三位对手。随后她却不幸地见证了我在与来自西班牙的阿尔贝托·贝拉萨特吉对阵时的失败。我本以2∶0领先，但在第三盘中，不知何故，出乎意料地，似乎不可能地，我输掉了比赛。贝拉萨特吉是一个难对付的对手，但我原来已胜券在握。这是一场不可思议的失败。以2∶0领先，却最终输掉比赛，这种情况在我的职业生涯中屈指可数。这只是我回归之路上的一个小小迂回，还是意味着我已走进了死胡同？

我去了圣何塞，并且表现得不错。我与皮特在决赛中狭路相逢。看到我回来，看到我再一次站在球场的另一边，他似乎很高兴，仿佛他之前对我很是想念一般。我不得不承认，我也很想念他。我以6：2、6：4赢了这场比赛。在比赛行将结束时，他似乎一定程度上都在为我鼓气。他知道我正在试图征服什么，他知道我还要走多远。

当我和皮特在更衣室时，我打趣说战胜他真是容易。

"输给排在一百名之外的人是什么感觉？"

"我倒不怎么担心，"他说，"这种事以后再也不会发生了。"

然后我又拿有关他私生活的报道调侃他。他和那个法学院的学生分手了，据说他现在正和一位女演员约会。

"糟糕的一步。"我对他说。

这些话打消了我们对彼此的戒备心理。

在赛后新闻发布会上，记者询问我对于皮特和马赛洛·里奥斯（他们正在争夺世界第一）的看法："你认为他们中谁会最终成为世界第一？"

"两人都不会。"

神经质的大笑。

"我认为我将成为世界第一。"

声嘶力竭的笑声。

"不，真的，我是认真的。"

他们盯着我，然后尽职地在他们的笔记本上记下了我这一疯狂的预言。

三月，我去了斯科茨代尔，赢得了连续第二项赛事的冠军。我击败了来自澳大利亚的贾森·斯托尔滕贝格。他是一个典型的澳大利亚人，沉着稳健，拥有令人羡慕的全面技术，总是迫使对手主动犯错。和他比赛是对我勇气、决心以及我的神经的一次很好的考验，我最终通过了这次考验。现在，任何和我交手的人都不得不应对一些他们不想应对的情形。

我去了印第安韦尔斯并且战胜了拉夫特，但是输给了一个名叫简－迈克尔·甘比尔的球技高超的年轻人。他们说他是目前为止最出色的年轻选手之一。我看着他，思索着他是否知道前方等待着他的是什么，是否已经准备好了——有人可能准备好吗？

我去了比斯坎湾。我很想赢，想赢想得都要疯。如此想赢一场比赛似乎不是我的风格。通常情况下，我拥有的只是不想输的欲望而已，但在第一轮比赛前做热身运动时，我对自己说我想赢，而且我也确切地认识到原因何在。这与我的回归无关，而是关乎我的团队——我的新团队，我真正的团队。我是在为了给我的学校筹集资金并提高它的受关注度而比赛。这么多年后，我终于得到了我一直想要得到的——为一些比自身的成败重要得多，但却与自身紧密相关的事情打比赛，一项有我的名字但不仅仅与我有关的事业——安德烈·阿加西大学预备学校。

起初我并不想让我的名字出现在学校的名字里，但朋友们说我的名字可以带来威望和声誉，也可能会使筹钱更容易些。"学校"（Academy）这个词是佩里选择的，这个单词把我的学校和我的过去——布雷登顿学校和波利泰尼学校这两座我童年的监狱永远联系在了一起，直到后来我才意识到这一点。

我在洛杉矶没有多少朋友，但波姬的朋友则数不胜数，所以大多数晚上她都会出去参加社交活动，而我则一个人待在家里。

感谢上帝还有J.P.。他住在洛杉矶南部的奥兰治县，因此，他时不时地就会开车过来，和我坐在壁炉旁，抽上一根雪茄，探讨生命的话题。他做牧师的那段时光已一去不复返，但当我们在炉边谈话时，我觉得他就像站在一个无形的布道坛上那样对我讲着话。我倒是不介意这一点。我愿意成为他唯一的会众，他独一无二的教徒。在1998年年初，他几乎谈到了所有的话题：动机、灵感、遗产、命运以及重生。他促使我得以继续保持我在曼德拉演讲中所感受到的那份使命感。

一天晚上，我对J.P.说我在比赛时信心十足，我觉得我的比赛有了新的价值。"为什么我还是会感觉到恐惧？难道恐惧不应该就此消失吗？"

"我希望不会，"他说，"恐惧是你的'火'，安德烈。如果你的'火'完全熄灭了，我就不想再见到你了。"

然后J.P.环顾四周，抽了一口雪茄说，他不得不注意到我的妻子总是不在。他无论什么时候过来，无论什么日子、什么时间，波姬似乎总是出去见朋友了。

他问我是否为此而烦心。

"我根本都没注意到这一点。"

我在1998年4月去了蒙特卡洛，并输给了皮特。他重拳出击。他不会再为我鼓劲打气了——较量重新开始了。

我去了罗马。我刚刚打过一场比赛，正躺在床上休息。

连续两个电话。

首先是菲利的电话。他带着哭腔，似乎马上就要哭出声来了。他告诉我他的妻子玛蒂刚刚生了一个女孩，他们给她起名卡特·贝利。在电话中，哥哥的声音听起来很不同——声音中荡漾着喜悦之情，当然还有骄傲。而且，菲利似乎觉得自己正在享受天国之福。他觉得自己幸运至极。

我说我为他和玛蒂感到无比的高兴，并允诺尽快回家。"波姬和我会直接去你那里，去看我刚来到人世的侄女。"说这句话时，我的声音哽咽了。

电话铃又响了。已经过去一个小时了？还是三个小时？在我的记忆中，我总是觉得这两个电话几乎是在同一时刻打来的，尽管它们可能相隔几天。是我的律师们，他们把电话设成了免提状态。"安德烈？你能听到我们说话吗？安德烈？"

"是的，我能听到，说吧。"

"嗯，ATP 已经看了你的信，并就你坚称自己清白这一点展开了审慎的调查。我很高兴地告诉你他们已经认可了你的解释。你那份不合格的药检报告将被抛弃，从此以后这件事情将永不再提。"

"我不会被禁赛了？"

"不会。"

"我可以无拘无束地继续我的事业、我的生活了？"

"对。"

我又重复了这个问题："你确定吗？你的意思是，这一切真的都结束了吗？"

"从 ATP 的角度来讲，确实如此，他们已经相信并欣然认可了你的解释。我认为大家现在都渴望抛开这件事而继续前进。"

我挂断了电话，茫然地凝视着远方，一遍又一遍地想着：新生活。

我去参加了1998年的法国网球公开赛。在与俄罗斯选手马拉特·萨芬的对决中，我的肩膀受伤了。我总是忘记在这片特殊的红土上球是多么地重——你击中的仿佛不是网球而是铅球。肩膀剧痛无比，但我还是对这次受伤抱有一种感激之情。我再也不会把在球场上受伤视为理所当然的了。

医生说我患有肩部撞击症，并压迫了神经。我闭关了两周，没有练习赛，没有小战斗，什么也没有。我缺席比赛。更重要的是，我允许自己缺席比赛。我享受缺席并且为此而庆幸。

温布尔登网球公开赛中，我的对手是来自德国的托米·哈斯。在第三盘的抢七局中，我和他正在进行激烈的角逐。司线员犯了一个极为恶劣的错误。哈斯打出了一个明显出界的球，但司线员却判定该球为界内球，从而使哈斯得到了关键的一分，并以小分6∶3领先于我。这是我职业生涯中遇到过的最糟糕的判决。我知道球出界了，非常确定地知道这一点，但我所有的争论都无济于事。另一位司线员还有裁判都维持原判。我输掉了这个抢七局。现在我以盘分1∶2落后于他，形势对我大为不利。

由于天黑了，赛事官员暂停了这场比赛，结局因而也被推迟了。回到酒店后，我在新闻上看到那个球不仅出界了，而且距离边线有十几厘米远。我只能无奈地大笑。

第二天走上球场时，我仍在开心地笑着。我已经不在乎那个判决了，我只是为我能待在这里而高兴。也许我还不知道如何在高兴的同时打好球：哈斯赢了第四盘。赛后他对记者说，在他的成长过程中，他一直以我为偶像。"我过去非常崇拜他。"他说，"这一次胜利对我来说非常特别，因为他在1992年摘得了温网的冠军头衔，而我能说我战胜了曾经排名世界第一并赢得过两个大满贯冠军头衔的安德烈·阿加西。"

这听起来像一篇悼词。难道这个家伙认为自己不是击败了我而是埋葬了我？

而且，难道新闻发布会现场就没有一个人能告诉他我实际上赢得过三个大满贯冠军吗？

波姬获得了电影《黑与白》(*Black and White*)中的一个角色。她为此兴奋不已，因为该剧的导演是一个天才而该剧的主题是有关种族关系的。另外，她可以即兴发挥她的台词并且可以梳着湿发纠结成辫、四下散垂的"骇人"发型。她还要在丛林中待上一个月，与其他演员合住在一起。当我们通电话时，她说他们一周七天、一天二十四小时都在演戏。"听起来是不是很酷？"

"酷！"我一边翻了翻白眼，一边说道。

她回到家后的第一天早上，我们在厨房里吃着早饭。她滔滔不绝地讲着小罗伯特·唐尼、迈克·泰森、玛拉·梅普尔斯以及这部电影中其他明星的逸事。我尽力表现出感兴趣的样子。她也问了问我关于网球的事，并尽力表现出感兴趣的样子。我们试探性地交谈着，像陌生人那样。我们不像共用一个厨房的夫妻，反而更像共同住在青年旅社里的少年。我们表现得非常客气、彬彬有礼，甚至体贴有加，但当时的气氛中透着紧张，所有的一切仿佛都有可能在瞬间破碎。

我向壁炉里添了一块木头。

"那么我有件事要告诉你，"波姬说，"我在离开的这段时间文了一个文身。"

我脑袋"嗡"的一下。"你肯定是在开玩笑吧？"

我们去了盥洗室，那里的灯光要好一些。她把牛仔裤褪到腰部以下，然后向我展示了她的文身。在她的屁股上，有一只狗。

"你文身时有没有想过要先问问我？"

完全说错了话。控制欲强——她这样形容我。什么时候她装饰她的身体还要获得我的许可了？我回到厨房，又冲上一杯咖啡，然后狠狠地盯着炉火。狠狠地盯着。

由于我们两人在日程安排上有冲突，波姬和我在结婚后没有马上去度蜜月。但是现在，她的电影已完成了拍摄，而我的事业也几乎完蛋，所以现在似乎是度蜜月的最佳时间。我们决定前往位于印第哥岛东南部的英属维尔京群岛的内克岛度蜜月。这个岛归亿万富翁理查德·布兰森所有，他对我们说我们一定会喜欢那里。

他说："那里简直就是一座小岛天堂！"

从我们着陆的那一刻开始，我和波姬就难以步调一致。我们无法惬意地待在一起，无法就我们怎么度过这段时光而达成一致。我想要放松，但波姬想要尝试斯库巴潜水，而且她想让我陪她一起去，这意味着我得先上一堂斯库巴潜水课。我对她说在蜜月旅行中上课，就像接受结肠镜检查一样不堪忍受。

哦，而且是边看《老友记》，边接受检查。

但她一再坚持。

我们在泳池里待了几个小时。一个教员教我们如何使用紧身潜水衣、潜水面罩以及氧气瓶。我有络腮胡子，短而粗的胡子茬使面罩无法紧贴我的皮肤，因此水不断地渗入我的面罩，于是我回房间刮胡子。

当我回来时，教员正在说此次训练的最后一个阶段就是水下纸牌游戏。如果你能在池底从容自若地玩纸牌，如果你无须浮出水面就可以打一整把牌，你就是一名斯库巴潜水员了。于是我在这里，穿着全套斯库巴潜水服，在加勒比海中央，坐在游泳池的池底玩"钓鱼"。我觉得自己不是斯库巴潜水员，而是《毕业生》(*The Graduate*)中的达斯汀·霍夫曼。我爬出游泳池，然后对波姬说："我玩不了这个。"

"你从来都不想尝试新的东西。"

"好好玩，到你想去的大洋中央，对那些小美人鱼说'嗨'。我要待在房间里。"

我走进厨房，点了一大份法式炸薯条。然后我回到了我的房间，踢掉鞋子，伸展着身子躺在沙发上看电视，直到这一天结束。

我们提前三天离开了这座天堂岛。蜜月结束。

1998年，我前往华盛顿参加莱格梅森精英赛。又一轮七月的热浪，另一项在华盛顿进行的令人不安的赛事。其他选手都在抱怨这里的炎热，要是往常我也会抱怨，但这次我只有冷静的感激和坚定的决心。每天早上我都会早早醒来，然后在纸上写出我的目标。在把它们写在纸上后，我会大声地说出它们，我也会大声说：不走捷径！

在比赛开始前，在与布拉德打最后一场练习赛时，我有些心不在焉，并没有全力以赴。佩里开车载我回酒店时，我默默地盯着窗外。

"把车停在路边。"我说。

"干什么呀？"

"你照做就行。"

他把车拐到了路边的紧急停车道。

"你开出三千米，然后等着我。"

"你说什么？你疯了吗？"

"我的力气还没用完呢，我今天没有尽全力。"

我跑步穿过罗克·克里克公园，跑了足足有三千米。1987年，也是在这个公园，我把球拍赠送了出去。每跑一步，我都觉得自己要晕过去了，但我不在乎；我会因为这次跑步而中暑，但我却会在今晚入睡前那至关重要的十分钟内享有平静——我现在就是为那十分钟而活，我现在所做的一切都是为了那十分钟。曾经有成千上万的人为我喝彩，也曾经有成千上万的人对我发出嘘声，但没有任何事情比睡前那十分钟里你感到自己的头脑中嘘声不断更糟糕了。

当我终于到达停车处时，我的脸已经变成了亮紫色。我钻进车里，打开空调，然后给了佩里一个微笑。

"我们这样一定会成功的。"他说完，边递给了我一块毛巾，边发动了车子。

我成功晋级决赛。在决赛中，我再一次与德拉帕对决。我记得我曾怀疑自己在并非很久之前是如何战胜他的，我记得我曾因不相信自己过去竟然击败过他而连连摇头。那是我人生的最低点之一。现在我在五十分钟内就将他淘汰出局，以6∶2、6∶0轻松获胜。我第四次赢得了该赛事的冠军。

在梅赛德斯·奔驰杯比赛中，我未失一盘就杀入了半决赛，并赢得了最后的胜利。在多伦多举行的加拿大公开赛中，我再一次与皮特狭路相逢。他在第一盘中表现极为出色，但在第二盘中他有些体力不支，我最终战胜了他。这样，皮特丢掉了世界第一的排名，我的排名则因此上升到了第九位。

我在半决赛中遭遇了克拉吉赛克。他仍然为摘得1996年的温网冠军而洋洋自得，他是唯一一位荷兰籍温网冠军。那场比赛，他在四分之一决赛中击败了皮特，那也是皮特多年来第一次在温网失手。但我不是皮特，我也已经不再是我了。克拉吉赛克先失一盘。第二盘中，他暂时以3∶4落后。现在是他的发球局，0∶40。三个破发点。我打出了我成年之后最出色的一记接发球，球恰好飞过了球网——大概只高出球网一厘米，划出了一道完美的弧线。克拉吉赛克闭上眼睛，猛推球拍，狠狠地来了个空中截击。这个球可以落到任何地方，因为他也不知道球会飞到哪里，但最终却是一个直接得分球。如果他的拍面哪怕再多打开半度，球可能就已击中前排的某个人，而我则可能已经破发成功，并在这场比赛中占据了主动。但他却拿下了这一分，保住了发球局，并最终以2∶1战胜了我，终结了我十四场不败的纪录。如果是在以往，我可能需要花很长一段时间才能走出这次失败的阴影，但是现在我对布拉德说："这就是网球，对吧？"

我以世界第八的身份参加了1998年的美网公开赛。众多观众在我身后为我呐喊助威，他们鼓舞了我的斗志，使我脚步轻盈。在第四轮中，我遭遇库切拉。他似乎想要用他的发球扰乱我的心智。他抛起球，然后停下，把球抓在手里，然后再抛一次。我现在以0∶2落后，对这个家伙的此种举动很是不快，但我马上记起：在和库切拉比赛时，你打得越好，他打得也越好；你向他打烂球，他也会回给你烂球。就是这么回事——我打得太好了，我发球也发得太好了。所以轮到我发球时，我模仿库切拉，看台上爆发出了笑声。然后我打出了一记傻乎乎的"月亮球"，我要使库切拉心烦意乱，通过激怒他争取主动。

天下起了雨，因此这场比赛被延期到第二天。

波姬、我同她的朋友——演员们，永远都是演员——一起出去吃了顿夜宵。天已经放晴了，因此我们在闹市区的一家餐厅屋顶的露天座位上吃的饭。饭后，我们站在大街上，挥手告别。

"祝你明天好运！"那些演员大声说道，然后跳进出租车，准备再去喝些什么。

波姬看着他们，然后又看看我。她内心正在进行激烈的挣扎。她咬住下嘴唇，看起来就像一个在应做之事和想做之事之间举棋不定的小孩。

我喝了一大口"吉尔水"。"去吧。"我说。

"真的？你不介意？"

"不介意，"我言不由衷地说，"好好玩。"

我乘出租车回到了波姬的公寓。她卖掉了她那栋褐色砂石房子，买了位于曼哈顿上东区的这座公寓。我想念那栋褐色砂石房子，我想念它的前廊，吉尔就是站在那里为我们站岗放哨的；我甚至想念那些无眼无发的非洲面具，即使仅仅因为当波姬和我未以假面具对待彼此此时，它们在那里。我喝完"吉尔水"，倒在了床上，渐渐入睡。但几个小时后，当波姬回来时，我突然间醒了。

"继续睡吧。"她轻声说。

我试过了，但我睡不着。我起床吃了一粒安眠药。

第二天我和库切拉进行了一场生死搏斗。我设法将比分追平，但他精力更为旺盛，耐力也更为持久。在五盘激烈的角逐后，他最终战胜了我。

我坐在洛杉矶家里浴室的一角，看着波姬为出门做着准备。我会待在家里——又一次。我们探讨着为什么总是这样。

她指责我拒绝融入她的世界，说我不乐于接受新鲜事、新鲜人。我对与她的朋友见面不感兴趣。我本可以每天晚上都和那些天才们——作家、艺术家、演员、音乐家以及导演交往，我本可以出席艺术馆的落成典礼、影片的全球首映礼、新剧的发布会以及私人放映会。但我想做的只是待在家里看电视，或者也许——只是也许，如果我想要社交的话，我会邀请 J.P. 和琼尼过来共进晚餐。

"我不想撒谎。对我来说，那就是完美的夜晚。"

"安德烈，"她说，"他们对你都很坏，佩里、J.P.、菲利、布拉德——他们都骄纵你、迎合你、顺着你，他们中没有一个是真正为你着想的。"

"你认为我所有的朋友对我都很坏？"

"除了吉尔。"

"所有的？"

"所有的，尤其是佩里。"

我知道她最近和佩里产生了争执，佩里放弃了《出乎意料的苏珊》中制片人一职。我知道她为我在这场争执中没有自动站在她这一边而大为恼火，但我不知道她已准备把我团队中的其他所有人都"勾销"掉了。

她站在镜子前，转过身说："安德烈，我认为你就像荆棘丛中的一株玫瑰。"

"一株玫瑰？"

"一株单纯的玫瑰，被一群正试图吸干你的血的人所环绕着。"

"我并没有那么单纯，而自从我孩提时代起，那些荆棘就开始帮助我了。那些荆棘拯救了我的生命。"

"他们使你裹足不前。他们阻止你成长，阻止你发展。你一直在原地踏步，安德烈。"

佩里和我决定在西拉斯维加斯最混乱的街区建立我们的学校，因为这所学校建在这里能起到指路明灯的作用。我们苦苦搜寻合适的校址，试图找到一块正在出售中、价格适中并能允许校园不断发展扩大的土地。经过数月的搜寻，我们终于在城市荒地的中心找到了一块占地3.2万平方米、符合我们所有要求的土地。它位于拉斯维加斯的旧址所在地，一片早期开拓者最先到达、后来却被他们抛弃的、早已被人遗忘的边远居民点，周围全都是要被拆毁的当铺和住宅。我喜欢把我们的学校建在一块有着被遗弃的历史的土地上——又有哪个地方比这里更适合见证我们所预想的将在孩子们的生活中发生的那种改变呢？

数十位政治家及社区领导都出席了学校的动工仪式。记者、电视摄像机、讲话。我们把金铲插进满是垃圾的土中，铲起了第一锹土。我环顾四周，我甚至能听到未来孩子们的欢声笑语——他们的笑声、嬉戏声还有问问题的声音。我能感觉到众多的生命跨越了这一点，并从这一点踏上了新的征程。想到那些将在这里形成的梦想，那些将在这里得到重塑或拯救的生命，我眩晕了。我一直在想几年后，以及在我去世数十年后这里行将发生的事，我想得如此着迷，以至于我完全没有听清那些讲话的内容。未来的声音淹没了现在的声音。

然后有人打断了我的冥想——他叫我站起来拍一张合照。闪光灯一闪，快乐的一刻，但也是令人心生畏惧的一刻。我们前方的路依然漫长，无论是使学校最终落成，还是使其获得官方认可和足够的资金，我们都有一场艰苦的战斗要打。如果不是在过去几个月中我成长了，如果我没有为重新点燃自己的网球事业而奋力拼搏，如果没有为重获健康和平衡而努力斗争，我真不知道我是否能够有勇气坚持下去。

有人问我波姬在哪里，她为什么没有和我一起参加这次动工仪式。我告诉了他们实情：我不知道。

新年前夜，1998年的尾声。按惯例，波姬和我又举办了迎新派对。无论我们已变得多么生疏，她坚决要求我们在假期中不要在朋友和家人面前表现出任何不和的迹象。这就仿佛我们是演员，而我们的客人们是观众一样；而且，即使当观众们不在的时候，她也会继续演，而我则尽力配合。从我们的客人到来前的几个小时，我们就装出很幸福的样子，这大概可以理解为某种形式的彩排吧。而在他们离开后的几个小时里，我们继续假装着。这俨然成了一个表演派对？

今晚的观众中，波姬的朋友和家人占了大多数，其中包括波姬新养的一条名叫萨姆的白色斗牛犬。它朝我的朋友们吼叫着，就仿佛它知道波姬对我所有朋友的看法似的。

J.P.和我坐在客厅的角落里，注视着那条狗，它正躺在波姬的脚边，也盯着我们看。

"如果那条狗蹲在这里，" J.P. 说，"那就酷极了。"他指指我脚边。

我笑了笑。

"不，真的。那不是一条'酷'狗，那不是你的狗。这不是你的家，这不是你的生活。"

"……"

"安德烈，这张椅子上有红花。"

我呆呆地看着他坐的那张椅子，就仿佛头一次看见它一样。

"安德烈，红花，红花。"

当我收拾行李准备前去参加澳大利亚网球公开赛时，波姬皱着眉"噔噔"地在房间走来走去。她对我重返网坛的努力感到不悦。鉴于我们之间紧张的关系，她不大可能对我的起程闷闷不乐，所以我只能猜想她认为我是在浪费时间。肯定不是只有她一个人这么想。

我和她吻别。她祝我好运。

我进入了十六强。在我进行这场比赛前，我给她打了个电话。

"这很难。"她说。

"什么？"

"我们，这个。"

"是的，是很难。"

"我们之间的距离这么遥远。"她说。

"澳大利亚很远。"

"不是，即使我们共处一室……距离。"

我心里想：你说我所有的朋友都很糟糕，那怎么会没有距离呢？

我却说："我知道。"

"等你回家后，我们得谈谈。"

"谈什么？"

她重复道："等你回家再说。"她的声音里透着疲惫，甚至无助。她在哭吗？她试图改变话题："你将和谁对阵？"

我把对手的名字告诉了她。她从来都不知道这些名字，也不知道他们意味着什么。

她问："电视会直播吗？"

"我不知道，很有可能吧。"

"我会看的。"

"好的。"

"好的。"

"晚安。"

几个小时后，我和斯帕迪亚（我去年新年时的训练伙伴）对打。他的水平甚至都不及我的一半，在我的全盛时期，我甚至用抹刀就能战胜他。但在过去的五十二个星期中，我有三十二个星期都在旅途中奔波着，更别提与吉尔在一起进行的训练、为学校筹建所进行的艰辛努力以及与波姬之间的种种不快了。我的心思还停留在和波姬的那通电话上。斯帕迪亚四盘淘汰了我。

报纸是苛刻，甚至残酷的。他们指出在我参加的最近六次大满贯赛事中，我都是早早就被淘汰出局了。这倒也没错。但他们说我正在羞辱自己。我待在"展会"上的时间太长了，他们说。阿加西似乎不知道什么时候该罢手，他已经赢了三个大满贯冠军头衔了，他已经快二十九岁了。他真的认为自己还能再干出点儿什么成绩吗？

每篇文章都会包含一个用滥了的短语——在一个他的同辈选手都在考虑退役的年龄。

我一进门就大喊波姬的名字，没有人答应。现在是上午十点左右，她一定在摄影棚里。那一天剩下的时间里，我都在等她回家。我试图休息，但当有一只白色斗牛犬死死地盯着你时，想休息真的很难。

当波姬回家时，天已经黑了，天气也变得很糟。一个下雨的、寒冷的夜晚。她提议出去吃饭。

"寿司？"

"不错。"

我们开车到了我们最喜欢的一个地方——Matsuhisa 店，然后坐在了柜台旁边。她点了清酒。我很饿，于是我点了所有我喜欢吃的：蓝鳍生鱼片、手工黄瓜鳄梨鲹鱼蟹肉卷。波姬叹了一口气。

"你总是点一样的东西。"

我太饿了，所以尽力不去理会她的异议。

她又叹了一口气。

"怎么了？"

"我现在甚至都无法直视你的眼睛。"

她的眼睛湿润了。

"波姬？"

"不，真的，我都无法看着你。"

"放轻松，深吸一口气。求你，求你，求你尽力别哭出来。我们结账，离开这里。我们回家讨论这一问题。"

我不知道为什么，但是在之前几天报纸对我的"那些"报道之后，明天的报纸不会再登出我和我的妻子吵架的新闻对我来说很重要。

在车里，波姬仍在哭泣。"我不快乐，"她说，"我们不快乐，我们这么长时间以来都不快乐。我不知道如果我们继续待在一起是否还会快乐。"

那么，这才是关键。这才是她想说的话。

我犹如行尸走肉一般走进家门。我从壁橱里拽出一个衣箱。壁橱里收拾得井井有条，极为干净利索，整洁得令人不安。我意识到和我一起承受失败、经历高峰和低谷并忍受我的沉默，这对波姬来说是多么不易，但我也注意到在这个衣橱里我能够使用的空间是多么狭小。真是颇具象征意味。我想到了 J.P. 的那句话——"这不是你的家。"

我从衣橱里抓起我仅有的几件衣服，连衣架一起拿到了楼下。

波姬在厨房里抽泣着，并没有像在餐厅和车里那样大哭，只是小声抽泣着。她坐在肉砧台（butcher block island）旁边的凳子上——又是一座岛（island），我们总是以各种方式在岛上共度时光。我们就是岛，是两座岛屿。我回忆不起我们不是两座岛的那段时光了。

她问："你在做什么？怎么了？"

"你什么意思？我要离开这里。"

"下雨呢，等到早上吧。"

"为什么等？现在正是时候。"

我把生活必需品堆成一堆：衣服、搅拌器、牙买加咖啡豆、压滤式咖啡壶，还有波姬最近送给我的一件礼物——菲利和我多年前在卢浮宫看到的那幅令人生畏的画，她委托一个艺术家制作了一件高仿真的复制品。我看着挂在悬崖上的那个男人，现在他竟然还没跌下悬崖？我把所有的东西都扔进了我那辆崭新的1976年产的凯迪拉克黄金国（Eldorado）敞篷车（1976年也是该公司生产该系列车的最后一年）的后座上。车的颜色为纯亮白色，百合花的白，于是我叫它"百合"。我转动了"百合"的车钥匙，仪表板发出了旧电视才会发出的那种光，里程表上显示着3.7万公里这一数字。我突然意识到"百合"和我是那么不同，简直是截然相反——它年事已高，但行驶的里程数却很低。

我驶离车道。

开出1.6公里后，我开始失声痛哭。我泪流不止，雾则越来越浓，我几乎看不到发动机罩上的铬黄色环状标志了。但我仍然继续向前开，不停地开，一直开到了圣贝纳迪诺市。现在雾已经变成了雪，山的通道因而被关闭了。我给佩里打电话，问他是否还有别的路可以到达拉斯维加斯。

"怎么了？"

我把事情的经过告诉了他。"试验性分居，"我说，"我们再也不了解对方了。"

我不禁想起我和温迪分手的那一天，想起我把车停在路边给佩里打电话的那一刻。我回想着自那以后所发生的一切。而此时此刻，历史重演，我再一次把车停在了路边，伤心欲绝地给佩里打电话。

他说没有其他的路可以到达拉斯维加斯，因此我需要调转车头，朝沿岸地区开，在第一家有房间的汽车旅馆停下。我慢慢地开着车，在积雪的路面上小心翼翼地前进着。路很滑，车不时地会打滑。每遇到汽车旅馆，我都会停下来，但都客满了。我终于在加利福尼亚州不知什么地方的一家廉价旅馆里找到了最后一个床铺。我躺在散发着难闻气味的床上，质问自己：你怎么到这儿来了？事情怎么变成这样了？你为什么会做出这种反应？你的婚姻远非完美，你甚至一开始就不确定为什么要结婚，或者你是否想结婚——那么当你认为它可能会结束时，你又为什么如此受伤？

因为你憎恨失败。离婚是一场惨重的失败。

但以前经历过如此多的惨重失败，为什么这次感觉不同？

因为这次失败让你看不到任何可以改进的办法。

两天后，我给波姬打了电话。我很后悔，而她的态度却更坚决了。

"我们都需要时间思考，"她说，"在一段时间里，我们不应该彼此交谈。我们需要进入自己的内心世界，彼此互不干涉。"

"我们自己的内心？那又是什么意思——要多久？"

"三周。"

"三周？你是怎么想出这个数字的？"

她没有回答。

她建议我用这段时间去见一位心理治疗师。

在拉斯维加斯一间狭小阴暗的办公室里，我与一位身材瘦小、寡言少语的女治疗师见了面。我坐在一张鸳鸯椅上——多么绝妙的讽刺。她坐在离我一米远的椅子上，只是静静地听着，从不打断我。我宁愿她打断我。我想要答案。我说得越多，就越是强烈地意识到我只是在自言自语，一如既往的自言自语。这不是挽救婚姻的方式。一个人的自言自语不可能挽救婚姻，也无法解决婚姻中存在的问题。

那天晚上，我躺在地板上久久不能入睡。我的后背僵直。我走到客厅，坐在沙发上，手中拿着纸和笔，开始给波姬写信，写了一页又一页。又一封手写的申诉信，但这次是完全真实的。清晨，我把它们用传真传到了波姬的家里。看着传真机慢慢吞噬了那几页纸，我不禁想起所有的这一切是如何开始的。五年前，我把纸塞进菲利的传真机里，屏住呼吸，等待着从非洲某处的一个小屋里发来的诙谐、暧昧的回复。

这次没有回复。

我又给她传了一次，还是没有回音。

她现在身处比非洲还要遥远得多的地方。

我打了电话。

"我知道你说过要三周，但我必须得和你谈谈。我想我们应该见一面，我想我们应该一起解决这些问题。"

"哦，安德烈。"她说。

我等待着下文。

"哦，安德烈，"她又说了一遍，"你不明白，你就是不明白。这不是关于我们，这是关于你和我。"

我对她说她是对的，我确实不明白。我对她说我不知道我们怎么走到了这一步。我对她说很长一段时间以来我有多么不快乐。我对她说我很抱歉我们变得生疏，而我则变得冷漠了。我告诉她我心里的混乱，持续不断的混乱，一塌糊涂的网球生活不断烦扰着我，撕扯着我。我对她说这是我有生以来第一次这么长时间不清楚自己是谁了，也许我从来就不清楚。我向她讲述了我的漫漫寻找自我之旅、我头脑中永无止境的独白以及我的消沉沮丧。我把心中的一切都告诉了她，但表达得却如此吞吞吐吐、蹩脚拙劣、含糊不清。这很令人尴尬，但却是必要的，因为我不想失去她。我已经失去了太多，而且我知道如果我诚实的话，她会再给我一次机会的。

她说她为我正在承受痛苦而感到难过，但她也解决不了，她修复不了我。我需要自己修复自己——独自一人。

听到电话那头的"嘟嘟"声，我顿时平静了下来，不再挣扎。现在看来，刚才那通电话就像两个实力悬殊的对手在球网边的简短、草率的握手。

我吃了一些东西，看看电视，然后早早地上床睡觉。第二天早上，我打电话给佩里，告诉他我想要以离婚史上最快的速度离婚。

我把我的白金婚戒交给了一个朋友，然后用手指了指最近的典当行。我对他说，无论他们出什么价都接受。当他把现金拿回来时，我以波姬·克里斯塔·小丝的名义把它捐给了我的学校。无论是祸是福，无论是健康还是患病，她永远都是最初的捐助人之一。

Chapter 22
在雨中燃起火堆

你没有跑动，你没在击球。你可能认为你跑动了、击球了，但相信我，你只是傻站在球场上而已。如果你要倒下了，好的，倒下吧，但是你要双手握枪，抗争到最后一刻。永远、永远、永远都要抗争到最后一刻！

我全新的、没有波姬的生活中的第一项赛事就是圣何塞站。J.P. 驾车从奥兰治县过来，对我进行了几天紧急状态下的心理辅导。他鼓励我、建议我、安抚我，并向我许诺未来的日子会更加美好。他知道我的情绪时好时坏——这一刻我会说让她见鬼去吧，而下一刻我又开始思念她。

他说这种情况很正常。他说在过去的几年中，我的思想就如同沼泽一样——停滞不动、恶臭难耐，而且杂乱无章地四处渗溢；现在我的思想应该转变成一条河——汹涌奔流、有着固定水道，因此清澈纯净。我喜欢他的这个比喻。我对他说我将尽力记住这一形象。他不停地说啊、说啊，只要他说话，我的感觉就还不错。对我而言，他的建议就像扣在我嘴上的氧气罩。

然后他离开了，开车回奥兰治县了，而我的世界又成了一团糟。在一场比赛中，我站在球场上，脑子里想这想那，但就是没去想我的对手。我扪心自问："如果你在上帝和你的家人面前起誓要一辈子长相厮守，而现在你又做不到了，那对你而言意味着什么？"

"一场失败。"

我转着圈地来回走着，并不停地咒骂自己。司线员听到了我用污秽的语言咒骂自己，于是他从我身边走过，穿过球场，走到裁判椅旁边，把我说脏话的事报告给了裁判。

裁判给了我一个警告。

现在这位司线员正朝这边走来，他穿过球场，从我身边走过，重新归位。我怒气冲冲地瞅着他。卑鄙小人！可怜的告密者！我知道我不应该，我知道我要为此付出沉重的代价，但我就是控制不了自己。

"你是个混蛋！"

他停下来，转过身，再度朝裁判那里走去，又告发了我一次。

这一次我被扣掉了一分。

司线员转身返回他的位置时，再次从我的身边经过。

我说："你就是个混蛋。"

他停下来，转身，回到裁判那里。裁判叹息了一声，从椅子上探出身子，叫了赛事裁判长过来。裁判长也叹了一口气，然后示意让我过去。

"安德烈，你是叫司线员混蛋了吗？"

"你是想让我撒谎呢，还是想让我说实话？"

"我需要知道你是否那样说了。"

"我说了。我跟你说，他就是一个混蛋。"

他们直接取消了我的比赛资格。

我回到了拉斯维加斯。布拉德给我打电话。印第安韦尔斯赛要开始了，他说。我告诉布拉德目前我正在经历一些事情，但我不能告诉他是什么，我不可能参加印第安韦尔斯赛了。

我要愈合伤口，我要恢复正常，这意味着我的大部分时间都要与吉尔一起度过。每天晚上我们都会买一大袋汉堡，然后开车在城里瞎逛。我正在破坏训练的成果，真是欢乐时光啊，但吉尔再一次认识到我需要食品的安慰。他也知道如果他试图从我的手中抢走汉堡的话，他会失去一根手指的。

我们听着吉尔的特别 CD，或者是驾车在群山之中穿行，或者沿着长街来回兜风。他称那张 CD 为"腹部绞痛"（Belly Cramps）。吉尔的人生哲学是寻求痛苦、追求痛苦，以及承认生活即意味着痛苦。如果你心碎了，吉尔说，不要逃避痛苦，而要纵情于其中。我们痛苦，那就让我们尽情地痛苦吧。《腹部绞痛》集合了所有的他认为最为悲伤的情歌。我们一遍又一遍地听着这张 CD，后来我们都能把歌词背出来了。一首歌放完，吉尔就会说出歌词，在我看来，吉尔说得比任何人唱得都好，他使所有唱片艺术家都自惭形秽。较之听辛纳特拉柔情的歌唱，我倒是更愿意听这些歌从吉尔的口中说出。

随着年龄的推移，吉尔的声音变得愈加深沉、浑厚，也愈加温柔。当他轻吐出悲伤恋歌的主要歌词时，他就像是摩西和猫王的共同化身。他把巴瑞·曼尼洛的《请不要害怕》（Please Don't Be Scared）演绎得如此完美，他真应该被授予格莱美奖：

因为痛苦虽然令你倍感艰辛，

但你却因此深知自己仍然活着。

　　每次他轻轻说出洛伊·克拉克的《我们不能在雨中燃起火堆》（*We Can't Build a Fire in the Rain*）的歌词时，我都会被深深震撼。其中的一句歌词在我俩的心中都产生了深深的共鸣：

只想要体验假装的感觉，

假装还有剩下的东西可供我们获取。

　　当我不和吉尔在一起时，我就把自己锁在我的新房子里。它是我和波姬一起购置的，以便我们偶尔回拉斯维加斯时居住。现在我觉得它是我的二号单身公寓。我喜欢这座房子，较之我和波姬在太平洋帕利塞德的法国乡村风情的住所，它更符合我的风格。但是这座房子里没有壁炉，没有壁炉，我就无法思考，我必须要面对着燃烧的炉火。于是我雇了一个人为我建造壁炉。

　　当壁炉还在建造的过程中，我的房子就是一个重灾区——巨大的塑料片从墙上垂下来，防水布覆盖着家具，每个角落都落上了一层厚厚的灰尘。一天早上，当我凝视着尚未完工的壁炉时，我想到了曼德拉，想到了我对自己和他人做出的承诺。我拿起电话，拨通了布拉德的电话。

　　"到拉斯维加斯来吧，我已做好参赛的准备了。"

　　他说他马上起程。

　　真令人难以置信，他本可以弃我于不顾——没有人会因此责怪他，但相反，他一接到我的电话便扔下了手头的一切事情。我喜欢这个家伙。现在，当他尚在赶来的路上时，我不禁担心起他会因我屋内的"工程"而感到不舒服，不过我旋即就笑了。我把两张低背安乐皮椅放在大屏幕电视和装满百威冰啤的调酒柜前，这样，布拉德全部的基本需求就得到了满足。

　　五个小时后，他穿过我家的大门，重重地坐在一张安乐椅上，打开一瓶冰啤，仿佛是在一瞬间，他看起来就像偎依在母亲的臂弯中那么怡然自得。我也开了一瓶啤酒。时钟的指针转到了六点。我们又喝起了冰镇的玛格丽特酒。不知不觉已经到了八点钟，我们仍然坐在安乐椅上，布拉德不停地调着台，寻找着精彩的体育节目。

　　我说："听我说，布拉德，我想告诉你一件事。这件事我本来早就该告诉你的。"

　　他盯着电视，我则凝视着那个尚未完工的壁炉，想象着炉火正在熊熊燃烧。

"你前几天看那场比赛了吗？"他问道，"今年没有人能够战胜杜克队。"

"布拉德，这件事很重要，这件事你需要知道。波姬和我——我们结束了，我们无法再一起生活下去了。"

他转过头，直直地盯着我的眼睛，然后他把胳膊肘放在膝盖上，垂下了头。我不知道他对此事的反应。他的这个姿势保持了整整三秒钟。终于，他咧开嘴，给了我一个灿烂的笑容。

他说："今年将是美妙的一年。"

"什么？"

"我们将拥有美妙的一年。"

"但是……"

"到目前为止，这是你的网球生涯里发生的最好的一件事。"

"我很不幸。你在说什么呢？"

"不幸？那么你就错看了这一切。你们没有孩子，你现在就像鸟儿一样自由了。如果你们有孩子，嗯，那确实会有问题，但是现在，你无债一身轻了。"

"倒也是。"

"现在你的世界里只有网球。你现在独自一人，再也不用纠缠于那些戏剧了。"

他看起来疯疯癫癫的，已经有些精神错乱了。他对我说比斯坎湾站就要开打了，然后是红土赛季，然后——好的事情，即将发生。

"你的负担现在已经消失了，"他说，"别再躺在拉斯维加斯、沉浸在痛苦中了，让我们把痛苦施加到你对手的身上。"

"你知道吗？你是对的。让我们再喝些玛格丽特酒来庆祝重生！"

九点钟的时候，我说："我们应该想想吃什么了。"

但是布拉德正安静地、心满意足地舔着杯沿处的盐，而且他在电视上找到了网球比赛：施特菲·格拉芙和塞雷娜·威廉姆斯在印第安韦尔斯打的一场夜间比赛。

他转过身来，又冲我咧嘴一笑。"你的绝配就在那里！"

他指一指电视。

他说："施特菲·格拉芙！那才是你的绝配。"

"是啊，但她对我一点儿都不感兴趣。"

我已经把那段经历告诉过他。1991年的法网，1992年的温网冠军舞会。我努力又努力。没门儿。施特菲·格拉芙就像法网，我就是越不过那条终点线。

"那都是过去的事了，"布拉德说，"再说，你那时套近乎的方式也太不'安德烈'了。询问一次便退缩，完全是业余选手的做法。自那以后你什么时候让别人操纵过你的比赛了？你什么时候接受过'不'这一答案了？"

我点点头："或许吧。"

"你只是需要对方看你一眼。"布拉德说，"一线曙光，一扇窗户，一次机会。"

我和施特菲都将参加的下一项赛事是比斯坎湾站。布拉德让我放松心情，他将助我一臂之力，使我得以接近施特菲。他认识施特菲的教练海因茨·冈特哈德，他将和海因茨谈一谈关于我俩一起练球的事。

我们一到达比斯坎湾，布拉德就给海因茨打了电话，而海因茨对他的提议颇感意外。他说不行，他说施特菲不会同意因为与一个陌生人进行一场练习赛而打断她赛前固定的准备活动时间表的。"她太规律了，而且，她也很羞涩，因此她会觉得很不舒服的。"但是布拉德一再坚持，而海因茨肯定对布拉德有些好感。他建议布拉德和我预订施特菲练球的那个球场，而且恰好要在施特菲之后使用那个球场。我们可以去得早一点儿，海因茨会假装只是随意地建议施特菲和我对打几个球。

"全部搞定，"布拉德说，"正午时分，你、我、施特菲以及海因茨。让我们开始狂欢吧！"

要事第一。我给 J.P. 打了电话，让他快点儿来佛罗里达，马上。我需要建议，我需要一个咨询人，我需要一位边锋。然后我来到球场，为我的那场"练习"练习。

在约定好的那一天，布拉德和我提前四十分钟就到了球场。我从来没有如此紧张过，紧张得几乎喘不过气来。我七次杀入大满贯赛事的决赛，但从未有过这种感觉。我们发现海因茨和施特菲正全神贯注地进行练习。我们站在一边，注视着他们。几分钟后，海因茨把施特菲叫到网前，然后对她说了些什么，并指了指我们。

她向我们这边看过来。

我对她微笑。

她则面无表情。

她对海因茨说了些什么，海因茨又对她说了些什么，然后她摇摇头。但当她慢跑回到底线处时，海因茨朝我挥了挥手，让我上场。

我快速地系好鞋带，从网球包里抽出一把球拍，走到了场地上。然后，我一时冲动，迅速脱下了网球衫——这的确有些不体面，我意识到，但我已经顾不了那么多了。施特菲看了我一眼，然后又偷偷地瞥了一眼。我心中默念道："谢谢你，吉尔。"

我们开始击球，她表现得几近完美，而我只是挣扎着将球击过网。球网是你最大的敌人，放松，我对自己说，别想了。得了吧，安德烈，这只是一场练习而已。

但我控制不了自己。我从未见过如此漂亮的女人，她静若处子，动若脱兔。我是她的追求者，同时也是她的球迷。一直以来，我就很想知道施特菲的正手是什么样子。我在电视上和现场都观看过的比赛，我一直都想知道当球飞离施特菲的球拍时，那个网球会是什么感觉。球从每个选手的球拍飞离时，感觉各不相同——在力量和旋转方式上，确实有着极小的、具体的细微差别。现在，在和她对练的过程中，我察觉到了这种细微的差别——我觉得自己在触摸她，尽管我和她之间的距离有十二米远。每次正手击球对我而言都是一种挑逗。

她打出一连串的反手球，用她那著名的削球将场地"切开"。我需要接住那些削球，我需要随心所欲地应付那些球，这样她才会对我印象深刻。但这可比想象的要难多了。我打飞了一个球。我对她喊道："我不会再让你侥幸得手了！"

她什么也没说，只是送出又一记反手削球。我用反手断然回击，并且尽可能用力地把球打了回去。

她回球时，球落网了。

我喊道："这一招可为我付了不少账单啊！"

她还是什么也不说，只是又打出了一记更深、更旋的削球。

通常情况下，在我进行练习时，布拉德都喜欢忙前忙后。他会四处追球，给我提供一些建议，不停地说这说那。而这次他却一反常态，只是安静地坐在裁判椅上，就像守卫在鲨鱼出没的海滩上的救生员一样，密切注意着事态的进展。

我无论什么时候朝他那个方向看去，他都会咕哝道："漂亮！"

人们开始聚集在球场的周围，瞠目结舌地看着我们，有几位摄影师还在拍照。我暗自思忖着原因：是因为一位女子网球运动员和一位男运动员在一起练习很罕见吗？还是因为我太紧张了，每三个球就会失掉一个？从远处看，施特菲仿佛正在给一个没穿网球衫的、只会咧着嘴傻笑的哑巴上课。

在我们对打了一小时十分钟后，她向我挥一挥手，并且走到了网前。

"非常感谢你。"她说。

我小步跑到网前，说："很愿意为你效劳。"

在她开始把腿放在网柱上压腿之前，我尚能设法表现出从容不迫的样子，但她一开始压腿后，我感觉所有的血都往头上涌来。我的身体必须动起来，要不然我会失去意识。我以前从未压过腿，但现在似乎是一个开始的好时机。我也把腿放在网柱上，然后装出后背很灵活的样子。我们一边压着腿，一边谈论着即将开始的这项赛事，抱怨着旅途的奔波，交流着对彼此曾经去过的城市的看法。

我问："你最喜欢哪个城市？当网球生涯结束时，你想过要居住在哪里吗？"

"哦，我还没决定好，纽约或者旧金山。"

我心里想：这两个城市不分高下，不过，你曾经想过要住在拉斯维加斯吗？

我说："这也是我最喜欢的两个城市。"

她笑了起来。"好吧，"她说，"再次感谢你。"

"愿意随时为你效劳。"

我们行完欧洲的贴面礼后，便各自离去了。

布拉德和我乘坐渡船回到了渔人岛，J.P. 正在那里等着我们。在那天晚上剩下的时间里，我们三个一直在讨论施特菲，就好像她是我即将面对的一位对手似的——从某种角度讲，她确实是，布拉德像对待拉夫特和皮特那样对待她。她有优点，也有弱点。他分析她的打法，然后以此指导我。时不时地，J.P. 会给琼尼打电话，并把电话设为免提形式，我们想听一听女性的观点。

接下来的两天里，我们一直在探讨这个话题。在晚餐时、在蒸汽房里、在酒店的酒吧间，我们三个除了施特菲什么也不谈。我们积极筹谋，使用像"侦查"和"情报"这样的军事术语，我感觉我们仿佛正在策划着从陆地和海上入侵德国。

我说："她似乎对我很冷淡。"

布拉德说："她不知道你已经和你的那位分手了。现在报纸上还没报道这件事呢，没有人知道。你得让她知道你的现状，并且向她表达你对她的感觉。"

"我会给她送花。"

"对，"J.P. 说，"送花是个好主意，但你不能以你的名义送花给她，这可能会让媒体察觉到。我们让琼尼替你送花吧，当然在卡片上要签上你的名字。"

"好主意。"

琼尼进了迈阿密南滩的一家店，在我的指示下，买下了那里所有的红玫瑰。实际上，她是要把一座花园移栽到房间里。在卡片上，我再次就我练球一事向施特菲表示了感谢，并邀请她共进晚餐。然后我呆呆地坐着，等待着她的电话。

没有电话，一整天都没有。

第二天也没有。

无论我多么使劲地盯着电话，或者多么大声地对它喊叫，电话都拒绝响起来。我来回踱步，不停地抠着我指甲根部的外皮，直到抠得流出了血。布拉德来到我的房间，甚至在考虑是否应该给我吃点儿镇静药。

我喊道："这真是胡扯。好啊，她不感兴趣，我知道了，但怎么连声谢谢都不说？如果她今晚再不给我打电话，我就给她打。"

我们转移到露台。布拉德调转视线，并发出了"噢喔"的声音。

"怎么了？"

J.P. 说："我想我看到了你送的花了。"

他们指了指路对面房间的露台。那显然是施特菲的房间，因为在露天的桌子上摆着我送给她的一束巨大的长梗红玫瑰。

"我不确定那是不是一个好兆头。"J.P. 说。

"不是，"布拉德说，"绝对不好。"

我们决定要等到施特菲赢得第一场比赛——这肯定没什么问题——我再给她打电话。J.P. 则帮我做些事前的准备，他扮演施特菲，我们排练每一种可能的电影脚本，他向我抛出了施特菲可能会说的每一句台词。

施特菲在四十二分钟内就将她那倒霉的对手淘汰出局。我给了渡船的船长一些小费，叫他一看到她上船就给我打电话。比赛五十分钟后，我接到了电话：她登船了。

我估计她大概十五分钟就能到达小岛，然后再过十分钟就能从码头回到酒店。所以二十五分钟后，我打电话给接线员，要求转接到她的房间。我知道她房间的号码，因为我看到那些该死的花仍然垂头丧气地待在露台的桌子上。

在电话铃响到第二声时，她接起了电话。

"嗨，我是安德烈。"

"噢。"

"我只是想打电话确认一下你是否收到了花。"

"我收到了。"

"噢。"

沉默。

她说："我不想我们之间有什么误解，我的男朋友在这里。"

"我明白了。嗯，好的，我理解。"

沉默。

"祝你本次赛事顺利。"

"谢谢你，你也是。"

长时间的沉默。

"好吧，再见。"

"再见。"

我跌坐在沙发上，低着头盯着地板。

"我有一个问题问你，"J.P. 说，"她到底说了什么会让你有那种表情？我们漏演了哪一出戏？"

"她的男朋友在那里。"

"噢。"

然后我笑了起来。我学会了布拉德的积极思考法，说："也许她是想向我暗示些什么。很明显她的男朋友就坐在那里。"

"所以呢？"

"所以她不能和我说太多。她并没有说我有男朋友，或者事情已经结束了，或者不要再打扰我了，她只是说——我的男朋友在这里。"

"所以呢？"

"我认为她是在说我还有机会。"

J.P. 说他去给我拿点儿喝的。

这项赛事稍微分散了我的注意力。但可悲的是，这仅持续了几个小时。在第一轮比赛中，我与来自斯洛伐克的多米尼克·赫巴蒂对决时，我满脑子想的都是施特菲和她的男朋友或欣赏或有些尴尬地忽视我送的玫瑰的情景。结果，赫巴蒂以2：1战胜了我。

我已经被淘汰出局了，所以我应该离开渔人岛了。但我仍逗留于此，在周围闲荡，坐在海滩上和布拉德以及 J.P. 密谋着。

"施特菲的男朋友可能出乎意料地出现了。"布拉德说，"而且，她不知道你已经离婚了，她仍然认为你和波姬是夫妻。再等等吧，等你们离婚的消息被媒体曝光之后，你再采取行动。"

"你说得对，说得对。"

布拉德向我提起香港。鉴于我和赫巴蒂比赛时的表现，在红土赛季来临之前，我明显需要参加另一项赛事。"让我们去香港吧，"他说，"我们别再闲坐着，只是谈论施特菲了。"

当我回过神时，我已经坐在了飞往中国的飞机上。我看到在机舱最前方的屏幕上显示的预计飞行时间：15小时37分钟。

我看看布拉德。15小时37分钟？这段时间里干什么啊？沉湎于施特菲吗？我可不想这样。

我解开安全带，然后站了起来。

"你要去哪里？"

"我要下飞机。"

"别傻了，坐下，放松。我们已经在这里整装待发了。让我们去比赛吧。"

我轻轻坐回椅子上，点了两杯雪树伏特加，吞下一片安眠药。似乎过了一个月，我终于降落在了地球的另一边。我坐在飞速行驶在高速公路上的一辆车里，仰望着这一日益崛起的国际金融中心。

我打电话给佩里。

"我离婚的消息什么时候对外公布？"

"律师们正在讨论细节问题，"他说，"与此同时，你和波姬需要共同起草声明。"

我们来回地发传真。她的团队，我的团队。律师和公关人员们繁忙地运作着。波姬添一个词，我删一个词，一份传真接着一份传真。以传真始，以传真终。

"声明就要发表了，"佩里说，"从现在开始，它随时就会刊登在报纸上。"

布拉德和我每天早上都会跑到楼下的休息室，买下当天所有的报纸，然后整个早餐期间，我们会把每一份报纸的大标题都浏览一遍。我如此焦急地盼望着报纸报道我的私生活，这在我记忆中还是第一次。每天我都会祈祷：让今天成为施特菲得知我已自由的一天吧。

日复一日，声明都没有出现，对我而言，这就像又一次等待施特菲的电话。要是我有头发的话，我肯定会把它们全都拔光。终于，《人物》杂志的封面登出了我和波姬的一张照片并以"出乎意料的分手"作为封面文章的标题。那一天是1999年4月26日，三天后就是我二十九岁的生日，而几天之后则本应是我和波姬结婚两周年的日子。

重获新生、焕然一新的我赢得了香港的赛事，但是在回去的航班上，我的胳膊抬不起来了。我从机场直奔到吉尔家。他检查了我的肩膀，然后皱起了眉头。他不喜欢目前我肩膀的状况。

"我们可能要放下一切事情，然后缺席整个红土赛季的比赛。"

"不行，不行，不行。"布拉德说，"我们必须得去罗马参加意大利公开赛。"

"求你了，我从来没在意大利赢过。我们忘了它吧。"

"不，"布拉德说，"让我们去罗马吧，看你的肩膀到底如何。你本来不想去香港的，对吧？但你赢了，对吧？我觉得这是一种正在形成的趋势。"

我让他把我拖到了飞机上，然后在罗马站的第三轮我以1：2输给了刚刚在印第安韦尔斯负于我的拉夫特。现在我真的必须闭门休养一段时间了，但布拉德又劝我去德国参加世界团体锦标赛。我已经没有力气和他争论了。

德国的天气寒冷、阴郁，这意味着球在这里打起来很沉。我瞅着布拉德，眼神里透着凶光。我无法相信他竟然把一个肩膀疼痛难忍的我拖到了杜塞尔多夫。在第一盘比赛进行到一半时，我再也挥不动球拍了，当时我以3：4落后。我退出了比赛。"到此为止，我们回家。"我对布拉德说，"我得使我的肩膀恢复正常，而且我必须得弄明白施特菲的事。"

当我们登上从法兰克福飞往旧金山的飞机时，我一句话也没跟布拉德说。我狂怒不已。我们要肩并肩地一起坐十二个小时的飞机，我对他说："接下来的事情这么安排，布拉德。我整夜都没有睡觉，就因为我的肩膀。我现在要吞下两粒安眠药，在接下来的十二个小时里，我就听不到你的声音了，这对我而言，就是天堂了。你听到我说的话了吗？当我们着陆时，我想要你做的第一件事就是让我退出法国网球公开赛。"

他弓着身子，喋喋不休地在我耳边说了两个小时。"你不能回拉斯维加斯。你不会退赛的，你要和我一起去我旧金山的家里，我已经在客房里备足了木柴，你肯定会喜欢的。然后我们会飞回巴黎，参加法网。四大满贯中，你唯一没有在法网折桂，你不是一直都想得到它吗？但如果你连比赛都不参加，你又怎么能赢呢？"

"法国网球公开赛？算了吧，你肯定是在开玩笑。那艘船已经起航了。"

"你怎么知道？谁又能说今年不是阿加西之年？"

"相信我，1999年绝对不会属于我。"

"听着，你只是刚刚开始重拾你过去的风采。我在你的身上看到了一些久违的东西，我们此时不能有丝毫懈怠。"

我一眼就看穿了他的心思。他并非不认为我赢得法网的可能性微乎其微，但一旦我缺席法网，我也会很轻易地就退出温网，然后整个1999年我都会如此。再见，重塑辉煌！你好，退役！

抵达旧金山后，我太累了，甚至没力气和布拉德争论了。我钻进布拉德的汽车，他载我到了他家，并把我安置在那间客房里。我睡了十二个小时。当我醒来时，布拉德已经请来了一位按摩师准备为我治疗。

"不会起什么作用的。"我说。

"会有用的。"布拉德说。

我一天接受两次按摩。剩下的时间里，我要么凝视着窗外的大雾，要么向壁炉里添木柴。星期五的时候，我确实感觉好些了，布拉德为此欣然一笑。我们在后院的球场上打了大概二十分钟的球，然后我又发了几个球。

"给吉尔打电话，"我说，"我们去巴黎。"

在我们在巴黎住的酒店里，布拉德正在仔细地看着我的签表。

我问："怎么样？"

他什么也没说。

"布拉德？"

"再糟糕不过了。"

"真的吗？"

"简直就是噩梦。你第一轮比赛的对手就是佛朗哥·斯奎拉里，左撇子，阿根廷人。他可能是非种子选手中最难对付的一个家伙了，绝对是红土场上的野兽。"

"我真不敢相信你竟然劝我来参赛。"

周六和周日，我们进行了练习。周一，比赛正式开始。当我正在更衣室里用绷带包扎我的脚时，我突然意识到我忘记把内裤装到网球包里了。比赛五分钟后就要开始了。我要不穿内裤打这场比赛？我甚至不知道从身体的角度讲，这是否可行。

布拉德则调侃说他可以把他的借给我。

我想赢的念头从未如此强烈过。

然后我想：这很完美啊，反正我也不想继续待在这儿了，我不应该待在这儿。我在第一轮比赛中就要在中心球场与典型的泥耗子决一死战。我为什么不能不穿内裤？

看台上的观众多达一万六千人，他们就像当年要攻占凡尔赛宫的农民那般卖力地叫喊着。此时的我已经落后了一盘和一个破发局，而且我已汗如雨下，全身都湿透了。我朝我的包厢看去，盯着吉尔和布拉德。帮帮我。布拉德则目不转睛、面无表情地盯着我：您自己来吧！

我向上拉了拉我的短裤，尽可能深地吸了一口气，然后又慢慢地将这口气呼出。我心里想事情已经不可能再糟了。我对自己说：就赢一盘，赢这个家伙一盘就功德圆满了。一盘——朝这个目标努力。当你把目标降低后，任务似乎就不那么难以完成了，而且自身也感觉轻松了。我开始利落地击出反手球，打出精准的落点。观众们开始活跃起来，因为在此地，我已很长时间没有打过一场漂亮的比赛了。我内心的某种东西也被唤醒了。

第二盘演变成了一场街战、一场摔跤赛和一场在五十步以内的手枪对射。斯奎拉里寸土不让，我不得不对他强攻，最后我以7∶5夺得了这盘的胜利。然后令人震惊的事情发生了——我赢得了第三盘。我开始感觉到希望，实实在在的希望，从我的脚趾升起。我的身体兴奋起来了。我瞥了一眼斯奎拉里，他很绝望，面无表情。作为巡回赛中体能最好的家伙，他却只能止步于此了。他已经完了。在第四盘中，我迫使他在球场上四处奔跑，而几乎是突然间，我走下了球场，心中充满了刚刚斩获了职业生涯中最不可能的一场胜利的喜悦之情。

回到酒店后，满身红土的我对吉尔说："你看到他了吗？你看到那个泥耗子的腿抽筋了吗？我们使他抽筋了，吉尔！"

"我看到了。"

酒店的电梯极小，仅容得下五个正常身形的人，或者我和吉尔两人而已。布拉德让我们先上，他等下一班。我按了按钮。电梯在上行的过程中，吉尔斜靠在电梯的一角，我靠着另一个角落。我觉得他在盯着我。

　　"怎么了？"

　　"没什么。"

　　"到底怎么了，吉尔？"

　　"没什么。"他微笑着说，又说了一遍，"没什么。"

　　在第二轮比赛中，我继续不穿内裤（我再也不会在比赛中穿内裤了。某些事情起了作用，你就不会再改变它了）。我的对手是来自法国的阿诺·克莱门特。我以6：2赢得了第一盘后，在第二盘中的比分也领先于他。我在红土场上从未发挥得这样好过，我不停地"摇晃"着他，他马上就要睡过去了。但克莱门特却醒过来了，他赢得了第二盘——和第三盘。事情怎么就这样了呢？比赛进行到第四盘，我以4：5落后。现在是我的发球局，0：30。如果再失两分，我就会被淘汰出局。

　　我想：两分。两分。

　　他打出了一记正手反斜线的直接得分球。我走过去查看网球落地时留下的痕迹，并用球拍在那处痕迹周围画了一个圈。主裁跑过来证实，他分外仔细地核查，然后举起了手。出界！

　　如果那个球压到线，他就会获得三个赛点，而现在，我们的比分变成了15：30。真是天壤之别啊！如果……

　　但我乞求自己不要再想"如果"了。别再想了，安德烈，关掉你的思维。在接下来的两分钟里，我发挥出了最佳水平，保住了这个发球局，这一盘战至5：5平。

　　克莱门特的发球局。如果我是另外一个选手，他可能会占有优势，但我是我父亲的儿子，我是一个接发球高手，任何一个球都无法从我身边溜走。然后，我迫使他从一边跑到另一边，前前后后、来来回回地跑。他开始不停地吐舌头了。当他和观众都认为我已江郎才尽、无法再令他疲于奔命时，我又让他继续奔命了一会儿。他像一个节拍器，机械呆板地不断重复，他完蛋了。仿佛被枪击中了头部，他一头栽倒在地。他已经麻木到腿抽筋了。他要求进行伤停治疗。

　　我破了他的发球局，然后又轻松地保住了我的发球局，并赢得了第四盘。

　　我以6：0赢得了第五盘。

　　更衣室里，布拉德一直在同自己、我或任何愿意听他说话的人说着下面的话。

　　"他的后胎爆了，你们看见了吗？太神了！他的后胎——发出了'砰'的一声。"

　　记者问我是否觉得很幸运，因为克莱门特抽筋了。

幸运？这可是我努力的结果。

在酒店里，当我和吉尔乘坐那部小电梯时，我的脸上覆满了红土，眼睛和耳朵里也满是红土，衣服上也溅满了泥点子。我俯身看了看。我从未注意到当罗兰·加洛斯的红土干了之后，看起来会像血迹。我正尽力将它们掸掉，这时我感觉吉尔又在盯着我看。

"怎么了？"

"没什么。"他笑着说。

在第三轮中，我的对手是克里斯·伍德拉夫。我以前曾和他打过一场比赛，也是在这里，在1996年，我遭遇了失败，一场惨烈的失败。那一年，我心里暗暗地期待冠军；这一次，我从一开始就知道自己会赢。我对自己将一雪前耻这一点毫不怀疑。我异常冷静地发球。我在这里，在他曾经击败我的球场，以6∶3、6∶4、6∶4战胜了他。在我和伍德拉夫比赛前，布拉德申请了使用这个球场，因为他想让我永远铭记这一刻，想使这场比赛对我个人更具报私仇的意味。

自1995年以来，我首次杀入了法网男单十六强。我获得的"奖励"是卫冕冠军卡洛斯·莫亚。

"别担心，"布拉德说，"即使莫亚是冠军，而且在红土场上实力超群，你也可以跟他耗时间。你可以令他满球场地奔跑，而你则可以站在底线之内，早早击球，把压力施加给对方。迫使他频用反手，当你不得不对付他的正手时，你要有目的、主动地调动他的正手，充满激情地调动。别只是到那里转转而已——要在'主街'上狂奔一番，要使他感觉到你的力量。"

在第一盘中，我的确真真切切地感受到了莫亚的力量——他迅速击败了我。在第二盘中，我已经落后两个破发局了。我没有打出自己的球路。我丝毫没有按照布拉德的建议去做。我不禁抬头看看我的包厢，布拉德大喊道：快点儿，加油啊！

做好最基本的那些方面！我迫使莫亚四处跑动，不断地跑动。我建立起了一种施虐节奏，并且不断地对自己唱道：跑起来，莫亚，跑起来。我要让他一圈接着一圈地跑，我要让他跑波士顿马拉松赛。我拿下了第二盘比赛，观众们不断为我喝彩加油。在第三盘中，在我的调动下，莫亚比我的前三个对手加起来跑的路程还要多，而突然间，突然间，他完蛋了，他不想再忍受了。他从未有过这种经历。

第四盘一开局，我就自信满满。我跳来跳去，想让莫亚看到我依然精力充沛。他看到了，并且只能叹气。我淘汰了他，然后就飞奔回更衣室。布拉德和我击了一下拳——这一拳差点儿没把我的手弄断。

在酒店的电梯里，我觉得吉尔又在盯着我。

"吉尔，怎么了？"

"我有种感觉。"

"什么感觉？"

"我觉得你正处于对抗中。"

"和什么？"

"命运。"

"我不确定我是否相信命运。"

"我们将拭目以待。我们不能在雨中燃起火堆……"

　　我们有两天没有比赛安排，可以放松一下，想一想网球之外的事情。布拉德发现斯普林斯廷也住在我们酒店，他正在巴黎开演唱会。布拉德建议我们一起去听，他为我们搞到了三张前排座位的票。

　　起初我并不是十分想去，我不知道出去闲逛并吸引巴黎人的注意是不是个好主意。但电视上几乎全都是关于这项赛事的报道，这些报道对我的情绪毫无益处。我记得一位网球官员在我参加挑战赛时，曾对我大加嘲弄，并把我参加挑战赛一事与斯普林斯廷在酒吧表演相比。"好吧，"我说，"让我们休息一晚，让我们去见'老板'（斯普林斯廷的绰号）。"

　　布拉德、吉尔和我在斯普林斯廷登台前几秒钟才进入演唱会现场。当我们在过道上往下跑的时候，几个人认出了我，并用手指我。一个男人喊出了我的名字："安德烈！加油，安德烈！"又有几个男人也这样喊了起来。我们迅速地坐在了座位上。聚光灯扫描着全场，然后突然间灯光落到了我们身上，舞台上巨大的屏幕中出现了我们的脸。全场沸腾了，他们开始有节奏地喊道："加油，阿加西！加油，阿加西！"全场大概一万六千名观众——和罗兰·加洛斯的观众数目大致相同——都在一边用脚踩着节拍，一边高喊着。他们在为我欢呼喝彩：加油，阿加西！他们以一种轻松活泼的调子反复呼喊着，呼喊声中跳动着一种童谣般生气勃勃的韵律：滴——滴，哒、哒、哒。布拉德也随着他们一起喊了起来。我站起来，朝他们挥了挥手。我感到非常荣幸，备受鼓舞。我真希望我的下一场比赛即刻开始，在这里。加油，阿加西！

　　我又站起来一次，心里无比地激动。然后，终于，"老板"上场了。

　　在四分之一决赛中，我与来自乌拉圭的马塞洛·菲利皮尼对决。我很轻松地就赢了第一盘，第二盘也很轻松。我迫使他在全场不停地跑动，他崩溃了。我就像享受胜利一样享受着这一过程——"斩断"我对手的双腿，见证我与吉尔共同付出的努力在一两周的时间里得到了集中回报。第三盘，菲利皮尼几乎毫无反抗便缴械投降了，0：6。

"你真是残害生灵的家伙！"布拉德喊道，"天哪，安德烈，你真是在残害他们！"

我正在半决赛中奋力拼杀，对手是刚刚在比斯坎湾击败过我的赫巴蒂，那时我正因施特菲而神情恍惚。我以6：4赢得了第一盘，然后又以7：6将下一盘胜利收入囊中。乌云滚滚而来，蒙蒙细雨开始飘落。球变得越来越重，这抑制了我的主动攻击。赫巴蒂利用这一有利时机，以6：3赢得了第三盘。在第四盘中，他以2：1领先。我本应该获得的一场胜利正从我身边溜走。他目前尚落后一盘，但显然他牢牢地抓住了这一良好的势头，而我觉得自己只是在勉强维持。

我不禁又朝布拉德望去。他指了指天，示意我停止这场比赛。

我向赛事总监和裁判示意。我指了指现在已是一片泥浆的红土场，告诉他们我不想在这种状况下继续比赛，这很危险。他们像矿工淘金般仔细地检查了场地的状况，又商量了一小会儿，然后中止了比赛。

在与吉尔和布拉德共进晚餐时，我情绪极为糟糕，因为我知道在刚才那场比赛中，我已经处于不利的地位了。雨挽救了我，要不然现在我们可能已经在机场了。而现在我不愿相信我整夜都要因这场比赛而惴惴不安，都要为明天而烦恼忧虑。

我垂着头，目不转睛地盯着地板，一言不发。

布拉德和吉尔则无视我的存在，你一句我一句地议论着我。

"他身体上没问题，"吉尔说，"他身体状况很好。所以跟他好好谈谈，布拉德，使他振作起来。"

"你想让我说什么？"

"好好想想。"

布拉德喝了一大口啤酒然后转向我："好吧，安德烈，听着，这是笔交易——我需要你明天的二十八分钟。"

"什么？"

"二十八分钟，这只相当于终点前的冲刺。你能做到的。再拿下五局便可以赢得比赛，仅此而已，那应该不会超过二十八分钟的。"

"天气，还有球。"

"天气会变好的。"

"他们说会下雨。"

"不会，天气会变好的。拿出极棒的二十八分钟就行了。"

布拉德知道我的想法，知道我大脑运转的方式。他知道命令、特殊性以及一个清晰而精确的目标，对我而言就像一颗糖果。但是他真的知道天气吗？我的头脑中第一次闪现出了一个想法：布拉德不是一位教练，而是一位预言家。

回到酒店后，吉尔和我挤在电梯里。

"一切都会很顺利的。"吉尔说。

"对。"

在我上床睡觉前，他强迫我喝下了"吉尔水"。

"我不想喝。"

"喝了它。"

当我体内的水分格外充足、我的尿液变得像棉花那么白时，吉尔才让我睡觉。

第二天比赛刚开始时，我还是很紧张。在第四盘中，我以1∶2落后。现在是我的发球局，我已经落后了两个破发点。不，不，不。我追平了比分，保住了我的发球局。现在，我们在这一盘中比分持平。成功避免了灾难的发生，我突然间轻松了，高兴了。这在体育比赛中是如此典型。你命悬一线，下面是无底的深渊。你直面死亡，然后你的敌人或者生命赦免了你，你感到如此幸运和喜悦，你终于可以挥洒自如、无拘无束地发挥了。我赢得了第四盘，从而也赢得了这场比赛。我进入了决赛。

在取得胜利后，我首先抬头看了看布拉德，他正兴奋不已地指着他的表和球场上的数字时钟。

二十八分钟。一秒不差。

我决赛中的对手是来自乌克兰的安德雷·梅德韦杰夫。这不可能，绝对不可能。几个月前，在蒙特卡洛，布拉德和我在一家夜总会偶然碰到了梅德韦杰夫。他那天遭遇了一场惨败，正在借酒消愁。我们邀请他和我们坐在一起，他一下子就坐在了我们桌子旁的一个座位上，并宣称他要退役了。

"我再也不能继续打下去了，"他说，"我老了，网球已经与我擦肩而过了。"

我劝他不要放弃。

"你怎么敢这样？"我说，"你看我，二十九岁了，饱受伤痛折磨，而且刚刚离婚。你刚刚二十四岁，却在抱怨自己完蛋了？你有着光明的未来啊！"

"我打球打得烂极了。"

"那又怎样？你可以改进啊。"

他叫我给他一些提示和建议。他让我分析一下他的球技，就像我当年要求布拉德帮我分析一样。而我则同布拉德一样，诚实得令人难以接受。我告诉梅德韦杰夫他的发球很出色，回球也很不错，而且有着世界一流的反手技术。他的正手当然不是他的长处，那不是什么秘密，但他完全可以把它隐藏起来，因为他个头足够高，能够把对手差来遣去。

"你是一个优秀的行动者。"我喊道，"回归基本，不断地移动，用力地发出你的一发，然后利落地用反手直线球将分数收入囊中。"

自从那天晚上以后，他就开始严格按照我的建议行事，也是从那一晚起，他的状态越来越好。在那之后的各项赛事中，他所向披靡。在这次法网中，他也是一路过关斩将。每次我们在更衣室里偶遇时，我们都会交换会意的眼神并挥手示意。

我做梦都不会想到我们最终会兵戎相见。

所以吉尔错了，我不是在与命运对抗，而是在与一个在我的帮助下成长起来的喷火巨龙对抗。

无论我去哪里，巴黎人都会冲过来祝我好运。现在整个城市都在谈论这次比赛。无论是在餐厅和咖啡馆里，还是在街道上，他们都会大叫我的名字，亲吻我的脸颊，并且鼓励我继续前进。我在斯普林斯廷演唱会上所受到的礼遇已经见诸报端，观众和媒体都为我此次不可思议的法网之旅深深着迷，每个人都很认同我的回归。他们在我的归来中、在我的重生中看到了自己的影子。

决赛前一天的晚上，我坐在酒店的房间里看电视，之后又关掉了电视，走到窗户旁。我感觉很难受。我回忆起过去的一年，过去的十八个月，过去的十八年。数百万个球，数百万个决定。我知道这是我法网夺冠的最后一次机会，是我获得全部四大满贯冠军头衔并成就完美的最后一次机会，因此，这也是我自我救赎的最后一击。一想到我可能会失败，我就恐慌不已，而取胜的可能性也使我几乎同样恐慌。我应该心怀感激吗？我有资格获此殊荣？我应该更上一层楼——还是对其大肆挥霍？

而梅德韦杰夫的身影在我脑海中总是挥之不去。他的竞技风格与我的无异，我亲手将自己的风格赠予了他。他的名字和我的名字也极为相似：安德雷。安德烈对抗安德雷。我对抗我的复制品。

这时，我听到了布拉德和吉尔的敲门声。

"准备好去吃饭了吗？"

我扶住门，让他们进来待一小会儿。

他们就背靠着门站着，看着我打开了迷你吧，把一大瓶伏特加酒灌到了肚子里。当布拉德看着我一口气就把整瓶酒喝完时，他惊得目瞪口呆。

"你到底想……"

"我紧张死了，布拉德，我一整天都没吃一口饭了。我必须得吃点儿什么，而我只有使自己变得迟钝了，才能吃下饭去。"

"别担心，"吉尔对布拉德说，"他没事。"

"至少再喝一大杯水。"布拉德说道。

晚饭后，我回到了房间。在吃了一粒安眠药后，我瘫倒在床上。我给 J.P. 打了电话，他说他那里刚刚过了中午。

"你那里是什么时间了？"

"已经是晚上了，很晚了。"

"你感觉如何？"

"求你，求你别再提网球了，说些什么都好，跟我聊几分钟。"

"你还好吧？"

"什么都行，除了网球。"

"嗯，好吧，我给你读一首诗怎么样？我最近读了很多诗。"

"行，很好。什么都行。"

他走到他的书架处，从上面抽出了一本书。他轻轻地读着：

> 尽管已达到的多，未知的也多啊，
>
> 虽然我们的力量已不如当初，
>
> 已远非昔日惊天动地的雄姿，
>
> 但我们仍是我们，
>
> 英雄的心尽管被时间消磨，
>
> 被命运削弱，
>
> 我们的意志坚强如故，
>
> 坚持着奋斗、探索、寻求，
>
> 而不屈服。

我没有挂电话就睡着了。

吉尔敲开了我的门，他穿得仿佛要去见戴高乐一般——高档黑色运动衫、烫得笔挺的宽松长裤、黑色的帽子。而且他还戴着我送给他的项链。我戴着和那条项链相配的耳钉。圣父、圣子、圣灵。

在电梯里，他说："一切都会很顺利的。"

"嗯。"

但事情并不顺利，我在赛前热身时就意识到这一点了。我当时全身都湿透了，就像那次在婚礼上一样汗流不止。我太紧张了，以至于我的牙齿都在不停地打战。今天阳光明媚，我应该为此感到高兴，因为在这样的天气里，球就不易吸水，因而会轻一些，然而暖洋洋的天气也让我流汗更多。

当比赛开始时，我已经流汗流得不成样子了。我不断地犯愚蠢的错误，犯新手才会犯的错误，在网球场上能犯的各种各样错误，大笨蛋才会犯的错误。仅仅用了十九分钟，我就以1∶6输掉了第一盘。而梅德韦杰夫却冷静得不能再冷静了。话又说回来，为什么不呢？他正在做他应该做的任何事情，同时也是我在蒙特卡洛教他去做的那些事情——他控制着节奏，敏捷地跑动，在他选择的任何时机，他都能够通过反手直线球得分。在比赛中，他表现得冷静，拿捏得精确，而且对对手——我——毫不留情。如果我向前推进，如果我试图通过偷袭拿下一分，他就会以一记毁灭性的反手终结我的企图。

他穿着格子短裤，就仿佛他不是在赛场而是在沙滩上。他正精神饱满、活力四射地度假，他可以一天天地在这儿待着而不感到厌倦。

在第二盘开始时，乌云渐渐地聚拢起来。突然间，小雨从天而降，看台上撑起了数百把伞。比赛暂停。梅德韦杰夫跑进了更衣室，我随后也跑了进去。

一个人都没有。水龙头滴答滴答地滴着水，金属储物柜的门哐当哐当地响。我坐在长凳上，汗流不止，呆呆地凝视着一个空的储物柜。

布拉德和吉尔冲了进来。布拉德身穿白色夹克，头戴白色帽子，与吉尔的全黑装束形成了鲜明对照。他狠狠地摔上门，然后对我大吼道：到底怎么了？

"他打得太好了，布拉德，他就是打得太好了，我战胜不了他。这个家伙高达一米九，像发射炮弹一样发着球，而且从来都不会打丢。他用他的发球痛击我，他用他的反手伤害我，我在他的发球局里无法收复失地，我没这本事。"

布拉德一言不发。我想到了尼克，八年前，在我与库里埃的比赛因雨暂停期间，他几乎与此时的布拉德站在同样的位置上，也是一言不发，而最终我输掉了那场比赛。有些事情从未改变。同样难以捉摸的比赛，同样心神不定的感觉，教练的反应也是同样冷酷。

我对布拉德大喊道："你开什么玩笑？唯独此刻，你竟然选择沉默不语？这么长时间以来，你终于闭上你的臭嘴了？"

他瞪着我，然后开始咆哮。从未对任何人如此大声说过话的布拉德爆发了。

"你想让我说什么，安德烈？你到底想让我说些什么？你说他打得很好，你又是怎么知道的？你现在根本判断不出他的水平如何了。你现在已经头脑不清，被恐惧蒙蔽双眼了。我很奇怪你竟然还能看到对方。打得太棒了？是你自己使他显得很强大。"

"但是……"

"不要畏首畏尾了。即使输的话，也要输出自己的风格。用力回击啊！"

"但是……"

"如果你不知道到底该如何回击，我有一个办法—— 他怎么打过来，你就怎么打回去。如果他打给你一记反手斜线球，那你就回他一记反手斜线球。这一记球，你只要比他打得稍微好一点儿就行。你没有必要做得比整个世界都好，记得吗？你只要比一个人做得好就行了。他有的你都有。去他的发球。当你真正开始以自己的方式击球时，他的发球就会变得不堪一击。用力击球吧，你只要用力击球就行了。如果我们今天真的输了，没关系，我可以接受，但即使输，我们也要保持我们的风格。在过去的十三天里，你曾多次命悬一线，但你最终都能顶住压力，在使对手精疲力竭甚至几近崩溃的情况下杀出重围、收获胜利，这些我都看在眼里。所以请不要自怨自艾，也不要再对我说他的球打得太好了之类的话，而且看在仁慈的上帝的分上，不要再徒劳地追求完美了，只是看清楚球，然后击球就可以了。你听到我说的话了吗，安德烈？看球！击球！使那个家伙不得不使出浑身解数对付你，使他真真切切地感觉到你的存在。你没有跑动，你没在击球。你可能认为你跑动了、击球了，但相信我，你只是傻站在球场上而已。如果你要倒下了，好的，倒下吧，但是你要双手握枪，抗争到最后一刻。永远、永远、永远都要抗争到最后一刻！"

他打开一个储物柜，然后又"砰"的一声关上了门。储物柜的门"哐当哐当"地响着。

裁判员出现在我们面前。

"我们该上场了，先生们。"

布拉德和吉尔走出了更衣室。当他们迅速地闪出门外时，我注意到吉尔貌似诡秘地拍了一下布拉德的后背。

我慢慢地走上球场。在我们进行了短暂的热身之后，比赛重新开始。我已经忘记双方的比分了，所以不得不通过记分牌使自己恢复记忆。噢，对，在第二盘中，我以1：0领先，但目前是梅德韦杰夫的发球局。我又再次回想起1991年的法网决赛—— 我和库里埃对决，雨打乱了我的节奏，也许这一次我该得到补偿了。网球的宿命。也许，八年前，那次由雨导致的比赛延迟使我昏了头，而这次同样是由雨导致的延迟则使我重拾了自信。

但梅德韦杰夫也在指望着他自己的乌克兰宿命。他立刻就进入了状态，继续采取施压战术，迫使我一再地撤退，一味防守，而这不是我的比赛风格。现在天气十分阴沉、潮湿，这似乎增添了梅德韦杰夫的力量。他喜欢这种缓慢的节奏。他是一头愤怒的大象，正在尽情地享受将我置于脚底并且慢慢碾碎的快感。在比赛重新开始后的第一局中，他发球的速度达到了193千米／时。在几秒钟内，我们的比分就变为了1：1。

然后他破了我的发球局，并随后保住了他的发球局。接下来他再次成功破发，这样他以6：2轻松地赢得了第二盘。

在第三盘前五局中，我们都各自保住了自己的发球局。突然间，我不可思议地破了他的发球局，这在这场比赛中还是头一次。我以4：2领先了。我听到了观众席上开始出现齐声惊呼和窃窃私语的声音。

但梅德韦杰夫立即就以牙还牙，破了我的发球局。他随后保住了自己的发球局，从而使比分胶着于4：4平。

太阳重现天空。现在阳光灿烂，红土也渐渐变干了，比赛的节奏明显快了起来。现在是我的发球局，我们的比分战成了15：15平，所以我们都在疯狂地夺取至关重要的下一分，最终我以一记漂亮的反手截击球夺下了这一分。现在比分是30：15了。我听到布拉德在不停地对我说：看球！击球！我尽情挥洒着。伴随着一声怒吼，我全力发出了一发。出界。我又很快地发出了二发。再次出界。双发失误，30：30。

那么，你知道了吧，我仍然会输——梅德韦杰夫现在距冠军只有六分之遥，而我则会以布拉德的风格而不是自己的风格输掉比赛。

我再次发球。出界。我执拗地、不作任何减速地发出了第二个球。再次出界。连续两个双发失误。

现在是30：40。破发点。我来回踱着步，用力地挤着眼睛，眼泪几乎就要决堤而出。我需要振作起来。我踮着脚走到底线处，把球抛到空中，然后又一次发球失误。现在，我已经连续五次发球失误了。我已接近崩溃的边缘。我最终将因发球失误而成为梅德韦杰夫的手下败将。

他倾身向前，已准备好将我即将发出的第二记球彻底毁灭。作为一名接发球球员，你总是在揣摩对手的心理。梅德韦杰夫知道我在连续五次发球失误后，精神肯定处在崩溃的边缘，因此他十分肯定地认为，我没有胆量表现出进攻性。他认为我会发出一记漂亮的、轻飘飘的上旋球，他认为我别无选择。他站位前移，明显走进了底线之内，这无异于向我发出了一个信号：他预计我将发出一记软球，而当他接到这一记球并强力回击时，我则只能被动承受，甚至面临绝境。他脸上的表情明明白白地写着：来吧，混蛋。主动进攻？我打赌你没这个胆。

这一刻对我和他来说都是严峻的考验。这一刻是这场比赛的转折点，也可能是我们生活的转折点。这是一次对意志、心灵和勇气的考验。我把球抛向空中，并且拒绝退缩。与梅德韦杰夫预料的正相反，我猛力并凶狠地将球发向其反手位，发出去的球在与地面短暂地"亲密接触"后，顽皮地弹了起来。梅德韦杰夫伸展身体，勉强把球回过网。我用正手将球向其身后空当猛扑过去，他成功回追，用反手将球打至我的脚下，我则弓身奉还了一记别扭的反手截击压线球。他再一次勉强将球回过网，我则进行了极为轻柔的回击，球飞过了网，并旋即落地——对于如此轻柔的一击来说，这不啻为一记漂亮的直接得分球。

我保住了我的发球局。

当我朝自己的座位走过去时，我不禁跳了一下。观众们沸腾了。现在赛场的形势尚未彻底转变，但躁动不安的情绪显然已弥漫开来。那本应是梅德韦杰夫的时刻，但他却错失了它，而我从他脸上的表情可以看出，他也深知这一点。

"加油，阿加西！加油！"

打好下一局，我想。如果你打好了下一局，你就能赢得这盘比赛，这样当你走出球场时，你至少能抬起头。

乌云已经散尽。在阳光的照射下，红土场已经重新变得又干又硬，因而比赛的节奏也轻快起来。我注意到当我们重新上场时，梅德韦杰夫担忧地瞥了一眼天空。他想要那些乌云重新聚集起来，他一点儿都不喜欢这炙热的阳光；他的鼻孔在冒火；他看起来像一匹马——或者像一条龙。你可以战胜"大龙"。他落后了，0：40。我破了他的发球局，并赢得了这一盘。

现在比赛终于按照我的方式推进了。我迫使梅德韦杰夫从球场的一边跑到另一边，我用力地击球，严格遵守着布拉德的指示。梅德韦杰夫总是慢一拍，而且注意力明显不集中——他无法从胜利的迷梦中苏醒。他曾经距冠军宝座只有五分之遥，五分而已，这使他久久不能忘怀，他一遍又一遍地想着这一点。他不断地对自己说：我曾如此接近，我曾马上就要到那里了，终点线！他沉沦于过去，而我则拼搏在当下。他在思索，我在感觉。什么也不要想，安德烈，用力地打。

在第四盘中，我再次破发成功，然后我们开始了一场混战。双方打得都很稳健，也少有失误。我们积极跑动，在需要时会全力奔跑；我们喃喃自语，为自己鼓劲加油；我们全力以赴，不断将对方的发挥水平推至更高。谁都可能赢得这盘比赛，但我有一个很显著的优势：无论何时我想要得分，我都可以拿出这一秘密武器——我的网前技术。我在网前从未失手，而这显然使梅德韦杰夫大受困扰，而且使他颇为沮丧。他变得躁动不安，疑神疑鬼。如果我做出一副要冲到网前的样子，他就会情不自禁地退缩；而我一跳起来，他就会猛扑过来。

我赢得了第四盘。

我在第五盘早早地就破了他的发球局，并以3：2领先。有些事情正在变为现实。事情终于有了转机。在1990年或是1991年或是1995年就应该属于我的东西，这一次又朝我款款走来。我以5：3领先了。他在发球，这一局是我40：15领先，因此我获得了两个赛点。我必须现在就赢得这场比赛，否则我就得再战一局，我不想那样。如果我不能现在就取得这场比赛的胜利，也许我最终也会以失败而告终；如果我不能现在就取得这场比赛的胜利，我就会陷于梅德韦杰夫的境地，不断地思索自己曾经是多么接近成功；如果我不能现在就取得这场比赛的胜利，那么当迟暮之年的我坐在摇椅上、腿上盖着一条格子毛毯时，仍然会不断咕哝着梅德韦杰夫的名字。十年来，这项赛事一直令我魂牵梦萦，我不想在未来的八十年中仍然为其所扰。在付出了所有的努力和汗水之后，在经历了这一不可思议的回归和这项神奇的赛事之后，如果我不能现在就赢得这场比赛，从此以后，我绝对不会感到快乐，真正的快乐，布拉德也将不得不遭受池鱼之灾。终点线近在咫尺，我能感觉到它正在拽着我。

我最终失去了这两个赛点，他延迟了死亡。我们重新回到平分。但是，我夺得了下一分。又一个赛点。

我对自己大喊道：现在，现在，现在就赢得这场比赛！

但他赢了下一分，进而又赢得了这一局。

换边休息的这段时间似乎漫漫无期。我用毛巾擦去脸上的汗水，然后看了看布拉德，期望他跟我一样郁郁寡欢。但他的表情坚毅无比。他举起四个手指——再得四分！四分意味着全满贯。"加油，冲！"

如果我最终输掉了这场比赛，如果我注定要带着巨大的遗憾度过余生，那并不是因为我没有按照布拉德说的去做。他的声音回荡在我的耳畔："攻其弱点。"

梅德韦杰夫的"弱点"就是正手，我将尽全力攻击他的正手位，而他也知道我会这样做。在争夺第一分时，他就有些紧张，所以当他回击一记直线穿越球时有些迟疑不决。这一球落网了。

但是，他赢了下一分，因为我跑动中的正手球落网了。

突然间，我又找回了发球的绝佳状态。我的第一记一发简直就是神来之笔，力量十足、凶狠异常，他防不胜防。他正手勉强回球，球出界了。我轰出了又一记一发，更加凶狠、更加致命，他正手击球落网。

冠军点。半数观众大声呼喊着我的名字，另一半则发出"嘘"的声音，示意全场安静。我又轰出一记"毒辣的"一发，当梅德韦杰夫闪身并胳膊僵硬地挥拍时，我是第二个知道我已成为法网冠军的人——布拉德是第一个，梅德韦杰夫是第三个。球远远地飞出了底线——注视着它降落是我人生最快乐的事情之一。

我举起双臂，任球拍掉落在红土上。我喜极而泣。我不断摩挲着头。我从未有过如此幸福的感觉，这种感觉甚至使我感到害怕。胜利绝不应该带来如此幸福的感觉，胜利绝不应该如此重要。但它就是，就是！我控制不了自己。我欣喜若狂，内心充满了感激之情，我感谢布拉德，感谢吉尔，感谢巴黎——甚至感谢波姬和尼克。没有尼克，我不会站在这里。如果我和波姬没有经历那么多起起伏伏，甚至如果没有最后那一段痛苦的日子，这就不可能成为现实。我甚至还感谢了自己，感谢自己所做的一切好的和坏的决定，正是这些决定最终把我引向了这里。

我走下球场，向四方送以飞吻致意，这是我能想出表达我体内涌动的感激之情——我的其他一切情感的源泉——的最诚挚的动作。我发誓从今以后我都会这样做。当我离开球场时，无论是输还是赢，我都会向大地的四方抛出飞吻，以表达我对每个人的感激之情。

我们在巴黎市中心的意大利餐厅 Stressa 举办了一次小型聚会。Stressa 毗邻塞纳河，距我送给波姬那条手链的地点不远。我喝着奖杯里的香槟，吉尔则喝着可乐，并且在不停地笑，不停地笑——他已经抑制不住自己了。他时不时地把他的一只手放在我的手上——他的手像字典一样重——然后说："你做到了。"

"我们做到了，吉尔。"

麦肯罗也在场。他把电话递给我，说："有人想向你问好。"

"安德烈？安德烈！祝贺你。今晚看了你的比赛，我真的很高兴，我羡慕你。"

是博格。

"羡慕？为什么？"

"你做到了我们中极少有人能够做到的事。"

当布拉德和我走回酒店时，太阳已经冉冉升起了。他伸出一只胳膊搂住我的肩膀说："这段旅程终以正确的方式结束了。"

"为什么？"

他说："在人生旅途中，某段旅程总会以该死的错误方式结束，但就这一次，它画上了圆满的句号。"

我也伸出胳膊搂住了他的肩膀。这是近一个月来他预言错的少数几件事之一，因为这段旅程其实才刚刚开始。

Chapter 23
牵手施特菲

亲爱的施特菲，我想借此机会祝你生日快乐。你现在会感到多么自豪啊！祝贺你取得的成功，尽管我知道这对于你来说就像那弯新月般微不足道。

在乘坐协和飞机返回纽约时，布拉德告诉我这都是命运——命运。他当时已经喝了两三瓶啤酒。

"你赢得了1999年法网男单冠军，"他说，"那么，谁又恰巧赢得了女单冠军呢？告诉我。"

我笑而不语。

"对了，就是施特菲·格拉芙。命中注定你将和她走到一起。在网球史上，只有两个人既获得过全部四大满贯的冠军头衔，又摘得过奥运会金牌——你和施特菲。金满贯。所以你们命中注定会结为夫妻。"

"事实上，我是这么预计的。"他从椅背上的口袋里拿出协和的宣传资料，然后在其右上角草草地写了几个字：2001——施特菲·阿加西。

"这到底是什么意思？"

"你们两个最迟会在2001年结婚。2002年，你们的第一个孩子会降生。"

"布拉德，她有男朋友的，你忘了？"

"在你经历了刚刚过去的两周之后，你还能说有什么事是不可能的？"

"好吧，我只能这么说，赢得了法网冠军，让我确实感觉到更加——我不知道该怎么说——配得上她？"

"瞧，你承认了吧。"

我不相信谁命中注定会赢得网球比赛的胜利。也许我相信人们注定会走到一起，但我不相信谁注定会比对手打出更多直接得分的制胜球和Ace球。不过，我不愿质疑布拉德说的任何话。因此，只是为了以防万一，而且说实在的，我也很喜欢他的这一预言，我把那张写有他这一最新预言的宣传资料的一角撕了下来，装进了我的口袋里。

在接下来的五天里，我们待在渔人岛休息调养并进行庆祝。主要是庆祝。我们的队伍逐渐壮大，布拉德的妻子吉米飞过来了，J.P. 和琼尼也飞了过来。我们开着音响，一遍又一遍地听着辛纳特拉的《那就是生活》(*That's Life*)，吉米和琼尼就像歌舞女郎那样狂舞着。

然后我踏上了酒店的草地球场。在我和布拉德对打了几天后，我们登上了飞往伦敦的飞机。在飞越大西洋上空时，我意识到我们将在施特菲生日那天降落。会发生什么呢？要是我偶然遇到她了呢？我最好给她准备一件礼物。

我看看布拉德，他正在睡觉。我知道他想从机场直奔温布尔登的练习场地，因此我们不会有时间在任何一家商店停留。我应该现在就动手制作某种生日卡片，但用什么材料呢？

我注意到飞机头等舱的菜单看起来还有几分酷，封面图片是一张一弯新月下的乡村教堂照。我把两张封面组合成一张卡片，并在内侧写道："亲爱的施特菲，我想借此机会祝你生日快乐。你现在会感到多么自豪啊！祝贺你取得的成功，尽管我知道这对于你来说就像那弯新月般微不足道。"

我在两份菜单上都打了孔，现在唯一需要的就是能把它们固定在一起的东西。于是我询问乘务员是否有细绳或丝带之类的东西，金属箔也行。她给了我一点缠绕在香槟瓶颈处的酒椰叶丝带。我小心翼翼地把酒椰叶丝带穿进洞里，觉得自己仿佛不是在穿丝带而是在穿网球线。

待卡片制作完成，我就叫醒了布拉德，向他展示我的手工品。

"怀旧世界的手工艺。"我说。

他转了转眼睛，赞同地点了点头。"你现在需要的就是她的一个眼神了。一个好时机。"我把卡片塞到网球包里，等待着。

温布尔登训练区奥伦吉公园的练习场分为三层。奥伦吉公园是一座有着阶梯式构造的高山，拥有众多网球场的阿兹特克神庙。布拉德和我在中间那一层的球场上练习了半个小时。结束练习后，我就像以往那样不急不忙地把东西装进网球包里。在经历了横跨大西洋的飞行后，我发现要使包内的东西重新秩序井然还真是一件挺困难的事。我仔细地整理，再整理。当我正在把已被汗水打湿的网球衫装进一个塑料袋时，布拉德突然间开始猛拍我的肩膀。

"她来了！兄弟，她来了！"

我像一只爱尔兰塞特犬那样抬起了头。如果我有尾巴的话，我肯定会兴奋得直摇尾巴。她正站在离我将近三十米远的地方，身穿一件贴身的蓝色运动裤。我头一次注意到她走路时也有点儿内八字，跟我一样。她扎成马尾辫的金色头发在阳光下闪闪发亮，看起来——又一次——如同光环一般。

我站了起来。她对我行了个欧式贴面礼。

"祝贺你在法网上取得的成功，我真为你高兴。我当时眼泪都要流出来了。"

"我也是。"

她微笑不语。

"我也祝贺你。你为我铺平了道路，为我预热了场地。"

"谢谢你。"

沉默。

幸运的是，没有球迷或者摄影师在附近，所以她似乎很放松，一点儿也不着急。很奇怪，我也很放松。但是布拉德则不断制造气球缓慢放气时发出的那种噪声。

"噢，"我说，"嗨，我刚想起来，我有一份礼物要送你。我知道今天是你的生日，所以我制作了一张卡片。生日快乐！"

她接过卡片，看了几秒钟，然后抬起头，颇为感动。

"你怎么知道今天是我生日？"

"我就是——知道。"

"谢谢你，"她说，"真的。"

她快速地走开了。

第二天，在布拉德和我到达球场时，她正要离开。这次球场周围聚集了大批球迷和记者，她似乎很不习惯这种场合，所以显得颇为不自然。她放慢脚步，快速地跟我们挥了挥手，然后低声问道："我怎么才能联系到你？"

"我会把我的电话号码给海因茨的。"

"好的。"

"拜拜。"

"拜。"

练球结束后，佩里、布拉德和我闲坐在我们租来的房子里，讨论着她何时会打电话过来。

"过不了多久。"布拉德说。

"很快。"佩里说。

这一天过去了，没有电话。

又一天过去了。

我痛苦不堪，备受煎熬。温网的比赛周一就要开始了，而我却无法成眠，无法思考。当焦虑达到这种程度时，连安眠药也失去效用了。

"她最好赶紧打电话来，"布拉德说，"否则你在首轮比赛中就会被淘汰。"

周六晚上，我们刚刚吃过晚饭，这时电话铃响了起来。

"喂？"

"嗨，我是施特芬妮。"

"施特芬妮？"

"施特芬妮。"

"施特芬妮——格拉芙？"

"是的。"

"哦，所以你的名字其实是施特芬妮？"

她解释说很多年前，媒体听到她妈妈叫她施特菲（施特芬妮的昵称），便采用了这一称呼，并一直沿用下来，但她还是自称施特芬妮。

"那就施特芬妮吧！"我说。

当我同她说话时，我不禁穿着我那双厚运动袜在客厅地板上滑起来。我在木地板上高速地滑来滑去。布拉德不停地恳求我停下来，坐在椅子上，他很确定地认为，如果我不停下来，我会摔断一条腿或者扭伤膝盖。我于是开始沿着房间的四周做起了容易的越野运动。布拉德微笑着对佩里说："我们这次比赛会大有收获的，这次温网之旅会很美妙。"

"安静。"我对他说。

然后我把自己锁在了后面的房间里。

"听着，施特芬妮，在比斯坎湾时你说，你不希望我对你有什么误解。我也不希望你对我有什么误解，所以我必须得告诉你，在我们有进一步发展之前就得告诉你，我认为你很美丽。我尊重你，仰慕你，而且我绝对想更好地了解你——这就是我的目标，这就是我唯一的想法，这就是我将置身的阵地。请告诉我这是可能的，请告诉我我们可以共进晚餐。"

"不行。"

"求你了。"

"这不可能——在这儿不行。"

"这里不行。好的，那我们可以去别的地方吗？"

"不行，我有男朋友。"

我心里想：又是那个男朋友。我看到过关于他的报道，一位赛车手，她相处六年的男朋友。我试图想出一些充满智慧的话，想出某种方式说服她敞开心扉，给我也给她自己一次机会。但时间一分一秒地过去了，我们仍然沉默着，甚至沉默到了有些尴尬的境地。这一刻马上就要从我身边溜走了，而我只想出了这句话：

"六年是一段很长的时间。"

"是的，"她说，"确实是啊。"

"如果你不向前进，就会向后退。我经历过。"

她什么也没说，但她的默默无语或许正说明了些什么。我已经触动了她的心弦。

我继续说道："那不可能正是你所要找寻的。我的意思是，我不想做出任何假设——但是……"

我屏住呼吸。她没有反驳我。

我说："我不想过于冒昧，或者表现得无礼，但只是……只是……请你，你能不能——也许，我不知道——只是了解了解我？"

"不行。"

"喝咖啡？"

"我不能在公开场合和你在一起，那肯定不行。"

"写信呢？我可以给你写信吗？"

她笑出了声。

"我能发给你一些东西吗？在你还没决定是否要了解我之前，我能先让你了解我吗？"

"不行。"

"连信也不行？"

"有人在替我读我的邮件。"

"我知道了。"

我用拳头敲了敲额头。想啊，安德烈，快点儿想。

我说："好吧，这样行不行。你会在旧金山参加你的下一项赛事，我会去那里和布拉德进行练习。你说过你喜欢旧金山的，让我们在那儿见面吧。"

"这是——可能的。"

"这是——可能的？"

我等待着她做出进一步说明，但她没有。

"那么我能给你打电话吗？还是你只想给我打电话？"

"在温网之后给我打电话。"她说，"我们都先好好进行比赛吧，然后在你完成比赛后给我打电话。"

她把她的电话号码给了我。我把它记在了一张餐巾纸上，然后禁不住亲了它一下，最后把它放到了我的网球包里。

我进入了半决赛，迎战拉夫特。我直落三盘，将他淘汰出局。我想都不用想就知道谁在决赛中等着我呢——是皮特。像往常一样，皮特。我蹒跚地走回我租来的房子，想着先洗澡，再吃饭，然后就可以睡觉了。这时电话铃响了。我确信那是施特芬妮，她要祝我在与皮特的比赛中一切顺利，并再次确认我们在旧金山的约会。

但却是波姬。她现在在伦敦，想过来看看我。

当我挂断电话转过身时，佩里就站在那里，他的脸距我只有十几厘米的距离。

"安德烈，快点儿告诉我你拒绝了，快点儿告诉我你没有让那个女人来这里。"

"她就要来了，明天早上。"

"在你同皮特进行决赛前？"

"我不会有事的。"

波姬十点钟到达了这里，戴着一顶巨大的、别着塑料花并且帽檐又宽又软的英式女帽。我带她快速参观了我租的房子。我们把它和我们以前租过的房子比较，不知不觉陷入了回忆中。我问她想要喝些什么。

"你这儿有茶吗？"

"当然。"

我听到布拉德在隔壁房间里咳嗽了一声，我知道那声咳嗽的含义。这是决赛之前的上午，一个运动员绝不应该在决赛前改变自己的习惯。我在比赛期间，每天早上喝的都是咖啡。我现在也应该喝咖啡。

但我想证明自己是一位好主人。我沏了一壶茶，然后我们在厨房窗户旁边的一张桌子上喝了起来。我们随便地聊些无关痛痒的话题。我问她是不是有什么特别的话想对我说，她说她很想念我，她想告诉我这个。

她看到桌子的角落处放着一堆杂志，还有几本最新一期的《体育画报》，封面是我的照片，大标题是——出乎意料的安德烈（我突然间开始讨厌起那个词——出乎意料）。"赛事官员送过来的，"我对她说，"他们让我在这几份杂志上签名，为球迷们和温网的官员及工作人员签名。"

波姬拿起一份杂志，凝视着我的照片，我则在一旁注视着她。我回想起十三年前，我和佩里坐在他的卧室里，望着数百张《体育画报》的封面，做着有关波姬的美梦。

现在她在这里，我登上了《体育画报》的封面，佩里是她电视剧的前任制片人，而我们现在却几乎无话可说了。

她大声念出大标题："出乎意料的安德烈。"她又念了一遍："出乎意料的安德烈？"

她抬起头。"噢，安德烈。"

"怎么了？"

"噢，安德烈，我真的很抱歉。"

"为什么？"

"你看，这是你的重要时刻，但他们谈论的却都是我。"

施特芬妮也进入了决赛，但最终输给了林塞·达文波特。她还与麦肯罗配对参加了混双比赛并进入了半决赛，但由于跟腱受伤，所以退出了半决赛。我在更衣室里正准备换上决赛时的服装，听见麦肯罗正在对其他几名选手中伤施特芬妮，说她弃他于不顾。

"你能相信这个贱女人吗？她主动要求和我一起参加混双比赛，而我竟也答应了，然后我们进入了半决赛，而她却退出了？"

布拉德把一只手放在我肩膀上。"稳住，冠军。"

在与皮特的对决中，我一开始表现得很强势，但我的思维同时向几个方向发散——麦肯罗怎么敢那样说施特芬妮？波姬戴的那顶帽子又是什么样的？——但不知怎的，我的球却打得稳定、利落。现在是第一盘，比分暂时为3：3平。这一局是皮特的发球局，他暂时以0：40落后。三个破发点。我看到布拉德微笑着用拳猛击佩里，并大喊道："加油，冲啊！"我想到了博格，最后一位连续赢得法网和温网冠军的人。而现在，这一荣誉对我来说似乎近在咫尺。

我想象着博格会再次给我打电话祝贺我。"安德烈？安德烈。是我，比约恩。我羡慕你。"

皮特把我从幻想中惊醒。无法接回的发球。无法接回的发球。一片模糊。Ace球。保住这一局，皮特·桑普拉斯。

我震惊地盯着皮特。从来没有人——无论是尚健在的还是已去世的——像那样发过球。在网球历史上，也从来没有人能成功地接回那些球。

他直落三盘击败了我。整场比赛，他的表现堪称完美。在比赛的最后，他更是以两记引起惊叹声一片的Ace球彻底摧毁了我，这也终结了我在大满贯赛事中的十三连胜纪录（这在我的职业生涯中几乎是史无前例的）。但历史只会这样记载：这是皮特第六次在温网称王，也是他第十二个大满贯冠军头衔，他已跻身于最伟大的男子网球选手之列——历史也确实应该如此记载。赛后不久，皮特对我说，在之前的六场比赛中我的球打得是如此有力和利落，他以前从未见过我如此。而这使他提升了他的竞技水平，也刺激他将二发时速提高了32千米／时。

在更衣室里，我需要接受尿检。我非常想快点儿撒完尿，然后跑回我租的房子里给施特芬妮打电话，但我不能，因为我有一个像鲸鱼那么大的膀胱，需要很长的时间才有排泄的冲动。终于，我的膀胱和我的心携手合作了。

我把网球包扔到前厅，然后像飞身去接一记网前小球那样猛扑向电话。我用颤抖的手指拨通了施特芬妮的电话。直接转到语音信箱。我留了一个口信："我是安德烈。比赛结束了，皮特击败了我。你输给林塞，我真的感到很遗憾。当你方便时请给我打电话。"

我坐下来，静静地等着。没有电话。又一天过去了，没有电话。

我把电话放在我面前，对它说："快点儿响啊。"

我又拨通了她的电话，又留了一条口信。还是杳无音信。

我飞回了西海岸。一下飞机，我就迫不及待地查看我是否有信息。什么也没有。

我飞到纽约参加一项慈善活动。我每隔十五分钟就查看一次我的语音信箱。什么也没有。

J.P.和我在纽约碰面。我们去市区逛了逛，去了P.J.克拉克餐厅和Campagnola餐厅。我们一走进去，那里就爆发出热烈的欢呼声。我看到了我的朋友博·迪特尔——一位从警察转行到电视业的名人。他和他的全体工作人员（俄罗斯人迈克、裁缝谢利、"西红柿"阿尔、"釜＆锅"乔伊）坐在一张长桌上。

J.P.问"釜＆锅"乔伊，他这个绰号是怎么来的。

"我喜欢烹饪！"

随后，当乔伊的手机响起时，我们全都大笑了起来。他接起电话，然后喊道："锅子！"

博说他这周末将在汉普顿举办一次聚会，并坚持要我和J.P.前去参加。"锅子会亲自下厨，"他说，"告诉他你们最喜欢的食物，无论你们喜欢吃什么，他都会为你们做的。"这使我想起了很久以前在吉尔家里度过的那些星期四的夜晚。

我对博说我一定会去。

聚集在博家里的那帮家伙，一半像是从《好家伙》（Goodfellas）里走出来的，而另一半则完全是《阿甘正传》（Forrest Gump）的风格。我们坐在游泳池边，抽着雪茄，喝着龙舌兰酒。我时不时地把写有施特芬妮电话号码的纸从口袋里掏出来，然后仔细研究。我甚至怀疑她屏蔽了我的电话，于是我走进博的房子，用他的座机给她打了电话。直接转接语音信箱。

沮丧，不安，我喝了三四杯玛格丽特酒——对我来说太多了，然后我把钱包和手机放在了椅子上，穿着衣服就抱膝跳进了游泳池。大家也纷纷跳了下来。一个小时后，我再次查看我的语音信箱。有一条留言，不知何故我的电话铃没有响。

"嗨，"她说，"我对没能回你电话深感抱歉。我病得非常严重。温网之后，我的身体就垮掉了。我不得不退出旧金山的比赛，回到德国。我现在已经感觉好多了。方便时请回我电话。"

她没有留下她的号码，当然，因为她已经把她的号码给我了。

我拍拍我的口袋。"我把她的电话号码放哪了？"

我的心脏骤然停止。我记得它是写在一张餐巾纸上的，当我跳到泳池里时，它应该是在我的口袋里的。我小心翼翼地把手伸进口袋，然后慢慢地把那张餐巾纸抽出来——上面的数字已经花了。

我记得我曾经用博的一个座机给施特芬妮打过电话。我抓住他的胳膊对他说，无论要付出什么代价、利用什么关系，无论是通过贿赂、恐吓还是杀人，他必须得弄到他家的电话记录，而且要包括今天所有打出去的电话的记录。而且他必须立刻就做。

"没问题。"博说。

他联系了他的一个朋友，这个朋友认识一个家伙，这个家伙有一个朋友，这个朋友有一个在电话公司工作的表兄。一个小时后，我们拿到了记录。从这所房子打出去的电话清单堪与匹兹堡的电话簿相媲美。博对他班子的成员喊道："我可要开始注意你们这群混蛋啦！难怪我那可恨的电话费那么高。"

我看到了那个电话号码，它就在那里。我把它写在了六个不同的地方，包括我的手上。我给施特芬妮打了电话，她在电话铃声响到第三声时接起了电话。我把我是如何追查到她的电话号码的经过告诉了她，她听完后开心地笑了。

"我们不久后都要在洛杉矶附近参加比赛了。我们能在那里见面吗？也许？"

"在比赛之后，"她说，"好的。"

我飞到了洛杉矶，而且在比赛中表现得还不错。我再一次与皮特在决赛中狭路相逢。我以6∶7、6∶7输掉了比赛，但我一点儿都不在乎。跑出球场时，我是世界上最高兴的人。

我冲了澡，刮了胡子，然后穿好衣服。我抓起网球包，朝门口走去，这时波姬出现了。

她听说我在这里，就决定过来观看我的比赛。她从头到脚地打量了我一番。

"哇，"她说，"你真是精心打扮了一番啊。有很重要的约会？"

"事实上，是的。"

"噢，和谁？"

我没有回答。

"吉尔，"她问，"他这是去和谁约会？"

"波姬，我觉得你最好还是问安德烈吧。"

她盯着我。我叹了一口气。

"我要和施特芬妮·格拉芙约会。"

"施特芬妮？"

"施特菲。"

我知道我们都想起了冰箱门上的那张照片。我说："请你不要告诉别人，波姬，她是一个非常在乎私人空间的人，她不喜欢被人关注。"

"我连鬼都不会告诉的。"

"谢谢你。"

"你看起来真不错。"

"真的吗？"

"嗯哼。"

"**谢谢。**"

我举起网球包。她送我进了选手们停车的体育场地下通道。

"嗨，百合。"她一边说着，一边用手摸了摸这辆凯迪拉克闪闪发光的白色发动机罩。车的折篷已经放了下来，我把我的包扔在了后座上。

"好好玩。"波姬说，并吻了我的脸颊。

我从后视镜里瞥了一眼波姬，然后慢慢地驶离了这里。我又一次开着"百合"离开了她。但我知道这将是最后一次，而且我们再也不会说话了。

在去施特芬妮比赛之地圣迭戈的路上，我给 J.P. 打了电话。他鼓励了我一番。"不要表现得过了头，"他说，"不要试图表现完美，做你自己。"

我想如果是在球场上，我一定知道该如何遵循他的建议，但是在约会时，我完全无所适从。

"安德烈，"他说，"一些人是温度计，一些人是恒温器。你是恒温器，你不用显示房间的温度，你会改变它的。所以你要自信，做你自己，挥洒自如，向她显示你真实的自我。"

"我想我能做到。我应该把车的敞篷放下来还是合上呢？"

"合上吧，女孩们总是很在意她们的头发。"

"我们都在意头发的呀，但敞篷放下来难道不是显得更酷呢？"

"她的头发，安德烈，她的头发。"

我还是把敞篷放了下来。较之体贴殷勤，我更愿表现得酷一点。

施特芬妮在一个大的度假村租了一套独栋公寓。我找到了那个度假村，却没有找到那套公寓，于是我给她打电话问路。

"你开的是什么车？"

"一辆有嘉年华游轮那么大的凯迪拉克。"

"啊，嗯，我看见你了。"

我举目四望。她正站在一座高高的、长满草的小山上，朝我挥着手。

她喊道："在那儿等着。"

她冲下山，仿佛要直接跳到我车里。

"等等，"我说，"我有一些东西要给你。我能上去一分钟吗？"

"噢，呃。"

"就一分钟。"

她非常不情愿地走回了山上。我把车停在了她公寓的前门外。

我把礼物送给了她——我在洛杉矶买的一盒花式蜡烛，她似乎还蛮喜欢的。

"好的，"她说，"出发？"

"我想我们是否能先喝一杯。"

"喝一杯？喝什么呢？"

"我不知道。红酒？"

她说她从来都不喝酒。

"我们可以叫这里的客房服务把酒送过来。"

她叹了口气，递给我一份酒水单叫我点。

当送餐服务生敲门时，她叫我先在厨房里等着。她说她不想让别人看到她和我在一起，她对我们的约会感到不舒服，有一种罪恶感。如果被服务生看到了，她能想象到他回去后会把这件事告诉他的同事。她有男朋友的，她提醒我。

"但我们只是……"

"没有时间解释了。"她说着把我推到了厨房里。

我能听到那个对施特芬妮显然有些喜爱的服务生的声音，他也同样紧张，但和我的原因显然不同。她催他快点儿，他却笨手笨脚，不可避免地失手将瓶子掉在了地上——一瓶1989年的龙船庄红酒。

当那个家伙离开后，我帮施特芬妮打扫了那些玻璃碎片。

我说："我认为我们开局开得不错，你觉得呢？"

我在海湾上的一家饭店订了一个靠窗的位子，这里可以俯瞰大海。我们俩都点了鸡肉、蔬菜配土豆泥。施特芬妮吃得比我快，并且一滴酒也没沾。我意识到她不是个对饮食非常感兴趣的人，不是一顿饭必须有三道菜、细细品咖啡的那种女孩。她还有些坐立不安，因为有个她认识的人正坐在我们身后。

当我跟她说到我正在筹备中的特许学校时，她表现出了极大的兴趣。她也有自己的基金会，她的基金会主要是给南非和科索沃等地因战争和暴力而受到精神创伤的孩子进行心理辅导。

我们自然而然地谈到了布拉德。我对她谈起他出色的训练方式，以及他奇特的与人相处之道。当提到他为我们今晚的最终相聚所做出的努力时，我们都会心一笑。我并没有向她提及他的预言。我没有问她有关她男朋友的事情。我问她在业余时间喜欢做什么，她说她喜欢大海。

"明天你想去海滩吗？"

"我还以为你要去加拿大呢。"

"我可以乘坐明晚的夜间航班。"

她思忖着。

"好吧。"

吃完晚餐后，我把她送回度假村。在同我行了贴面礼后（我觉得这一礼节已经开始具有空手道中自我防卫的意味），她跑了进去。

开车离开后，我给布拉德打了电话。他已经在加拿大了，那里要比现在晚几个小时。我吵醒了他，但当我告诉他约会进展顺利时，他试图提起精神。

"加油，"他一边含糊不清地说，一边打着哈欠，"冲！"

施特芬妮在沙滩上铺了一条浴巾，然后脱下了牛仔裤。她里面穿了一件白色连衣泳装。她走到水里，海水刚刚齐至她的膝盖。她站在那里，一只手放在臀部，用另一只手遮住阳光，看着远方的天际线。

她问道："你下水吗？"

"我不知道。"

我穿着白色网球短裤。我之前没想到要带泳装，因为我是在沙漠里长大的，并不擅长水中的活动。但如果她需要的话，我立刻就会游到中国去。我穿着网球裤就走到了施特芬妮驻足的地方。她对我的"泳衣"嘲笑了一番，并对我没穿内裤这件事假装感到很震惊。我告诉她我的这个习惯是在法网时形成的，并一直保留至今。

我们第一次谈到网球。但我告诉她我痛恨网球时，她转身面向我，脸上的神情仿佛在说："当然了，谁又不是呢？"

我谈到了吉尔，并询问了她的训练情况。她提起她过去常常和德国奥林匹克田径队一起训练。

"你最好的田径项目？"

"八百米。"

"哇，那项运动可真是对勇气的考验。你能跑多快？"

她羞涩地笑了笑。

"你不想告诉我？"

她没有回答。

"快说啊，你的速度有多快？"

她指了指沙滩远处的一个红气球。

"看到那里的那个红点了吗？"

"嗯。"

"跑到那儿的话，你绝对跑不过我。"

"真的吗？"

"真的。"

她微笑着就冲了出去，我飞快地追着她。我似乎一生都在追逐着她。我确实正在追求她。一开始，我仅能与她保持速度一致，但快到终点线时，我缩短了我们之间的距离。她先行到达了红色气球处——领先我两个身长。她转过身，她那爽朗的笑声不断飘入我的耳中，犹如迎风飞舞的饰带一般。

我从没有输得这么高兴。

Chapter 24
回归之旅

我又一次与世界第一如此接近。这一次，成为世界第一不再是我父亲的目标，或者是佩里的目标，或者是布拉德的目标，而且我提醒自己这也不是我的目标。我的确会因而感觉不错，但仅此而已。它将使我的"回归之旅"达到高潮，它将是我人生行程中一座永生难忘的里程碑。

我在加拿大，她在纽约。我在拉斯维加斯，她在洛杉矶。我们通过电话一直保持着联系。一天晚上，她要我把我最喜欢之物"汇报"给她——我最喜欢的歌和书、最喜欢的食物和电影，统统要讲。

"我最喜欢的这部电影你很可能从未听说过。"

"告诉我。"她说。

"它是几年前上映的，叫作《影子大地》，讲的是作家 C.S. 刘易斯的故事。"

我听到了一声仿佛是电话掉落的声音。

"太不可思议了，"她说，"简直是太不可思议了，那也是我最喜欢的电影。"

"这部电影的主题是，使自己对爱敞开心怀。"

"对，"她说，"是的，确实是这样，我知道。"

"我们就像一块块石头……上帝凿子的重击，虽然使我们饱受磨难，但是也使我们臻于完美。"

"嗯，嗯，太棒了。"

蒙特利尔。我进入了半决赛，正和卡费尔尼科夫对决，我却一分都赢不了。现在世界排名第二的他正狠狠地痛击我，我被打得惨不忍睹，看台上的观众甚至遮住了他们的眼睛。我心里想：我对这场比赛没有发言权，我今天无权决定自己将发生什么事。我不仅正在被击败，我连公民权利也被剥夺了。但我很好。在更衣室里，我看到卡费尔尼科夫的教练拉里正靠着墙，对我微笑。

"拉里，这是我见过的最恶心的一场网球赛了。告诉你的浑小子，我会在以后的比赛中把他打得落花流水的。我发誓。"

几天后，我接到了施特芬妮的电话。她在洛杉矶。

我问她："你的比赛进展如何？"

"我受伤了。"

"啊！我为你感到难过。"

"嗯，就这样了，我结束了。"

"你要去哪里？"

"回德国，我有些——有些未完成的事。"

我知道这句话的意思，她是要和她的男朋友谈一谈，告诉他关于我的事，做个了断。我感到自己的嘴角泛起了傻笑。

她说她从德国回来后，将和我在纽约见面。我们在1999年美网公开赛之前可以待在一起。她提到她需要召开一次新闻发布会。

"新闻发布会？为什么？"

"我退役的发布会。"

"你——你要退役了？"

"我刚才就说了，我结束了。"

"当你说'结束'时，我还以为你的意思是说你在这项赛事中结束了呢！我不知道你的意思是——彻底结束了。"

想到网球赛场上从此不会再有施特芬妮——这位有史以来最伟大的女子网球运动员，一种失落感从心底油然而生。我问她当知道自己再也不会在赛场上挥拍时是什么感觉。记者每天都在问我这种问题，但我控制不了自己，我想知道。我带着好奇和羡慕问了这个问题。

她说她感觉良好。她很平静，已完全做好了心理准备。

我不禁在想：我是否也准备好了呢？我冥想起自己的终局。但一周后，在华盛顿，我在与卡费尔尼科夫的决赛中以7：6、6：1获胜。赛后，我看了他的教练拉里一眼。誓言就是誓言。

我意识到自己的网球生涯还没有结束。我还有誓言没有兑现。

我又一次与世界第一如此接近。这一次，成为世界第一不再是我父亲的目标，或者是佩里的目标，或者是布拉德的目标，而且我提醒自己这也不是我的目标。我的确会因而感觉不错，但仅此而已。它将使我的"回归之旅"达到高潮，它将是我人生行程中一座永生难忘的里程碑。我从吉尔山的一侧全速冲上山顶，然后从山的另一侧冲下去。"我在为世界第一的头衔而训练着，"我对吉尔说，"也为了美网。而且，以一种有趣的方式，为了施特芬妮。"

"我迫不及待地想让你见见她。"我说。

她来到纽约，我迅速把她"转移"到北部地区一座19世纪的农庄里。这座农庄是我的一个朋友的私产，占地6.07平方公里，有几个巨大的石头壁炉。在每个房间里，我们都可以一边盯着壁炉里的火焰，一边倾心畅谈。我对她说我是一个放火狂。"我也是。"她说。

树叶刚刚开始改变颜色。坐在壁炉旁望着窗外，你仿佛在欣赏一张绝美的明信片——远处群山蜿蜒起伏，金红色的树林灿若朝霞，而且方圆数千米之内没有别人。

我们一起散步、远足、驾车到附近城镇，并在古玩店里闲逛。晚上，我们躺在沙发上，看着最初版本的《粉红豹》(Pink Panther)。半个小时后，我们被彼得·塞勒斯逗得狂笑不止，以至于不得不暂停录像，调整一下呼吸。

她三天后离开了，她得和家人一起去度假。我恳求她在美网最后的周末回来，为我出现在那里，我的包厢里。我怀疑事先假定自己将进入决赛可能给自己带来霉运，但我不介意。

她说她会尽力。

我进入了半决赛，将和卡费尔尼科夫对决。施特芬妮给我打电话说她会来观看我比赛的，但她不会坐在我的包厢里，她还没有准备好。

"嗯，好吧，那让我给你安排一个座位吧。"

"我会自己找座位的，"她说，"别为我担心，我对那里可是轻车熟路。"

我笑了起来。我想是吧。

她坐在后排座位上，戴着一顶棒球帽，把帽檐儿压得很低。不过毫无疑问，哥伦比亚广播公司的摄像机在人群中辨认出了她，而客串解说员的麦肯罗则说美网官员们应该因没有为施特菲·格拉芙安排一个好座位而感到羞愧。我再一次击败了卡费尔尼科夫。"告诉拉里我向他问好。"

我将在决赛中对阵马丁。我本以为我的对手应该是皮特。我公开宣称我想和皮特大战一场，但他由于背伤退出了比赛，所以马丁又一次在如此关键的时刻站在那里，在球网的对面，像之前很多次那样。在1994年温网期间，仍在努力践行布拉德教诲的我经过五盘苦战，还是输给了马丁；在同年的美网比赛中，卢皮卡预测马丁将在半决赛中打倒我，而且我相信了他的话，但我还是设法击败了马丁，并最终赢得了冠军；1997年在斯图加特，在第一轮中我就遭遇惨败，被马丁淘汰出局，而正是这场惨败使布拉德最终爆发了。现在又是马丁，他将考验我新近获得的成熟，将证实我身上发生的变化是会转瞬即逝，还是会产生长远意义。

我在第一盘的第一局就破发成功，而且观众们坚定地支持我，但马丁并没有垂头丧气，也没有丧失信心。在第一盘中，我打得十分得心应手，但在第二盘中，他强大起来，我们最后不得不在抢七局中一决高下。然后在第三盘的抢七局中，他险胜于我，从而赢得了这盘的胜利。他现在以2∶1领先，从而占据了非常有利的地位。在美网的决赛中，没有人能够在这样的落后局势下反败为胜，二十六年中都没有发生过这种事。马丁感觉到了这一点，并且等待着我的精神盔甲像以往那样支离破碎。我从他的眼睛里清楚地看到了这一点，他在等待我崩溃，等待我重拾那种紧张不安的情绪，等待我变回他在以往的岁月中经常对决的那个情绪化的安德烈。但我既没有垮掉，也没有屈服。我以6∶3赢得第四盘。在第五盘中，马丁显然已疲惫至极，而我则活力四射，我以6∶2赢得了这场比赛。当我离开球场时，我知道自己已经完全康复了，我回来了，并为施特芬妮来此观战而狂喜不已。我在最后两盘中，仅出现了五个非受迫性失误。在整场比赛中，我一个发球局未失——我职业生涯中第一场一个发球局未失的五盘比赛，而且我也由此收获了我的第五个大满贯冠军头衔。当我回到拉斯维加斯后，我要在轮盘赌桌上下注五百美元压"5"这个号码。

在新闻发布会上，一个记者问我知道为什么纽约的观众都在为我鼓劲并且卖力地为我呐喊助威吗？

我希望我知道。不过让我猜猜看："他们看着我成长。"

当然，各地的球迷都见证了我成长的过程，但在纽约，他们的期望更高。正是他们的期望加速并证实了我的成长。

这是我第一次感觉到并敢于大声地说出，我是一个成年人了。

施特芬妮和我一同飞到了拉斯维加斯。就像其他到此游玩的人都会做的那样，我们赌博、看演出，与布拉德和吉米一起观看了一场拳击比赛——奥斯卡·德拉·霍亚对阵费利克斯·特里尼达德。这是我们第一次公开约会，我们的初次社交秀。第二天，一张我们牵着手并在座席上亲吻的照片就出现在了报纸上。

"现在已经没有回头路了。"我对她说。

她凝视我片刻，然后慢慢地露出了感激的微笑。

她整个周末都在我家度过。周末延长为一周，然后延长为一个月。一天，J.P. 打电话问我事情进展得怎么样了。

"我从未感觉这么好过。"

"你要在哪里和施特芬妮再次见面？"

"她还在这儿呢。"

"你什么意思？"

我把手罩在嘴上，然后悄悄地对他说："我们还在第三次约会呢。她还没走呢。"

"嗯——什么？"

我想她最终肯定会离开，回到德国去，做自己的事，但我们不谈论那个，我们不想提起那个话题。我不想做出任何有损此时兴致的事情。

就像你绝不应该叫醒一个梦游者一样。

但很快，我却要去德国了，去斯图加特参加比赛。她想陪我一起去，她甚至同意坐在我的包厢里。我很高兴能和她一起出现在那里，毕竟，斯图加特对我俩来说都是一个重要的城市——就是在那里，她成为职业选手，也是在那里，我的职业之路重新起步。不过我们在航班上没有谈论网球，我们谈论了孩子。我对她说，我想要孩子——和她的孩子。我这样说的确有些莽撞，但我控制不了自己。她眼含泪水地握住了我的手，然后看向了窗外。

我们在斯图加特的最后一个早上，施特芬妮起得很早，她得赶一趟早班飞机。她吻了我的额头，跟我道别。我把枕头盖在脸上，又睡了过去。一个小时后我醒来，跌跌撞撞地走到盥洗室。在我打开的剃须用品盒上，我看到了施特芬妮的避孕药。我仿佛听见她在说：我再也不需要这些了。

我不仅成功登顶世界第一，而且在1999年赛季结束时我仍然位居世界第一——我职业生涯中的首次年终第一。我因而也结束了皮特对这一荣誉长达六年的垄断。然后，我又赢得了巴黎公开赛，从而成为第一位在同一年中同时获巴黎网球公开赛和法国网球公开赛冠军的男选手。但在 ATP 世界巡回赛总决赛中，我再次输给了皮特。这是我们的第二十八次交手。在这二十八场比赛中，皮特获得了其中十七场胜利。在四场大满贯决赛中，他则获得了其中的三场胜利。体育记者说，既然皮特通常都会赢，我们算不上是对等的竞争对手。我不会争论，而且我再也不会因皮特而感到苦恼和沮丧了。

我做我唯一能做的事情。我去吉尔的家里燃烧肌肉；我在吉尔山上跑上跑下，直到眼前出现幻觉才停下来。我早上跑，晚上跑。这一天是平安夜，我仍在跑着，吉尔则在一旁用秒表为我计时。他说当我到达山顶时喘气喘得如此粗重，甚至他在山脚下都能听到我的呼吸。

我不停地跑上跑下，直到我不得不弯下身子对着灌木丛呕吐。最后，他来到山顶和我会合，并叫我别再练了。我们站在山顶上，望着远方的圣诞灯光，静静地守候着流星的出现。

"我为你感到骄傲，"他说，"在这里，今晚，平安夜。这确实代表了些什么。"

"谢谢你在此地陪着我，谢谢你为我放弃了平安夜，你肯定有很多其他地方想去。"

"我不想去别的地方。"他说。

在2000年澳网公开赛的第一轮中，我直落三盘击败了普尔塔，他则公开称赞了我的专注。我能感觉到，我将会与皮特再次交锋——确实如此，我们果然在半决赛中狭路相逢。在最近与他的五次交锋中，我输掉了四次，而今天他和以往一样出色。他发出了三十七记 Ace 球——在我与其之前进行的所有比赛中，这是最多的一次。但我和吉尔一起度过了平安夜。当我再输两分就会输掉整场比赛时，我发动了疯狂的反击。我赢得了比赛，并成为继拉沃之后第一位连续杀入四大满贯决赛的男选手。

在决赛中，我再次遭遇卡费尔尼科夫。对我而言，进入状态需要一段时间。在与皮特的激烈争夺后，我依然韧性十足。我输掉了第一盘，但在随后的比赛中，我找到了自己的步法和手法，并最终以3：1战胜了他——我的第六个大满贯冠军头衔。在赛后的新闻发布会上，我向布拉德和吉尔致以谢意，因为正是在他们的教导下，我认识到在比赛中只要发挥出自身的最佳水平就足够了。一个球迷喊出了施特芬妮的名字，问那是怎么回事。

"管好你自己的事吧。"我开玩笑地说道。事实上，我想把这件事告诉全世界。而且我会的，很快就会这样做。

吉尔对《纽约时报》说："我真的相信我们不会看到安德烈停下战斗的脚步了。"

布拉德对《华盛顿邮报》说："他过去的四次大满贯赛事中，他创下了二十七胜一负的佳绩，历史上只有罗德·拉沃尔、唐·布吉和施特菲·格拉芙创造过比这更好的战绩。"

甚至布拉德都没有完全意识到，当他把我的名字和那些人的名字一起提及时，我是多么地震惊。

Chapter 25
布拉德的预言

依我来看，能够找到合适的女人并与其厮守一生确是真正的幸福。我曾经耗费了很多时间拼凑我所谓的团队，但现在我唯一想的就是成为施特芬妮团队的一个受到珍视的成员。

施特芬妮告诉我她父亲要来拉斯维加斯拜访一下（她父母很久以前就离婚了，如今她母亲住在距离我们这里十五分钟路程的地方）。因此，那不可避免的时刻最终来临了——我们的父亲要见面了。这一安排使我们都颇为不安。

彼得·格拉芙温文尔雅、圆滑世故而且学识渊博。他喜欢讲笑话，很多很多笑话，但没有一个我能理解，因为他的英语说得磕磕巴巴。我想要喜欢他，而且我能感觉到他也想让我喜欢他，但我在他面前感到很不自在，因为我知道他的过去。他是德国版的迈克·阿加西。他曾经是一位足球运动员，一位狂热的网球爱好者。在施特芬妮还裹着尿布时，他就开始训练她了。但有一点与我父亲不同，他从未放弃对她的事业和财务的操控，而且他还曾由于逃税入狱两年。这个话题从未被提起，但我有时觉得大家只是避而不谈而已。

我本应该料到的：当彼得到达内华达州后，他想看的不是胡佛大坝，不是长街，而是我父亲的发球机。他早就听说过它，现在他想仔细研究研究它。我载着他去了我父亲的家里。在路上，他喋喋不休地和我亲切地交谈着，但我大部分都听不懂。他说的是德语吗？不是，是德语、英语以及网球语的混合。他在打探我父亲的网球水平。"你父亲多长时间打一次球？他打得如何？"他试图在到达那里之前对我父亲作出判断。

我父亲和那些说不出一口流利英语的人相处得不是很好，他和陌生人相处得也不是很好，因此，当我们穿过我父母家的前门时，我知道我们处于非常不利的地位。但当我意识到体育运动是一种通用语言，当我看到这两个男人、这两个体育运动的狂热爱好者、这两位前运动员知道如何通过挥臂、做手势和咕哝，从而利用他们的身体进行交流时，我放心了。我对我父亲说，彼得想见识见识那台著名的发球机。我父亲甚是得意。他带我们到了后院，把"大龙"推了出来。他启动了发动机，并把底座垫高。他喋喋不休地说着话，给彼得讲解关于"大龙"的方方面面，而且由于"大龙"的噪声，他几乎是在喊叫。他兴致勃勃，并没有意识到彼得连一个词都听不懂。

"去站到那边。"我父亲对我说。

他递给我一把球拍，让我到球场的另一侧，然后把那台机器对准我的头。

"给他示范一下。"他说。

我的身体不禁抖了一下，往事疯狂涌入我的脑海中。我只有借家里还有龙舌兰酒这一想法安慰自己，使自己继续"运转"下去。

彼得站在我后面，看着我击球。

"啊，"他说，"呀，很棒。"

父亲加快了"大龙"的速度。他不断拨动计速盘，直到"大龙"每次几乎都一起喷出两个球为止。父亲一定是给它加了一挡，我不记得球还能如此迅速地喷出，我甚至没有时间拉拍去击打第二个球。彼得因而斥责我。他从我手里夺过球拍，把我推到一边。"这一击球，"他说，"是你早就应该会的，你从没有过这种球。"他向我展示了著名的施特芬妮削球，他声称在这一点上她是承其衣钵。"你需要更干净地挥拍，"他说，"像这样。"

父亲很愤怒。首先，彼得没有听他的讲解；其次，彼得正在干预我父亲的明星学生。父亲走到网前，大叫道："什么削球，全是胡扯。如果施特芬妮会这个，她本可以做得更好的。"然后他向彼得展示了他教过我的双手反手击球。

"借助这种打法，"我父亲说，"施特芬妮本可以赢得三十二个大满贯的。"

这两个男人甚至听不懂对方的话，但是他们仍在进行着一场激烈的争论。我转过身，全神贯注地击球，把所有的精力都集中在"大龙"身上。偶尔，我会听到彼得提到我的竞争对手——皮特和拉夫特，然后父亲就会随即提起施特芬妮的宿敌——莫妮卡·塞莱斯和林塞·达文波特。父亲后来又提到了拳击，他用拳击术语举例，彼得则咆哮抗议。

"我也是一个拳击手，"彼得说，"我本可以把你打倒在地的。"

你可以对我父亲说很多事情——但这句话不行。我的身体不禁颤抖了一下，我知道要发生什么了。我转过身，正好看见施特芬妮六十三岁的父亲脱下衬衫，对我六十九岁的父亲说："看看我，看看我这体形。我比你高。我只要出刺拳，你就无法靠近我。"

我父亲说："你真的这样认为吗？来吧！你和我。"

彼得用德语骂着粗话，父亲则用亚述语说着脏话，他们全都举起了拳头。他们转着圈，不时发动佯攻，并不断地跳跃、闪躲、迂回前进。就在他们中的一个出拳之前，我冲到两人之间，把他们推开了。

父亲喊道："那个混蛋胡说八道！"

"可能吧，爸爸，但——求你。"

他们喘着粗气，汗流浃背。父亲瞪着眼睛，彼得赤裸的胸膛上挂着滴滴汗珠。但是他们看出来了我是不会让他们扭打在一起的，于是他们进入了中立角。我关掉"大龙"，然后和他们一起离开了球场。

回到家后，施特芬妮吻了我，然后询问事情进展如何。

"我以后再告诉你吧。"我说，并伸手去拿一瓶龙舌兰酒。

我以前从不知道玛格丽特（用龙舌兰酒调制的鸡尾酒）竟然如此好喝。

在戴维斯杯上，我表现得很好，但之后，我在我通常都会赢的斯科茨代尔站却早早地被淘汰出局了。我在亚特兰大赛上表现得也很糟糕，还拉伤了一根跟腱。在罗马，我止步于第三轮，这时，我很不情愿地认识到我不能像这样继续下去了，我不能每项赛事都参加了。年近三十的我必须更加谨慎地挑选自己所要参加的战斗了。

现在每接受一次采访，我都会被问到有关退役的问题。我对记者说我最好的网球时光还在前面呢，而他们则皱着眉微笑着，似乎希望我只是在开玩笑。然而，我从来没有这么认真过。

当我以2000年卫冕冠军的身份走进罗兰·加洛斯时，我本期望内心能涌动着怀旧之情，但完全不同了——这个地方已被重新装修了。他们增加了座位，改装了更衣室。我不喜欢现在的它，一点儿也不喜欢。我想让罗兰·加洛斯永远保持原样。我想让所有事情都永不改变。我希望每年都能走上中央球场，奇迹般重现1999年的情形。那一年，我的一生为之改变。在我战胜梅德韦杰夫后的新闻发布会上，我曾对记者说我现在可以毫无遗憾地离开球场了。但一年后，我意识到我错了，我总是会有一个遗憾，那就是我不能回到过去，一次又一次地重温1999年法国网球公开赛时的喜悦。

在第二轮中，我的对手是库切拉。他总是能看透我，一看到我，他体内的肾上腺素就会猛增。甚至在赛前，当我在更衣室里看见他时，他似乎仍在追忆他在1998年美网赛上击败我的那一时刻。他一上场就打得威风凛凛，迫使我不停地跑动，企图使我精疲力竭。虽然我尚能应付，但当我的右脚磨得全是水疱时，我一瘸一拐地走到一侧，叫了伤停。一位赛会医生重新包扎了我的脚，但真正的水疱在我的大脑里。我从那刻起就再也没有赢过一局。

我抬头看看我的包厢。施特芬妮低下了头，她从来没有见过我输得这么惨。

赛后，我对她说不知道为什么我的精神有时顷刻间就瓦解了。她根据自己的经历向我提供了明智的建议。"停止思考，"她说，"感觉才是重要的。用心去感觉。"

她说这些话时，就像是我父亲话语的甜蜜、温柔版。我以前并非没有听过这种说法，但只有施特芬妮说的时候，这些话才真正进入了我的内心。

随后的几天，我们一直在谈论思考和感觉。她说不去思考只是第一步，因为即使你不去思考，你也仍然不能决定是否能感觉。你不能试图去做，你必须得让自己真的感觉到。

其他的时间里，施特芬妮知道没有必要再多说什么。她只是侧着头，轻轻触摸我的脸颊，我知道她已经理解了，那就足够了。那正是我所需要的。

我们一起去了2000年的温布尔登网球公开赛。看着施特芬妮游览伦敦，我享受到了极大的乐趣。她说，她终于可以真正看看这座美丽的城市了，因为过去在压力和伤痛的雾霾中，她看不清楚它。网球运动员是所有运动员中旅行最多的一群，但比赛的紧张和艰苦使我们无暇欣赏美景。现在施特芬妮可以肆意欣赏了，她的足迹几乎遍及伦敦的每一个角落。她探查所有的商店和公园，还去了一家有名的薄煎饼店，事实上，她一直都想尝尝那里的煎饼。这家店供应的煎饼多达一百五十种，而她几乎把所有种类都品尝了一遍，再也不用担忧在球场上会脚步沉重了。

和往常一样，我在伦敦除了我的签位表什么也没有看到。戴上"眼罩"，我一路杀入了半决赛，这次我的对手是拉夫特。此刻的他已经取得了漂亮的职业战绩——两届美网冠军，前世界第一。尽管现在他们说他还在肩部手术后的恢复期，但他不断地发出 Ace 球，而我只能望分兴叹。当他不发 Ace 球时，他会在发球后"翩翩起舞"，绝不让任何东西从他身边飞过。我试图吊高球。很多次，当球离开球拍时，我觉得我打出了一记无法回击的球，但他总是能够及时还击。我们鏖战了三个半小时，绝对是一场高质量的比赛。现在是第五盘的第六局，至为关键的一局。我试图在二发时加进一些制胜的因素，但却以双发失误告终。

破发点。

我发出了球，他干脆利落地进行了回击，我击球落网。

我无法在比赛剩下的时间中成功破发。他一发成功率高达百分之七十四，而他正是凭借出色的一发成功进军决赛，获得了与皮特争夺冠军的资格。我想在施特芬妮的注视下和皮特一争高下，但事情往往不尽如人意。一年前，我在这里，也是在半决赛中击败了拉夫特，那时他第一次感到了肩部的剧痛。现在他归来了，肩伤痊愈了，并且在半决赛中战胜了我。我喜欢拉夫特，我喜欢那种对称性。我无法与这种天衣无缝的故事情节抗争。

施特芬妮和我飞回了家。我需要休息，但坏消息接踵而至——我的姐姐塔米被诊断出患有乳腺癌；几天后，相同的噩运也落在了我母亲的身上。我放弃了到悉尼参加奥运会的资格，想尽可能陪伴在家人身旁。我需要停赛一年，至少要到明年一月份。

母亲不同意我这样做。

"去吧，"她说，"打比赛，做你的工作。"

于是，我尝试着这样做。我去了华盛顿，但我表现得就像以往我不能集中精神时那样。在与克雷特加比赛时，我因为愤怒摔坏了三把球拍，并在两盘沉闷的比赛后落败。

我以头号种子选手的身份参加了2000年的美网赛，我是夺冠热门，但在比赛前夕，我和吉尔坐在洛厄尔酒店里，并没有丝毫的优越感，反而感觉极为糟糕。现在应该是快乐的时刻。我可以赢，我可以震惊世界，而且我不在乎。

"吉尔，为什么还要继续下去？"

"也许你不应该。"

"为什么我又有了这种我曾经有过的感觉？"

这是一个反问句。凯茜已经完全康复了，又变得生龙活虎，并总是将大学挂在嘴边，但吉尔从来都没有忘记过当你挚爱的人躺在病床上时的那种感觉。他知道我想说但没有说出的话：为什么我们所爱之人要遭受不幸？为什么生活不能完美？为什么每一天、在地球的某个地方，总有某个人要失去些什么？

"除非你内心充满斗志，"吉尔说，"否则你不能参加比赛，那是你的性格。自从十九岁时起，你的性格就一直如此。只有当你身边的人都平安时，你才能充满斗志。正是因为这一点，我才喜欢你。"

"如果我不参加比赛，我会让很多人失望的。如果我不参加比赛，我会让我的家人失望的。"

他点点头。

"为什么网球和生活总是处于对抗中？"

他沉默不语。

"我们已经完成了，是吗？我的意思是，我们已经跑完了这段旅程，对吗？对于我们而言，这种狗屁局面即将结束，不是吗？"

"我无法回答你，"他说，"我只是知道你还有很多潜力没有发挥出来。如果我们就此离开，很好，但我们会错过一些东西。而且我认为你说过你要看着你的网球生涯到达终点线，这是你对自己许下的诺言。"

在赛前训练的第一天，在与布拉德练球时，我发不出一个救命的球。当我离开球场时，布拉德知道什么也不要问我。我回到酒店，躺在床上，呆呆地盯着天花板，盯了两个小时之久。我知道自己不会在纽约逗留很长时间。

在第一轮中，我的对手是一位斯坦福大学的学生亚历克斯·金，他焦虑得要命，我很同情他，但是直落三盘击败了他。在第二轮中，我的对手是克莱门特。那天很热，在得第一分前，我们都已经大汗淋漓了。我开局打得不错，破发成功，以3∶1领先。一切进展顺利。然后，突然间，我就像从未打过网球一样，在整个体育场的观众面前崩溃了。

体育记者再一次为我唱起了挽歌：阿加西事业的终点即将来临了。吉尔试图告诉他们我正在经历什么，他说："安德烈是由他的内心、感情、信仰以及那些他珍视的人所激励的，当其中有一项不对劲时，你们就能够在他的行动中察觉到。"

在走出亚瑟·阿什体育场的途中，一个小女孩说："对于你的失败，我感到很难过。"

"噢，亲爱的，不要这么难过。"

她露出了微笑。

我赶回拉斯维加斯，想陪陪我的母亲，但她似乎完全没有感到困扰，一如既往地沉浸在书和拼图游戏中。看到她如此平静，如此坚定地保持着内心的平静，我们都不禁自惭形秽起来。我认识到这些年来，我一直都低估了我的母亲。我意识到就像我们所有人一样，今天的她也是拜我父亲所赐，而且，在她的内心，她受到的影响比我们都深。

我也意识到，在人生中这个危险时刻，她想要获得一些赞扬。我一直想当然地以为我母亲只是想默默地生活，不渴求别人赏识的眼光，但她现在想要被注意，被敬重，她想让我知道她比我想象的要坚强得多。她毫无抱怨地接受治疗。如果她为此感到骄傲，如果她想让我为此骄傲，那么她肯定也想让我知道我和她是一样的。她和我都从父亲这一"困境"中挺了过来。这一次，她也会挺过来的，而她也希望我会同样如此。

在西雅图接受治疗的塔米也表现得越来越坚强。她已经接受了手术，在进行化疗之前，她来到拉斯维加斯和我们—— 她的家人共度这段时光。她说她很害怕失去头发。我问她为什么要害怕呢，我说："失去头发是降临在我身上的最好的事情。"她大笑起来。

她说也许在癌症夺走她的头发之前摆脱它会是一个好主意。一种反抗的行动，一份控制自身命运的宣言。

"我喜欢这个主意，"我说，"我会帮忙的。"

我们在我家里组织了一个烧烤会。在所有人到达之前，我们把自己关在了盥洗室里，在菲利和施特芬妮的见证下，我们举行了一次正式的剃头仪式。塔米想让我尽地主之谊，她把电推剪递给了我。我把刀片调到最紧的位置，然后问她是否想先剃一个莫西干头。

"这可能是你最后一次见识自己留那个发型的机会了。"

"不用了，"她说，"我们就来个痛快吧。"

我快速仔细地剃着她的头，她则面带着猫王参军时脸上流露出的那种微笑。当她的头发飘落在地，我对她说一切都会好起来的。你现在自由了，塔米，自由了。我还对她说："至少你的头发还会再长出来，而我和菲利的头发则一去不复返了，宝贝。"她为此笑个不停。当生活每天都在尽全力使我的姐姐哭泣时，我为能够使她开怀大笑而感到欣慰。

2000年11月，我家人的病情都大大好转，于是我准备重新开始训练。2001年1月，我飞到了澳大利亚，当飞机着陆时，我感觉很好。我确实喜欢这个地方。前世我肯定是一个澳大利亚的土著民，我在这里就像在家里一样，感觉非常自在。一直以来，每当我走进罗德·拉沃球场，并在拉沃的名义下比赛时，我都满心欢喜。

我和布拉德打赌，我说我将赢得最终的胜利，我能感觉到。如果我做到了，他就得一头跳到雅拉河（一条流经墨尔本、污染严重并散发着恶臭的支流）里。我一路高歌猛进，成功晋级半决赛。这一次，我的对手又是拉夫特。我们进行了三个小时的拉锯战，其间充满着似乎永无止境的、让人耗尽精力的激烈争夺。他以2∶1领先于我。然后他萎蔫了。澳大利亚很炎热。我们都汗流浃背，但他抽筋了。我拿下了接下来的两盘比赛。

在决赛中，我与克莱门特对决。因为他在之前的美国网球公开赛中将我淘汰出局，这场比赛应该算是一场复仇赛。我几乎没有离开过底线。我几乎没有出现失误，而即使我确实出现了失误，我也会迅速将其抛至脑后。当克莱门特用法语咕哝着抱怨自己时，我内心则异常的平静和安宁。我是我母亲的儿子。我直落三盘击败了他。

这是我的第七个大满贯单打冠军，我也因此得以位列网球史上的第十名。我和麦肯罗、维兰德和其他几人并列——比贝克尔和埃德伯格高一位。我和维兰德是公开赛时代仅有的两位赢得三次澳网冠军的男选手。但是此刻，我只想看着布拉德在雅拉河里仰泳，然后回到施特芬妮的身边。

我们在2001年年初一直窝在我的二号单身公寓里，并把它转变为一个真正的家。

我们购买我们都喜欢的家具；我们举办小型晚餐会；我们会滔滔不绝地谈论未来，常常谈到深夜。她为我买了一块厨房黑板，以便我列出我想吃的食物的清单，但我把它变成了一块留言板。我把这块黑板挂在厨房的墙上，并向施特芬妮承诺，每天晚上我都会在上面写上一些有关我爱她的话，然后第二天晚上我会把黑板擦得干干净净，再写上一些新的话。我还买了一箱1989年的龙船庄酒，我们承诺每一年在我们首次约会纪念日的那天我们都会分享一瓶。

在印第安韦尔斯，我进入了决赛，并与皮特狭路相逢。我战胜了他。比赛后，在更衣室里，他说他要与他约会的那个女演员布丽姬特·威尔逊结婚了。

"我仍然对演员心存畏惧。"

他笑了，但我却不是在开玩笑。

他说他和她是在电影《泼辣新娘》(*Love Stinks*)的片场相识的。

我笑了，但他不是在开玩笑。

有很多话，我想对皮特说，关于婚姻，关于女演员，但我不能，我们之间不是那种关系。有很多问题，我想要问他。我想问他：他为何能够如此专注？对网球投入如此之多，而无暇顾及生活中的其他很多方面，他是否感到遗憾？不同的个性以及彼此之间持续的竞争使我们无法更加亲密。我意识到尽管我们对彼此产生了很大的影响，尽管我们之间存在着"准友谊"，但我们仍然是陌生人，而且可能永远都会如此。我希望他万事如意，而且我是认真的。依我来看，能够找到合适的女人并与其厮守一生确是真正的幸福。我曾经耗费了很多时间拼凑我所谓的团队，但现在我唯一想的就是成为施特芬妮团队的一个受到珍视的成员。我希望他对他的未婚妻有着相同的感觉，我希望他像在意自己在网球历史中的地位那样在意自己在她心中的地位。我希望我能够对他说这些话。

在比赛结束一个小时后，施特芬妮和我教授了一堂网球课。在一场慈善拍卖会上，韦恩·格雷茨基拍得了我们的授课时间，他想让我们教一教他的孩子们。我们和这几个孩子相处得很愉快。天色渐黑，我们便开车返回了拉斯维加斯。一路上，我开得很慢，我和她一直谈论着那几个孩子是多么地可爱。我不时回忆起科斯特纳家的那些孩子们。

施特芬妮眯着眼睛看着窗外，然后把目光转向我，说："我想我这个月还没来。"

"来什么？"

"月经没有来。"

"噢，你的意思是……噢！"

我们在一个药店停了下来，买下了药架上所有种类的验孕棒，然后躲在 Bel-Air

酒店里。施特芬妮走进盥洗室，而当她出来，脸上的表情则变得难以捉摸。她举起验孕棒。

蓝色的。

"蓝色意味着什么？"

"我想这意味着……你知道的。"

"一个男孩？"

"我想这意味着我怀孕了。"

她又验了一次，然后又验了一次，每次都是蓝的。

那是我们都想要的结果，她非常高兴，但也有些害怕。如此多的改变。她的身体会发生什么变化？我们只能再在一起待上几个小时，随后我要赶一趟飞往迈阿密的夜间航班，而她则要飞回德国。我们去 Matsuhisa 吃了晚餐。直到后来我才意识到，就是在这家餐厅我和波姬彻底决裂了——就像网球一样，你遭遇了最惨烈的失败的球场也可以成为你收获最甜蜜的胜利之地。

在我们吃完、哭完和庆祝完之后，我说："我想我们应该结婚。"

她睁大了眼睛。"我也这么想。"

我们决定我们的婚礼将不会有喧嚷嬉闹，不会有教堂，不会有蛋糕，不会有礼服。我们会在网球赛季两项赛事之间的一个空闲日子完成此事。

我坐在那里，接受亲切的电视主持人查利·罗斯长达一个小时的采访。在采访期间，我满口都是谎言。

我不是故意要撒谎的，但罗斯问的每一个问题似乎都有一个不言而喻的答案，一个他乐于并渴望听到的答案。

"你在很小的时候就喜欢网球吗？"

"是的。"

"你热爱这项运动。"

"我愿抱着网球拍睡觉。"

"当你现在回顾你父亲为你所做的一切时，你是否会说：'我很庆幸，正是由于他对我进行了那些早期训练，我才如此坚强'？"

"能够在网球赛场上拼搏，我当然很高兴。我很庆幸我父亲引导我走上了网球之路。"

当我说这些话时，我仿佛被催眠了，或者说被洗脑了。但这对我来说并不是什么新鲜事。我以前也说过相同的话，在新闻发布会上，在接受采访时，在鸡尾酒会上的闲聊中，我无数次说过这样的话。

这些谎言，是否连我自己都有些相信了？这些谎言，在经过毫厘不差的不断重复后，是否已经听起来像真话一样了？

但是这一次，这些谎言听起来以及感觉起来却很不同。它们悬浮在空气中，有着苦涩的余味。当采访结束时，我感到一阵莫名的不安——还未达到罪恶感那种程度，应该是遗憾，一种错失机会的感觉。我思忖着如果我对他、也对自己坦诚相待，事情又会怎样，罗斯会做些或说些什么，我们在那一小时中得到的乐趣又可能会多多少？

这种不安感伴随了我好几天。当采访开始在电视上播放时，不安感变得更为强烈了。我暗暗发誓，总有一天我会直视一位地位、名望和罗斯相仿的主持人的眼睛，并对他说出完全未加粉饰的真话。

在2001年的法网公开赛期间，我的包厢里存在着一个看不见的人——施特芬妮怀孕已经四个月了。而我那未出世的孩子使我的脚步轻盈得如十几岁的少年。在第四轮中，我与斯奎拉里对决。我们之间的"故事"可谓说来话长。当我们走上球场时，我觉得我们之间的"缘分"似乎比法英之间的历史渊源还要深厚。斯奎拉里的出现直接把我的思绪带回了1999年的法网——我职业生涯中最艰苦的比赛之一。我人生的一个转折点。如果两年前的那天他击败了我，我不知道我是否还会出现在这里，我不知道施特芬妮是否会在这里——因此我们未出世的孩子也不会在这里。

在这些想法的鼓舞下，我志在必得。随着比赛的推进，我的精力越来越充沛，注意力越来越集中。我全神贯注，完全不被外物所扰。一位不守规矩的球迷冲我喊了一些污秽的话，我只是一笑了之；我重重地摔了一跤，扭伤并擦破了膝盖，我只是耸耸肩，对此毫不介怀——什么都阻止不了我，更不用说斯奎拉里了。渐渐地，我甚至将他也抛至脑后了，我感觉自己仿佛独自一人身处此地——这种感觉比以往都要强烈。

在四分之一决赛中，我的对手是来自法国的塞巴斯蒂安·格罗斯让。我以6：1轻而易举地赢得了第一盘。然后格罗斯让似乎挖掘到了一座隐秘的必胜信念的宝库。现在我们的自信旗鼓相当，但是他的击球却略胜一筹。他破发成功，以2：0领先。然后他再度破发成功，就像我赢得第一盘那样轻松地赢得了第二盘。

在第三盘一开始他就破发成功，他放出一记漂亮的高球，从而赢得了这一局。然后他保住了他的发球局，并再次破了我的发球局。我完蛋了。

在第四盘中，我本来有机会破他的发球局，但我未能成功利用。我打出了一记无力的、与我的水平不相称的反手球。当我看着它朝边线飞去时，我知道我没有机会了。

现在是他的发球制胜局。我紧紧地握住球拍，然后我正手击球落网。现在是赛点，他最后以一记 Ace 球斩杀了我。

赛后，记者问我是否是因为比尔·克林顿总统的到来而无法集中精力。我听过也给出过各种各样的理由，为比赛的失利作辩解，但我绝对不会想出这样蹩脚的理由。"我不知道克林顿要来这里，"我对他们说，"我心里想着其他事，另一位看不见的观众。"

我以训练的名义把施特芬妮带到了吉尔的健身房。她面露喜色，因为她知道我们来的真实意图。

吉尔问施特芬妮感觉好不好，要不要喝些什么，要不要坐下来。他把她领到了一个训练区，她跨上了一架女鞍。她审视着吉尔沿着一面墙建造的那个架子，上面摆放着我在各项大满贯赛事中获得的奖杯，其中包括我在《老友记》后的狂怒中摔碎的那些奖杯的替换品。

我随意拨弄着一根绷紧的细绳，然后说："那么……呃……吉尔，听着，我们已经为我们的儿子起好名字了。"

"呀，是什么？"

"杰登。"

"我喜欢那个名字，"吉尔笑着说，并且不断地点头，"我觉得很好，我喜欢。"

"而且——我们认为我们也想好了一个极好的中名。"

"是什么？"

"吉尔。"

他盯着我。

"嗯，就是杰登·吉尔·阿加西。如果他长大后能有一半像你，他就会取得显著的成功。如果我为他付出的有你为我所付出的一半，我就会超越自己的标准。"

此时，施特芬妮已经哭出了声，我的眼睛里也充满了泪水。吉尔站在一台腿部伸展机前，离我大概有三米远。他耳朵上夹着他的招牌铅笔，眼镜滑落到了鼻尖，手中拿着打开的达·芬奇笔记本。他三步就冲到了我的面前，然后一把抱住我。我感觉到我的脸颊触到了他的项链。圣父，圣子，圣灵。

2001年的温网半决赛，我马上就要击败拉夫特了。第五盘，我的发球局，距离胜利只有两分之遥。我打出一记有些迟疑不决的正手球，球落网了。然后我失掉了一记容易的反手球，从而丢掉了下一分。然后他破发成功。现在变成了他认为他即将击败我了。

我喊道："他妈的。"

一名女司线员立即将此事报告给了裁判。

我因此受到了警告。

现在我脑袋里想的全都是这位爱管闲事的女司线员。我以6∶8输掉了这一盘，也就输掉了整场比赛。我感到有些失望，但同时也觉得这并不重要。

除了施特芬妮的健康和我们正在形成的家庭外，我的思绪从未远离过我的学校。它将在这年秋天正式落成，届时将有两百名学生在这里读三至五年级。我们已计划迅速地实现学校的扩建，使其能够接收从幼儿园到十二年级的学生。两年后，我们将建好我们的初中。再过两年，高中。

我喜欢我们的想法、我们的设计，但我尤其为我们为实现理想而心甘情愿地投入金钱这一点感到骄傲。大量的金钱。当佩里和我得知内华达州在教育上的投入几乎比其他任何州都要少时，我们感到颇为震惊。内华达州投在每个学生身上的钱只有六千八百美元，而美国平均水平则为八千六百美元，所以我们发誓要在我们的学校消除这种投入上的差距，而且远远不只如此。通过从政府和私人捐赠者那里筹得资金，我们将在孩子身上进行大笔投资，从而证明对教育进行投资就像对其他任何事情投资一样，你付出的越多，得到的也越多。

我们也要使我们的孩子每天在学校里待上更长的时间——八个小时，而不是内华达规定的六个小时。如果别人问我这么多年来我获得的最重要的一点经验是什么，那就是时间加练习等于成就。除此之外，我们坚持孩子的父母要积极地参与到学校的活动中来。我们要求每个孩子的至少一名家长每个月要花十二个小时在教室里担当志愿学生助手，或在学校组织的旅行中担任志愿指导员。我们想让家长有一种身为股东的感觉，想让他们在帮助他们的孩子进入大学这件事上承担起充分的义务和责任。

很多天，当我感到疲乏或情绪低落时，我就会开车到社区，看看正在建设中的学校。在我所有的矛盾中，这是最令人惊异，也是最有趣的——一个鄙视并恐惧学校的男孩竟然变成了一个被他自己在筹建中的学校所鼓舞并重获动力的男人。

但在学校正式落成那天，我却不能出现在那里，因为我要参加美国网球公开赛。我是在为学校而赛，所以我会发挥出我的最佳水平。我在前四轮过关斩将，然后在四分之一决赛中与皮特狭路相逢。从我们走出地下通道那一刻起，我们就知道这将是我们最为激烈的一场战斗。我们就是知道。这是我们之间的第三十二次交手，他以十七胜十四负略胜一筹。我们的脸上都带着那种凝重的大赛表情。就在此地，就在此刻，这场比赛将决定我与他之间的竞争。胜者为王。

皮特如今应该是半速前进了，他已经连续十四个月未在大满贯赛事中夺冠了。他逡巡不前，而且公开地谈论着退役的话题。但此刻那些都变得无足轻重了，因为他的对手是我。我以7∶6赢得了第一盘，所以我现在自认为胜算又大了一些。在这项赛事中，我赢得首盘后的总战绩为四十九胜仅一负。

某人请告诉皮特这一数据吧。他以7∶6赢得了第二盘。

第三盘也不得不在抢七局中决出胜负。我犯了几个愚蠢的错误。疲劳。他赢了第三盘。

在第四盘中，我们上演了几次堪称壮观的多拍回合，然后又不得不在抢七局中一决高下。此时，我们已经对打了三个小时，但双方都没有破发成功过。时间已过午夜，两万三千名球迷都站了起来。他们不想让我们开始第四个抢七局。通过重重地跺脚和热烈地鼓掌，他们正在表演着自己的抢七局。在我们继续拼杀之前，他们想对我们致以谢意。

我被感动了，我看到皮特也被感动了。但现在我不能考虑球迷，我只能让自己思考如何到达第五盘这一庇身之地，除此之外，我什么也不能想。

皮特知道如果比赛进入第五盘，优势就会偏向我这一方。他知道他需要在这一局中打得无懈可击，这样才能阻止第五盘的战斗。而他确实这样做了。整晚几近完美的比赛在我的一记落网的正手球中落下了帷幕。

皮特发出了胜利的吼叫。

说实在的，我却觉得自己的心跳减缓了。我感觉并不糟糕。我试图感觉很糟糕，但我不能，我想这是否是因为我对在重大赛事中输给皮特已经习以为常了，或者我只是对我的事业和家庭感到心满意足了。无论是什么原因，我把手放在皮特的肩上并祝他一切顺利。尽管这样感觉不像是在道别，但这确实像对那场并不遥远的道别的一次预演。

2001年10月，在距离施特芬妮的预产期还有三天时，我们把我们的母亲和内华达的一位法官邀请到家中。

我非常喜欢看着施特芬妮和我的母亲——我生命中两个羞涩的女人——待在一起。施特芬妮总是会送给她一些新的拼图。我也很敬重施特芬妮的母亲海迪。施特芬妮和她长得很像，所以第一次见面，我就对海迪产生了好感。施特芬妮和我都穿着牛仔裤、赤着脚，我们来到庭院里，站在法官面前。至于戒指，我们则用施特芬妮在抽屉里找到的两团旧的酒椰叶丝带来代替，而曾经我正是用这种丝带为送给她的第一张生日卡做的装饰，直到后来我们才注意到这一巧合之处。

我父亲则坚称如果他没被邀请，他丝毫不会觉得受到了冷落。他不想被邀请。

他最不愿做的事情就是参加婚礼，他不喜欢婚礼（在我第一次婚礼时，他中途就离开了）。只要我与施特芬妮结婚，他说，他不介意我何时、何地以及如何使她成为我的妻子。"她是有史以来最伟大的女子网球运动员，"他说，"我有什么不满意的？"

法官匆匆宣读完了冗长的法律条文，当施特芬妮和我正要说"我愿意"时，一队园艺师到达了此地。我跑到外面，请求他们先关掉割草机和清落叶机，五分钟之后再开，这样我们可以把婚结完。他们向我致以歉意。一个人把手指放在嘴唇上，做出了嘘声的动作。

"以法律赋予我的合法权利。"法官说。终于，总算，在两位母亲和三位园艺师的见证下，施特菲·格拉芙成了施特芬妮·阿加西。

Chapter 26
选对了刀头

　　每天晚上，在我从球场回到家里的几分钟后，当我一手摇着摇篮里的杰登，一手搂着施特芬妮时，我甚至都回忆不起自己是输还是赢了。网球就像日光那样迅速地消失在茫茫夜色中。我几乎认为我握拍的那只手上的老茧正在消失，我背部"燃烧"和发炎的神经正在冷却和痊愈。我首先是一个父亲，然后才是一个网球运动员。

　　一个出生和重生的季节。在我的学校落成的几周后，我的儿子降临到了这个世界上。在产房里，当医生把杰登·吉尔交给我时，我一时间不知所措。我是如此爱他，以至于我觉得自己的心都像熟透了似的张开了。我迫不及待地想要了解他，可是我也很想知道，这个漂亮的闯入者到底是谁？施特芬妮和我准备好在家中迎接这个完全陌生的人了吗？我对自己来说都是个陌生人——我对我的儿子来说又是什么？他会喜欢我吗？

　　我们把杰登带回家里，然后我目不转睛盯着他看了几个小时。我问他：他是谁，他从哪里来，他想要做什么。我自问如何才能够给他我曾经需要却从未拥有过的一切，我想要立即退役，整日整夜陪着他，但我现在比以往任何时刻都更需要继续拼搏在球场上——为了他，为了他的以及我的学校里所有孩子的未来。

　　在悉尼举行的年终大师杯赛上——这是我成为父亲后的第一场比赛——我击败了拉夫特。赛后我对记者说：我怀疑我无法一直打下去，一直坚持到我的儿子能够观看我的比赛了，但这不失为一个美梦。

　　但我随之被迫退出了2002年的澳网赛。我的手腕不停地抽痛，因此无法正常参赛。我已习以为常了，但布拉德却因此甚为沮丧，而且这次他似乎无法轻易地摆脱这种沮丧之情。这次是不同的。

　　几天后，他说我们需要谈一谈。我们一起喝了咖啡，他终于把话都挑明了。

　　"我们在一起走过了光辉的旅程，安德烈，但我们已经走得尽可能远了，现在已停滞不前。我已经黔驴技穷了，老兄。"

"但是……"

"我们已经合作八年了，我们可以再继续合作一段时间。但你已经三十二岁了，你有新的家庭、新的兴趣。为你的最后征程寻找一个新的代言人可能并不是一个那么糟糕的主意，一个可以重新激发你灵感的人。"

他停下来，看看我，然后又看向了一边。"归根结底，"他说，"我们如此亲密，我最大的恐惧是，当终局将近，我们会陷入争吵，而这种争吵会一直持续下去。"

我心里想：那可能绝不会发生，但宁愿稳妥以免后悔。

我们拥抱。

当他出门之后，一种淡淡的忧伤从我心底油然而生，这种感觉与周日晚上刚刚度过了一个闲适恬静的周末后你心中升腾起的那种伤感颇为相似。我知道布拉德和我有着相同的感觉。这可能不是结束我们的旅程的正确方式，但却是可能的最好方式。

我闭上眼睛，试图勾勒出我和一位新教练在一起的情景。我看到的第一张脸便是达伦·卡希尔的脸。他刚刚结束了对目前排名世界第一、网球史上最出色的战术家之一莱顿·休伊特的执教。可以说，休伊特所取得的成就很大程度上要归功于达伦。而且，我最近在悉尼偶遇达伦时，我们进行了一次关于"父道"的长谈，那真是融洽和亲密的时刻。也是新近荣升为父亲的达伦建议我去读一本关于如何使婴儿入睡的书。他极其信赖这本书，并且说他的儿子在比赛期间总被别人称为"睡得像个醉汉的婴儿"。

我一直就喜欢达伦。我喜欢他那随和的风格，我觉得他的澳大利亚口音具有一种抚慰人心的魔力，听着他的声音，我几乎会醺然入睡。我读了他推荐的那本书，还从澳大利亚打电话给施特芬妮，让她去读写给母亲的那几章。这本书确实有用。现在我拨通了他的电话，告诉他我已经与布拉德分道扬镳了，我问他是否对这份工作有那么一点儿兴趣。

他说他深感荣幸，但他就要与萨芬签约，出任他的教练了。不过，他还是会考虑考虑的，到时再跟我联系。

"没问题，"我说，"慢慢考虑。"

半个小时后我又给他打了电话。我问他："还有什么可想的？你不能担任萨芬的教练，他可是个桀骜不驯的麻烦人物。你非得和我合作了，那才对劲。我向你承诺，达伦，我还有戏，我还没完蛋，我还很专注——我只是需要某个人帮助我继续保持这种专注的状态。"

"好吧，"他笑着说，"好的，伙计。"

他只字未提钱的问题。

施特芬妮和杰登陪我一起去了比斯坎湾。2002年4月将至，差几天就到我三十二岁的生日了。这项赛事的赛场上充满了年龄只有我一半大、年轻勇猛的选手，比如安迪·罗迪克，他被称为美国网球界的下一个救星，可怜的家伙！还有一个新近崭露头角的热门人物——来自瑞士的天才罗杰·费德勒。

我想要在这项赛事中夺冠，为了我的妻子和我六个月大的儿子。但我并不担心失败，也不会在意失败，这同样是因为他们。每天晚上，在我从球场回到家里的几分钟后，当我一手摇着摇篮里的杰登，一手搂着施特芬妮时，我甚至都回忆不起自己是输还是赢了。网球就像日光那样迅速地消失在茫茫夜色中。我几乎认为我握拍的那只手上的老茧正在消失，我背部"燃烧"和发炎的神经正在冷却和痊愈。我首先是一个父亲，然后才是一个网球运动员——这种变化就在我无意识的情况下发生了。

一天早上，施特芬妮动身去食品店，并进行一次快速的锻炼。她竟然敢把杰登留给我一个人。我的第一次"单飞"。

"你们两个不会有问题吧？"她问。

"当然。"

我把杰登放在盥洗台上，让他靠着镜子坐着。当我洗漱时，我就把我的牙刷给他摆弄。他喜欢一边吮着牙刷，一边注视着我用电推剪剃着我的头发。

我问他："你对你的秃头老爸有何感想？"

他只是微笑着。

"你知道，儿子，我曾经也像你一样，长发飘飘。你将来不要用那种遮盖秃头的梳头法欺骗任何人啊。"

他笑得更开心了，当然他不知道我在说些什么。

我用手指量了量他的头发。

"实际上，你的头发看起来有点儿邋遢，你可以用工具修剪一下。"我更换了电推剪的刀头，换上一个用来修剪的刀头。但是，当我用电推剪轻轻推过杰登的小脑瓜后，他的头部中央却出现了一道光洁的白印——杰登的头皮竟然露了出来，看起来像底线一样白。

刀头选错了。

施特芬妮会杀了我的。我需要在她回家之前，使杰登的头发变得匀称。但手忙脚乱中，我却把他的头发弄得越来越短。我还没回过神，我儿子的头发就比我还秃了——他看起来就是我的迷你版。

当施特芬妮开门进来时，她停住了脚步，瞪大了眼睛。"怎么？安德烈，"她说，"你到底怎么回事？我只离开了四十五分钟，你就给宝贝剃了光头？"

然后她颇具戏剧性地、连珠炮似的吐出了一堆德文。

我对她说这只是个意外。"选错了刀头。"我求她原谅我。

"我知道，"我说，"你肯定觉得我是故意这么做的。我知道我开玩笑时总是说我要剃光整个世界，但是说实话，施特芬妮，这次绝对是个意外。"

我又跟她提起了那个古老的迷信说法，即如果你将孩子的头发剃光，他的头发就会长得又快又密。她举起一只手，然后开始大笑，笑得都直不起腰来了。看见妈妈笑，杰登也笑了起来，然后我们全都咯咯地笑了起来。摸摸杰登的脑袋，然后再摸摸我的，我笑称现在只剩施特芬妮了，她睡觉时最好睁着一只眼睛以防万一。到后来，我笑得都说不出话来了。几天后，在比斯坎湾，我击败了费德勒。这是一次不错的胜利，他可是这一年的大热门。在参加此项赛事前，他这一年已经取得了三十二场胜利。

这是我的第五十一个冠军头衔，我职业生涯的第七百场胜利。但是我毫不怀疑，在以后的岁月中，每当我回忆起这次比赛时，首先浮现在我脑海的一定是那次纵情大笑，而非对费德勒的胜利。我不禁在想这场胜利也许与那次大笑有关。在和你爱的人一起欢笑过后，你更易感到自由和放松。选对了刀头。

在2002年早期，我和达伦相处得很愉快。我们说着一样的语言，在我们的眼中，世界的颜色也颇为相似。之后，他通过仔细研究我的球拍线并且改进它们而增强了我的信心，使我的自信更加不可动摇。

我一直用的都是 Pro Blend 球拍线，这种线一半是凯夫拉尔纤维（作为竖线），一半是尼龙（作为横线）。你可以用 Pro Blend 球拍线绑住三百六十千克重的青枪鱼，它从来不会断，不会请求宽恕，但也从来不会产生旋转球。你会觉得自己是在用垃圾箱的盖子击球。人们一直在谈论网球的变化，谈论变得更加强大的网球运动员，谈论变得更大的球拍，但近年来网球运动中最引人注目的变化却发生在球拍线上。一种新的高弹性聚酯球拍线能够使球产生强烈的上旋效果，正是这种球拍线使平庸的选手成就了伟大，使伟大的选手成就了传奇。

然而，我一直都不愿意做出改变，现在达伦力促我进行新的尝试。我们在意大利参加意大利网球公开赛。在第一轮中，我已经以6：3、6：2战胜了来自德国的尼古拉斯·基弗。我不停地对达伦说我本会输掉这场比赛，我打得糟糕极了。我在这种场地上没有信心，我对他说。红土场已经离我远去了。

"试试新的球拍线，老兄。"

我皱了皱眉，有些怀疑。我试着更换过一次网球拍，但效果并不好。

他更换了我的一把球拍的拍线，然后又说："就试试吧。"

在赛前的一次练习中，我两个小时内几乎未失一球，然后在接下来的比赛中我也未失一球。我以前从来没有在意大利网球公开赛夺过冠，但这一次我做到了，因为达伦和他神奇的球拍线。

我突然期待起2002年的法网了。我兴奋异常，渴望着这场战斗，而且持一种谨慎的乐观态度。我刚刚赢得了一项赛事，杰登现在睡觉睡得也多点儿了，而我又有了一件新武器。在第四轮中，我落后法国外卡选手保罗－亨利·马修两盘及一个破发局。他刚刚二十岁，但他的体力并不如我。网球比赛里可没有年龄限制，孩子，我可以在这里打上一整天。

天下起了雨。我坐在更衣室里，回忆起1999年布拉德对我的斥责。我听到他那激昂的长篇演说，每个词都听得清清楚楚。我面带着微笑走回了球场。我以40：0领先，然后马修破了我的发球局。我不为所动，只是以眼还眼，也破了他的发球局。在第五盘中，他以3：1领先。又一次，我拒绝失败。

马修赛后对记者说："如果我面对的不是阿加西，而是其他任何人，我就赢定了。"

在下一轮中，我的对手是来自西班牙的胡安·卡洛斯·费雷罗。天又一次下起了雨，这一次我要求将比赛推迟到明天。费雷罗领先于我，所以他不希望停下来。当官员们同意了我的请求并推迟了比赛时，他变得很暴躁。第二天，他把他的坏情绪全都发泄在了我身上。在第三盘中，我曾有过那么一点儿机会，但是很快就丧失了。他赢得了这一盘。在他将我驱逐出场时，我能感觉到他的自信心像蒸汽一样从他的心底升腾而起。

当我和达伦一块儿走出球场时，我内心非常平静。我喜欢我打球的方式。我失误不断，在比赛中也总出漏洞，但我知道我们将对其进行修补。我的背部依然疼痛，但这主要是由于我要弯腰扶着正在学习走路的杰登。一种很棒的疼痛。

几周后，我们参加了2002年的温网。我极佳的新状态却抛弃了我，因为我的新球拍线毁了我。在草场上，我新近采用得比较多的上旋打法使球像氢气球一样高高飞起，等待着被对手迎头痛击。在第二轮中，我与来自泰国的帕拉顿·斯里查潘对决。他打得算好，但绝对没有这么好——他击退了我的每一次出击。他现在排名世界第67位，而且我认为他不可能战胜我，但他却在第一盘中破发成功。

我竭尽全力想要回到正轨上，但毫无起色。我的球就像一个奶油泡芙，被斯里查潘一口吞下。斯里查潘在迎击我的正手击球时双目圆睁——我从来没有见过一个人的眼睛睁得那么大。他正在用尽全身的力气挥拍，而我头脑中仅存的清晰想法就是：我希望我也能全力回击并力有所值。我怎么才能让全场的人都知道这不是我，这不是我的错，是球拍线在作祟。在第二盘中，我调整了心态，奋力回击，打得也不错，但斯里查潘极其自信，他认为这一天是属于他的，而当你认为这一天是属于你的时候，这一天通常就是属于你的。他打出了狂野的一击，而球竟然奇迹般压到了一点点底线。于是他拿下了抢七局，从而两盘领先。在第三盘中，我平静地投降了。

在同一天，皮特也输掉了比赛，这只是一种无用的安慰。

在接下来的两天里，达伦和我试验了许多种不同方法来组合球拍线。我对他说我不能继续用他的这种聚酯纤维了，而他又已经毁了我对旧的那种球拍线的信念。"如果我得再度使用 Pro Blend，"我说，"我就再也不打网球了。"

他的表情很阴沉。在成为我的教练六个月后，他只是稍稍调整了我的球拍线，而他却可能不经意间加速了我的退役。他发誓会尽其所能找到一种正确组合球拍线的方式。

"一定要找到一种办法，"我对他说，"能让我像斯里查潘那样用尽全力挥拍并见到成效。像斯里查潘那样。使我像斯里查潘那样。"

"一定照办，伙计。"

他夜以继日地工作，终于搞出了一种他喜欢的组合方式。

我们去了洛杉矶，棒极了。我赢得了梅赛德斯-奔驰杯。

我们去了辛辛那提，我打得还不错，只是没有好到可以夺冠的那种程度。然后我们去了华盛顿，我击败了我一直以来的一个强劲对手恩奎斯特。接下来我和另一个年轻人、二十二岁的詹姆斯·布莱克对决，他被认为能够成为未来网球赛场上一位了不起的人物。他的球打得非常漂亮、优雅，我和他不是同一类型的，至少今天不是。他实在是一位更年轻、更迅速也更优秀的运动员。他也仔细研究了我的历史、我的成就，从而可以激励自己发挥出最佳水平。我喜欢他有备而来。我感到很荣幸，即使这也意味着我毫无机会取胜。我绝不会将这场失败归咎于球拍线。

我去参加了2002年的美网公开赛，心中没有什么确定的期望。我顺利地闯过了前几轮，晋级四分之一决赛。在这场比赛中，我面对的是来自白俄罗斯明斯克市的马克斯·米尔尼。他被称为"野兽"，而我认为这种说法太保守了。他身高一米九，并且他的发球是我见过的最可怕的发球——拖着一条燃烧的黄尾巴，像彗星一般高高飞过球网，然后朝你猛扑过来。我无力应对那种发球。他极其轻松地赢得了第一盘。

但是在第二盘中，米尔尼出现了几次非受迫性失误，我的精神为之一振，获得了一点点冲劲。我看他的一发也看得清楚些了。一直到比赛结束，我们都保持着高质量的竞技水平。当他最后一记正手球飞出底线后，我简直不敢相信，我进入了半决赛。

在我的努力下，我赢得了一场与头号种子选手、该年度温网冠军休伊特约战的机会。而且更巧的是，他曾经也是达伦的学生。达伦曾担任休伊特教练很多年这一事实使我压力倍增。达伦想让我击败休伊特，而我也想为达伦击败休伊特，但是在第一盘中，我很快就落在了后面，0：3。我头脑里有关于休伊特的全部信息，这些数据要么来自达伦，要么来自我过去的经历，但我需要一些时间整理这些数据并找出应对的方法。而当我找到应对之道后，很快情况就发生了根本改观。我进行了猛烈回击，并以6：4赢得了第一盘。我看见休伊特眼睛里的光彩消失了。我赢得了第二盘。他重整旗鼓，夺回一盘。在第四盘中，他突然间无法一发成功了，而我则能够狠狠攻击他的二发。天哪，我进入了决赛。

这意味着与皮特相遇。就像以往那样，皮特。在职业生涯中，我们已经交手三十三次，有四次是在大满贯的决赛中。总体上，他以十九胜十四负的成绩占据着领先地位，而在大满贯决赛中，他也以三胜一负的成绩领先于我。他说我使他发挥出了最佳水平，而我则认为他发掘出了我最糟糕的一面。在决赛的前夜，我无法不去想：多少次，我想我会战胜皮特，我知道我会战胜皮特，我需要战胜皮特，而最终都以失败告终。而十二年前，就是在这里，他开始了对我的胜利之旅。在那场比赛中，他直落三盘击败了我，只留给了我深深的震惊，而当时我是公认的最有希望的获胜者，就像他现在一样。

睡觉前，我一口一口地抿着吉尔的神水，并暗自发誓这一次将会不同。皮特已经两年多没有在任何大满贯赛事上夺冠了。他已走近职业生涯的终点，而我则刚刚重新开始。

我钻进被窝，想起了几年前在棕榈泉市的一件事。那天，布拉德和我正在意大利餐厅 Mama Gina 吃饭，我们看到在餐厅的另一侧，皮特和几个朋友也在吃饭。在他们离开的时候，他过来跟我打了一声招呼。"祝你明天好运。""你也是。"然后我和布拉德透过餐厅的窗户注视着他。我们相对无语，都在思忖着他对我们各自生活产生的影响。当皮特驾车离去后，我问布拉德他觉得皮特会给那个服务生多少小费。

布拉德呵呵笑着说："五块钱，最多。"

"不可能，"我说，"这个家伙身家数千万，他赢得的大赛奖金加起来就有四千万了吧，他至少也得给十块钱才算说得过去吧。"

"打赌？"

"赌就赌。"

我们迅速地吃完饭，然后冲到外面。"听着，"我对那个服务生说，"告诉我们实话，桑普拉斯先生给了你多少小费？"

那个孩子低着头，他不想说。他正在权衡，琢磨着这是不是一场真人秀的街头实拍。

我们告诉那个孩子我们就这件事打了一个赌，因此我们非常坚决地要求他把事实告诉我们。最后，他嘀咕道："你们真的想知道？"

"说吧。"

"他给了我一美元。"

布拉德把手放在了胸口处。

"但我还没说完呢，"那个孩子说，"他给了我一美元——然后让我一定要把它给把他的车开过来的那个服务生。"

皮特和我真是有天壤之别。在可能是我们最后的决赛的前夜，在入睡前，我暗暗发誓，明天我将让世界看到我们的不同之处。

由于纽约喷气机队（橄榄球）的比赛进入了加时赛，电视直播的时间相应延长，因此我们的比赛也被延后了，而这对我有利。我体力要强于他，所以我希望我们的比赛一直进行到午夜。但我旋即就落后了两盘。再一次惨败在皮特手中——我不能相信眼前发生的这一切。

然后我注意到皮特已经疲惫不堪了，而且老了。我以绝对优势赢得了第三盘，这时，整个体育场都能感到胜利的天平似乎正在朝我倾斜。观众们疯狂了，他们不在乎谁赢谁输，他们只是想看桑普拉斯与阿加西的五盘大战。在第四盘开始后我深深地知道，我一直以来也都知道，如果我能和他打到第五盘，我就会取得最终的胜利。我精力更加充沛，发挥得也越来越好。我们是三十多年来在美网决赛中对决的年龄最大的选手，但我觉得自己就像一个最近在大赛中初露锋芒的十几岁的年轻后生。我觉得自己属于新一代。

此时，皮特和我之间的比分为3：4，他的发球局，而我有两个破发点。如果破发成功，在下一局中，我就将为比赛的最后胜利而发球。他挽救了第一个破发点。在第二个破发点时，我以极快的速度大力接发球。我以为球会落在他身后很远的地方，但不知怎的，他转过身，找到了球，并完成了一次漂亮的半截击。球摇摇晃晃地落在了球网的一侧——我的一侧，球香消玉殒了。平分。

我惊呆了。皮特保住了他的发球局，随后又破了我的发球局。

现在轮到他的发球制胜局了。而每当此时，皮特就变成了一个冷血杀手。一切都会发生得很快。

Ace 球。一片模糊。反手截击球，防不胜防。

鼓掌声，网前握手。

皮特给了我一个友好的微笑，并且用手轻拍了我的后背，但他脸上的表情却清清楚楚地说明了些什么。我以前也见过这种表情。

"这是一美元，孩子，把我的车开过来。"

Chapter 27

"濒生"

当他们把奖杯递到我手中时，我对观众说："对我们而言，每一天都是不确定的。当然，像今天这样的日子更是弥足珍贵。"后来有人说，那天我的发言似乎透露出我曾有过濒死的经历。应该说更像是一种"濒生"的经历。当一个人几乎从未活过时，他才会说出那样的话。

我慢慢地睁开眼，发现自己正躺在床旁边的地板上，于是我坐起来想要对施特芬妮道早安。然后我意识到她在拉斯维加斯，而我在圣彼得堡。不对，等等——圣彼得堡是上星期的事了。

我在巴黎。

不对，巴黎在圣彼得堡之后。

我在上海。是的，这回对了，我在中国。

我走到窗前，拉开窗帘，举目望去，高楼林立，看起来就像科幻版的拉斯维加斯。在湛蓝但略显单调的天空的映衬下，每座建筑物呈现出了迥异的风格。严格来讲，我在哪里并不重要，因为我的一部分还在俄罗斯、法国及最近我为了比赛而去过的其他地方。而跟往常一样，我身体的最大部分是在家里，与施特芬妮和杰登在一起。

但是无论我在哪里，网球场都是相同的，而目标也只有一个——我想成为2002年年终第一。如果我能在上海赢得一场胜利，一场小小的胜利，我就可以打破康纳斯的纪录，成为网球史上年龄最大的年终第一。

"他就是个废物，而你是个传奇。"

我想要这个，我对自己说。尽管我已不需要，但我还是想要。

我叫客房服务员给我送来了一杯咖啡，然后就坐在桌子旁写起了日记。写日记似乎不符合我的风格，但是最近一动笔，很快就成了习惯。我觉得有一种力量在迫使着我这样做。我一心想留下记录，这在某种程度上是因为我最近常常被一种恐惧感折磨着，我害怕在杰登还未完全了解我时，我就离他而去了。我害怕我不能把自己的所见所学全部告诉杰登。所以每天晚上，无论我在哪里，我都会匆匆地给他写上几行字——随想、一些观感、得到的教训。现在，在前往上海的体育场之前，我写道：

嘿，小家伙，你现在和妈妈待在拉斯维加斯，而我在上海，想念你们。在这次比赛后，我有机会成为年终第一。但我向你保证，我现在只想着快点儿回家和你待在一块儿。由于网球，我承担了巨大的压力，但不可思议的是，在不知什么东西的驱使下，我仍然继续着这一事业。我也要过一段时间才能弄明白其中的缘由。这么长时间以来，我一直在为之奋斗。现在我只是在尽可能努力地工作着，至于结果，就顺其自然吧。在大多数时候，你依然无法"感觉好极了"，但我会坚持到底，因为这会带来如此多的益处——对比赛有益、对你的未来有益、对学校里的许多孩子都有益。坚持到底。一定要珍视他人，杰登。通过关照别人，你会获得无尽的平静。我爱你，并且会永远陪伴在你左右。

我合上了日记本，走出房间，然后遭到了来自捷克共和国的杰里·诺瓦克的痛击。真丢脸。更糟的是，我不能马上离开这个国家，回到家里。我不得不在这里再逗留一天，打一场安慰性质的比赛。

回到酒店，满腔感慨的我又拿起了笔写道：

我刚刚输掉了比赛，感觉很糟糕。明天，我真的不想再回到那里。我甚至希望自己受伤。想想看，你是如此不想做某事，以至于你竟然希望自己受伤。杰登，如果哪一天，你也如我今晚这般为某事所深深困扰，那么你就低下头，继续努力并且不断地尝试。你要勇于面对最不利的境遇，这样你会发现事情并没有那么糟糕，这样你才有可能获得内心的平静。我想退出，想离开这里，想回去见你。留下来并继续比赛很艰难，而回家陪着你则很容易。而这正是我为什么要继续待在这里的原因，坚持到底。

在这一年的年终，休伊特不负众望成为世界第一。我对吉尔说，我们需要更上一层楼。吉尔为年纪渐长的我草拟了一份新的体能训练计划，他把想法都写在了他的达·芬奇笔记本上，然后我们开始集中训练我那日益无力的下肢。在吉尔的密切注意下，我的双腿日渐强健起来，我怒吼道："安德烈！澳大利亚正在呼唤着你！"

"无力的双腿对你颐指气使，"吉尔说，"强壮的双腿则对你俯首称臣。"

到我们要登上拉斯维加斯到墨尔本的飞机时，我觉得我甚至能跑到或游到那里去。在2003年的澳网公开赛中，我是以二号种子选手的身份参加的，并且一出场就气势汹汹，凶猛骇人。我一路杀入半决赛，并在九十分钟内就斩杀了费雷拉，而且六场比赛，我仅失一盘。

在决赛中，我与来自德国的雷纳·舒特勒对决。我直落三盘击败了他。整场比赛，我只丢了五局，取得了澳网历史上最一边倒的胜利。在这场比赛中，我夺得了我的第八个大满贯冠军头衔，也奉献了我最出色的表现。赛后，我对施特芬妮开玩笑说：这场比赛很像是她的一场比赛，这一次，我终于有一点儿体验到她的那种所向披靡的感觉了。

当他们把奖杯递到我手中时，我对观众说："对我们而言，每一天都是不确定的。当然，像今天这样的日子更是弥足珍贵。"

后来有人说，那天我的发言似乎透露出我曾有过濒死的经历。

应该说更像是一种"濒生"的经历。当一个人几乎从未活过时，他才会说出那样的话。

我是三十一年来夺得大满贯冠军头衔的年龄最大的选手，而那些记者们却不让我静静聆听完这次胜利的旋律。在我离开澳大利亚前，记者们一次又一次地追问我是否有退役的打算。我对他们说，我的网球生涯与其说快要结束，不如说刚刚开始。我是上一代选手中的最后一位，他们说，莫西干头风行的20世纪80年代的那一代人中的最后一位。张德培已宣布退役，库里埃已经退役三年了。人们把我视为异类，因为施特芬妮又怀孕了，而众所周知，我们喜欢驾着一辆小型货车在拉斯维加斯四处闲逛。尽管那样，我心依旧。

具有讽刺意味的是，我缺乏灵活性的做法似乎提升了我的耐力，从而延长了我的职业生命。因为我无法充分地转身，我就总是让球拍靠近我的身体，总是使球在我的面前被击出，这样，我就不会承受不必要的压力，燃烧过多的激情。凭借这种身体状态，吉尔说，我的身体也许可以再战三年。

在回到拉斯维加斯作短暂休息后，我们飞到了比斯坎湾。我曾经在这里夺得过五次冠军，最近两年更是两连冠，因此没有什么能阻止我。我进入了决赛，并直落两盘击败了我在法网中的老对手、目前世界排名第五的莫亚。这是我在这里的第六次胜利，我因而超越了施特芬妮（五次夺冠）的纪录。赛后我又揶揄并调侃了施特芬妮一番，我说："我终于在这一点上比你强了。"但她是一个好胜心如此强的人，所以我知道不能过分揶揄她。

我在休斯敦参加美国男子红土锦标赛。我只要进入决赛，就会再度成为世界第一。我成功做到了这一点——以6∶4、6∶1击败了梅尔泽，然后我同吉尔、达伦一块去庆祝。我一连喝了几瓶伏特加，对于明天将在决赛中与罗迪克对阵这一点，我则毫不介意——我的排名已经是世界第一了。

这也是我为什么在决赛中战胜了他的原因。在意与不在意的完美融合，才是最好的准备。

在距我三十三岁生日还有几天之时，我成了网球史上年龄最大的世界第一。我飞到罗马，感觉好似墨西哥拳王庞塞·德莱昂，但一下飞机，我就像老年人那样感到肩部一阵刺痛。在第一轮中，我就打得很糟糕，但我没有老是想着这次失败，而是很快将其抛至脑后。几周后，在2003年的法网公开赛中，我的肩仍然很痛，但在赛前训练时，我的球打得干脆利落，达伦说我仍是不可忽视的夺冠热门。

法网第二轮，我在苏珊·朗格伦球场比赛。这个球场充满了令我不快的回忆——1996年输给伍德拉夫，1998年输给萨芬。这一次，我是与来自克罗地亚的一个小伙子马里奥·安西奇对决。我输掉了前两盘，并在第三盘中落后于他。他只有十九岁，身高一米九五，在我面前，无论是发球还是网前截击都毫无惧色。在朗格伦球场上，你打出去的球本应该会厚重些、缓慢些，但今天球却飞速地移动着。我费了好大劲才能将球置于掌控中，不过我还是打起精神，赢得了接下来的两盘。在第五盘中，我筋疲力尽，觉得自己的肩膀似乎已经脱离了身体，我四获赛点，但却挥霍一空，因为我三次双发失误。我最终战胜了那个小伙子，但仅仅是因为他比我还要害怕输掉这场比赛。

在四分之一决赛中，我的对手是来自阿根廷的吉列尔莫·科里亚，又一个小伙子。他公开宣称我是他的偶像。"听着，"我对记者说，"我宁肯不做他的偶像，而与他在硬地上进行比赛，也不愿做他的偶像，却与他在红土上进行比赛。"我是多么恨这红土！在前五局中，我丢掉了四局。然而我还是赢得了这一盘。我是多么爱这红土！

科里亚却不为所扰，在第二盘中，他转而以5∶1领先。他几乎从不失误。他动作很快，而且越来越快。我曾经也那么快吗？我冲到网前，试图扰乱他的心绪，但毫无效果。他今天就是比我强。他把我踢出了比赛，也把我踢下了世界第一的宝座。

在英国，在温网之前的一项热身赛中，我击败了来自澳大利亚的彼得·卢扎克。这是我职业生涯中的第一千场比赛。当有人告诉我这一点时，我感到一种不可抗拒的想要坐下来的冲动。我和施特芬妮喝了一杯，然后把那一千场比赛在脑子里匆匆地过一遍。"每一场我都记得。"我对她说。

"当然。"她说。

在施特芬妮生日时，我带她去听了安妮·伦诺克斯在伦敦的演唱会。她是施特芬妮最喜欢的歌手之一，但今晚她是我的女神。今晚她无论是唱歌还是说话，都直击我的内心。事实上，我总是对吉尔说我们需要把伦诺克斯的几首歌曲收录在《腹部绞痛2》里，这样，我也许在每场比赛前都会听到她的声音：

> 这是一条我绝不会踏上的路，
> 这些梦想却让我魂牵梦绕……

我是2003年温网的大热门。这怎么会呢？因为自从20世纪80年代起，还没有已成为父亲的球手在温布尔登夺过冠，"爸爸球员"们通常都赢不了大满贯。在第三轮中，我与来自摩洛哥的尤尼斯·阿诺伊对决，他也刚刚成为父亲，于是我和记者打趣道：我很期待和一位同我一样几乎睡不成觉的男人进行比赛。

达伦在赛前指导中对我说："在比赛的初期，当你将这个家伙压制在反手位，当你看到他击出削球时，一定要把球狠狠地快速击回，这样他就会意识到他无法以防守姿态通过保守打法得逞，他需要运用一些特殊的打法。通过这种方式，你就可以在比赛前期给他施加压力，并在随后的比赛中迫使他犯错。"

很好的建议。我迅速地攫取了领先地位，盘分2∶1，但阿诺伊没有屈服。在第四盘中，他奋力搏击，获得了三个盘点。我不想被拖入第五盘。我拒绝被拖入第五盘。第四盘比赛的最后几分争夺得异常激烈，而我做了一切需要做的事情，做了达伦建议我去做的一切事情。当这一切结束时，当我赢得了这盘比赛进而也赢得了这场比赛的最终胜利时，我已疲惫不堪。我有一天的休息时间，但我知道这完全不够。

在第四轮中，我遭遇了澳大利亚年轻选手马克·菲利普西斯。他有着过人的天赋，但却肆意挥霍。他的发球很强大，可谓强大得"声名狼藉"，而今天则比以往都要强大。他发球的最高时速达到了225千米。他发出了四十六次 Ace 球，但比赛仍向着我们两人都知道的方向发展——第五盘。现在是他在决胜盘中以3∶4落后，正在发球。不知何故，我获得了破发点。他一发失误，我尝到了胜利的滋味。然后他轰出了一记时速达222千米的二发，球直奔球场的中央。骇人的速度，但我事先猜到了他回球的落点，我大力挥拍，把球击回，而他只能傻站着，看着球从他身边飞过。他几乎崩溃了。但是球落在了底线外一厘米的地方，出界了。

如果它落在了界内，我就可以破发成功，从而获得前进的动力，接下来也就将是我的发球制胜局——但事情并没有这样发生。现在他坚信自己能够取胜，他更加昂首挺胸，然后破了我的发球局。一瞬间，一切都烟消云散。前一分钟，我几乎就要为比赛的最终胜利而发球了，而下一分钟，他却举起双臂，欢呼胜利。但这就是网球。

在更衣室里，我感到我的身体发生了变化。草地赛场对我而言变成了一种磨难，一场在草地上进行的五盘比赛使我的体力消耗殆尽。而且，对我而言，这一年在温布尔登球场进行的比赛更加"真实"，这意味着更长时间的连续对打、更频繁的跑动、更多的猛扑和屈身。我的背突然间就成了一个问题，它从来没有好过，但现在它开始更活跃地制造麻烦，制造的麻烦也更加棘手。疼痛从背部开始，向下流窜到臀部，绕行过膝盖，然后和小腿"接通"，最后击伤我的脚踝。我真庆幸自己没有击败菲利普西斯，庆幸自己没有继续晋级，因为即使我晋级了，我也将不得不退出下一场比赛。

在2003年美网开始后，皮特正式宣布退役。在新闻发布会上，他不得不数次停顿，以平复自己的心情。我发现自己也被深深感染了。我们之间的竞争是我职业生涯中不变的主题之一。一次又一次地输在皮特的手下，我承受了极大的痛苦，但从长远来看，这也使我更加坚韧。如果我能更加经常地击败皮特，或者如果他不和我同属一个时代，我本可能会创下更好的战绩，并可能作为一个更出色的选手被人们记住，但我却不会如今日这般优秀。

在皮特召开新闻发布会四个小时后，我突然产生了一种强烈的孤独感。我是我们那一代最后一位还在坚持着的人，我是最后一位仍活跃在赛场上的获得过大满贯冠军头衔的美国人。我对记者说：你们就试着想一想你们将要同那些和你一块来的人离开舞会时的感觉。随后我意识到这是个错误的比喻，因为我还不会离开舞会——是他们要离开，我仍然在跳舞。

我进入了四分之一决赛，对手是科里亚，正是他把我踢出了法网。我渴望整装上阵，与科里亚一决高下，但比赛因大雨而被延期了数天。我窝在酒店里，除了等待和读书外，几乎无事可做。我注视着像我的胡子茬那么阴沉的雨点不断地打在窗玻璃上并缓缓地滑下，每一滴都好似一分钟，滑落后便一去不复返了。

吉尔强迫我喝下"吉尔水"并逼着我去休息。他说事情会顺利的，但是他知道，时间行将耗尽。终于，乌云散尽，我们来到了球场上，科里亚却已不再是我在巴黎见到的那个家伙了。他的腿部有伤，我则利用了他的这一弱点，近乎残忍地不断调动他，最终把他磨成了灰，赢得了前两盘。

在第三盘中，我有四个赛点，却全都未能抓住。我看了看坐在包厢里的吉尔，他明显有些局促不安。在我的整个职业生涯中，他从未在我的比赛期间上过卫生间——从来没有。一次也没有。他说他不想冒这个险，因为我会抬头看包厢，而如果我看不到他，我会感到惶恐不安。他理应得到比这更好的回报。我重新振作了精神。我把攻击的焦距"咔嗒"一声调到左边，然后再调到右边，最终在自己的发球局赢得了胜利。

没有休息的时间，大雨已经缩短了这次比赛的日程。第二天，我就不得不在半决赛中与刚刚赢得法网冠军的费雷罗对决。他信心十足，每个毛孔都透出自信。他比我年轻一百岁，而这一点得到了印证。经过四盘的挣扎，我被他淘汰出局。

我向球场四方的观众鞠躬并致以飞吻，我知道我已经尽力了。当我看到杰登和施特芬妮（她此时已经有八个月身孕了）正在更衣室外等着我，失望的情绪立即就像雨点那样消失了。

我们的女儿于2003年10月3日出生了，又一个漂亮的入侵者，我们叫她杰姬·埃拉。而且，我们私下里发誓，她不会走上网球这条职业道路，对杰登，我们也做出过相同的承诺。我们家的后院里根本就没有网球场。但还有一件事情杰姬·阿加西不愿做——睡觉。和她比起来，她哥哥简直就是个嗜睡症患者。因此，当我离家参加2004年澳网公开赛时，我看起来就像个吸血鬼。而与此同时，其他所有选手似乎都睡足了十二个小时，他们的眼睛全都亮晶晶的，而且看起来都很强壮。他们的肌肉似乎都比以往发达了，仿佛他们都拥有自己的吉尔。

在半决赛之前，我的双腿都很灵活矫健。但是在半决赛中，我遇到了萨芬，他打起球来就像澳洲野犬。由于腕伤，他错过了上一年的大部分比赛。现在，身体痊愈并且休息充足的他势不可挡。你来我往，你左我右，你进我退，我们的对打似乎永无止境。我们两个都拒绝失球，拒绝出现非受迫性失误。比赛进行了四个小时，我们俩还是那么想获得胜利——事实上，我们想获得胜利的愿望更加强烈了。不同之处是，萨芬的发球更加强大。他夺得了第五盘的胜利，我则想知道我是不是刚刚享用完我在澳大利亚的最后一次喝彩声。

要结束了吗？几个月来，不，应该是几年来，我每隔一天就会听到这个问题，但这是我第一次这样问自己。

"休息是你的朋友，"吉尔说，"在两项赛事之间，你需要更多的休息。你需要更加仔细地选择你的战斗。罗马和汉堡？放弃。戴维斯杯？对不起，打不了。你需要为更重要的赛事积蓄元气，而你要参加的下一项赛事就是法网。"

因此，当我到达巴黎时，我觉得自己年轻了好几岁。达伦查看了我的签表，然后为我规划出进入半决赛的清晰路径。

在第一轮中，我的对手是来自法国阿尔萨斯地区的二十三岁选手杰尔姆·黑内尔。他世界排名第271位，甚至连自己的教练都没有。没问题，达伦说。

太有问题了。我一出场就精神不振，每一记反手球都以落网而告终。我对自己吼道：你比这要好！还没有结束呢！不要这样就结束！坐在前排的吉尔撅起了嘴巴。

不只是年龄的问题，也不只是红土的问题。我无法干净利索地把球击出。我获得了足够的休息，却在休息中变迟钝了。

记者称之为我职业生涯中最糟糕的一场失败。黑内尔对记者说，在赛前，他的朋友为了给他鼓劲，便向他保证他一定会赢，因为我最近就输给了一个像他这样的选手。当被问及"像他这样的选手"具体是什么意思时，他说："水平很糟糕的。"

我们进入了最后阶段，吉尔对记者说："我唯一希求的就是我们不要一瘸一拐地穿过终点线。"

六月份到来时，我退出了温网。我已经连续输掉了四场比赛，这是我自1997年以来最糟糕的连败纪录。我的骨头则像瓷器一样脆弱。吉尔让我坐下，然后对我说，如果继续这样下去的话，他不知道自己还能忍心看多久。因此为了我们共同的利益，我需要长远而认真地考虑"终局"之事。

我对他说我会考虑退役这件事的，但首先我得想一想关于施特芬妮的事。她入选了国际网球名人堂，这是理所应当的：她是网球史上获得大满贯冠军头衔第二多的选手，仅次于玛格丽特·考特。她想让我在入选仪式上担任她的介绍人。我们飞到了罗得岛的纽波特。这真是一个大日子。这是我们第一次没有陪孩子们过夜，也是我第一次见到施特芬妮如此紧张——真正的、实实在在的紧张。她对出席仪式心怀恐惧；她不想被别人注意；她担心会说错话或者会忘记感谢某人。她在发抖。

我自己也不是那么镇静。这几个星期来，我一直在为我的引荐词发愁。这是我第一次在公开场合评论施特芬妮，对我而言，这就像是在厨房的感谢板上写一些供全世界人读的话语。在 J.P. 的帮助下，我写了好几份草稿，准备得极为充分，但走到讲台上时，我紧张得都喘不过气来了。然而，当我一开始讲话，我就放松了下来，因为这个话题是我最喜欢的，而且我认为自己在这一方面是专家。每个男人都应该享有在自己的妻子入选属于她的名人堂的仪式上把她介绍给众人的机会。

我看着观众、球迷和众多前冠军的脸，我想把施特芬妮的种种告诉他们，想让他们知道我所知道的。我把她和那些建造了中世纪教堂的能工巧匠相比：当他们修建教堂的屋顶或地下室或其他未被看见的部分时，他们都不会克制自己的完美主义，他们是真正的完美主义者，对每一处裂隙和每一个隐匿的角落都力求完美——那就是施特芬妮，而且现在她已经有了一座完美的教堂和丰碑。然后我用五分钟赞美了她的职业情操、她的成就、她的力量、她可敬的品格和她优雅的风度。最后，我大声说出了我说过的有关她的最为中肯的一句话：

"女士们，先生们，我现在要把这位我所认识的最伟大的人引荐给你们。"

Chapter 28
我认为我还能赢

　　他们如此困惑，可能是因为我没有告诉他们全部实情，没能说清自己的全部动机。我不能，因为我自己也是经过很长时间才厘清头绪的。我打球并且坚持打球是因为我选择这样做。即使那不是你的理想生活，你也可以选择它。无论你的生活如何，如果你主动选择它，一切便会随之改变。

　　我周围的每个人都在不断地谈论着退役这件事：施特芬妮的退役、皮特的退役、我的退役。与此同时，我却无动于衷，只是继续比赛并瞄准下一项大满贯赛事。在辛辛那提，出乎所有人的意料，我竟然在半决赛中击败了罗迪克，成功晋级，这也是我自2003年11月以来首次杀入一项ATP赛事的决赛。然后我战胜了休伊特，成为自康纳斯以来在ATP赛事中夺冠的年纪最大的选手。

　　一个月之后，即2004年美网公开赛揭幕之际，我对记者说我认为我还有机会在这里取得最终的胜利。他们笑而不语，似乎认为我已经精神错乱了。

　　施特芬妮和我在纽约城外的韦斯特切斯特租了一座房子。这里比酒店更宽敞一些，而且我们也不用再为要在曼哈顿拥挤的大街上推婴儿车而发愁了。最重要的是，这座房子有一间地下娱乐室，在比赛前夜，我可以睡在这里。在地下室里，当我因背痛而醒来时，我可以从床上移到地板上，同时也不会打扰到施特芬妮。施特芬妮喜欢说："既然父亲们无法赢得大满贯，那你就去地下室，尽情品味你所需要的单身感觉吧。"

　　我觉得我的生活正在给她带来负担。我是一个不够专注的丈夫，也是一个力不从心的父亲。在孩子的事情上，她承担起了更重的责任，但是她却从不抱怨。她理解我。她每天的任务、每天的激情所在就是为我营造一种可以使我只思考网球的氛围，她记得这些对于她的比赛曾是多么关键。例如，当我们开车到体育场时，施特芬妮确切地知道用车里的音响设备播放埃尔莫的哪首歌会使杰登和杰姬安静，从而可以使达伦和我讨论比赛战术。而且，在饮食方面，她和吉尔持有相同的主张：她从不会忘记何时吃和吃什么一样重要这一点。每一场比赛后，在我同达伦以及吉尔驾车回家的路上，我就知道当我打开门时我会看到桌子上摆着卤汁面条，面条上的奶酪还冒着泡泡。

我也知道达伦的孩子、杰登以及杰姬不但已经被喂得饱饱的，收拾得干干净净的，而且在晚上也会乖乖的。

正是有施特芬妮这一坚强后盾，我闯进了四分之一决赛，但却遭遇了世界头号种子选手费德勒。他已经不是我在比斯坎湾击败的那个家伙了，他已在我的眼前成长为有史以来最伟大的网球运动员之一。他有条不紊地建立起自己的领先地位，盘分2∶1，我禁不住后退一步，感叹起他那无与伦比的技术和不可思议的从容。他是我曾见过的最有王者风范的选手。但是，在他彻底击败我之前，比赛却由于大雨而暂停了。

开车回韦斯特切斯特的路上，我凝视着窗外并对自己说：不要考虑明天，而且也不要想晚餐了，因为比赛时间被缩短了，我回家会比预料的要早。但当然，施特芬妮能够获得气象服务部门的内幕消息。当暴雨正从奥尔巴尼猛冲过来时，有人就提醒她暴风雨马上要来了，于是她立即跳上车，冲回家并把一切都准备好。现在，当我们一进门，她在和我们亲吻问候的同时就把盘子递给了我们，整个动作一气呵成，如她的发球般优美流畅。我想再邀请一位法官到我这座房子里，重申我们婚礼上的誓言。

第二天，狂风大作，风速达64千米／时。我顶着狂风，在费德勒强飓风般的技术下，将比赛的大比分扳平——2∶2。费德勒迅速地瞥了一眼他的脚，这是他表达震惊之情的方式。

然后，他比我更好地适应了当时的情形。我觉得他能迅速地适应任何事情。经过五盘的战斗，他赢得了比赛，我则对任何肯听我讲话的人说他将成为网球史上最杰出的选手。

大风尚未平息，有关退役的话题却再度"飞扬"起来。记者想知道我为什么还在坚持。我解释说这是我谋生的手段：我要养家，还要维持学校的运作；我每打出去一个球，很多人就会因此受益（在美网结束的一个月后，我和施特芬妮共同主持了第九届每年一度的"大满贯儿童慈善音乐会"，筹集资金六百万美元。至此，我们已经为我的基金会筹集了多达四千万美元的善款）。

而且，我对记者说："我还有比赛要参加。我不知道我还要参加多少，但肯定还会有一些。我认为我还能赢。"

他们又一次目瞪口呆。

他们如此困惑，可能是因为我没有告诉他们全部实情，没能说清自己的全部动机。我不能，因为我自己也是经过很长时间才厘清头绪的。我打球并且坚持打球是因为我选择这样做。即使那不是你的理想生活，你也可以选择它。无论你的生活如何，如果你主动选择它，一切便会随之改变。

在2005年的澳网公开赛上，我直落三盘击败了泰勒·登特，挺进第四轮。在更衣室之外，我为一位非常具有感染力的电视评论员停下了脚步，他就是库里埃。看到他以电视评论员的身份示人，我还真有些不适应。我无法不把他视为一位伟大的冠军，不过似乎电视这方天地也很适合他，他做得很好，也很享受这一过程。我对他甚为敬重，并希望他对我也能有一些类似的感觉。我们当年的那些种种不同之处，如今看来都已如此久远，而且很有些孩子气。

他把麦克风放到了我嘴边，然后问道："还要多久杰登·阿加西才能与皮特的儿子对战？"

我看着镜头说："我对我儿子的最大希望就是他能全心全意地投入某事。"

然后我补充道："希望他能选择网球，因为我是如此地热爱它。"

说了一遍又一遍的谎言，但是现在我觉得自己更加可耻，因为我把这个谎言和我儿子联系在了一起。这个谎言因此有可能成为我的遗产。施特芬妮和我比以往更加坚决地认为我们不想让杰登和杰姬过上这种疯狂的生活，那么是什么使我说出这样的话？就像以往一样，我猜测人们想要听到这样的话。而且，因刚刚取得了一场胜利而容光焕发的我觉得网球是一项美丽的运动，而且待我不错，因此我想要向它表示敬意。而且也许，在一位我敬重的冠军面前，我为痛恨网球而感到愧疚。这个谎言可能是我隐藏自己的愧疚感，或者进行自我赎罪的一种方式。

在过去的几个月中，吉尔对我的训练计划进行了几项重大的调整。在他的要求下，我像斯巴达角斗士那样摄取食物，而新的饮食方式让我的身体变得更加锐利了。

我还打了一针可的松，这是我在过去一年中的第三针，而医生建议每年至多打四针。"这是有风险的，"他们说，"我们还不知道可的松对人体肝脏和脊柱的长期影响。"但是我不介意，只要我的背部能活动自如。

而它确实活动自如了。我进入了四分之一决赛，再次遭遇费德勒。我未赢一盘，他就像老师打发笨学生那样把我打发走了。他比其他任何年轻选手都更好地掌控了比赛，这使我觉得自己真是老了。当我看着他，看着他优雅敏捷的动作、高超的击球技艺以及美洲狮般的从容气魄，我突然记起自己与网球的缘分从木拍时代就开始了。毕竟，我的姐夫潘乔·冈萨雷斯是柏林空运时期的冠军，是弗雷德·佩里的竞争对手，而费德勒则出生在我与我的朋友佩里初次见面的那一年。

在罗马站的比赛前，我三十五岁了。施特芬妮和孩子们还有我一块儿去了意大利。我想和施特芬妮出去转转，看看古罗马圆形剧场和罗马万神殿，但我不能。当我还是一个男孩，甚或是一个年轻人时，我内心充满着隐秘的痛苦和羞涩，以致竟无法离开酒店；现在，虽然我想游览这里的名胜，我的后背却不允许了，医生说在硬路面上的一次较长时间的行走可能就意味着可的松的药效从三个月变为一个月。

我赢得了前四场比赛，然后输给了科里亚。我厌恶自己。观众们依然为我起立欢呼，我为此非常内疚。记者们再一次逼问我有关退役的事。

我说："一年中，我只思考这个问题十四次，因为我一年只参加十四项赛事。"

换句话说，那也是我不得不耐着性子开完这些新闻发布会的次数。

在2005年法网赛的第一轮，我和来自芬兰的雅柯·涅米宁对决。只是踏上这个球场，我就已创造了一个纪录——我的第五十八项大满贯赛事，比张培德、康纳斯、伦德尔和费雷拉多出一项，比公开赛时代的任何人都多。但是，我的后背却全然不想为此庆祝——可的松的药效已经过去了。发球很痛苦，只是站着就很痛苦，甚至连呼吸都困难。我很想走到网前，然后放弃这场比赛，但这里是罗兰·加洛斯，我不能就这样离开这座球场，这座不行。他们将不得不把我抬出这个球场。

我吞了八片雅维镇痛药。八片！在换边期间，我不但脸上盖着一块毛巾，而且嘴里还咬着一块，以此来缓解疼痛。在第三盘中，吉尔知道事情变得极为糟糕了，因为在把球打出去之后，我竟没有迅速回位到球场中央——这是不可想象的，这就相当于他在我比赛期间去了一趟卫生间。赛后，在我和吉尔去餐厅的路上，我像个大虾那样弓着身子。他说："我们不能再对你的身体肆意索取了。"

我退出了温布尔登，尽力为夏天的硬地场比赛做好准备。这是必要的，但我觉得这像一场赌博。现在我要投入所有的时间、尽我所有的努力为更少的赛事而拼搏，这意味着我犯错的余地更小了，压力更大了，失败的痛楚将会更加刻骨铭心。

吉尔则对着他的达·芬奇笔记本埋头苦干。我从未在他的健身房里受过伤，他为此深感自豪，但现在我能看出来，随着我身体的日益老化，他变得越来越紧张。他如履薄冰。

"一些举重训练的项目你就放弃吧？"他说，"其他的举重项目你得双倍完成。"

我们在举重室里度过了一个又一个小时，不断地讨论我的后背。"从现在开始直到你到达终点线为止，"吉尔说，"一切都与你的后背有关。"

因为我退出了温布尔登，报纸和杂志为我印出了一批新的颂文——"在一个大多数网球选手都退役的年龄……"

我发誓绝不会再看那些报纸和杂志。

夏末，我参加了梅赛德斯-奔驰杯赛并最终夺冠。杰登现在已经可以观看我比赛了。在颁发奖杯的仪式上，他竟然跑到了球场上，因为他以为奖杯是他的。确实是。

我去了蒙特利尔，一路摸爬滚打地进入了决赛，遭遇了一个西班牙少年拉斐尔·纳达尔。每个人都在谈论他。我战胜不了他。我真是捉摸不透他。我从未在网球场上见过一个人能像他那样跑动。

在2005年的美网公开赛中，我是一个新奇品、一个附带节目、一个三十五岁的大满贯参赛选手。这是我连续二十年参加这一赛事，而这一年的许多参赛选手二十年前还未出生呢。我不禁想起康纳斯，想起我在他的第二十次美网上把他淘汰出局。我不会问：那些年都哪里去了？我确切地知道它们的去向。我能在我的脊柱里感到我打过的每一盘比赛。

在第一轮中，我的对手是来自罗马尼亚的拉兹万·萨巴乌。我已经打了这一年的第四针也是最后一针可的松，因此我的后背已经麻木了。我的击球又可以正常发挥了，这给萨巴乌造成了很大的麻烦。当你最基本的击球就能够伤到对手，当他由于你足以百发百中的击球而落后时，你知道这一天会很顺利。这就仿佛你尚未挥拳猛击，而你的刺拳就已经击中了一个家伙的下巴一般。我六十九分钟就击败了他。

记者说这像是一场屠杀，他们问我是否会为击败他而感到难过。

我说："我绝不愿剥夺某人吸取失败教训的权利。"

他们放声大笑。

我是认真的。

在第二轮中，我与来自克罗地亚的伊沃·卡洛维奇对决。他登记的身高为两米零八，但当他量身高时一定是站在了沟渠里——他就是根图腾柱，一根电线杆，这使他的发球呈现出一种病态的轨迹。当卡洛维奇发球时，从技术上来讲，发球区的面积变成了原来的两倍，球网也比原来低了三十厘米。我从来没有和这么高大的选手打过比赛，我不知道当面对像他这么大块头的对手时，该如何做准备。

在更衣室里，我向卡洛维奇作了自我介绍。他很可爱，一脸稚气，对美网有很多美好的憧憬。我叫他尽可能高地举起他发球的那只胳膊，然后我把达伦叫了过来。我们伸长脖子，仰起头，试图看到卡洛维奇的指尖——但我们看不到。

"现在，"我对达伦说，"想象一下某人正准备用那样的手臂挥拍，然后想象一下他跳了起来，然后想象球拍会被举到多高，最后想象一下那记离开球拍呼啸而出的球。他的球仿佛就是从该死的软式飞艇里发出来的。"

达伦笑了，卡洛维奇也笑了，他说："我愿意用我手臂的长度去交换你的接发球技术。"

幸运的是，我知道在比赛中卡洛维奇的身高有时也会成为一种劣势。对他而言，低球就是一大问题，因为降低重心接球对他来说实在不易。而且，达伦说卡洛维奇的跑动很蹩脚。我提醒自己不要费神担忧他会发出多少记 Ace 球，而是待他出现一发失误后（尽管可能只会出现一两次），就将球猛地击回，那些球才能决定比赛的胜负。虽然卡洛维奇也知道这一点，但我需要使他更好地意识到这一点。我需要通过对其二发施加压力使他感觉到这一点，这也意味着我在回击二发时绝不能失手。

我直落三盘击败了他。

在第三轮中，我和托马斯·伯蒂奇——一位网球选手中的选手对决。近两年前，我曾和他在澳网第二轮遭遇过。达伦警告我："你的对手是一位只有十八岁而且球技了得的小伙子，你最好做好心理准备。他正反手都很强大，他发球就像发射炮弹一样。几年后，他的世界排名定会进入前十。"

达伦一点儿都没有夸张，伯蒂奇是我这些年里遭遇的最优秀的对手之一，我在澳大利亚以6∶0、6∶2、6∶4战胜了他，实为一种幸运。我思忖着：幸亏比赛是五盘三胜制。

不过，令人吃惊的是，伯蒂奇自从那时起进步不大。他还要在击球的选择上多花些功夫。他就像遇见布拉德之前的我：认为自己需要拿下每一分。他不知道过对手失分的价值。当我击败他时，当我和他握手时，我想对他说：放松，一些人要比其他人花费更长的时间才能学会。但我不能，那不是我应该做的。

下一轮，我与来自比利时的泽维尔·马里塞对决。他动作极为敏捷，而且挥拍的那只手臂犹如弹弓一般，强大的正手和 Ace 球是他的杀手锏。但他的状态不稳定，而且他的反手也很一般，不像看起来那么强大。他反手击球时表现出一副非常惬意的样子，但事实上他更加重视击球的姿态而不是出色地完成它。他就是无法成功地用反手击出直线球，如果你做不到那一点，你就战胜不了我。我很好地控制了比赛的局面。我的对手必须调动我，迫使我失误，并把我逼入一种疲于应付的境况，否则他就得根据我的条件进行比赛。而我的条件是苛刻的——而且随着年龄的增长，越来越苛刻。

在比赛前夜，我和库里埃在酒店里喝了一杯，他提醒我马里塞打球打得很不错。"也许吧，"我说，"但事实上我很期待这场比赛。你不会经常听到我这么说，但这场比赛会很有趣的。"

这场比赛确实很有趣，就像一出木偶剧。我觉得自己就像牵着一根绳，每次我一拉它，马里塞就会跳起来。我再次感到震惊，为网球场上两名选手之间的联系而感到震惊。本应该是把两名选手分开的球网却像一张网一样把两个人联系在了一起。经过两小时的激烈搏斗后，你不得不相信你和你的对手已被困在了一个牢笼里。你可以肯定他的汗水已经湿透了你的衣衫，他的呼吸正在模糊你的双眼。

我现在以2：0的压倒性优势领先，马里塞对自己毫无信心，他不相信自己属于这里。但当第三盘开始时，马里塞终于厌倦了任人摆布的境遇。这就是生活。他疯狂了起来，激情四射，不久便做出了一些甚至连他自己都感到吃惊的事情。他瞄准底线，干脆利落、适时地用反手大力击球——直线球！我用愤怒的目光注视着他，脸上的表情仿佛在说：我就不信你还能继续。

他成功地击出了第二记、第三记……

我从他的表情和手势中看到了轻松和宽慰。他还是不认为自己会赢，但他确实认为自己能够奉献一出不错的演出，而那就足够了。他赢得了抢七局，进而赢得了第三盘。现在我愤怒了，我有很多事情要做，都比站在这里和你再耗上一个小时有意思也有意义得多。就凭这一点，我也要使你跑得腿抽筋。

但是马里塞却不再任我摆布了。一盘，就一盘已经完全改变了他的态度，重建了他的自信。他不再感到畏惧，只想奉上一出精彩的演出，他也确实做到了，因此现在他正在用"庄家的钱"打着比赛。在第四盘中，我们的角色互换了，他控制了节奏。他赢得了这一盘，并将大比分追平。

但是在第五盘中，他的体力已经透支了，而我则刚刚开始动用存在吉尔银行里的长期存款。决胜盘的争夺并不激烈。他微笑着走到网前，向我表达了深深的敬意。我已经老了，而他使我变得更老了，但他知道我使他"运转起来"了，我迫使他激发了自身的潜力并对自身有了更深的了解。

在更衣室里，库里埃找到了我，然后朝我肩膀猛击了一拳。

他说："你预言了事情的结果。你说你会享受到乐趣——你比赛时似乎确实很享受啊。"

有趣。如果我当时真的很享受，那么现在我为什么会有一种刚刚被卡车撞过的感觉？

我真想在热水浴缸里泡上一个月，但下一场比赛已近在咫尺，而我的对手打球时又超级疯狂——他就是布莱克。我们上一次在华盛顿对决的时候，他通过表现出并维持进攻性而彻底击败了我。每个人都说从那一天开始，他的水平一直在稳步提升。

我仅有的希望就是他这次表现得不要再那么富有进攻性，更何况现在天又凉爽了。在凉爽的天气里，纽约的球场球速会变得稍慢，而这对于像布莱克这样一个跑动迅速的选手来说是有利的。在慢速球场上，布莱克可以救回任何来球，而你却不能，这样他就给你施加了沉重的心理压力。你觉得你需要做一些你通常情况下不会做的事情，而一旦你做了，一切就都变得乱糟糟的了。

自从我们踏上球场的那一刻起，我最恐怖的噩梦就变成了现实。布莱克成为十足的"进攻先生"，他站在底线之内静候我的二发，正反手都可以大力回击，这使我从比赛开始的第一分钟就有一种压迫感。第一盘，我以3∶6大败。第二盘，我受到了相同的礼遇，仍然以3∶6大败于他。

在第三盘一开始，这场比赛呈现出了与马里塞进行的那场比赛的幻影，只不过这次我是马里塞。我战胜不了这个家伙，我知道我战胜不了，因此我不妨也尽力奉上一出不错的表演。在我将输赢置之度外后，我打得立即就好了起来。我不再用脑去思考，而是开始用心去感觉。我击球的速度得到了极大的提升，我的决定出于我的本能而不是逻辑。我看到布莱克退后了一步，内心的起伏变化表露无遗——"怎么了？"在之前的七个回合中，他把我打得头破血流，而在第八个回合的末尾，我打出了刁钻的一拳，恰好在铃声响起时撼动了他。现在他走到场地角落处，无法相信他那一瘸一拐的、意志消沉的对手竟然还有生命力。

布莱克在纽约拥有大量拥趸，今晚他们全都在这里。已经不再赞助我的耐克向布莱克的支持者们分发了T恤，并且鼓动他们为布莱克加油喝彩。在第三盘中，当我的比分超过布莱克时，他们不再喝彩了。在我赢得这盘之后，他们陷入了沉默。

整个第四盘，布莱克都惶恐不安，不再富有进攻性。我能看出来他在思考，我几乎能听到他内心的声音：该死，我怎么什么都做不对。

我赢得了第四盘。

现在布莱克体会到我不思考的益处了，他决定自己也试试。随着第五盘的逐渐展开，他关掉了自己的脑袋。在将近三个小时的战斗后，我们终于平起平坐了。我们全都激情澎湃，而他的激情略胜于我。在第十局中，他拿到了一个发球取胜局。

这时，他又开始思考了——擅长逆向思维的大脑。他打得太急了，我则出色地完成了三次接发球，破了他的发球局。此时，观众们改变了主意，他们有节奏地喊道：安——德烈，安——德烈！

然后我保住了我的发球局。

在换边期间，整个体育场呼声雷动，你仿佛置身于摇滚音乐会的现场。我的耳朵嗡嗡作响，我的太阳穴突突直跳。声音太大了，我不得不用毛巾把头包了起来。

他也保住了自己的发球局，我们将通过抢七决胜。

我曾听老将们说过，第五盘比赛完全无关网球。确实如此，第五盘只与情绪和身体状况有关。渐渐地，我抽离了我的身体。很高兴认识你，身体。在我的职业生涯中，我有过好几次"抽离身体"的经历，但这次是健康的。我信任我的球技，于是我暂时退避一旁。我把自己从这个等式中去除。我以6∶5领先，并获得了赛点。我稳妥地发出了球，他回球到我的正手位。我向他的反手位回了一记高质量的球，他立即朝那记球移动，我知道这样做是错误的。如果他追着我这一记球跑，那就意味着他很紧张，他的思路不清晰，他置自己于不当的位置，让球"打"他。他放弃了击出自己所能击出的最漂亮的球的机会。于是我知道事情会朝两个方向发展：他由于被我的球束缚了手脚，因而只能进行无力的回击，或者他将不得已出现失误。

无论是哪种情况，我非常确定球会落到这里，我看了看球注定会落在的那一点。布莱克一转身，飞身跃起将球击出，它落到了离我预计的落点三米外的地方。直接得分。

我错得太离谱了。

我做了我唯一能做的事情——走回去，为争夺下一分做准备。

在抢七局打到小分6：6平的时候，我们打出了一个惊心动魄的回合，反手对反手，我陷入了极度紧张的状态。在一次十个回合的反手对打中，你知道你们中的一个人会在任何时刻突然变线，而你总是指望着你的对手会这样做。我等待着，等待着。但又一个回合过去了，布莱克还是没有变线，于是重担落到了我身上。我向前一步，做出仿佛要大力抽球的样子，但我却用反手吊了一记小球。我把所有的赌注都压上了。

在比赛中会有很多时刻，当你只是想挥拍击出一记稳妥的球时，热血沸腾的你却击出了一记大力球。这通常会发生在布莱克身上，不过此时不是因为他的挥拍，而是因为他的速度。他跑得比他自己想象的要快。他觉得情势非常紧迫，于是会全速向球的方向冲去，并到得要比自己预料的早。这就是现在发生的事情。在全速扑向我那一记反手球时，他握拍的方式使他不得不去"挖"球。但多亏了他的飞毛腿，他提前到达了那里，所以不必"挖"球了，这也意味着，由于球在他的上方，他选择了错误的握拍方式。他本该大力扣杀，但相反，由于他当时的握拍方式，他不得不把球挥击出去。然后他坚守在网前，我奉还了一记反手直线球。球从他身边飞过。

现在他以6：7落后，并握有发球权。我再度获得了赛点。他一发失误。我有一毫微秒的时间判断他的二发将如何发出，积极进攻还是求稳？我最后认定他会因求稳而犯错，他会把球"滚"到我的反手位。那么我该表现出多强的进攻性？我该站在场地的哪个位置呢？我应该做出一个孤注一掷的决定吗？即站在一个如果我猜对了便可以大力挥拍击球，而如果猜错了便连球都无法碰到的位置吗？或者我应该选择一个折中方案，站在接发球区的中部，这样无论他发出什么样的球，我基本上都能击出一记不错的回球，但显然无法一击致命？

如果在这场比赛中有所谓的最后决定，如果在今晚的十万个决定中有这样一个最后决定，我希望这个决定是由我做出的。我选择了孤注一掷。正如我预料的那样，他把球发到了我的反手位。像一个肥皂泡一样，球正悬在我认为它会悬在的位置。我感觉我身体上所有的毛发都立了起来。我感觉到观众们站了起来。我喃喃自语："高质量地挥拍、利落地击出、利落地击出、利落地击出，去你的。"在球离开我的球拍后，当它在空中飞行时，我追踪着它的每一寸轨迹，我看到球的影子和球合二为一了。当它们缓慢地成为一体，我大声地说："球，求你，求你，找到一个洞。"

它确实找到了。

当布莱克和我在网前拥抱时，我们知道我们共同完成了一件特殊的事情，但我更深刻地体会到了这一点，因为我比他多打过八百场比赛。而这场比赛又是那么与众不同。在比赛中，我从来没有如此理智地审时度势，也从来没有觉得自己如此需要理智地审时度势，我为"获胜"这一最终产品感到某种理智的自豪。我想署名于上。

在新闻发布会之后，在他们剪断了我脚上的绷带之后，吉尔、佩里、达伦、菲利还有我去了 P.J. 的克拉克餐厅吃饭并喝酒庆祝。我回到酒店时已经是凌晨四点了，施特芬妮在睡觉。当我进来时，她从床上坐了起来，并微笑地看着我。

"你太疯狂了。"她说。

我笑而不语。

"那太不可思议了，"她说，"你在那里不断取胜。"

"是的，宝贝，我一次又一次获得了胜利。"

我躺在床边的地板上，但我睡不着，我在脑海里一遍又一遍地重复着那场比赛，我就是停不下来。

我听见她的声音从上面飘了过来，就像天使一般。

"你觉得怎么样？"

以这样的方式度过一个夜晚真是酷极了。

在半决赛中，我的对手是一位颇被看好的年轻人罗比·吉内普利，他来自佐治亚州。哥伦比亚广播公司想让我打晚场比赛，于是我去求赛事总监，我对他说："如果我足够幸运，能打赢这场比赛，我明天还得回到这里。请不要让一个三十五岁的人比他在决赛中的二十二岁的对手晚回家。"

他重新安排了我的比赛，从而使我和吉内普利的半决赛先于另一场半决赛进行。

在之前连续两场五盘恶战之后，没有人认为我会击败吉内普利。他跑动迅速，正反手技术都很扎实，竞技状态处于巅峰时期，而且年轻。而在应对吉内普利之前，我知我首先必须得凿穿一堵墙——疲劳之墙。和布莱克的最后三盘比赛是我打过的最漂亮的比赛，但也是最耗体力的比赛。我命令自己来到球场上对抗吉内普利，大量"制造"肾上腺素,假装自己已经落后了两盘,设法重新找到那种我在对抗布莱克时的无我的状态。

确实见效了。想象自己境况危急,我赢得了第一盘。现在我的目标是为明天的决赛保存体力。我开始采用保守打法,思考着我的下一个对手,当然这使吉内普利得以自由地挥拍并获得了机会。他赢得了第二盘。

我把所有有关决赛的思考和想法统统抛诸脑后,全神贯注地对付吉内利普。在上一盘中,他消耗了大量的体力追平大比分,因此现在他还陶醉其中。我赢得了第三盘。

但是他赢得了第四盘。

我需要带着满腔怒火开始第五盘。我还得承认自己无法赢得每一分,承认自己无法追赶每一记球,承认自己无法猛冲到网前接住每一记吊球和小球,承认自己无法全速行动对抗一个乳臭未干的毛头小伙子。他想让我在球场上鏖战一整夜,但我只剩下四十五分钟的体力了,我的身体只能再正常运转四十五分钟了。或者也许只有三十五分钟。

我赢得了这一盘。这不可能,但我确实以三十五岁的"高龄"进入了美网决赛。达伦、吉尔以及施特芬妮把我抬出了更衣室,然后开始分头行动:达伦抓起我的网球拍,迅速把它们送到了我的穿线师罗曼那里;吉尔把"吉尔水"递给了我;施特芬妮扶我上了车。我们赶回四季酒店去观看费德勒和休伊特为争取和我这个拉斯维加斯老跛子比赛的资格而进行的战斗。

观看另一场半决赛,这是你在决赛前能做的最为轻松的事情。你对自己说:无论此刻我感觉如何,都比那些家伙的感觉要好。最终费德勒赢了,当然。我靠在沙发上,满脑子想的都是他。我也知道此时身处球场某处的他脑子里想的也都是我。从现在到明天下午这段时间,一切事情我都得做得比他好一点儿,包括睡觉。

但是我有孩子。以前,在比赛的那一天,我常常会睡到十一点半,但现在我睡不过七点半。在施特芬妮的努力下,孩子们很安静,但我体内的某种东西知道他们已经醒了,他们想见他们的父亲。而且,他们的父亲更想要见到他们。

在早餐后,我和他们亲吻告别。在和吉尔驾车前往体育场的路上,我很安静。我知道我没有机会,我太老了,而且已经连续打了三场五盘的比赛。说句实在话,我仅有的希望就是它是一场三盘或四盘的比赛。如果能在较短的时间内结束战斗,也就是说体能状况不会成为决定性因素,我也许还能有点儿机会。

费德勒如加里·格兰特那般风度翩翩地走到了网球场上,我几乎怀疑他是要戴着领带、穿着宽松便服打这场比赛。他永远都是那么从容自若,而我则一直惊慌失措,甚至我在自己以40:15领先的情况下发球时都是如此。几乎无论处于球场的哪个位置，他都是个危险人物，我根本无处可藏。而我在无处可藏时，表现得就很糟。费德勒赢得了第一盘。我进入了疯狂状态，做了一切可以做的事情以期使他失去平衡。我领先了一个破发局，然后又一次破发成功。我赢得了这一盘。

我暗暗思忖：格兰特先生今天可能会有麻烦了。

在第三盘中，我破发成功，并以4：2领先。一阵清风拂过后背，我发出了球，费德勒大力回球，球却碰到了拍框。我现在就要以5：2领先了，有那么一瞬间，他和我都在想某件非凡之事将在这里发生。我们闭上双眼，共享这一刻。然而，在30：0时，我向他的反手位发出了一记上旋高跳球，他挥拍击球，球离开球拍时发出了异样的声音，这种声音使我不禁想起小时候我故意击球失误——用拍框击球时的那种声音。但就是这一记病态的、丑陋的击球失误不知怎的就摇摇晃晃地越过了球网，并落在了我这一侧的场地上。直接得分。他破发成功。我们重新回到了起点。在抢七局中，他进入了一种我无法辨识的状态。他将自己推上了其他球员所不具备的一个挡位。他以7：1取得了胜利。

现在霉运纷纷滚下了山坡，而且无法停止。我的四头肌在尖声抗议，我的后背打烊歇业了，我的决断力也变得很糟糕。我再次意识到网球场上的回旋余地是多么有限，伟大和平庸、幸福和失望以及声名显赫和默默无闻之间的差距是如此之小。我们的比赛进行得异常激烈，我们也曾势均力敌、胜负难分。现在，由于这一使我惊叹不已的抢七局，我瞬间溃败。

走到网前，我确信自己输给的是一位更为强大的对手，是新一代网球选手中的"珠穆朗玛峰"。我同情那些不得不与他搏斗的年轻选手，我对那个注定要遭遇其生命中的"皮特·桑普拉斯"的又一个"阿加西"深表同情。虽然我没有提起皮特，但当我对记者说"这很简单，大多数人都有弱点，但费德勒没有"时，我脑海里浮现的却是皮特的身影。

Chapter 29
再见，珍重

我对那些选手们说："在你们的一生中，你们会听到很多掌声，伙计们，但对你们而言，没有什么掌声比那一种掌声——来自你同行的掌声——意义更大。我希望你们中的每个人在你们职业生涯终结时都能听到那一种掌声。"

我退出了2006年的澳网公开赛，然后退出了整个红土赛季。我讨厌那样做，但我需要为2006年的温布尔登网球公开赛保存体力，我已经静静地、私下里决定这将是我最后一次参加温网。我要为温布尔登保存体力——我从未想过我竟然会这样说，我从未想过对温布尔登的体面的、满怀敬意的道别对我来说是如此重要。

但温布尔登已经成了我的圣地。这是我妻子大放异彩的地方；就是在这里，我第一次认为自己能够赢，也是在这里，我第一次向世界和自己证明了这一点；同样是在这里，我学会了弯腰屈膝，学会了让步，学会了去做一些我不想做的事情，去穿我不愿穿的衣裳，学会了生存。而且，无论我对网球感觉如何，这一运动都是我的家。当我还是一个小孩子的时候，我就讨厌我的家，于是我离开了，但不久我就发现自己想家了。在我职业生涯的最后时刻，我不断地回忆起那一点，内心备受煎熬。

我对达伦说，这将是我最后一次参加温网，而即将到来的美网则将是我职业生涯的最后一项赛事。我们在温网即将开打之前宣布了这一消息。其他选手对我的态度立即发生了转变，我为此大为吃惊，他们不再视我为一个竞争对手、一个威胁。我退役了。我成了不相干的人。墙被拆掉了。

记者问："为什么是现在？为什么你选择现在退役？"我对他们说我没有选择，我只是不能再继续打下去了。那是我一直孜孜以求的终点线，它具有不可抗拒的力量。不能打了，而并非不愿打了。我竟然一直在寻求我别无选择的时刻，我此前丝毫没有意识到这一点。

但资深网球评论员、网球史学者以及拉沃尔自传的联合作者巴德·柯林斯却这样总结了我的网球生涯：从朋克（Punk）到完人（Paragon）。我对此并不赞同。在我看来，巴德为了押头韵而牺牲了真相。我从来都不是一个朋克青年，现在也远非完人。

几名体育记者提起了我的"蜕变"过程，这个词使我烦恼不已。我认为这个词用错了。蜕变是指从一种事物变成另一种事物，但我一开始却什么也不是。我没有蜕变，我只是逐渐成形了。当我闯入网球这一领域时，我和大多数孩子一样：我不知道我是谁，我不想听年纪比我大的人的话，于是我进行反抗。据我看来，年纪较大的人在对待年纪较轻的人时总是会犯同一个错误，即他们在后者事实上仍处于雕琢过程中时，就把后者视为成品了，这就像在一场比赛尚未结束之时就对该场比赛作出判断一样。我无数次后来居上，也曾使无数对手在劣势中咆哮着对抗我。想想吧。

现在人们看到的我，无论是好还是坏，都是我的第一个形态，第一个化身。我没有改变我的形象，而是发现了它；我没有改变我的思维，而是打开了它。在 J.P. 的启发下，我有了这种想法。他说人们被我变化了的外表、穿着和头发愚弄了，误以为我知道自己是谁。人们将我的自我探索视为自我表达。他说我名字的首字母是 AKA[1]，这对于像我这样一个有着如此之多一闪即逝的身份的人来说，颇富象征意味，同时也令人震惊。

不过，在2006年的初夏，尽管 J.P. 和我已经尽了最大的努力，我还是不能将这一点解释给记者听。即使我能，全英俱乐部的新闻发布会也不是合适之地。

我也不能就此向施特芬妮作出解释，但我也没有必要这么做——她什么都知道。在临近温网的那些日子里、那段时间中，她凝视我的双眼，轻拍我的脸颊。她与我谈论我的职业生涯，并谈论她的职业生涯。她对我讲述了她的最后一次温网之旅，她当时不知道那将是她最后一次参加温网。她说这种方式更好，你知道自己行将告别，按照自己的主张结束。

戴着杰登为我制作的项链——一条由字母积木穿成的链子，所有的字母拼出来就是"爸爸加油"（Daddy Rocks），我和来自塞尔维亚的鲍里斯·帕山斯基开始了第一轮的较量。当我踏上温布尔登的赛场时，掌声雷动，而且经久不息。在第一个发球局，我甚至看不清球场，因为我的双眼已经满含泪水。打这场比赛时，尽管我觉得自己像是盔甲在身，尽管我的背部无法松弛，但我坚持着，忍耐着，并最终取得了胜利。

在第二轮中，我直落三盘，击败了来自意大利的安德烈亚·斯托皮尼。我打得不错，这使我心存希望地进入了第三轮，与纳达尔展开了较量。他是一个野兽，一个怪物，天生的力量之躯，我从未见过像他这样击球既如此有力又如此优美的选手。但我觉得——一种因胜利而产生的妄想——我也许能够取得胜利。我自认为有机会。我以

1　AKA也指as known as，意为"又名、亦称"。

6∶7输掉了第一局，但我却从如此接近的比分中获得了希望。

然后他彻底击溃了我，比赛仅进行了七十分钟。我的机会之窗则在第五十五分钟时关闭了。在第五十五分钟，我的背部开始有了感觉。在比赛的最后时刻，当纳达尔发球时，我甚至都不能站立不动，我需要不断地走来走去，而且要重重地跺脚，以使我的血液保持流动状态。背部的极度僵硬使我痛苦不堪，回球已经成为我最不想做的事情。现在我脑海中只剩下一个念头：保持直立。

赛后，在这一充满讽刺的时刻，温布尔登的官员们破例允许记者对我和纳达尔进行了现场采访。他们以前从来没有这样做过。我对吉尔说："我早就知道迟早有一天我会让温布尔登打破惯例。"

吉尔没有笑。只要战斗仍在继续，他就不会开怀大笑。

"就要结束了。"我对他说。

我去了华盛顿，和一位来自意大利的资格赛选手安德烈亚·斯托皮尼打了一场比赛。他击败了我，就像资格赛选手是我而不是他。我感到很羞愧，我原本想我需要在美网之前打一场热身赛，却没想到这场热身赛会使我心烦意乱。我对记者说，愈近终局，我内心的斗争就愈加激烈，这是我没有预料到的。我对他们说，我认为以下的话最能解释这一点："我很确定你们中的很多人并不喜欢你们的工作。但是试想一下，如果有人此刻对你们说你们对我的报道将是你们的最后一次报道，在此之后，在你们的有生之年，你们再也不能撰写新闻稿了，你们会有什么感觉？"

所有人都来到了纽约——整个团队——施特芬妮、孩子们、我的父母、佩里、吉尔、达伦还有菲利。我们入侵了四季酒店，在 Campagnola 餐厅开拓了殖民地。孩子们喜欢我们进场时响起的掌声，他们觉得那很有趣。而对我而言，这一次的掌声听起来却与众不同，它有着不同的音色，它蕴含着潜台词。他们知道他们的掌声并不是只为我而响起，而是为了我们要共同完成的特别之事而响起。

弗朗基为我们安排了角落里的一个位子。他对施特芬妮和孩子们真是体贴备至。我注视他为杰登端上所有我所喜欢的食物，注视着杰登喜滋滋地享用着它们。我观察着杰姬，她也很喜欢这些食物，只不过她坚持菜和菜之间要绝对分开，一道菜和另一道菜不能有丝毫的碰触——蓝莓松饼规则的变形。我注视着施特芬妮微笑地看着孩子们，我想到了我们四个，四种迥异的个性，四种不同的场地，但却是一个组合，完全匹配的组合。在最后一次比赛的前夕，我享受着我们都在寻求的那种感觉，品味着我们的一生仅能获得寥寥数次的那种感觉：我们生命的不同乐章的主题首尾相连，我们生命中一个乐章的终曲酝酿出另一个乐章的开端，反之亦然。

在第一轮比赛中，我与来自罗马尼亚的安德雷·帕维尔对战。在比赛进行到一半时，我的后背就僵硬了，但是尽管我只能直挺挺地站着，我还是设法熬到了胜利。赛后，在我的要求下，达伦为我安排了第二天注射可的松的事宜。即使注射了这一针，我还是不知道自己能不能参加下一场比赛。

我当然不会赢，因为我的对手是马科斯·巴格达蒂斯。他世界排名第八。他来自塞浦路斯，身体异常强壮，而且那年已经取得了不俗的战绩。他进入了澳网的决赛和温网的半决赛。

但我仍设法击败了他。赛后，在我的后背彻底崩溃之前，我跟跄地走出地下通道，回到更衣室。达伦和吉尔像抬一袋要洗的衣服那样把我抬上了训练台，巴格达蒂斯则被人抬上了旁边的训练台，他的腿严重抽筋。施特芬妮也在场，她吻了我。吉尔强迫我喝了点儿东西。一位赛会医生说医生马上就来了，并打开了桌子上的电视，然后每个人都离开了，只剩下因痛苦而扭动身体并不断呻吟的我和巴格达蒂斯。

电视上正播放着我和他比赛的精彩部分。

我察觉身边的巴格达蒂斯微微动了一下。我转过头，看见巴格达蒂斯伸出了手，他脸上的表情仿佛在说：我们做到了。我也伸出了手，并握住他的手，然后我们就这样握着，看着电视屏幕上不断闪现出我们刚刚那场残酷比赛的画面。

我们重温了那场比赛，同时我也重温了我的生活。

医生们终于到了，他们及其助手花了半个小时的时间才使巴格达蒂斯和我站了起来。巴格达蒂斯靠着他的教练，吃力地走出了更衣室。然后吉尔和达伦把我带到了停车场，并以可以吃上 P.J. 克拉克的干酪汉堡包和马提尼酒作为诱饵让我再走上几步。此时已经是凌晨两点钟了。

"天哪，"达伦在我们到达停车场时说，"我们的车在那边，兄弟。"

我们眯着眼睛看着我们那辆孤零零地停在空荡荡的停车场中央的车，它离我们大概有几百米远。我对他说我走不到那里。

"对，你当然走不过去，"他说，"在这等着，我把车给你开过来。"

他朝车的方向跑过去。

我对吉尔说我站不住了，在等待的这段时间，我需要躺下。他把我的网球包放在水泥地上，我坐了下来，靠在网球包上，把它当成是枕头一样。

我仰视吉尔，不过除了他的微笑和肩膀外什么也看不到。然后我的目光越过他的肩膀，停留在了远处的繁星上——繁星闪烁。接下来，我看到了体育场周遭的光束，它们看起来就像是更大、更近的星星。

突然间，我听到了"砰"的一声，仿佛有人正在打开一只装满网球的巨大网球筒。

一个光束消失了，接着又一个，又一个。

我闭上眼睛。结束了。

不，该死的还没结束。永远都不会真正结束。

第二天早上，我正一瘸一拐地走在四季酒店的大厅里，突然一个男人从阴影处走了出来，抓住了我的胳膊。

"退出。"他说。

"什么？"

原来是我的父亲，或者说是我父亲的鬼魂。他的脸色非常苍白，似乎已经有好几个星期没睡觉了。

"爸爸？你在说什么呀？"

"退出吧，回家去。你已经做到了，结束了。"

他说他请求我立即退役。他说他迫不及待地想要我退役，这样他就不用再看着我受更多的苦了，也不必每回都心提到嗓子眼儿似的看完我的比赛了。他也不必为看我在地球另一边进行的一场比赛而熬到凌晨两点钟，以便可以仔细研究某个可能不久后我就不得不面对的天才男孩了。他已经厌倦了这所有的一切，这悲惨的一切。他听起来似乎……这可能吗？

是的，我从他的眼睛里看到了。

我深知那副表情。

他痛恨网球。

他说："别让自己再受这种苦了！在昨晚之后，你再也没有什么需要证明的了。我不能看着你这样下去，太痛苦了。"

我把手轻轻地放在他的肩上，然后说："对不起，爸爸，我不能退出。这一切不能以我的退出终结。"

比赛前三十分钟，我打了一针消炎针，但是它与可的松不同，没有那么有效。在第三轮中，当与我的对手本杰明·贝克尔对决时，我几乎无法保持直立。

看着记分表，我摇了摇头。我一遍又一遍地问自己：我最后的对手怎么会是一个叫贝克尔的家伙？今年早些时候，我对达伦说，在最后一场比赛中，我想和我喜欢或尊敬的人交锋，要不然就和我不认识的某个人对决。

于是我得到了后者。

四盘后，贝克尔将我淘汰出局。我能感觉自己干净利落地把终点线撞断了。

美网官员让我在回更衣室之前对现场和电视机前的观众说几句话。我很清楚地知道自己想说什么。

我很多年前就知道自己想说什么了，但这一次，我还是语塞了片刻，才说出了下面的话：

记分板显示我今天输了，但记分板并没有显示出我找到的是什么。在过去二十一年中，我找到了忠诚：你们不但在球场上，也在生活中给予了我莫大的支持。我找到了动力：你们驱使着我走向成功，甚至有时是在我最低潮的时刻。我也找到了慷慨：你们无私地将肩膀借与我。站在你们的肩膀上，我奋力去追求我的梦想——那些如果没有你们，我甚至都无法触及的梦想。在过去的二十一年中我找到了你们，我将带着你们和对你们的记忆度过余生。

这是我能想出来的对他们的最高评价。我已把他们比作吉尔了。

更衣室里一片死寂。这些年来，我注意到当你输掉比赛时，每个更衣室对你而言都是一样的。你走进门，身后的门大开着，因为你推门的力气远远超过了所需的力气，你总是会看到那些家伙正从电视机前散开。正是在电视机前，他们看着你被打得落花流水。他们又总是装出一副没看电视、没有议论你的样子。但是这一次，他们仍然围在电视机前。没有人动弹。没有人假装什么。然后，慢慢地，每个人都朝我走来。他们同赛会医生、赛事工作人员和詹姆斯一起鼓掌致意并吹起了口哨。

只有一个人冷冷地站在一旁，拒绝为我鼓掌喝彩。我用眼角的余光瞥见了他。他靠在远处的一面墙上，脸上毫无表情，双臂交叉紧紧抱在胸前。

康纳斯。

他现在担任罗迪克的教练。可怜的安迪。

我不禁暗自发笑。我只能感叹康纳斯就是康纳斯，从来不会改变。我们所有人都应该对自己真实，始终如一。

我对那些选手们说："在你们的一生中，你们会听到很多掌声，伙计们，但对你们而言，没有什么掌声比那一种掌声——来自你们同行的掌声——意义更重大。我希望你们中的每个人在你们职业生涯终结时都能听到那一种掌声。"

谢谢你们所有人。再见，珍重。

The Beginning
开端

　　生活是一场充满着对立两极的网球赛——赢和输，爱和恨，开球和完赛，这有助于你尽早认识到这一痛苦的事实，然后认识到自身也是两极对立的矛盾体。如果你不能接受这一点或者与其和解，你至少要认识到这一点，然后继续前进。你唯一不该做的就是忽视它。

　　雨从天而降，而且一下就是一整天。

　　施特芬妮凝视着天空说道："你觉得怎么样？"

　　"去吧，"我说，"我们试一试。只要你愿意，我就愿意。"

　　"愿意。"她皱起了眉头。她一直以来都是愿意的，但她不能代表那自从退役后已经给她造成了很多困扰的小腿。她向下看了看，该死的小腿。下周，她要在东京打一场慈善赛，以此为她在厄立特里亚开办的一所幼儿园筹集善款。即使这只是一场表演赛，她还是想做到最好。她再次感到了以往那种压力——力求完美的压力。而且，她不能不去想自己还保留多少球技。

　　我自己也在思考着相同的问题。一年前的这个时候，在美网期间，我最后一次踏上了球场。转眼间，一年过去了，现在已经是2007年的秋季了。

　　在这一周里，我们都在筹划着周末去球场上对练的事。这一天终于来了，结果却是拉斯维加斯整年中少有的雨天。

　　我们无法在雨中燃起熊熊烈火。

　　施特芬妮又看了一眼阴云密布的天，然后看了看表。"繁忙的一天。"她说。她还得去学校接杰登，我们只有这一段空闲的时间。

　　如果雨没有停下来，如果我们不去打球，我可能会去我的学校，因为只要我有时间，我就会去那里。我简直不敢相信它已经发展为占地超过两千四百平方米的综合性学校，拥有在校生五百人，另外还有八百人在等待入学。

　　这所造价高达四千万美元的校园拥有孩子们想要的一切：一间播放电视的高科技

演播室，一间拥有靠墙放置着数十台电脑和一个柔软舒适的白色大沙发的计算机房，一间拥有同拉斯维加斯最奢华的俱乐部里的器械一样高档的一流运动室，还有一间举重训练室、一间讲演厅以及同这座城市里最好的酒店里的盥洗室一样现代和整洁的盥洗室。最为重要的是，这个地方仍然像刚刚被粉刷过一样，崭新如初，同它落成那天一样闪闪发亮。学生们、家长们以及社区的居民们，每个人都很悉心地呵护着这所学校，因为每个人都是这里的主人。从我们初次到达这里直至现在，这个地区尚没有完全实现振兴。不久之前，当我在这里闲逛时，有一个人就在街对面被枪杀了。但是八年过去了，这里却没有一扇窗户被打破，没有一座墙被涂鸦。

无论你的目光投向何处，你都会看到一些小装饰、一些精妙的细部活儿，这些细微之处彰显了这所学校的与众不同之处。这个地方完全代表着卓越。在前窗上蚀刻着一个巨大的单词，我们的非官方校训：信念。每间教室里都洒满了柔和的天然日光。南部的阳光从天窗照射进来后会被反射到高科技反射器上，然后此种反射器会再度反射，形成一种间接的漫射光，这种光无论是从阅读的角度来说，还是从有利于注意力集中这一角度来讲，都是颇为理想的。教师们再也不需要按灯的开关了，这样不但可以节省能源和资金，而且可以使学生免受由标准荧光灯引起的头痛以及多数情况下的光线昏暗之苦。我对这种痛苦可谓记忆犹新。

我们的校园是仿照大学校园设计的，有着小而舒适的方院和作为欢迎区的公共区域。围墙是用从当地采石场运来的淡紫色和浅红色的石英岩垒就的。人行道的两侧植有雅致的李树，在人行道的尽头则是一棵漂亮的圣栎，一棵象征着希望的"希望之树"，它在学校破土动工之前就被栽种在这里了。建筑师们认为重要的事情应该先做，于是他们种植了"希望之树"，然后要求建筑工人在围绕着这棵树建造学校时，要经常为这棵树浇水并使其能享有充足的光照。

学校占地面积有限，只有三万两千平方米，但空间的缺乏实际上契合了建筑师的总体方案。他们想让这个校园的布局象征一段短暂却蜿蜒曲折的旅程——就像生命一样。无论学生们站在哪里，当他们看向一边时，他们都能够大致看清自己去过的地方，而当他们看向另一边时，则可以大概知道自己前进的方向。幼儿园和小学的孩子们可以看到中学那几栋高高的教学楼在静静地等待着他们，不过他们听不到年纪较大的那些孩子的声音，因为我们不想吓到他们。中学的学生可以瞥见小学的教室，他们正是从那里起程出发的，不过他们也听不到操场上的尖叫声，因为我们不想打扰他们。

这所学校的建筑师迈克·德尔·加托和罗伯·加迪森是本地人，他们对这一工程可谓倾心投入。他们花了几个月研究这个社区的历史，考察了全美各地的特许学校，并尝试了各种想法。然后他们熬了一个又一个通宵，在迈克家的地下室里围着一张乒乒桌进行热烈的讨论，构建他们心中的蓝图。

他们还建议学校的建筑可以具有教育意义，可以作为讲故事的载体。我们可以讲述我们想要讲述的故事。在初中的教学楼里，我们悬挂着马丁·路德·金、圣雄甘地，当然还有曼德拉的巨大头像，并把他们那些激励人心的箴言警句印在头像下方凸起的玻璃上。因为我们学校的大多数学生都是非裔美国人，所以我叫迈克和罗伯在一面墙上镶嵌了几块大理石花纹的玻璃，并在其上绘出北斗七星，然后再单独镶嵌一块这样的玻璃来代表北极星。北斗七星和北极星是奴隶逃跑时的指路灯塔，引领他们走向自由。

我对这所学校的美学方面的一个小小贡献是：我在高中教学楼的公共区域放上了一架施坦威钢琴。当我把钢琴运过来时，所有的学生都围拢了过来，而当我弹奏出《依靠我》（*Lean on Me*）时，他们都大吃一惊。而最令我高兴的是，学生们并不知道我是谁，而当老师们告诉他们我的身份时，他们的反应也不怎么强烈。

我曾梦想我能够拥有一所有着尽可能少的枯燥程序的学校，一个能产生惊喜的地方，一个以惊喜为准则的地方。现在这一梦想已经实现了。无论哪一天，阿加西预备学校里都会发生一些"酷"事：比尔·克林顿可能会顺便来访，并教上一堂历史课；沙奎尔·奥尼尔可能会成为体育课的代课老师；当你走过大厅时，你可能会偶然遇到兰斯·阿姆斯特朗；你可能会看到戴着一枚来访者徽章的穆罕默德·阿里正同一名新生做空拳攻防练习；当你偶然抬起头时，你可能就会看到珍妮·杰克逊或者埃尔顿·约翰或者"地球、风与火"乐团的成员正在教室门口旁听。更多的惊喜：当我们为我们的体育馆举行落成仪式时，NBA 全明星比赛恰好要在拉斯维加斯举行。我们会邀请一年级明星队和二年级明星队在我们学校的体育馆里进行他们传统的即兴赛，这也是在阿加西预备学校里进行的第一场比赛。孩子们会喜欢的。

我们的教职人员是最优秀的，但也是最平凡和朴素的。我们的雇佣目标是找到那些机敏的、富有激情和创造力以及愿意坦陈己见并全情投入的男士和女士。我们要求每名教师要做到一点：相信每个学生都可以学好。这听起来似乎是一个极为明显、不言而喻的观点，但现如今事情已经不是这样了。

当然，由于阿加西预备学校每天以及每年的上课时间都比其他学校的要长，所以我们的员工比其他地方员工的时薪要少。但他们的手边有更多可供利用的资源，因此他们享有更大的自由去改变孩子的生活。

我们认为学生们穿校服这一点很重要。网球衫和卡其布的裤子、短裤或者短裙，颜色则是官方认可的学校颜色——紫红色和海军蓝。我们认为这样可以减少同辈之间的攀比压力，而且我们也知道从长远角度来讲，这可以为家长节省很多钱。每次走进学校，我都会对这一颇具讽刺意味的事实感慨良多：现在我竟然是一项校服政策的强制执行者。我期待着某一天温布尔登的某位官员恰巧来到拉斯维加斯并要求参观我们的学校，我迫不及待地想看看当我提起我的学校严格的穿衣规范时，他的脸上会呈现出一副什么样的表情。

我们还有另一项规范，即要满怀敬意地开始每一天，这可能也是这所学校众多特色中我最欣赏的一个了。每次来到这里，我都会把头探进任意一间教室，然后叫孩子们起立背诵：

> 好的行为准则的本质是尊敬，
> 尊敬权威，尊敬他人，
> 尊敬自己，遵守规则，
> 这种态度在家里养成，
> 在学校强化
> 并秉承一生。

我向他们承诺：如果他们能够记住这一简单的"尊敬之歌"，并时刻谨记、认真践行，他们就能走得很远。

无论是在大厅里踱步，还是仔细观察每一间教室，我都能感受到学生们对这所学校的珍视。我能从他们的声音中听出来，能从他们的姿势中辨别出。从学校的教职员工那里我已经听说了他们的故事，我知道学校以很多方式丰富了他们的生活。我们也会叫他们写一些个人化的文章，然后我们会在一年一度的募款会上表演的节目中引用。并非所有的文章都是关于磨难和艰辛的，远非那样，但那些文章让我记忆深刻。比如那个和她身体虚弱的母亲单独生活在一起的女孩，她的母亲由于无法治愈的肺病已经好多年不能工作了。她们挤在一间蟑螂肆虐的公寓里，该公寓位于黑帮横行的街区，所以学校是她的避难地。她的成绩出类拔萃，她曾经自豪地说出了以下令人动容的话："这是因为我想如果我在学校里表现得很好，就不会有人问起我家里的事情，我也就不必讲述自己的故事了。现在我十七岁了，尽管不得不看着母亲的身体一天天恶化，尽管不得不与血腥和蟑螂生活在一起，尽管不得不努力工作支撑这个家，但我知道自己会考上大学的。"

另一个四年级的学生则写出了她与她父亲的痛苦关系。在她童年的大部分时间里，她的父亲都是在监狱里度过的。最近，在他出狱后，她去见了他，发现他已经瘦骨嶙峋，并和一个面容枯槁的女人住在一个破破烂烂的、散发着阴沟污水和病毒的臭气的房车里。在一种不想重蹈其父母覆辙的强烈渴求的驱使下，这个女孩在阿加西预备学校获得了成功。"我不会允许自己重蹈别人的覆辙，我未来的命运掌握在自己的手中，我永不言弃。"

不久前，当我步行穿过高中教学楼时，一个男孩拦住了我。他今年十五岁，眼神热切，神情友好。他问我是否可以和我私下聊几句。

"当然。"我说。

我们离开门厅，走到一个阴凉的角落。

他不知道该从何说起。我叫他从头开始说。

"一年前，我的生活改变了。"他说，"我的父亲去世了，他被别人杀死了，谋杀，你明白我的意思吧。"

"我为你感到难过。"

"在那之后，我真的迷失了方向，我不知道自己该做什么。"

他的眼睛湿润了。

"然后我来到学校，"他说，"我在这里重新找到了方向和希望，我获得了重生。所以我一直留意着你，阿加西先生。当你来访时，我情不自禁地要把自己介绍给你，并且告诉你……你明白吧。谢谢。"

我拥抱了他。我对他说需要道谢的是我，我应该谢谢他。

在较高的年级，我们的全部注意力都集中在大学上。我们反复告诫孩子们，阿加西预备学校只是一块基石，不要就此满足。我告诉他们，大学才是目标之所在。为了防止他们忘记这一点，学校里到处都是相关的提示：墙上整齐地挂着大学的旗帜；一条主走廊被命名为"大学街"；两栋主楼之间有一座从未使用过的金属材质的人行天桥，这条天桥直到2009年才会被启用，届时我们学校的第一批毕业生将获得他们的高中毕业证书，并开始新的征程——进入大学。穿过这条天桥后，这些毕业生们会进入一间密室，然后要在一个本子上签上他们的名字并为下一届的学弟学妹们写上几句话。以后下一届毕业班的学生也会来到这里，然后再下一届，所有毕业班的学生都会来到这里。我都能想象出自己面对第一届毕业班的学生做演讲的情景了，我已经同J.P.和吉尔一起着手推敲我的演讲词了。

我的主题，我想，应该与内心的矛盾有关。一个朋友建议我重读沃尔特·惠特曼的作品。

"我自相矛盾吗？那好吧，那么，我自相矛盾。"

我从来都不知道这是个被认可的观点，现在它为我导航，它是我的北极星。那就是我将对学生们说的话。生活是一场充满着对立两极的网球赛——赢和输，爱和恨，开球和完赛，这有助于你尽早认识到这一痛苦的事实，然后认识到自身也是两极对立的矛盾体。如果你不能接受这一点或者与其和解，你至少要认识到这一点，然后继续前进。你唯一不该做的就是忽视它。

我还希望传达什么别的信息吗？他们从一个九年级就已辍学的、最自豪的成就却是他的学校的人那里还能期望获得什么信息呢？

"雨已经停了。"施特芬妮说。

"走吧，"我说，"我们出发！"

她穿上网球裙，我穿上运动短裤，我们沿街开到了一个公共球场。在那个小小的球具店里，柜台后那个十多岁的女孩正在看一本八卦杂志。她抬起头时，口中的口香糖差点儿掉了出来。

"你好。"我说。

"嗨。"

"你们营业吗？"

"嗯。"

"我们想租一个场地，租一小时，可以吗？"

"呃，可以。"

"多少钱？"

"十四美元。"

"好的。"

我把钱递给了她。

她说："你可以用中心球场。"

我们走下楼，来到了一座迷你圆形剧场，其中一个蓝色球场被金属材质的露天座位所环绕。我们把各自的包并排放在一起，然后开始舒展身体，并不时发出"哎哟"的声音，与此同时，我们忍不住彼此逗趣，连连感叹自己有多长时间没有运动过了。

我在网球包里翻出腕套、胶带和口香糖。

施特芬妮说："你想在哪边打？"

"这边。"

"我就知道。"

她轻轻地击出了一记正手球。当我缓慢吃力地朝那个球奔去时，我的身体就像铁皮人那样嘎吱作响。我挥拍将球击回，然后我们徐缓地、试探性地对打了数个回合。

突然间施特芬妮大力击出一记反手直线球，球就像一辆运货火车迎面呼啸而来。我瞪了她一眼。你想像那样打，是吗？

她朝我的反手位击出一记"施特芬妮削球"。我微微蹲下，然后尽可能用力地将球击回。我对她喊道："宝贝，我的这一手可是为我们付了不少账单啊。"

她笑而不语，只是拨开了挡在眼前的一绺头发。

我们的肩膀松弛下来，我们的肌肉兴奋起来。节奏加快了。我干净利落地猛力击球，我的妻子也是一样。我们现已从漫无目的地击球转变为干净利落地得分了。她打出一记精彩的正手球，我则奉还一记呼啸而去的反手——落网球。

这是二十年来我第一次在反手斜线球上失手。我盯着"躺"在网上的那个球。有那么一会儿，我感到很不爽。我对她说那使我感到很不爽，我觉得自己被激怒了。

然后我笑了起来，施特芬妮也笑了起来。我们又重新开始。

每挥一次拍，她的情绪就会更高一点儿。她的小腿似乎并无大碍，她觉得自己在东京会表现得不错的。现在她不再担心她的伤了，所以我们可以打球了，真正地打球了。不久我们就打得非常高兴并沉浸其中，以至于都没有注意到雨又下了起来。当第一个旁观者出现时，我们也没有注意到。

一个接着一个，越来越多的人聚集了过来。看台上人头攒动，一个人可能给另外一个人打了电话，而后者又给其他两个人打了电话，告诉他们我们在这里，在一个公共球场上为荣誉而战。

雨下得越来越大了，但我们没有停下来，反而打得更起劲了。现在现身的人们手中都拿着照相机。闪光灯一直不停地闪，它的光在雨点的反射下变得格外耀眼。但我毫不介意，而施特芬妮则根本没有注意到。除了网球、球网和彼此，我们对其他事物一概不放在心上。

为了争夺一分，我们进行了长时间的对打，持续了十个回合，不，十五个。终于，我失掉了这一分。球场上全都是球，我一把捞起三个，然后把一个放在了我的口袋里。

我对施特芬妮喊道："我们复出吧！你觉得怎么样？"

她没有回答。

"你和我，"我说，"我们这周就宣布这一决定。"

还是没有回答。她的专注，像往常一样使我惭愧不已。就像她在球场上从来都不会进行无用的跑动一样，她也从来都是惜字如金。J.P. 曾经指出，我生命中最重要的三个人——我父亲、吉尔和施特芬妮——他们的母语都不是英语。对于这三个人来说，他们最强大的沟通方式都是肢体语言。

她对每一记球都全神贯注，每一记球都很重要。她从不知疲倦，也从来不会失球。注视着她是一种享受，也是一种特权。人们问我那是一种什么样的感觉，我想象不出有什么词可以对此完美诠释，但有一个词大致能表达这种感觉，这个词就是——特权。

我又打丢了一球。她眯起眼睛，等着我。

我发球，她回球，然后她像拍蚊子般向我挥了挥手，这是她特有的方式，意味着她要走了。该去接杰登了。

她正走出球场。

"还没结束呢。"我对她说。

"什么？"她停下脚步，看着我，然后笑了起来。

"好吧。"她说着后退到底线。这说不通，但我就是这样，她知道。我们还有事情要做，重要的事情要做。她已经迫不及待地想要离开这里并开始做那件事情了，我也是。但我还是控制不住自己。

我只是想再多打一会儿。

Acknowledgments

致谢

没有我的朋友 J.R. 莫林格，就没有这本书。

是 J.R. 在我们尚未见面之前，就开始让我认真考虑将自己的故事写成书的事情了。2006年，在我参加最后一次美网公开赛期间，我花了一些空余时间来阅读 J.R. 那本震撼人心的回忆录《温柔酒吧》(*The Tender Bar*)。这本书广受好评，我也很喜欢这本书，事实上，我发现自己如此爱这本书，以至于不忍心那么快将它读完，所以我不得不为自己规定每晚可读的页数。开始的时候，《温柔酒吧》仅仅是让我摆脱职业生涯即将结束的难过情绪的一剂良药，但是我渐渐开始迷上了这本书，到后来我甚至开始惧怕和焦虑，惧怕我会在职业生涯还没有结束之前读完它。

就在第一轮比赛之后，我打电话给 J.R.，并做了自我介绍。我向他表达了自己对他的无限敬仰，然后邀请他到拉斯维加斯吃晚饭。我们两个一见如故，正如我预料的那样，那次晚餐后我们的关系开始密切起来。最后，我问 J.R. 能否考虑同我一起工作，帮助我着手写自己的回忆录，构筑整本书的框架。我请他通过普利策新闻奖获得者的视角来展现我的人生。令我吃惊的是，他竟然同意了。

J.R. 搬到拉斯维加斯，我们就开始着手写我的回忆录。我们的工作风格很一致，一旦确定目标就专心致志。我们每天都见面，形成了严格的流程——在狼吞虎咽地消灭几个玉米饼之后，我们会对着 J.R. 的磁带录音机谈上几个小时。我们无所不谈，所以有时的谈话内容很愉快，有时很痛苦。我们不是按照时间顺序或是话题顺序来谈的；我们只是随心所欲地谈着，时不时地会通过我们优秀的、年轻的、前途无量的研究员本·科恩收集的一堆简报寻求灵感。

几个月后，J.R. 和我已经有了一整箱的盒装录音带——不论是好是坏，这些录音带记录了我一生的故事。然后金·韦尔斯勇挑重担，将这些录音带整理成了文稿，J.R. 则将这些文稿改编成了一个故事。在克诺夫工作的杰出的编辑乔纳森·西格尔，还有出版界的罗德·拉沃——桑尼·梅塔帮助 J.R. 和我对初稿进行了润色，这样才有了第二稿、第三稿，而枯燥乏味的校对工作则是由埃里克·默卡多和舍洛克·霍姆斯完成的。我从来没有花过这么多的时间读书，而且是反复地读一本书，斟酌探讨每一个词、每一段文字、每个日期和数字，就跟期末考试复习一般。

我多次要求 J.R. 将自己的名字写上去，他却觉得封面上只应印有一个人的名字。他说，尽管他为我们一起工作的成果感到很骄傲，但他不应该将自己的名字标记在另外一个人的人生上。"这些是你的故事，"他说，"你认识的人，你奋斗的历程。"这是那种在他的回忆录中就能体现出来的慷慨和大方。我知道我不应该跟他争论。倔强是我们俩共有的另外一种品质。但是，我坚持用这部分来呈现 J.R. 对这本书的巨大贡献，来公开地表达我的谢意。

我还想感谢那些首先阅读我回忆录底稿的人，每一个人都贡献了自己的想法和看法。在此我要向这些人表达最深的谢意，他们是：菲利·阿加西及马蒂·阿加西、斯隆·巴尼特及罗杰·巴尼特、伊万·布隆伯格、达伦·卡希尔、温迪·奈特金·科恩、布拉德·吉尔伯特、戴维·吉尔摩、克里斯·汉迪及瓦兰达·汉迪、比尔·赫斯特德、麦格劳·米尔黑文、史蒂夫·米勒、多萝西·莫林格、约翰·帕伦蒂及琼尼·帕伦蒂、吉尔·雷耶斯、贾米·罗斯、冈·鲁德、约翰·拉塞尔、波姬·小丝、温迪·斯图尔特·古德森、芭芭拉·史翠珊。

尤其要感谢罗恩·博雷塔，他坚定不移地陪在我身边，就像关心我一样关心这本书。从心理学到策略，他在各方面都给了我一些极其珍贵的建议，让我重新认识和修正了我长期以来对最好的朋友的定义。

最重要的是，我要感谢施特芬妮、杰登还有杰姬。两年来，他们不得不忍受没有我陪伴的日子，不得不同这本书一起分享我的时间，他们从来没有抱怨过，而只是不断地鼓励我。也正是由于他们的鼓励，我才坚持完成了这本书。施特芬妮矢志不渝的爱与支持是我不断奋斗的动力，杰登和杰姬每天的微笑给我提供了源源不断的能量，就像是食物转化成血糖一般。

有一天，我正在审阅第二稿，杰登的一个小伙伴来到家里。看到厚厚的底稿堆积在厨房的桌子上，杰登的小伙伴问："那是什么呀？"

"那是我爸爸的书。"杰登用一种很自豪的语气回答——他只有在提到圣诞老人和吉他英雄(电影《吉他英雄》主人公)的时候才用这种语气。

我希望他和他的妹妹在十年后，或是三十年后、六十年后依然能为这本书感到自豪。这本书是为他们写的，也是写给他们的。我希望他们能够不再走我走过的老路，不要犯我犯过的错误。更重要的是，我希望这本书能够成为给他们带来安慰、指导和快乐的一本书。长久以来，我几乎与读书绝缘，在所有我希望我的孩子们不要再犯的错误当中，这是最重要的一项。

[全书完]

上场：阿加西自传

作者 _ [美] 安德烈·阿加西　　译者 _ 刘世东

产品经理 _ 孙雪净　　装帧设计 _ 肖雯　　产品总监 _ 阴牧云

技术编辑 _ 顾逸飞　　责任印制 _ 刘淼　　出品人 _ 吴畏

营销团队 _ 果麦文化营销与品牌部

鸣谢

王鹤　　何月婷

果麦
www.guomai.cc

以 微 小 的 力 量 推 动 文 明

图书在版编目（CIP）数据

上场：阿加西自传 /（美）安德烈·阿加西著；刘
世东译. -- 上海：上海文化出版社, 2022.12
ISBN 978-7-5535-2620-1

Ⅰ.①上… Ⅱ.①安… ②刘… Ⅲ.①阿加西（
Agassi, Andre 1970-)- 自传 Ⅳ.①K837.125.47

中国版本图书馆CIP数据核字(2022)第249181号

Open: An Autobiography by Andre Agassi

Copyright © 2009 by AKA Publishing, LLC

Simplified Chinese translation copyright © 2022 by GUOMAI Culture & Media Co.,Ltd
This edition published by arrangement with Alfred A. Knopf, an imprint of The Knopf
Doubleday Publishing Group, a division of Penguin Random House LLC.
through Bardon-Chinese Media Agency.

All rights reserved including the right of reproduction in whole or in part in any form.

著作权合同登记号　图字：09-2022-0550号

出　版　人：姜逸青
责任编辑：郑　梅
装帧设计：肖　雯

书　　名：上场：阿加西自传
作　　者：[美]安德烈·阿加西 著
出　　版：上海世纪出版集团　上海文化出版社
地　　址：上海市闵行区号景路 159 号 A 座三楼　邮编：201101
发　　行：果麦文化传媒股份有限公司
印　　刷：北京盛通印刷股份有限公司
开　　本：710mm×1000mm　1/16
印　　张：24.75
字　　数：456 千字
印　　次：2022 年 12 月第 1 版　2022 年 12 月第 1 次印刷
印　　数：1-6,000
书　　号：ISBN 978-7-5535-2620-1/K·294
定　　价：68.00 元

如发现印装质量问题，影响阅读，请联系 021—64386496 调换。